"十四五"国家重点出版物出版规划项目
**网络空间安全国际前沿**

# 关键基础设施的网络空间安全

## 博弈论方法

[奥] 斯蒂芬 · 拉斯　[奥] 斯蒂芬 · 绍尔
[瑞] 桑德拉 · 金　[加] 朱全岩 / 编著
谢海永　侯美竹　吴曼青 / 译

中国科学技术大学出版社

**安徽省版权局著作权合同登记号：第 12212014 号**

First published in English under the title
*Cyber-Security in Critical Infrastructures：A Game-Theoretic Approach*
edited by Stefan Rass，Stefan Schauer，Sandra Koenig and Quanyan Zhu


**图书在版编目(CIP)数据**

关键基础设施的网络空间安全：博弈论方法/（奥）斯蒂芬·拉斯（Stefan Rass）等编著；谢海永，侯美竹，吴曼青译.--合肥：中国科学技术大学出版社，2025.6
（网络空间安全国际前沿）
“十四五”国家重点出版物出版规划项目
ISBN 978-7-312-05694-9

Ⅰ.关… Ⅱ.①斯… ②谢… ③侯… ④吴… Ⅲ.信息技术—基础设施—网络安全 Ⅳ.①G202 ②TN915.08

中国国家版本馆 CIP 数据核字(2023)第 097765 号

**关键基础设施的网络空间安全：博弈论方法**
GUANJIAN JICHU SHESHI DE WANGLUO KONGJIAN ANQUAN：BOYI LUN FANGFA

---

**出版** 中国科学技术大学出版社
安徽省合肥市金寨路 96 号，230026
http://press.ustc.edu.cn
http://zgkxjsdxcbs.tmall.com
**印刷** 合肥市宏基印刷有限公司
**发行** 中国科学技术大学出版社
**开本** 787 mm×1092 mm 1/16
**印张** 18
**字数** 370 千
**版次** 2025 年 6 月第 1 版
**印次** 2025 年 6 月第 1 次印刷
**定价** 78.00 元

# 目　录

## 第1部分　导　论

# 第 1 部分
# 导论

# 第 1 章
# 引　　言

The man who is a pessimist before 48 knows too much; if he is an optimist after it he knows too little.

一个人如果在四十八岁以前就是个悲观主义者，那么他一定知道得过多；如果在四十八岁以后还是个乐观主义者，那么他一定知道得太少。

—— 马克·吐温(M. Twain)

本章首先介绍关键基础设施的特点和细节。它们的存在与相互作用构成了当代社会的一大重要支柱，保护它们是政府和安全研究的首要职责。近年来，网络攻击的范式从具体和个体的威胁攻击场景，转变为多重攻击类型与攻击策略的现代组合，以及如今常被提及的“高级持续性威胁”(APT)。APT 这一术语描述了一组具备共同特征的多种攻击类型的集合，这类集合型攻击对网络安全构成了新挑战，要求从业者、研究人员和关键基础设施的各利益相关者采取紧急且不懈的行动。本书着眼于将博弈论作为一项针对抵御 APT 的安全工具进行论述，而本章将从介绍 APT 的抽象特征展开，并通过一组精选的真实 APT 案例对这些特征进行阐明，从而结束本章的讨论。

## 1.1 何为关键基础设施?

在当今生活中，社会正在使用和依赖众多服务，这些服务满足了人们的基本生活需求，保障了日常生活的便利畅通。这些服务包括基本资源(例如电力、通信、供暖等)、重要供应(例如水、食品、药品和医疗等)以及工业产品(例如石油、天然气等)和通用服务(例如运输、现金和金融服务等)。提供这些服务的组织和公司被称为关键基础设施(CI)，它们代表着当今社会的基干。CI 的一个核心特征是其任何部分或整体的故障，不仅会对基础设施本身产生重大影响，还会对居民社会的整体福祉产生重大影响。

在过去的几十年里，CI 之间的相互关系不断增强，以至于不同 CI 变得越来越相互依赖。由于国内和国际供应链变得越来越重要，而且许多基础设施依赖其他基础设施的资源供给(参见图 1.1)，这些依赖性逐步凸显。最突出的例子是电力供应。几乎每个现代组织都依赖于持续的电力供应，以使CI可以充分提供其主要服务。配电短缺甚至停电都会降低对电力有所依赖的CI的总体输出，甚至使CI无法提供其服务。图1.1显示了多重领域中CI之间的依赖关系，这种关系所波及的范围远远超出了电力供应本身。

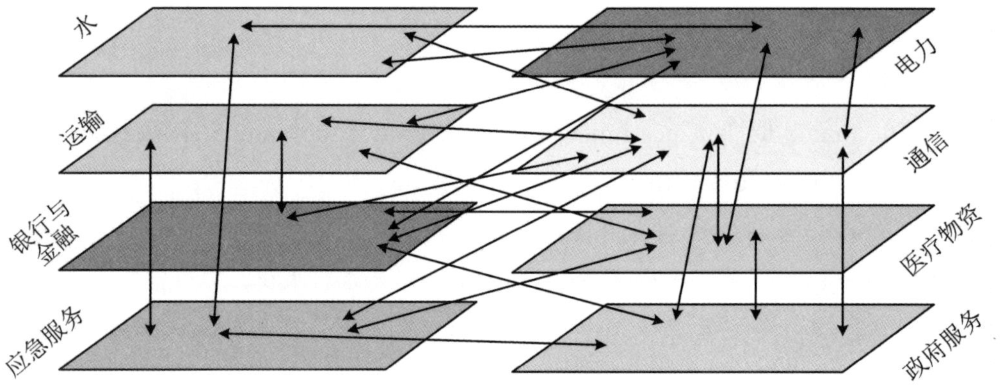


**图1.1 关键基础设施的复杂网络**

此外，由于这些基础设施的数字化发展越来越广泛，关键基础设施同时也对信息交换有着严重依赖，因此，通信基础设施的平稳运行和不间断的互联网连接已成为核心要求。例如，CI正在使用工业控制系统（ICS）与监控和数据采集（SCADA）系统来远程监控其场所内的物理系统并控制多个（甚至非常重要的）流程。如果通信被迫中断，这些系统可能会立即关闭或根本无法再访问（参见1.4节中的真实示例），并且可能不得不对相关系统进行手工操作。

基于这些事实，一个国家甚至一个区域内的CI之间已演变出一个高度复杂和敏感的基础设施网络，它们之间如图1.1所示存在着各种相互依存的关系。因此，单个CI中的事件就可产生深远的后果，因为其不仅会在该关键基础设施内部造成损害和经济损失，还会影响多个其他基础设施并将波及整个社会。例如，一次区域性停电可能导致蜂窝天线塔的关闭，并使该区域的移动通信网络被迫中断。这种间接后果通常被称为级联效应，它们会带来棘手的难题。一般来说，它们难以识别，因此就难以对其进行评估和预防。所以，在对CI进行风险分析或一般风险管理的过程中，级联效应值得特别关注。第2章详细讲解有关如何建模和描述CI之间的级联效应以及如何将它们集成到CI风险分析中。1.4节将列举过去20多年中若干被记录下的事件，来更好地阐述现实生活中的级联效应。

# 1.2 关键基础设施所面临的安全挑战

通常来说,CI在日常运营中会面临各种各样的安全挑战和威胁,这包括了由自然灾害和技术故障导致的威胁,也包括了由于来自物理和网络领域的故意攻击未被及时制止而产生的威胁。这些威胁由于CI的地理位置、其业务领域和其中所应用的技术设备的差别而有所不同。换句话说,位于海上(例如海港)的CI与位于山上的基础设施(例如大坝)相比所应对的自然灾害是不同的。此外,化工行业的基础设施与机场或电信提供商所需应对的技术威胁也是不同的。

因此,CI运营者以及安全专员需要了解他们各自所面临的威胁体系,同时要响应风险管理的要求,并采取大量的安全措施以应对和抵御这些威胁。在此背景下,源于自然灾害和技术故障的威胁常是较为静态的,并且即使略有改变,也是一种随时间推移而缓慢出现的变化。然而,来自网络空间领域的威胁却在大幅增加(尤其是在过去十年中),并且这些威胁由于软件环境的快速变化而被认为是高度动态的。除了CI的日益数字化之外,网络空间攻击所产生的影响可以是巨大的(1.4.3小节和1.4.4小节将对此进行简要概述),因此网络空间威胁已成为CI运营者的关注重点之一。

1.2.1小节简要概述了由自然灾害和技术故障所引起的安全挑战。1.2.2小节重点关注网络空间威胁所引起的安全挑战。这两小节中所涉及的信息主要来自公认的网络空间威胁目录体系,如《欧盟委员会网络空间安全局威胁视图》(European Anion Agency for Cybersecurity (ENISA) Threat Landscape)[20]和德国联邦信息安全办公室(BSI) IT基线防护目录(German Federal Office for Information Security (BSI) IT-Grundschutz Catalog)。[2]

## 1.2.1 自然与物理威胁

### 1.2.1.1 自然灾害

在物理领域里,自然灾害是会对整个CI及其环境具有潜在高度影响的威胁,例如极端天气条件、风暴、洪水或极高的气温,也包括火灾和雷击。基础设施的地理位置和环境条件决定了其是否特别容易被某些特定的自然灾害所影响。

### 1.2.1.2 技术故障

关键基础设施还运行着许多技术设备,这些设备是保持基础设施服务正常运行所必需的。这些物理设备可能会出现不同的潜在运行故障(failures)和失误(malfunctions)。

导致这些失误和故障的原因可能来自多个方面，包括材料老化、操作软件系统的缺陷，甚至也包括在对这些系统的操作和维护过程中出现的人为失误。此类失误和故障通常仅限于单个机器（或其部件）、数据存储或网络连接，并且可以由系统运营者（或某些分包商）在一定时间内完成修理和修复工作。

#### 1.2.1.3 中断和断供

技术故障的一种特殊情况是基础设施运行所需的基本服务的中断或断供。由于当今供应网络中的高度相互依赖性和互操作性（参见图 1.1），任何 CI 都依赖于几种这样的关键服务（例如电力、天然气、电信等）。因此，在任一个供应网络中出现的任何事件都可能带来影响 CI 本身的重大后果。尽管导致一个供应网络发生事故的原因可能有很多（甚至比如一次网络攻击），但对于作为供应网络所提供服务消费者的单个基础设施而言，此类事件可被视为技术故障。这些事件的范围可包括从短期性的服务中断到大规模的、影响 CI 功能持续时间较长的供应网络断供。电力和通信网络的断供被视为在 CI 领域的主要问题（1.1 节中已简要提到）。此外，除了技术网络以外，还应将社会网络事件纳入考虑，例如，缺少在 CI 中操作机器的必需人员。

### 1.2.2 网络威胁

#### 1.2.2.1 分布式拒绝服务

由于大量通信服务使用互联网运行或至少可从外部访问，通过产生高流量来关闭此类通信服务便成为了如今常见的攻击手段。这种攻击手段通过创建针对特定设备的大量连接请求来实现，设备由于接收到并响应持续性的处理请求而导致无法继续执行其正常任务。此外，当前的物联网（IoT）趋势是在未采用或极少采用安全措施的情况下将小型设备连接到互联网，这使得攻击者可以更为容易地接管大量设备的控制权，构成分布式拒绝服务（DDoS）攻击。

#### 1.2.2.2 恶意软件和勒索软件

近年来，恶意代码和软件（即“恶意软件”）的出现频率一直在增多，并成为网络系统的主要威胁。恶意软件的种类、复杂程度及它所针对系统数量规模都是巨大的。因此，保护系统免受恶意软件感染是极为困难的。此外，恶意软件具备广泛的功能，甚至可以在通信和操作级别上篡改网络系统。因此，一个 CI 的正常运行可能会受其干扰（如 1.4.4 小节所述），从而导致各种更为深远的不同负面影响。在恶意软件的情境中，这些影响的范围甚广，包括从恶意检索信息到将欺诈信息或指令注入通信渠道等。另一方面，勒索软件遵循不同的原则，即它加密整个受感染系统或存储在其上的关键数据，并要求支付赎金（通常是一定数量的比特币）以换取解密密钥。

#### 1.2.2.3　鱼叉式网络钓鱼攻击

在过去几年中流行的另一种威胁媒介是网络钓鱼邮件。此类电子邮件在收件人看来像是真实邮件，但其中却包含指向恶意网站的链接或带有某些恶意代码的附件（例如，便携式文档文件 PDF 或 Office 文档）。在这两种情况下，攻击者的目标都是诱骗收件人点击链接或打开附件。一旦行为完成，恶意软件或勒索软件便会加载到收件人的系统中，继而造成额外损害（可参见下一节中的示例）。通常，此类网络钓鱼邮件没有针对性、同时发送给大量收件人，这就使得细心的用户更容易识别此类攻击尝试。但是，一些网络钓鱼攻击制作得更加精细并且针对某个组织，甚至是针对某个特定用户或某组织内的特定用户组。这种有针对性的攻击被称为鱼叉式网络钓鱼攻击（spear phising attack）。此种情况下，即便是经过培训的用户也很难将邮件中的网络钓鱼企图识别出来。尽管如此，攻击者制作这样的攻击需要付出更多的努力。其中尤其是社会工程学（见下文）会被用作重要工具，用来在准备阶段定制使攻击完美针对特定收件人的邮件。

#### 1.2.2.4　社会工程学

凭借当今可用于保护网络系统的所有技术手段，网络领域发生事故的主要原因是人为失误。因此，社会工程方法[12,19]试图利用这个概念并欺骗系统运营者将一些恶意软件引入系统。通过这种方式，攻击者能够越过所有技术保护机制（例如防火墙或入侵保护系统）并直接访问组织的内部网络。由于内部网络中的控制和保护机制通常不像外部网络那样严格，这使得利用社会工程学的攻击方法成为了一种极为严重的威胁。

## 1.3　高级持续性威胁（APT）

### 1.3.1　特点

当今针对 CI 最复杂、最严峻的安全挑战之一便是高级持续性威胁。这些攻击结合了来自物理和网络领域的不同技术和攻击策略且很难被检测到。尽管由于 APT 的多样性和复杂性，人们对于 APT 的具体定义尚未达成共识，但这类攻击具有一些通常被认为与其他攻击区别显著的共同特征。具体而言，一项 APT 至少具有以下特征：

(1) 针对性：APT 通常针对非常具体的受害者和目标。对于受害者来说，这意味着攻击通常是“亲手炮制”（hand-crafted）以适应目标系统的特殊性，这同时意味着防火墙、病毒扫描程序等标准技术安全预防措施的效果对其作用有限。我们可以依攻击者目标的不同，将 APT 大致区分成两类，这两类 APT 需要进行截然不同的建模和处理：

· 控制正在运行的服务：攻击者的目标是尽可能长时间地接管系统。然而这并不一定意味着攻击者希望关闭目标系统，特别是如果该系统可以作为一个进行进一步攻击的平台(如用作大本营)。例如，APT可以旨在限制带宽或阻止多媒体流网络中的某些内容。在这种情况下，攻击者的目标是让系统保持活力，但同时处于他/她可以随意维持或切断的状态。能对抗这种类型APT的博弈模型的例子之一是FlipIt，我们将在9.3节中对其进行讨论。

· 击中重要目标：此攻击的目的是关闭目标系统或至少对其造成一些永久性损坏。在这里，与前一种情况不同，在系统中花费的时间不如攻击者抵达系统内部的时间点重要。例如，如果攻击者想要破坏核动力反应堆，那么APT在系统中停留一定时间(无论多长或多短)并让对手造成核熔毁或类似的灾难将是其目标。用于防御第二种APT所设计的一项示例博弈模型是Cut-The-Rope，我们将在9.4节中对此展开讨论。

(2) 隐蔽性和缓慢性：APT的另一个目标通常不会被发现。虽然将这作为一项攻击的目标并不奇怪，并且这一特性也正是许多攻击的目标，但APT的显著特点是时间跨度；APT既不是临时打击也不是快速打击，而是遵循复杂的渗透计划，所以不会引起太多关注，因此其始终处于雷达检测的盲区。其基本原理是在难以进行反击之处展开攻击(如果攻击一旦被检测到的话)。

(3) 无限资源：APT的预算上限通常难以预见。当代研究显示，大多数成功实施APT的报告案例都是由组织良好的团队推动的，这些团队拥有非常多的，甚至几乎是无限的资源。在这种情况下，我们通常会看到目标实现的价值(即系统的渗透)远高于为实现此目标所进行的经济投资。这是因为这些团体中有许多是——或应该是——国家赞助的。[8]从这个意义上说，如果攻击的成本比攻击成功后的所得更高，那通常需要从经济角度给出维持安全的合理性理由，但这一点可能并不适用于APT类型的攻击。

## 1.3.2 生命周期

就其年表和生命周期以及上述特征而言，APT采取的行动和遵循的策略多种多样。但是，可以根据文献[1,7,28]概述一系列步骤，这一系列的步骤描述了APT的一般运作手法。这称为杀伤链(kill chain)。

### 1.3.2.1 第一步：侦察

在APT的初始步骤中，攻击者会选择其攻击的目标系统或网络。因此，攻击者开始“寻找”潜在目标(例如，具有特定漏洞的IT系统或基础设施的某部分)；或者，攻击也可以就是为了针对特定组织或部门而定制的。如果攻击目标系统被定下来，攻击者就会开始使用网站、社交媒体等开放数据源，尽可能多地收集目标系统的相关信息。这一步的目的是获取有关目标基础设施的具体信息，例如正被使用的硬件和软件、组织结构、员工等。

#### 1.3.2.2　第二步：初始渗透

取得相关信息后，攻击者开始设计攻击，其目的是对目标组织内脆弱的系统施以危害渗透。因此，技术和社交技能都会得以运用。在技术层面，攻击者通过搜索不同的数据库寻找特定 IT 系统中的已知漏洞，例如美国国家标准与技术研究院（NIST）运营的国家漏洞数据库（NVD），或爬取暗网利用零日漏洞（zero-day exploits，即软件中尚不为人知的漏洞，以及如何利用这些漏洞的指南）。在社交方面，攻击者开始识别目标组织的人员（例如，安全人员、网络管理员以及普通用户）并使用社交工程（参见 1.2.2 小节）获取有关他们的详细信息。此目的是找到组织内可从外部访问的易受攻击的系统或易被渗透的人员。因此，攻击者会创建包含恶意链接或文档的电子邮件（即鱼叉式网络钓鱼邮件，另请参见 1.2.2 小节）。这些电子邮件专门为目标人员量身定制，因此该人员很可能会点击链接或打开文档。通过这种方式使得恶意软件被下载或漏洞被创建，然后攻击者就可以就此来访问目标系统（另请参见 1.2.2 小节）。

#### 1.3.2.3　第三步：建立立足点

上一步中首先加载到目标系统上的恶意软件通常会为攻击者创建一个后门，以便其在系统上安装其他软件。该软件具有一些远程管理功能，允许攻击者安装其他工具（例如命令和控制软件）或建立与外界通信的线路（例如虚拟专用网络（VPN）隧道）。攻击者与受感染系统的通信通常是隐蔽的，管理员很难发现，因为这类通信通常会混在正常的网络流量中。这使得该组织内的安全人员更加难以检测到在内部网络中存在的攻击者。

#### 1.3.2.4　第四步：提升特权

在受感染系统中立足后，攻击者会尝试识别具有更高权限的其他用户账户（例如域管理员或用于维护、服务的账户）。通常情况下，攻击者会使用按键记录工具或网络嗅探工具来达到这一目的，但是，其他用户的密码也可以从各自的数据库中窃取。通过这种方式，攻击者可以提升通过初始渗透所获得的权限，并获得对该组织的网络内其他系统和域的访问权限。

#### 1.3.2.5　第五步：内部侦察

除了在最初受感染的系统中寻找具有更高安全级别的用户账户外，攻击者还会扫描网络以查找其他重要系统、域或网络。这样，攻击者就可以大致了解组织中的网络结构和运行系统。此信息使他能够识别其他漏洞，并通过在第二步中安装的命令和控制工具加载恶意软件以利用这些漏洞。由于攻击者现在在组织的网络内操作，他有额外的能力来利用系统的漏洞，因为这些漏洞无法从外部世界(即互联网)访问。

#### 1.3.2.6 第六步：横向移动①

如果内部侦察成功并且攻击者能够识别网络中其他易受攻击的基础设施，他将通过对这些其他系统执行第二、三和四步来开始破坏这些系统。简言之，攻击者将利用检测到的漏洞在新系统中建立立足点，然后在其中安装命令和控制软件以便最终在新受感染的系统中提升权限。横向移动的原因之一是获得对组织中更重要系统的访问权限，同时，存在被系统的管理员或安全员检测到的风险也是攻击者会转移到不同系统的另一个原因。

#### 1.3.2.7 第七步：保持存在

随着获得对组织网络中越来越多的系统的控制，攻击者能够与外部世界建立多个通信通道以保持远程命令和控制工具的链接。这使攻击者获得操作网络的额外能力——即使现有通道之一被发现并关闭，或者他的存在被检测到并从一个系统中删除。此时，从组织的网络中完全消除攻击者的存在是极其困难的。

#### 1.3.2.8 第八步：完成任务

当攻击者抵达其最终目标，即特定服务器或(工业)控制系统并获得对其的控制时，最后阶段的行动就开始了。在(工业)控制系统的情况下，因为已经在前面的步骤中安装了恶意软件和漏洞，攻击者可以获得或已经获得足够的设备特权来执行任何所需的任务(如将在1.4.3小节中描述的乌克兰关闭变电站的例子)。攻击者如果想要窃取在一个服务器上的特定数据，可以通过前面步骤中建立的通信渠道来实现。由于组织通常需要处理大量进出其网络的数据，因此那时还很难识别到数据泄露。攻击者有机会使用各种工具来混淆数据流的来源或目的地，用来加密网络报文载荷或将数据隐藏在标准数据流中。

#### 1.3.2.9 第九步：隐藏踪迹

完成任务后，攻击者会清除他在系统中存在的所有痕迹。但是，攻击者也可能会留下一些可操作的后门、工具和通信渠道，以便能够下次再返回并破坏目标组织。

---

① 横向移动(lateral movement)是网络空间安全术语，是指攻击者利用获取的网络访问权，进一步深入渗透以搜寻更敏感数据或更高价值目标的行为。

## 1.4 现实生活中的案例精选

接下来，我们将列举一些精选的、有据可查的CI攻击案例。我们无法保证这份清单是完整的，也不能保证它穷尽了有史以来最严重的CI攻击案例，并且可能存在在这份清单之外的、未能记录在案的黑名单。尽管如此，下面几小节中的示例将说明过去的攻击事件如何导致CI内部故障，并进一步指出这些攻击事件的直接后果以及其所引发的级联效应。我们将粗略地将事件原因区分为自然原因和人为原因或无意原因和故意原因。下述示例将说明CI中的漏洞可能是什么样子，以及单个事件可能带来哪些潜在的级联影响。

### 1.4.1 意大利大停电(2003年)

2003年，意大利在9月28日星期日经历了一次大停电，停电从凌晨3点30分开始，持续了几小时。[30]停电对意大利各地的各种基础设施以及意大利人口产生了深远的影响，并造成了超过110万欧元的经济损失。[26]

停电是由一系列事件造成的，它导致来自瑞士、法国、奥地利和斯洛文尼亚的几条主要电力线过载。事件的最初起因是瑞士380 kV线路“Mettlen-Lavorgo”发生树闪络，导致这条重要的供电线路跳闸。[30]随着“Mettlen-Lavorgo”线路的故障，其他380 kV电力线路承担了负载，同时多次尝试重新闭合线路。由于这些线路承担了负载均衡，其中一条线路，即最接近“Mettlen-Lavorgo”的“Sils-Soazza”线路也出现过载。根据此类紧急情况的操作标准(及专家意见)，15分钟内的此类过载是可接受的。在此期间，意大利和瑞士两国实施了多项对策(即降低约300 MW的电力消耗)以期如期恢复运作。[30]然而，这些措施还不足以解决问题，在“Mettlen-Lavorgo”线停运约25分钟后，“Sils-Soazza”线也跳闸了。

这两条重要电力线的损失对与法国、奥地利和斯洛文尼亚的剩余连接产生了重大影响，导致它们的供电网络在“Sils-Soazza”线路中断后几乎立即崩溃。[30]这也造成了意大利电网与欧洲电网分离。电流不稳定现象和过载的发生影响了意大利北部的供电网络，为整个意大利电网带来了令人不满意的低电压供电。尽管调频措施是自动设置的，但汽轮机跳闸、低频继电器断开、失磁等事故导致多台发电机组停电[30]，虽然这应能减小过载的影响，但结果是频率下降到47.5 Hz阈值以下，整个电力网络停止工作。

电力恢复过程在停电后即刻开始，例如，停电后约5小时意大利北部电网恢复，停电后约7小时意大利网络中部电网恢复，停电后约13小时意大利大部分地区电网恢复。

西西里岛作为意大利电力恢复进程的最后地区，在初始事件发生后约 18 小时通电。[30]

### 1.4.2 瑞士交通僵局(2005 年)

2005 年，由于人为误判和维修工作，整个瑞士铁路停运 3 小时。超过 200000 名通勤者因被困在火车上或火车站而受到影响。该次停运造成超过 500 万瑞士法郎的经济损失。[27]

2005 年 6 月 22 日下午晚些时候，由于当时的轨道施工，位于瑞士乌里中部的两条电力线“Amsteg-Steinen”被关闭。[13]此次断电是在事故发生前一周就已被计划好和通过审查的，根据现有文件记载，当时的计划是剩余的电力线应该可以毫无问题地处理额外负载。然而实际情况却是，两条线路在施工完成后无法重新接通，而另外的第三条线路也无法承受超载。

在这一点上必须注意的是，瑞士铁路运营着自己的电网，包括发电厂和配电网络。由于瑞士铁路电网的特殊拓扑结构，“Amsteg-Steinen”电力线至关重要，因为它将瑞士铁路运营商的三个主要发电厂与电网中的其余部分连接起来。在第三条线路因过载跳闸后，乌里和提契诺两州同其余电网的连接被切断，导致电网过载和该地区三座电厂停运。[13]因此，该地区发生了停电，铁路运营商开启了恢复进程，以使它们重新恢复运作。

在电网的另一侧，损失的电力应该通过连接到德国铁路运营商的电网来补偿。由于负载过重，这些连接也失败了；与此同时，瑞士铁路运营商也在向邻国出售电力。由于运营商们主要忙于从乌里和提契诺的第一次停电中恢复，与德国电网的连接问题没有被发现。这些问题叠加在一起也导致了其余地区的供电网络出现停电现象。

### 1.4.3 对乌克兰电网的攻击(2015 年)

乌克兰电网在 2015 年成为重大网络攻击的受害者，当时黑客设法访问了乌克兰三大配电公司(所谓的“Oblenergos”公司)的关键系统。这造成了约 30 个变电站的关闭，导致乌克兰全国大部分地区持续停电约 6 小时，使约 225000 户家庭断电。[14,18]这次攻击因对手的充分准备及高度复杂性被视为一项 APT(请参阅 1.3 节了解有关 APT 特征的详细信息)。此外，2015 年的攻击也被认为是首个直接导致停电的网络攻击。

攻击者在几个月的时间段内应用了六种技术(参见图 1.2)来准备和执行攻击。通过这些技术，攻击者得以完成工业控制系统网络杀伤链[1]的主要步骤(这也反映在 APT 的单个步骤中，如 1.3 节所述)。攻击首先分析了三大配电公司的开源信息，然后对它们进行了一系列鱼叉式网络钓鱼攻击。这些攻击通过使用来自公开来源的信息(例如，远程终端装置(RTU)和这些公司使用的工业控制系统(ICS)供应商)和社交媒体(例如，在这些公司工作的资深人员的信息)，对这些电力供应商进行针对性攻击。[18]目标收到带有若干 Word 文档的精心制作的电子邮件，这些文档利用了能在系统中安装 BlackEnergy 3 恶意软件[29]的漏洞。该恶意软件为攻击者提供了多种工具，从简单的网络扫描到键盘记录和远程桌面功能，这些工具可以对受感染的系统做出恶意接管，并有能力渗透到系统所连接的网络。

**图 1.2　对乌克兰电网的攻击步骤示意**

利用 BlackEnergy 3 恶意软件的功能，攻击者开始在受感染的基础设施中站稳脚跟。这是通过从系统中的各个用户那里收集用户身份验证信息(账户名和密码)来实现的，并以这种方式提升他们在受感染基础设施中的权限，例如，识别管理员并窃取他们的密码或篡改身份验证系统的功能。通过这种方式，攻击者能够使用真实的用户账户并遵循网络中的标准通信方式，这使得识别这些攻击者变得更加困难。

攻击者用来访问 ICS 的一种可能是使用从业务网络到 ICS 网络的 VPN 隧道。这主要是因为 VPN 连接不使用双重验证，这使得攻击者更容易进行远程访问。此外，由于内置于 ICS 系统中远程访问功能，攻击者能够控制 ICS 网络中的系统，并且防火墙不会阻止这些命令。[14]

通过这种方式，攻击者最终获得了对配电网络中指挥和控制系统的访问权限，因此他们能够操纵其运行并远程关闭它们。具体而言，攻击者一方面开发用来与组织所运营的配电管理系统(DMS)环境进行通信的程序，另一方面开发用于配电公司使用的串口到以太网接口转换设备的恶意固件。[18]

攻击者通过使用盗取的身份验证信息能够接管相关的工作站并在其上安装精心制

作的工具。这使他们能够将 27 个变电站离线并将固件上传至串口到以太网接口转换设备，由于更改的固件不允许远程命令，因此将运营者锁定在受感染的工作站之外。

除了上述活动外，攻击者还对电力供应商的呼叫服务中心发起了拒绝服务（DoS）攻击。[34]这样做的一个影响是，服务中心的接线员被虚假电话淹没，而来自正在经历断电的真实客户的电话却无法被接通，无法了解到攻击所带来的全部影响。DoS 攻击的第二个影响是客户无法联系配电网络运营商以获取有关停电情况的更多信息，导致客户产生沮丧心理。

### 1.4.4 WannaCry 和 NotPetya 恶意软件感染(2017 年)

2017 年，全球发生了两次主要的恶意软件感染事件——5 月的 WannaCry[31]感染和 6 月的 NotPetya[32]感染。这两种恶意软件在全球范围内都有着极其广泛的感染，WannaCry 影响了全球超过 20 万台计算机，NotPetya 由于导致了关键系统的关闭，而造成约 100 亿美元的损失。[11]这种方式使得 NotPetya 是迄今为止带来最大经济损失的恶意软件感染（甚至超过 WannaCry），并且自 2017 年以来成为网络安全专家、信息安全人员和基础设施运营商的主要关注点。

NotPetya 起源于乌克兰，从一家名为 Linkos Group 的软件公司传播开来。这家公司的主要产品之一是税务会计工具 M. E. Doc[4]，几乎所有在乌克兰开展业务的公司都在使用它。由于 Linkos 更新服务器缺乏安全设置，一些黑客在其中建立了后门。这个后门使他们能够向公司的客户推送 M. E. Doc 的恶意补丁。该补丁包含 NotPetya 恶意软件，并自动分发给所有使用会计软件的组织机构。

该恶意软件本身正在应用永恒之蓝（EternalBlue）漏洞[21]，其利用微软的 Server Message Block（SMB）协议中的漏洞，并允许攻击者在目标计算机上执行任意代码。通过这项功能，NotPetya 能够感染同一（本地）网络上的计算机以及通过 SMB 连接上的远程计算机。此外，它使用 Mimikatz 恶意软件[10]，这项软件允许攻击者从系统的 RAM 中提取 Windows 密码，从而访问本地系统以及本地用户可以访问的其他系统。通过使用这两个漏洞，NotPetya 成为迄今为止传播速度最快的恶意软件。[11]

在受感染的系统上，NotPetya 开始加密系统硬盘驱动器上的所有文件（与相关的恶意软件 Petya 形成对比，后者仅加密包含有关位于硬盘驱动器上的文件、目录和元数据的所有信息的主文件表）。此外，恶意软件还可以完全擦除系统上的所有文件或重写它们，使其在解密后无法恢复。此功能通过强制重启系统开始，之后系统无法再次重启，屏幕上告知必须支付一些赎金。

在受到 NotPetya 恶意软件攻击的众多公司中，受影响最大的是制药公司默克（Merck）（约 8.7 亿美元）、联邦快递公司（FedEx）的欧洲分公司（约 4 亿美元）、法国建筑公司圣戈班(Saint-Gobain)(约 3.84 亿美元)和丹麦航运物流公司马士基(Maersk)(约 3 亿美元)。[11]尤其是在马士基的案例中,后果非常明显:NotPetya 恶意软件的感染以及随之而来的马士基自身网络中大量关键系统的关闭导致物流供应链中的多个流程出现中断。例如,印度第二大港口——孟买附近的尼赫鲁港的马士基码头的运营由于马士基系统的感染而中断,以至于无法再装卸船只。[24]在新泽西州伊丽莎白的另一个马士基码头,港口取货卸货卡车的登记和集装箱的一般物流(即它们的位置等)是完全数字化的并由马士基的系统所支持。[11]因此,马士基网络的 NotPetya 感染导致港口入口处的登记被关闭,使卡车无法进出港口。

### 1.4.5　委内瑞拉大停电(2019 年)

2019 年 3 月 7 日至 14 日,委内瑞拉发生了一场持续一周的大停电。这是委内瑞拉历史上规模最大的一次停电。[5]尽管委内瑞拉在过去几年中频繁出现停电现象,但 2019 年 3 月的停电对包括首都加拉加斯在内的委内瑞拉几个主要城市产生了广泛影响,影响了人们的社会生活。电信和银行业务中断、食物和水供应短缺、医疗保健不规范以及交通系统的瘫痪还只是停电的几个后果。此外,这场停电后还伴随着 3 月至 7 月的一系列停电持续时间较短、影响较小的小规模停电。

委内瑞拉在电力供应方面情况特殊,因为全国 70%～80%的总电力供应来自古里大坝(Gurí Dam)水力发电厂。[5,23]此外,委内瑞拉的大多数大城市由 San Geronimo B 变电站供电,该变电站与古里大坝直接相连。一场植被火灾使这些连接变电站和大坝的电力线过热,导致线路瘫痪。由此产生的功率损失导致水力发电厂的涡轮机提高速度并使系统过载。尽管大坝内部安装了安全系统并试图降低电力输入,但系统变得无法控制,大坝的发电机不得不断开连接。结果,电网中的频率无法稳定并开始波动,从而使卡鲁阿奇(Caruachi)和马卡瓜(Macagua)的另外两个发电厂过载。[17]

作为提高恢复力的措施,委内瑞拉建立了一些火力发电厂,在电力短缺或停电的情况下接管负荷。然而,由于维护原因和燃料短缺,这些发电厂在事故发生时并未运行。[16]因此,稳定电网的频率并使其重新上线特别困难。

停电的后果是多方面的,特别是停电时间过长。具体来说,委内瑞拉几乎整个电信基础设施都被关闭[22],这也影响了电视(即新闻广播)和互联网连接。作为第二个(相关性的)后果,银行和金融系统无法运作,这影响了现金的可得性。由于无法使用银行卡和自动取款机,大多数金融交易回到美元支付。[25]由于没有足够的电力,冰箱不能工作,这直接影响了食品供应并导致肉类、鱼类零售商铺的关闭,因为他们无法再保持产品的新鲜。[9]此外,供水系统也同样受到停电的影响,委内瑞拉主要城市的大部分地区数天都没有供水。

此外，医疗器械供应和医疗保健服务也受到了停电的影响。医院虽然配备了发电机，但由于燃料供应不足，无法充分运转。结果，只有急诊室有照明，而且由于感染的机会太高，无法正常进行标准手术，因此，多家医院报告了数起死亡事件，这些死亡事件可能与停电直接相关。[15]从行业角度来看，停电严重影响了石油生产，导致一些石油钻井平台完全关闭，并使委内瑞拉的整体石油产量在一段时间内减半。[33]

7 天后，全国大部分地区恢复稳定供电，然而，因为电网无法满负荷运行，事故发生后 30 天的电力重新配给是必要的。在此期间，3 月底和 4 月初又出现了影响该国大部分地区的数次停电，影响了电信、交通和公共部门的运营。[3]

## 参考文献


[1] Assante MJ, Lee RM (2015) The Industrial Control System Cyber Kill Chain. SANS White Paper, SANS, Bethesda. https://www.sans.org/reading-room/whitepapers/ICS/industrial-control-system-cyber-kill-chain-36297

[2] Bundesamt für Sicherheit in der Informationstechnik (2016) IT-Grundschutz Catalogue. BSI, Bonn. https://www.bsi.bund.de/EN/Topics/ITGrundschutz/itgrundschutz_node.html. English Version

[3] CGTN (2019) Maduro announces 30 days of electricity rationing in Venezuela. Egypt independent. https://news.cgtn.com/news/3d3d514f31557a4e33457a6333566d54/index.html

[4] Cimpanu C (2017) Petya ransomware outbreak originated in ukraine via tainted accounting software. https://www.bleepingcomputer.com/news/security/petya-ransomware-outbreak-originated-in-ukraine-via-tainted-accounting-software/

[5] Dube R, Castro M (2019) Venezuela blackout plunges millions into darkness. Wall Street J. https://www.wsj.com/articles/venezuela-blackout-stretches-across-country-closing-schools-and-businesses-11552053011

[6] European Commission (2008) COUNCIL DIRECTIVE 2008/114/EC of 8 December 2008 on the identification and designation of European critical infrastructures and the assessment of the need to improve their protection. Off J Eur Union (L345): 75-82. http://eur-lex.europa.eu/legal-content/EN/TXT/PDF/?uri=CELEX:32008L0114&from=EN

[7] FireEye (2013) APT1. Exposing one of China's cyber espionage units. Technical report, FireEye Inc., Milpitas. https://www.fireeye.com/content/dam/fireeye-www/services/pdfs/mandiant-apt1-report.pdf

[8] FireEye (2019) Cyber threat intelligence reports. https://www.fireeye.com/current-threats/

threat-intelligence-reports. html

[9] France24 (2019) Race against time in blackout-hit Venezuela to save food stocks. France

[10] Greenberg A (2017) How the Mimikatz hacker tool stole the world's passwords. Wired. https:// www. wired. com/story/how-mimikatz-became-go-to-hacker-tool/

[11] Greenberg A (2018) WIRED: the untold story of NotPetya, the most devastating cyberattck in history. https://www. wired. com/story/notpetya-cyberattack-ukraine-russia-code-crashed-the-world/

[12] Hadnagy C (2011) Social engineering. Wiley, Indianapolis. http://media. obvsg. at/AC08377030-1001

[13] Hess H, Lehmann P (2005) Neue Erkenntnisse zum Stromausfall. https://www. gotthardbahn. ch/downloads/stromausfall_medienkonferenz2. pdf

[14] ICS-CERT (2016) Cyber-attack against Ukrainian critical infrastructure. https://ics-cert. us-cert. gov/alerts/IR-ALERT-H-16-056-01

[15] Jones S (2019) Venezuela blackout: what caused it and what happens next? The Guardian. https://www. theguardian. com/world/2019/mar/13/venezuela-blackout-what-caused-it-and-what-happens-next

[16] Kurmanaev A, Herrera I, Krauss C (2019) Venezuela blackout, in 2nd day, threatens food supplies and patient lives. The New York Times. https://www. nytimes. com/2019/03/08/world/ americas/venezuela-blackout-power. html

[17] La Patilla (2019) El origen de la falla que causó el mega apagón en Venezuela (informe de la UCV). LaPatilla. com. http://www. lapatilla. com/2019/03/13/el-origen-de-la-falla-que-causo-el-mega-apagon-en-venezuela/

[18] Lee RM, Assante MJ, Conway T (2016) Analysis of the cyber attack on the Ukrainian power grid. Technical report, E-ISAC, Washington. https://ics. sans. org/media/E-ISAC_SANS_Ukraine_DUC_5. pdf

[19] Mann I (2008) Hacking the human. Gower, Aldershot

[20] Marinos L, Lourenco M (2019) ENISA threat landscape 2018. Technical report, ENISA, Ispra. https://www. enisa. europa. eu/publications/enisa-threat-landscape-report-2018/at_download/fullReport

[21] MS-ISAC (2019) EternalBlue. Security primer SP2019-0101, multi-state information sharing & analysis center (MS-ISAC). https://www. cisecurity. org/wp-content/uploads/2019/01/Security-Primer-EternalBlue. pdf

[22] NetBlocks (2019) Second national power outage detected across Venezuela. https://netblocks. org/reports/second-national-power-outage-detected-across-venezuela-dQ8o728n

[23] Newman LH (2019) Why it's so hard to restart Venezuela's power grid. Wired. https://www.

wired. com/story/venezuela-power-outage-black-start/

[24] PTI (2017) New malware hits JNPT operations as APM terminals hacked glob-ally. http://indianexpress. com/article/india/cyber-attack-new-malware-hits-jnpt-ops-as-apm-terminals-hacked-globally-4725102/

[25] Rosati A (2019) Venezuela is now awash in U. S. dollars. Bloomberg. com. https://www.bloomberg. com/news/articles/2019-06-18/once-forbidden-u-s-dollar-is-suddenly-everywhere-in-venezuela

[26] Schmidthaler M, Reichl J (2016) Assessing the socio-economic effects of power outages ad hoc. Comput Sci Res Dev 31(3):157-161. https://doi. org/10. 1007/s00450-014-0281-9

[27] Schweizer Radio und Fernsehen (SRF) (2014) Schweiz - Der Blackout 2005 - ein schwarzer Tag für die SBB. Schweizer Radio und Fernsehen (SRF). https://www. srf. ch/news/schweiz/ der-blackout-2005-ein-schwarzer-tag-fuer-die-sbb

[28] Secureworks (2019) Advanced persistent threats - learn the ABCs of APT: part A. https://www. secureworks. com/blog/advanced-persistent-threats-apt-a

[29] ThreatStop (2016) Black energy. Security report, ThreatStop, Carlsbad. https://www. threatstop. com/sites/default/files/threatstop_blackenergy. pdf

[30] UCTE (2004) Final report of the investigation committee on the 28 September 2003 blackout in Italy. Technical report, Union for the Coordination of Electricity Transmission (UCTE). http://www. rae. gr/old/cases/C13/italy/UCTE_rept. pdf

[31] US-CERT (2017) Alert (TA17-132a) indicators associated with WannaCry ransomware. https://www. us-cert. gov/ncas/alerts/TA17-132A

[32] US-CERT (2017) Alert (TA17-181a) petya ransomware. https://www. us-cert. gov/ncas/alerts/TA17-181A

[33] Zerpa F (2019) Venezuela blackouts cut oil output by half in March. Houston Chronicle. https://www. chron. com/business/energy/article/Venezuela-Blackouts-Cut-Oil-Output-by-Half-13743951. php

[34] Zetter K (2016) Everything we know about Ukraine's power plant hack | WIRED. https://www. wired. com/2016/01/everything-we-know-about-ukraines-power-plant-hack/

# 第 2 章

# 关键基础设施

None of us knows what might happen even the next minute, yet still we go forward. Because we trust. Because we have Faith.

谁也不知道下一分钟会发生什么，然而我们还是继续前进。因为我们对未来有信任，我们对未来有信仰。

——保罗·柯艾略(P. Coelho)

本章通过更深入地介绍威胁和对策如何不同以及它们在物理域、网络域和中间域中的特殊性，来完善对于关键基础设施安全的介绍。了解这些差异和区别对于制定针对当今多种多样的高级持续威胁的有效对策来说是至关重要的。即使是局部事件也可能产生超出关键基础设施的逻辑或物理边界的深远影响，因此，我们将本章的部分内容用于讨论和概述模拟方法，这些方法有助于对横跨基础设施间的安全事件的可能影响进行建模和估计。这种模拟模型为本书其余部分所讨论的博弈论安全模型的后续构建提供了宝贵的信息和数据资源。

## 2.1 关键基础设施的例子与定义

### 2.1.1 什么使基础设施变得“关键”?

关键基础设施对社会的安全和福利至关重要，因为它们提供了关键的产品和服务。诸如饮用水或电之类的商品是我们日常生活的一部分，并且我们通常认为，它们应该处于可 24 小时随时获取的状态。但是，最近发生的与 CI 中网络物理系统安全相关的事件，例如第 1 章中已经提到的案例或更复杂的 Stuxnet[52] 和 WannaCry[92] 案例，加深了我们对于 CI 脆弱性及其对于网络空间强烈依赖的认识。正如前一章中在某种程度上所描述的那样，此类事件表明一个地区、一个国家或整个世界内的 CI 之间具有很强的相互依赖性。虽然对这些相互依赖性进行粗略分类是可能的[83]，但评估这些关系的影响则很有挑战性。对整个 CI 网络的分析是复杂的，其中最大的挑战便是理解网络空间的内部动态。

由于不同CI之间的高度可变性以及其中相互依赖关系的变化，我们很难找到对于关键基础设施的正式定义。基础设施受到新兴技术、数字化、日益紧密的相互联系和相互依存的影响，但也受条文规定和新法律的约束。尽管如此，我们仍有希望确定基础设施为“关键”的因素。德国联邦信息安全办公室(BSI)给出了CI的一个相关定义[100]：

关键基础设施是对一个国家的社会和经济至关重要的组织性实体结构和设施，它们的故障或退化将导致持续性供应短缺、公共安全和安保的严重破坏或其他严重的后果。

欧洲理事会则在其欧盟指令2008/114/EC[32]中给出了另一个定义：

“关键基础设施”是指位于成员国的一项资产、系统或系统中的一部分，对维持人们的重要社会功能、健康、安全、安保、经济或社会福祉至关重要，并且对其破坏将导致由于未能维持这些职能而对成员国造成重大影响。

从这两个定义中，我们看出CI的特点是它对一个国家的社会和经济福祉以及公共卫生与安全具有至关重要的作用。

在查看各个关键行业板块时，我们会看到不同国家所给出的清单是不同的。例如，德国BSI将以下部门认定为CI[100]：

- 运输和交通(空运、海运、内河、铁路、公路、物流)；
- 能源(电力、石油、天然气)；
- 信息技术和电信；
- 金融和保险业；
- 政府和公共行政；
- 食品(工业、贸易)；
- 水(供水、污水处理)；
- 卫生；
- 媒体和文化。

欧盟将以下11个部门定性为关键部门(尽管欧盟指令中仅提及“能源”和“运输”)[32]：

- 能源；
- 核工业；
- 信息、通信技术(ICT)；
- 水；
- 食品；
- 卫生；
- 金融；

- 运输；
- 化工；
- 航天；
- 研究机构设施。

另一方面，美国政府在 2002 年将关键基础设施分为 13 种类型[69]：

- 农业；
- 食品；
- 水；
- 公共卫生；
- 紧急服务；
- 政府；
- 国防工业基地；
- 信息和电信；
- 能源；
- 交通运输；
- 银行和金融；
- 化工；
- 邮政和航运。

综合上述三个方面，我们可以看到能源、ICT（信息通信技术或一般通信）、交通、金融、水、卫生、化工通常可被认为是最重要的部门。

### 2.1.2 威胁

在过去十年中，公开的 CI 安全事件数量已有所增加。与此同时，与以往任何时候相比，引发这些事件的成因种类的范围也变得更广。由于 CI 间不断强化的相互依赖性，一个 CI 会因为其他 CI 的损坏或故障而产生自身的损坏或故障。比方说，这些级联效应可由自然威胁或网络空间攻击行为所引起，1.4 节的案例研究对此已有所描述。

这些多方面且不断变化的相互依赖性为 CI 运营者带来了挑战。一个 CI 可用性受限或者故障会直接或间接影响依赖它的其他 CI。网络内部的高度复杂性和多样性使得级联效应的发酵成为可能。这使得对于损失后果的评估变得困难——无论事故是意外还是人为故意所导致。

我们在本章中的目标是展示 CI 语境下“安全”一词含义的多样性，并讨论博弈论如何已在且可进一步应用于解决该领域的安全问题。为了阐明 CI 安全性的各个维度，我们在此描述了 CI 运营者所面临的一些除第 1 章中描述的一般挑战之外的具体风险。罗列这些风险的目的并不在于追求完整性，而是旨在说明 CI 所面临威胁和风险的多样性。

正如上一小节中简要提到的，CI 存在于多个社会部门。在听到 CI 一词时，人们可能首先想到的会是日常消费的商品和服务，例如电力或水资源。除非在交通运输受到诸如恶劣天气条件所限制的时候，人们通常不会认为 CI 也包含了这一领域。许多人更加不了解食品供应商的重要性，有时甚至包括食品经营者自己也未曾意识到自己的存在有多重要。此外，大多数 CI 运营者对与信息技术安全相关的风险认识非常有限。他们所设置的密码可能很容易就会被猜到，员工也可能缺乏有关避免恶意软件和/或社会工程攻击危险的培训。2015 年至 2017 年间，在德国有 9 个关于 CI 信息技术安全的案例研究被实施。[60]通过分析，参与者面临的主要挑战如下：

· 允许对 CI 进行远程维护，使得更高级别的控制和更灵活的工作时间成为可能，但如果远程维护未被正确实施和谨慎使用，也会带来风险。对远程控制系统的威胁包括导致服务中断的网络攻击、对敏感数据未经授权的访问或未经授权的操作（例如在获得身份验证信息之后）。

· 医院需要保护患者的个人和健康数据免遭未经授权的访问和修改。应特别关注医院对此意识的提升，因为社会工程攻击对他们来说仍然是陌生的概念。

· 食品生产商（例如乳制品商）需要确保其产品质量，并防止攻击者增添化学品。

· 在金融行业，需要确保业务流程是安全的。尤其需要注意，汇款过程应是可靠的，并且需要防止未经授权的访问或操纵。

· 销售软件的企业需要关心网络攻击，首先因为他们需要确保其产品的质量，其次因为他们会使用到或处理客户数据。一旦其产品被操纵，它可能不会再满足客户需求，公司声誉将会受损。此外，产品也存在被用于间谍活动的风险。

· 电子邮件通信可根据消息的内容进行分类。如果敏感数据毫不设限地被发送，后果可能导致声誉受损、金钱损失或为更高级的攻击（例如 APT）提供信息。

· 当警方使用照片进行记录时，必须确保图像的真实性，即在任何时候都不应出现错误或故意修改。此外，必须安全存储，杜绝未经授权的访问。

· 在 IT 支持失败的情况下，必须仍然能够协调（灾难）救援力量。特别是，此时的通信应与传统的信息和通信技术（ICT）网络分开，以确保任何情况下都可以进行紧急呼叫。

· 武装部队不是传统意义上的 CI，然而，他们对民众的安全做出了重大贡献，因此需要受到免受有针对性的（网络）攻击的保护。对其攻击的潜在目标可能存在于获取信息、破坏稳定、空中主权或药品供应等方面。

CI 可能面临的各种威胁和风险，可以根据事件首先影响 CI 的哪个部分进行粗略分类。因此，从整体上，我们会结合现有的对于 CI 安全博弈论模型的阐述，对 2.2 节中的网络域和 2.3 节中的物理域，以及 2.4 节中将网络物理系统作为一个复合整体的更高级攻击进行区别对待。然而，在更详细地研究安全性之前，我们首先提供一些术语以及 CI 的定义。

CI 的功能与社会高度相关，因此政府、组织和研究人员共同致力于提高 CI 的安全性。虽然在这方面有大量的出版物关注到已发生的和未来可能发生的事件（例如，文献[2]或类似情况），但有关分析模型的文献并不是那么丰富。博弈论经常被应用于研究关键基础设施的安全性，其中相应的模型通常被称为安全博弈（security game）。[51] 一旦安全受到战略攻击者的威胁，这些模型就会自然地得到运用，许多网络或网络物理攻击都是如此（至少对于成功的攻击而言）。即使对于自然灾害等非故意威胁，即便采用零和博弈模型，假设一个试图造成尽可能多的破坏的（战略）攻击者，博弈论的方法也可能会带来有用的启发。虽然这种角度有些悲观，但它可以帮助产生一些行之有效的结果，这些结果能帮助解释潜在回报、指导应采取的安全措施等。一些安全博弈已被成功地付诸实践，例如，它们被洛杉矶国际机场[73]、美国运输安全管理局[74]和美国海岸警卫队[96]所广泛采纳。

接下来的三节将会梳理针对 CI 安全的博弈论方法，其关注的重点是如何对最频繁紧迫的威胁和攻击进行建模。2.5 节对模拟 CI 安全事件后果的现有方法进行了总结。

## 2.2 网络空间安全

大量近期新闻报道都表明，基础设施易受网络攻击，并且对网络攻击的抵御能力相对脆弱。成功的网络攻击通常具有高度战略性，并且同时运用了高超的技术知识和目标 CI 的相关信息（例如通过社会工程渠道窃取）。了解网络中所存在的潜在攻击的一种流行方法是使用蜜罐（honeypot）。虽然蜜罐看起来像网络的一个普通部分，但它们不包含敏感信息，旨在分散攻击者的注意力以了解他的行为。如果攻击者识别出一个目标是蜜罐，他可能会通过选择采用与在真实网络组件中不同的攻击策略来欺骗防御者。这种相互作用可以被建模为攻击者和防御者间存在不完整信息的单次贝叶斯博弈。

在物联网背景下，文献[59]提出了一个模型，其中防御者面对未知类型（或主动或被动）的攻击者。无论对于哪种类型，攻击者都会根据其从外部可见的攻击方式发出一个相应的“可疑”或“正常”信号。根据这一信号，防御者将决定是正常接受流量还是将其重新路由到蜜罐。论文中显示了完美贝叶斯纳什均衡（PBNE）的存在，并使用 MATLAB 模拟进行了验证。

电力对于任何其他 CI 的运行都至关重要，随着智能电网的发展，通信网络若遭受攻击，可能会导致电力可用性降低。攻击者通常采取很聪明的战略性行动，这使得博弈论分析方法适用于该场景。在最坏的假设情况下，即攻击者的目的是制造最大程度的破坏，文献[18]在攻击者和防御者之间采用零和博弈来分析了若干种智能攻击，例如漏洞攻击或数据注入。网络的鲁棒性是根据基于连接的可渗透性来衡量的，因为这决定了防御的成本。

### 2.2.1 黑客攻击

2015 年和 2016 年在安特卫普[6]发生的由计算机操控的集装箱遭受黑客攻击（而促成了毒品贩运）和乌克兰电网黑客攻击[20,48,106]等事件对电网、医院和港口产生了重大影响，并提升了 CI 运营者的相关意识。将博弈论模型应用于网络攻击往往隐含性地假设聪明的攻击者会采取理性的行动。在涉及将信息收集作为第一步的有针对性攻击的情况下（例如，通过结合利用公开可用信息与社会工程的方法），此假设是有效的。

### 2.2.2 恶意软件和勒索软件

WannaCry 勒索软件[19]和 NotPetya 恶意软件[36]（均在 2017 年发生）影响了许多对网络攻击尚知之甚少的 CI 部门，例如港口。[58]在恶意软件攻击的情况下，“理性攻击者”的这一假设可能不适用，比如当它的设计方式是为了覆盖尽可能多的人的时候。① 然而，在这种攻击者旨在造成最大损害的最坏情况下，我们仍然可以使用零和博弈模型进行分析。文献[54]通过零和微分博弈研究了无线网络中恶意软件的影响。

与流行病模型类似，一个网络节点可能处于易受恶意软件攻击、被恶意软件感染或已停止使用的状态，并计算鞍点策略②。在文献[57]中，采用具有随机收益的零和博弈方法，将一场恶意软件攻击对欧洲公共设施网络的影响进行了评估。在这种情境下，收益是通过基于渗透的模型来估计的，该模型会模拟恶意软件通过公共设施网络的传播过程。防御者试图将造成最大伤害的可能性降到最低（另见文献[54]）。在文献[99]中使用着色博弈的模型，确定了保护电网免受网络攻击的策略以及减缓恶意软件传播的方法。

## 2.3 关键基础设施的物理安全

尽管最近对 CI 的许多攻击都是从网络域开始的，但关注物理安全仍然很重要。除

① 译者注：此时将不会满足“理性攻击者”这一假设。

② 译者注：即均衡点所代表的策略。

了洪水或地震等自然灾害外，故意攻击针对的也可能是物理域。其中许多攻击集中在包括各种 ICS 在内的通信系统的物理部分。文献[107]提出了对化工厂的保护可通过考虑安全防御者和对手之间基于通用入侵检测模型的博弈来进行优化。在文献[108]中，放宽了攻击者和防御者同时移动的假设，并引入了贝叶斯-斯坦克尔伯格博弈（Bayesian Stackelberg game），并通过案例进行了研究。

## 2.3.1 窃听

当攻击者仅读取被发送的数据但对数据不做更改时，这样的频繁被动攻击是窃听。我们现在将跳过窃听威胁，因为我们将在第 11 章中更深入地重新讨论这个问题。然而，值得一提的是，即使是像量子网络这样复杂的通信基础设施，也可能容易受到窃听攻击，这种攻击能通过攻击信任中继这样的基本安全假设而发生作用[65,80]，但我们可以在博弈论的帮助下抵御此类威胁。我们将在第 11 章中详细说明这一点。

## 2.3.2 干扰

窃听攻击是被动攻击，而干扰是与之对应的主动攻击，攻击者要么通过删除一些数据来阻止数据传输，要么更改内容并转发被篡改的数据。第一种干扰类型会威胁到系统可用性，而第二种干扰类型则挑战完整性。阻止网络物理系统（CPS）中传感器和控制单元之间的数据交换可能会导致拒绝服务攻击。在远程状态估计的背景下，文献[63]建议在传感器和攻击者之间进行零和博弈，以确定发送数据的最佳时间。作者证明了纳什均衡的存在，并提出了一种计算它的算法。更多关于干扰的游戏模型在文献[1,111]中得到应用。

## 2.3.3 恐怖袭击

文献[82]中调查了对石油和天然气管道的恐怖袭击，其中最有吸引力的攻击目标以及最佳防御策略是通过管道安全博弈确定的。

对于有计划攻击的情形，文献[47]使用了攻击者和防御者之间的零和博弈，针对目标为电力网络的对抗性攻击进行了分析。对于随机攻击的情形，防御者需解决目标为将攻击预期后果最小化的优化问题。如果攻击者试图将其收益高于预定水平的概率最大化，则两种极端情况（最坏情况与随机情况）为预期结果提供了界限。文献[47]以瑞典国家高压电力系统为例，对如何评估防御策略进行了阐述。

## 2.4 关键基础设施的网络物理安全

正在日益发展的数字化也会对CI带来影响。数字化(比如通过ICS的方式)使流程控制成为可能并帮助其平稳地运营,但也在为新的风险铺路。网络和物理系统之间日益增长的互联,增加了CI的脆弱性。物理系统和网络系统之间的相互作用通常会导致产生如下情况,即威胁不仅仅是对子系统威胁的总和,相反,这两个部分可能会在攻击期间相互放大。本节重点介绍这种混合型系统。过去的网络物理系统模型对这种交互仅仅给予了极为有限的关注。

两个系统之间的相互依赖性会影响保护两个系统的努力[41]并改变攻击所带来的影响。此外,它还使新型攻击的出现成为可能。老练的攻击者经常利用与网络域和物理域相关几个弱点的组合来达到他们的目的。这促进了在网络物理安全下联合防御机制的出现,在近期引起了很多关注。博弈论作为一种刻画战略交互活动的语言,为这种复杂的攻击提供了多种模型。文献[31]从博弈论的角度对网络物理安全的动态博弈模型进行了总结,而我们在这里提出了应对网络物理系统特定威胁的不同模型。文献[104]通过随机博弈对电网上的协同网络物理攻击进行了建模。作为第一个明确解释网络和物理部分之间相互依赖的博弈论模型之一,资源分配随机博弈被用来将攻击的物理影响最小化,该影响可通过最优负荷削减模型进行量化。使用基于minimax Q-learning算法可以验证该博弈存在均衡策略。

计划和执行APT的攻击者通常拥有大量他们所攻击系统的组织结构和技术细节的信息。[81]这些信息的范围包括从有关SCADA服务器、控制器和网络交换机漏洞的信息到相关员工及其职责的信息。目标组织通常不会注意到APT的准备工作,这种隐蔽性使得这种攻击对CI的影响的预测变得极为困难。具有概率分布价值收益的博弈论模型考虑到了这种攻击所带来影响的不可预测性,并仍然能够找到解决方案。这种模型具有更高的准确性,其代价则是需要对各个场景(如果同时需要优化多个目标,则对各个目标)下的收益分布做出估计。这种对于收益的估计取决于所考虑的场景和可用的数据。如果所需资源可用[35],则对于收益的估计可能将基于专家评估和试验台模拟。如果无法进行这样的深入分析估计,则需要建立这个CI的一个动态模型。如今存在几类模型可以用来描述事件后果并同时将网络物理系统(现代的CI属于网络物理系统)内部的级联效应纳入考虑。我们将在下一节中描述当前最常用的几种模型方法。

## 2.5 安全事件影响的模拟

在高度互联的CI网络中，一起安全事件不仅会影响单个CI运营者，还会影响其他运营者，具体取决于受影响的运营者(例如，电力供应短缺可能会影响医院或供水的运作)。这种级联效应可在包括CI网络在内的各个领域中越来越频繁地被观察到。虽然CI故障级联的触发因素是多方面的，但至少在某些领域，我们依然可以识别级联行为的一些特征。如果我们可以获取这些特征信息，则需要在模拟故障级联时将其纳入，以使得模型充分完备。

### 2.5.1 网络模型

我们观察到故障级联一般存在两个阶段，即事态似乎仍旧正常运转的缓慢级联阶段，以及系统失控的快速级联阶段。另一个普遍特征是由于故障级联的高度复杂性和其中所包含的各种不同的间接成本(从货币成本到员工工时甚至公司声誉等)，衡量故障级联的影响较为困难。对于导致级联效应的事件，我们通常只有有限的可用数据。我们会尽可能多地将历史数据与专家意见相结合，以限制假设的数量。文献[71]中提出的现有研究有助于识别乍一看并不明显的故障模式或相互依赖关系。此外，文献[40]中讨论了挑战基础设施之间相互依赖性的诸多不确定性因素。

级联效应模型具有很强的多样性，为了帮助对不同的推理方式进行总结，我们做如下的大致分类。文献[70]中给出了CI系统模型和模拟方法的概述，文献[37]中给出了电力系统中故障级联的不同模型间的翔实比较。在本节的其余部分，我们根据现有方法的主要关注点把现有方法分为五类，即拓扑模型、随机模型、动态模拟模型、基于代理的模型和基于经济的模型。此阐述并不详尽，因为存在不属于这五类中的其他模型，但这里讨论的模型囊括了最先进的方法。

首先，对级联效应的正式分析需要对所涉及的系统进行形式化描述。这通常通过网络模型完成，该模型通过图描述每个系统，其中各个组成部分由节点表示，组成部分间的关联由节点间的连线表示。在一个信息物理系统的情况中，整个系统的网络描述可以分成两步完成。第一，网络系统和物理系统都分别由一个子网络建模(基于该领域专家的专业知识)。第二，需要识别两个系统之间的相互依赖关系，并将其表示为两个子网络组成部分之间的连线。这种表示的方法非常简单，而且有助于对情况的了解。此外，最终生成的整体图提供了有关系统的基本信息，同时，也使得通过模拟的方法来估计故障影响成为可能。

#### 2.5.1.1 基于图的模型

许多故障级联模型都以物理网络的拓扑属性为基础。例如，在文献[101,103]中，节点的度被用作权重，从而，该加权图中的局部流量分布规则允许我们对边缘故障的后果进行分析。此外，介数中心性已被用于研究无尺度网络中的过载故障。[45,46]文献[55]通过图拓扑指数的方法比较了电网中的触发事件和随机故障。此外，拓扑属性可用于定义其他术语，例如通过文献[66]中提出的节点容量模型定义容量。这些模型大多假设一个组成部分要么正常工作，要么出现故障，即它的功能是在二元尺度上测量的。

大多数拓扑模型非常通用，适用于任何复杂的网络，即它们通常不限于在特定的部门中使用。正因如此，此类模型可能在某些特定 CI 板块研究中产生误导性结果。[44]尽管如此，它们还是为更多的高级模型提供了良好的基础，例如研究拓扑对电网级联故障的影响。[22]一些扩展工作使用了最大流理论来对电网行为进行建模，例如，在文献[34]中用于识别关键线路，在文献[33]中用于模拟电网的抗攻击性能。虽然这些模型普遍适用，但它们通常缺乏对实际情况的详细表示，因此在预测时容易出错。

#### 2.5.1.2 相互依赖的网络模型

由于包括数字化在内的各种原因，不同的网络之间互联程度越来越高，最近的研究集中探索这种多个网络互联而形成的网络。[94]这一发展也影响了相互依赖的或由 SCADA 网络控制的 CI。曾经独立的系统之间的互联，使多个领域内的高级攻击[98]成为可能。此类事件的最新例子包括 2015 年对乌克兰电网的攻击[61]，其中攻击者远程控制 SCADA 系统以中断电网运行。虽然网络物理系统中的安全问题已得到很多关注[30]，但基于相互依赖模型的研究仍然有限。除了网络-物理依赖之外，不同 CI 之间的相互依赖也会导致新的威胁。这种相互关联的 CI 已在文献[84]中进行了分析和分类。具体来说，文献[85]基于相互依赖的网络模型和模拟，研究了电网故障对电信网络产生的后果。文献[10]研究了互联网络在级联故障中的脆弱性和鲁棒性，发现互联网络的行为确实与单一网络不同。特别是，删除关键节点可能会导致以前相互依赖的网络完全分裂。文献[93]进一步探索了多种依赖关系，以分析电网的鲁棒性。文献[91]提出了一种针对耦合网络中级联故障的缓解策略，并使用历史数据进行了测试。

### 2.5.2 随机模型

级联行为的一个核心特征是其高度复杂和众多可引发或加剧级联的因素而导致的不可预测性。除了复杂性问题之外，许多因素都是未知的(例如电网中的隐藏故障)或者根本无法测量的(例如间接依赖性)。鉴于完全无法做到精确预测，随机模型则自然成为了描述这种情况的一大选择。此外，此类模型允许进行可用于验证模型或进行预测的模拟,并允许模拟各种可能事件。虽然流行的随机过程(如马尔可夫链和分支过程)经常用于建模,但也存在其他方法。例如,文献[110]中的模型通过故障传播的能流模型结合故障间隔时间的随机模型来描述整个网络的故障动态。通过这种方式,它提供了一个级联过程的模拟,可用于研究系统的鲁棒性。

#### 2.5.2.1 马尔可夫链模型

最简单且最著名的随机模型是马尔可夫链模型,因为它考虑到了一定程度的依赖,但同时因为它们只有有限的内存,所以也不太复杂。尽管如此,当需要更详细的状态描述时,状态空间可能会呈指数增长。另一方面,马尔可夫链模型背后有着丰富的理论支撑,允许计算平稳分布或路径长度。具有记忆的高级马尔可夫模型是存在的[105],但由于模型背后的数学更复杂(特别是转移矩阵需要用转移张量替换),这些模型(如今)尚未被经常性地使用。

文献[102]中引入了一个离散马尔可夫链模型,它以二元尺度形式描述电网中的线路运作(需要注意的是,该模型中两个状态变化之间的时间间隔被认为是无穷小的),旨在从随机流量分布模型中推导出马尔可夫链的转移概率,以捕捉级联效应,我们可以为一条给定的线路计算线路过载的概率。文献[79]中介绍了描述电网系统动态的连续时间马尔可夫链模型。该模型的复杂性是通过构建抽象状态空间来处理的,其中,状态包含与系统动态相关的所有信息。该模型允许预测停电概率的演变以及对停电规模的渐近分析。该模型的一个扩展是相互依赖的马尔可夫链模型,用于描述相互依赖的网络中的级联故障。[78]该模型表明,相互依赖关系的存在会极大地影响两个系统中故障大小的分布。模拟表明,如果一个系统的故障大小服从指数分布,则这个系统对级联故障的鲁棒性小于故障大小服从幂律分布的系统。

#### 2.5.2.2 分支过程模型

一个更复杂的生长和繁殖模型是分支过程模型。大多数分支过程模型不是很具体,并且只能提供级联故障影响的一般性估计。而从另一方面来说,这些模型在分析和计算上易于处理,并允许直接模拟级联过程。文献[24]中介绍了级联问题的应用,其中事件被分为若干代,传播过程由泊松分支过程描述。基于该模型,文献[23]估计了电网中级联断电的程度,文献[28]研究了相关缓解策略。

Galton-Watson 分支过程模型和相关估计器已被用于预测电力系统中的故障分布[27]和停电规模分布。[75]文献[77]研究和模拟了不同组成部分中故障之间的相互作用。为减轻级联故障,人们也研究了相互作用对故障的影响,例如,文献[76]使用复型分支过程分析了级联断电的相关统计信息。

#### 2.5.2.3 高级随机模型

描述级联故障演变过程的模型有一个缺点，即基于这些模型的模拟需要花费相当长的运行时间。当需要对故障传播机制进行实时预测时，这会是一个问题。在这种情况下，通常而言，最好使用提供级联过程概述的高级统计模型。CASCADE 模型[25,26]通过将干扰负载随机分配给电力运输系统的某些部分来启动级联效应，并使用简化的公式来描述能产生级联的负载的重新分配。这种简化可以快速估计故障组成部分的数量以及停电规模的分布。文献[29]基于这个模型对电力系统的可靠性进行了分析。在某些情况下，CASCADE 模型产生的结果与分支过程模型所产生的结果是类似的。[56]

### 2.5.3 动态模拟模型

只要可以获得一个系统的详细信息，就可以使用更多逼真的模拟模型进行更精确的预测，但它们不太适用于实时预测。橡树岭国家实验室（ORNL）的研究人员基于文献[14]中的线性规划方法提出了一个动态模型，用来描述电网中的级联过程（例如，由于传输线故障引发的级联故障）。但是这个 ORNL-PSerc-Alaska（OPA）模型没有提供线路中断造成的停电的精确模拟，因此文献[95]对它进行了扩展改进。这种改进后的 OPA 模型允许模拟电力系统中级联停电的模式，因为它将动态以及潜在的缓解措施通通纳入考虑范围。用于电力系统级联故障的一个非线性动态模型是文献[97]中引入的具有多进程集成能力的级联断电模拟器（COSMIC）模型，该模型通过相应微分方程的递归计算来描述多种机制。文献[42]使用了动态概率风险评估来刻画级联故障中的事件与电网对扰动的动态响应之间的耦合。文献[43]扩展了该模型，用以捕捉电网级联断电所包括的两个不同的阶段（一个缓慢的阶段和一个快速的阶段）。文献[16]引入了考虑隐藏故障的负载流模型。

### 2.5.4 基于代理的模型

如果 CI 系统不同组成部分之间的动态特征是已知的，那么基于代理的模型就可能对整个系统行为进行充分描述。基于代理的模型可以用现有的系统动态模型或离散事件模型来构建。[8]桑迪亚国家实验室（Sandia National Laboratories）和阿贡国家实验室（Argonne National Laboratory）已经开发了数种基于代理的模型以描述基础设施之间的相互依赖关系。桑迪亚首先开发了一个名为 ASPEN[5]的模型，该模型经过多次扩展和修改，可以模拟相互依赖的基础设施。[4,9]

这些模型的最近扩展，例如美国国家基础设施模拟和分析中心（NISAC）下属的代理经济学实验室（N-ABLE）提出的模型，可用于研究网络攻击对基础设施的物理影响。[53]

在这种情况下，基于代理的模型用于模拟依赖电力或交通系统等基础设施的经济代理(例如公司)之间的交互，因而，模拟结果中产生了对这些系统在现实世界中的出现故障后果的估计。阿贡国家实验室在 2000 年引入了一种基于代理的电力系统模型，称为现货市场代理研究工具(SMART Ⅱ)[67]，该模型考虑了网络的拓扑结构。该模型被扩展后，使用灵活代理模拟工具包(FAST)模拟软件[68]用来研究天然气基础设施及其与电力基础设施的相互依赖性。

基于代理的模型也用于模拟复杂社会中的风险响应[12]，这反过来为模拟社会对关键公用事业事件的响应提供了基础。[11]其具体应用包括了在疏散情况下通信系统和运输系统之间的交互行为[3]，或者在自然灾害情况下网络系统和关键信息基础设施之间的相互依赖关系。[13]此外，这些模型可用于分析 CI 中的运维策略。[50]文献[7]建立了视社会为一组具有交互关系的代理的模型，使用该模型分析了恶意网络攻击对电力系统的影响。文献[15]介绍了相互依赖的 CI 环境中的模拟模型。

通常，基于代理的模型能提供某给定场景下的事件潜在后果的详细信息，因此它允许非常详细的“假设”分析。但是，构建这些模型所需的详细知识通常非常具体。如果系统发生变化，基于代理的模型则需要适应系统变化后的新情况。此外，这些模型建立在对代理行为的假设之上，而这种假设通常是主观的，且难以被证实。因此，如果缺少有关代理的行为或动机信息，那么这种基于代理的模型就不再适用。

## 2.5.5 基于经济的方法

通常而言，关键基础设施对生产和经济至关重要，因此我们也可以使用经济模型来研究 CI 的相互依赖性。[87]两种最广泛使用的模型分别是投入产出模型和可计算一般均衡模型，下面将对此二者进行详细的描述。

### 2.5.5.1 投入产出模型

20 世纪 50 年代初，投入产出模型被引入用于描述工业部门的生产和消费。[62]基于此，文献[39]提出了投入产出不可操作性模型(IIM)，用于研究 CI 无法执行其任务情况下出现的风险，即基础设施不可用情况下的风险。近年来，IIM 模型已被广泛应用于对经济系统破坏的调查[89]、相互依赖的基础设施的风险分析[17,38]、对国际贸易的影响[49]以及 CI 中的风险传播。[72]

文献[64]提出的动态 IIM 模型对不可操作性随时间的发展进行了刻画，其中包括了随着时间变化所完成的故障恢复。这种高级模型适用于从自然灾害[21]到故意攻击[90]的多种情况，能提供分析结果和对所分析的依赖关系的直观理解。但是，这些模型通常无法提供有关单个组成部分中相互依赖性的详细信息，也无法实时输出结果。更严格地说，这些模型所假设的相互依赖是线性的，因此只能提供近似解。

#### 2.5.5.2 可计算一般均衡模型

可计算一般均衡模型可以看作投入产出模型的扩展。[86]与现有投入产出模型相比，它做了一些改进，包括采用非线性相互依赖，以及消费者对价格的反应等。它同样具有几个扩展模型，包括文献[109]中使用的空间可计算一般均衡模型。这些模型的一个缺点是，它们是在正常工作条件（例如，依据历史数据）下进行训练的，因此只刻画了正常工作条件下的相互依赖性。然而，极端事件发生后，这种正常条件的状态可能会发生变化。高级的可计算一般均衡模型支持弹性分析。[88]虽然可计算一般均衡模型同经典的投入产出模型相比，前者可以捕获更多细节，但它们需要大量数据（例如，估计弹性回弹的弹性值），并对效用函数形式有所依赖。效用函数作为优化的目标函数，在博弈论模型中发挥着核心作用。对于决策者而言，它们可以用来作为量化风险和安全性的基准安全“分值”。我们将在第 3 章中正式介绍这些概念。

## 2.6 将安全视为控制问题

因为 CI 之间相互依赖的复杂性，我们无法控制的外部因素所引起的各种不确定性，以及来自内部的潜在故障（人为故障、软件缺陷、技术故障等），我们可以认为安全性是一个“在不确定性中进行风险控制”的问题。图 2.1 是这种情况的抽象表达。其中，CI 是我们注意力的核心区域（在图中呈云朵状），外部参与者对 CI 产生影响。决策论在这里意在寻找控制自然外部因素的最佳行动，而博弈论则是针对性地解决理性行动的攻击者（如图中右侧所示）。在第 3 章中，我们将更深入地探讨这种差异，所有即将涉及的博弈模型都以自己独特的方式适应这个大前提。它们的使用基本上针对 CI 之外的参与者。在许多情况下，模拟模型能准确地捕获安全控制下的 CI 内部动态。我们将后者作为本书范围之外的一个独立的挑战，因为模拟（特别是效用函数和损失分布）将作为构建博弈的主要用途。本书其余部分的主要关注点是帮助防御者在面对理性和非理性攻击行为者时做出决策，并从外部或内部对 CI 施加影响。

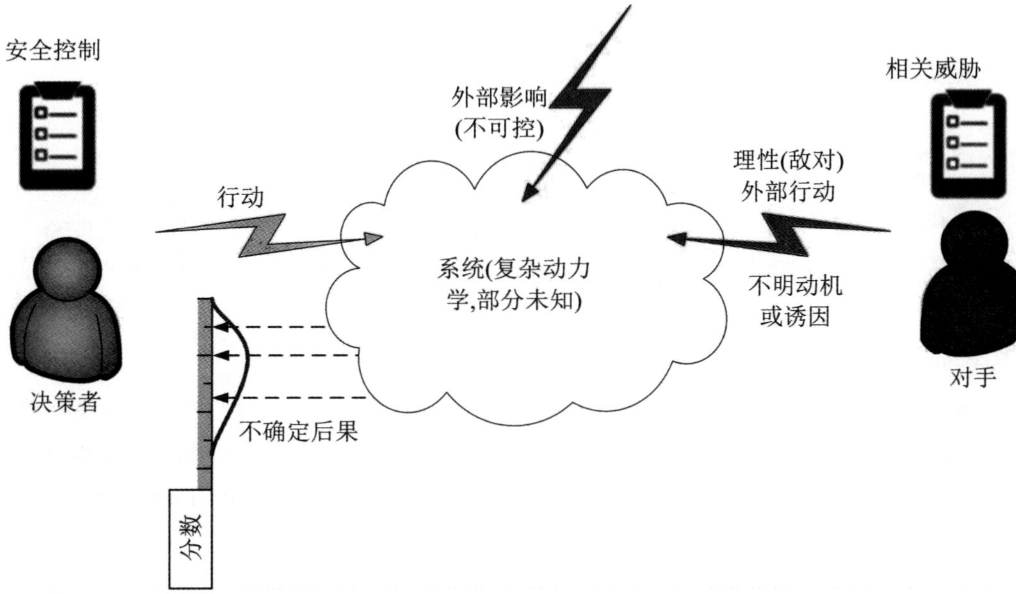


**图 2.1 安全作为一个控制问题的顶层视图**

# 参考文献

[1] Akyol E, Rose K, Başar T (2015) Optimal zero-delay jamming over an additive noise channel. IEEE Trans Inf Theory 61(8):4331-4344. https://doi.org/10.1109/tit.2015.2445344

[2] BABS (2019) Katalog der Gefährdungen, Katastrophen und Notlagen Schweiz. Technical report, Bundesamt für Bevölkerungsschutz (BABS)

[3] Barrett C, Beckman R, Channakeshava K, Huang F, Kumar VA, Marathe A, Marathe MV, Pei G (2010) Cascading failures in multiple infrastructures: from transportation to communication network. In: 2010 5th international conference on critical infrastructure (CRIS). IEEE, pp 1-8. https://doi.org/10.1109/CRIS.2010.5617569

[4] Barton DC, Eidson ED, Schoenwald DA, Stamber KL, Reinert R (2000) Aspen-EE: an agent-based model of infrastructure interdependency. Technical report. SAND2000-2925, 774027, Sandia National Labs. https://doi.org/10.2172/774027

[5] Basu N, Pryor R, Quint T (1998) ASPEN: a microsimulation model of the economy. Comput Econ 12(3):223-241. https://doi.org/s10.1023/A:1008691115079

[6] Bateman T (2013) Police warning after drug traffickers' cyber-attack. www.bbc.com/news/world-europe-24539417. BBC News, retrieved 25 Feb 2020

[7] Bompard E, Napoli R, Xue F (2009) Assessment of information impacts in power system

security against malicious attacks in a general framework. Reliab Eng Syst Saf 94(6): 1087-1094. https://doi.org/10.1016/j.ress.2009.01.002

[8] Borshchev A, Filippov A (2004) From system dynamics and discrete event to practical agent based modeling: reasons, techniques, tools. In: The 22nd international conference of the system dynamics society

[9] Brown T, Beyeler W, Barton D (2004) Assessing infrastructure interdependencies: the challenge of risk analysis for complex adaptive systems. Int J Crit Infrastruct 1(1): 108. https://doi.org/10.1504/IJCIS.2004.003800

[10] Buldyrev SV, Parshani R, Paul G, Stanley HE, Havlin S (2010) Catastrophic cascade of failures in interdependent networks. Nature 464:1025. https://doi.org/10.1038/nature08932

[11] Busby J, Gouglidis A, Rass S, König S (2016) Modelling security risk in critical utilities: the system at risk as a three player game and agent society. In: 2016 IEEE international conference on systems, man, and cybernetics (SMC). IEEE, Budapest, pp 001758-001763. 10.1109/SMC.2016.7844492. http://ieeexplore.ieee.org/document/7844492/

[12] Busby JS, Onggo B, Liu Y (2016) Agent-based computational modelling of social risk responses. Eur J Oper Res 251(3):1029-1042. https://doi.org/10.1016/j.ejor.2015.12.034

[13] Cardellini V, Casalicchio E, Tucci S (2006) Agent-based modeling of web systems in critical information infrastructures. In: International workshop on complex networks and infrastructure protection (CNIP 2006)

[14] Carreras BA, Lynch VE, Dobson I, Newman DE (2002) Critical points and transitions in an electric power transmission model for cascading failure blackouts. Chaos Interdiscip J Nonlinear Sci 12(4):985-994. https://doi.org/10.1063/1.1505810

[15] Casalicchio E, Galli E, Tucci S (2010) Agent-based modelling of interdependent critical infrastructures. Int J Syst Syst Eng 2(1):60. https://doi.org/10.1504/IJSSE.2010.035381

[16] Chen J, Thorp JS, Dobson I (2005) Cascading dynamics and mitigation assessment in power system disturbances via a hidden failure model. Int J Electr Power Energy Syst 27(4):318-326. https://doi.org/10.1016/j.ijepes.2004.12.003

[17] Chen P, Scown C, Matthews HS, Garrett JH, Hendrickson C (2009) Managing critical infrastructure interdependence through economic input-output methods. J Infrastruct Syst 15(3):200-210. https://doi.org/10.1061/(ASCE)1076-0342(2009)15:3(200)

[18] Chen PY, Cheng SM, Chen KC (2012) Smart attacks in smart grid communication networks. IEEE Commun Mag 50(8):24-29. https://doi.org/10.1109/mcom.2012.6257523

[19] Cimpanu C (2017) WannaCry ransomware infects actual medical devices, not just computers. https://www.bleepingcomputer.com/news/security/wannacry-ransomware-infects-actual-medical-devices-not-just-computers/. Bleeping Computer. Retrieved 25 Feb 2020

[20] Condliffe J (2016) Ukraine's power grid gets hacked again, a worrying sign for infrastructure attacks, 22 Dec 2016. https://www. technologyreview. com/s/603262/ukraines-power-grid-gets-hacked-again-a-worrying-sign-for-infrastructure-attacks/. Retrieved 26 July 2017

[21] Crowther KG, Haimes YY, Taub G (2007) Systemic valuation of strategic preparedness through application of the inoperability input-output model with lessons learned from hurricane katrina. Risk Anal 27(5):1345-1364. https://doi.org/10.1111/j.1539-6924.2007.00965.x

[22] Dey P, Mehra R, Kazi F, Wagh S, Singh NM (2016) Impact of topology on the propagation of cascading failure in power grid. IEEE Trans Smart Grid 7(4):1970-1978. https://doi.org/10.1109/TSG.2016.2558465

[23] Dobson I (2012) Estimating the propagation and extent of cascading line outages from utility data with a branching process. IEEE Trans Power Syst 27(4):2146-2155. https://doi.org/10.1109/TPWRS.2012.2190112

[24] Dobson I, Carreras B, Newman D (2004) A branching process approximation to cascading load-dependent system failure. In: Proceedings of the 37th annual Hawaii international conference on system sciences, 2004. IEEE, 10pp. https://doi. org/10. 1109/HICSS. 2004. 1265185

[25] Dobson I, Carreras BA, Lynch VE, Newman DE (2007) Complex systems analysis of series of blackouts: cascading failure, critical points, and self-organization. Chaos Interdiscip J Nonlinear Sci 17(2):026103. https://doi.org/10.1063/1.2737822

[26] Dobson I, Carreras BA, Newman DE (2005) A loading-dependent model of probabilistic cascading failure. Probab Eng Inf Sci 19(1). https://doi.org/10.1017/S0269964805050023

[27] Dobson I, Kim J, Wierzbicki KR (2010) Testing branching process estimators of cascading failure with data from a simulation of transmission line outages. Risk Anal 30(4):650-662. https://doi.org/10.1111/j.1539-6924.2010.01369.x

[28] Dobson I, Newman DE (2017) Cascading blackout overall structure and some implications for sampling and mitigation. Int J Electr Power Energy Syst 86:29-32. https://doi.org/10. 1016/j.ijepes.2016.09.006

[29] Dong H, Cui L (2016) System reliability under cascading failure models. IEEE Trans Reliab 65(2):929-940. https://doi.org/10.1109/TR.2015.2503751

[30] Dong P, Han Y, Guo X, Xie F (2015) A systematic review of studies on cyber physical system security. Int J Secur Appl 9(1):155-164. https://doi.org/10.14257/ijsia.2015.9.1.17

[31] Etesami SR, Başar T (2019) Dynamic games in cyber-physical security: an overview. Dyn Games Appl. https://doi.org/10.1007/s13235-018-00291-y

[32] European Commission (2008) COUNCIL DIRECTIVE 2008/114/EC of 8 December 2008 on the identification and designation of European critical infrastructures and the assessment of the

need to improve their protection. Off J Eur Union (L345):75-82. http://eur-lex.europa.eu/legal-content/EN/TXT/PDF/? uri=CELEX:32008L0114&from=EN

[33] Fan W, Huang S, Mei S (2016) Invulnerability of power grids based on maximum flow theory. Phys A Stat Mech Appl 462:977-985. https://doi.org/10.1016/j.physa.2016.06.109

[34] Fang J, Su C, Chen Z, Sun H, Lund P (2016) Power system structural vulnerability assessment based on an improved maximum flow approach. IEEE Trans Smart Grid 9(2): 777-785. https://doi.org/10.1109/TSG.2016.2565619

[35] Gouglidis A, König S, Green B, Rossegger K, Hutchison D (2018) Protecting water utility networks from advanced persistent threats: a case study. Springer International Publishing, Cham, pp 313-333. https://doi.org/10.1007/978-3-319-75268-6_13

[36] Greenberg A (2018) WIRED: the untold story of NotPetya, the most devastating cyberattck in history. https://www.wired.com/story/notpetya-cyberattack-ukraine-russia-code-crashed-the-world/

[37] Guo H, Zheng C, Iu HHC, Fernando T (2017) A critical review of cascading failure analysis and modeling of power system. Renew Sustain Energy Rev 80:9-22. https://doi.org/10.1016/j.rser.2017.05.206

[38] Haimes Y, Santos J, Crowther K, Henry M, Lian C, Yan Z (2007) Risk analysis in interdependent infrastructures. In: Goetz E, Shenoi S (eds) Critical infrastructure protection, vol 253. Springer, pp 297-310. https://doi.org/10.1007/978-0-387-75462-8_21

[39] Haimes YY, Pu J (2001) Leontief-based model of risk in complex interconnected infrastructures. J Infrastruct Syst 7(1):1-12. https://doi.org/10.1061/(ASCE)1076-0342(2001)7:1(1)

[40] Hasan S, Foliente G (2015) Modeling infrastructure system interdependencies and socioeconomic impacts of failure in extreme events: emerging R&D challenges. Nat Haz 78(3):2143-2168. https://doi.org/10.1007/s11069-015-1814-7

[41] Hausken K (2017) Defense and attack for interdependent systems. Eur J Oper Res 256(2):582-591. https://doi.org/10.1016/j.ejor.2016.06.033

[42] Henneaux P, Labeau PE, Maun JC (2012) A level-1 probabilistic risk assessment to blackout hazard in transmission power systems. Reliab Eng Syst Saf 102: 41-52. https://doi.org/10.1016/j.ress.2012.02.007

[43] Henneaux P, Labeau PE, Maun JC, Haarla L (2016) A two-level probabilistic risk assessment of cascading outages. IEEE Trans Power Syst 31(3): 2393-2403. https://doi.org/10.1109/TPWRS.2015.2439214

[44] Hines P, Cotilla-Sanchez E, Blumsack S (2010) Do topological models provide good information about electricity infrastructure vulnerability? Chaos Interdiscip J Nonlinear Sci 20(3):033122. https://doi.org/10.1063/1.3489887

[45] Holme P (2002) Edge overload breakdown in evolving networks. Phys Rev E 66(3). https://doi.org/10.1103/PhysRevE.66.036119

[46] Holme P, Kim BJ (2002) Vertex overload breakdown in evolving networks. Phys Rev E 65(6). https://doi.org/10.1103/PhysRevE.65.066109

[47] Holmgren A, Jenelius E, Westin J (2007) Evaluating strategies for defending electric power networks against antagonistic attacks. IEEE Trans Power Syst 22(1):76-84. https://doi.org/10.1109/tpwrs.2006.889080

[48] ICS-CERT (2016) Cyber-attack against Ukrainian critical infrastructure. https://ics-cert.us-cert.gov/alerts/IR-ALERT-H-16-056-01

[49] Jung J, Santos JR, Haimes YY (2009) International trade inoperability input-output model (IT-IIM): theory and application. Risk Anal 29(1):137-154. https://doi.org/10.1111/j.1539-6924.2008.01126.x

[50] Kaegi M, Mock R, Kröger W (2009) Analyzing maintenance strategies by agent-based simulations: a feasibility study. Reliab Eng Syst Saf 94(9):1416-1421. https://doi.org/10.1016/j.ress.2009.02.002

[51] Kar D, Nguyen TH, Fang F, Brown M, Sinha A, Tambe M, Jiang AX (2016) Trends and applications in Stackelberg security games. In: Handbook of dynamic game theory. Springer International Publishing, pp 1-47. https://doi.org/10.1007/978-3-319-27335-8_27-1

[52] Karnouskos S (2011) Stuxnet worm impact on industrial cyber-physical system security. In: IECON 2011 37th annual conference of the IEEE industrial electronics society. IEEE. https://doi.org/10.1109/iecon.2011.6120048

[53] Kelic A, Warren DE, Phillips LR (2008) Cyber and physical infrastructure interdependencies. Technical report, SAND2008-6192, 945905, Sandia National Laboratories. https://doi.org/10.2172/945905

[54] Khouzani M, Sarkar S, Altman E (2012) Saddle-point strategies in malware attack. IEEE J Sel Areas Commun 30(1):31-43. https://doi.org/10.1109/jsac.2012.120104

[55] Kim CJ, Obah OB (2007) Vulnerability assessment of power grid using graph topological indices. Int J Emerg Electr Power Syst 8(6). https://doi.org/10.2202/1553-779X.1738

[56] Kim J, Dobson I (2010) Approximating a loading-dependent cascading failure model with a branching process. IEEE Trans Reliab 59(4): 691-699. https://doi.org/10.1109/TR.2010.2055928

[57] König S, Gouglidis A, Green B, Solar A (2018) assessing the impact of malware attacks in utility networks. Springer International Publishing, Cham, pp 335-351. https://doi.org/10.1007/978-3-319-75268-6_14

[58] König S, Rass S, Schauer S (2019) Cyber-attack impact estimation for a port. In: Jahn C,

Kersten W，Ringle CM（eds）Digital transformation in maritime and city logistics：smart solutions for logistics. In：Proceedings of the hamburg international conference of logistics（HICL），vol 28. epubli GmbH，pp 164-183. https://doi.org/10.15480/882.2496. ISBN 978-3-7502-4949-3

[59] La QD，Quek TQS，Lee J（2016）A game theoretic model for enabling honeypots in IoT networks. In：2016 IEEE international conference on communications（ICC）. IEEE. https://doi.org/10.1109/icc.2016.7510833

[60] Lechner U，Dännart S，Rieb A，Rudel S（eds）（2018）Case Kritis - Fallstudien zur IT-Sicherheit in Kritischen Infrastrukturen. Logos Verlag，Berlin. https://doi.org/10.30819/4727

[61] Lee RM，Assante MJ，Conway T（2016）Analysis of the cyber attack on the Ukrainian power grid. Technical report，E-ISAC，Washington. https://ics.sans.org/media/E-ISAC_SANS_Ukraine_DUC_5.pdf

[62] Leontief WW（1951）Input-output economics. Sci Am 185:15-21

[63] Li Y，Shi L，Cheng P，Chen J，Quevedo DE（2015）Jamming attacks on remote state estimation in cyber-physical systems：a game-theoretic approach. IEEE Trans Autom Control 60(10):2831-2836. https://doi.org/10.1109/tac.2015.2461851

[64] Lian C，Haimes YY（2006）Managing the risk of terrorism to interdependent infrastructure systems through the dynamic inoperability input-output model. Syst Eng 9（3）：241-258. https://doi.org/10.1002/sys.20051

[65] Mehic M，Fazio P，Rass S，Maurhart O，Peev M，Poppe A，Rozhon J，Niemiec M，Voznak M（2019）A novel approach to quality-of-service provisioning in trusted relay quantum key distribution networks. IEEE/ACM Trans Netw 1-10. https://doi.org/10.1109/TNET.2019.2956079. https://ieeexplore.ieee.org/document/8935373/

[66] Motter AE，de Moura APS，Lai YC，Dasgupta P（2002）Topology of the conceptual network of language. Phys Rev E 65(6). https://doi.org/10.1103/PhysRevE.65.065102

[67] North MJ（2000）Smart II：the spot market agent research tool version 2.0. Nat Res Environ Issues 8(11)

[68] North MJ（2001）Toward strength and stability：agent-based modeling of infrastructure markets. Soc Sci Comput Rev 19(3):307-323. https://doi.org/10.1177/089443930101900306

[69] Office of Homeland Security（2002）National strategy for homeland security. Technical report，Department of Homeland Security

[70] Oliva G，Panzieri S，Setola R（2012）Modeling and simulation of critical infrastructures. In：Flammini F（ed）WIT transactions on state of the art in science and engineering，vol 1，1 edn. WIT Press，pp 39-56. https://doi.org/10.2495/978-1-84564-562-5/03

[71] Ouyang M (2014) Review on modeling and simulation of interdependent critical infrastruc-ture systems. Reliab Eng Syst Saf 121: 43-60. https://doi. org/10. 1016/j. ress. 2013. 06. 040. https://linkinghub. elsevier. com/retrieve/pii/S0951832013002056

[72] Owusu A, Mohamed S, Anissimov Y (2010) Input-output impact risk propagation in critical infrastructure interdependency. In: International conference on computing in civil and building engineering (icccbe). Nottingham University Press

[73] Pita J, Jain M, Ordonez F, Portway C, Tambe M, Western C (2008) ARMOR security for Los Angeles international airport. In: Proceedings of the 23rd AAAI conference on artificial intelligence (2008), pp 1884-1885

[74] Pita J, Tambe M, Kiekintveld C, Cullen S, Steigerwald E (2011) GUARDS - innovative application of game theory for national airport security. In: IJCAI 2011, pp 2710-2715. https://doi. org/10. 5591/978-1-57735-516-8/IJCAI11-451

[75] Qi J, Dobson I, Mei S (2013) Towards estimating the statistics of simulated cascades of outages with branching processes. IEEE Trans Power Syst 28(3): 3410-3419. https://doi. org/10. 1109/TPWRS. 2013. 2243479

[76] Qi J, Ju W, Sun K (2016) Estimating the propagation of interdependent cascading outages with multi-type branching processes. IEEE Trans Power Syst 1212-1223. https://doi. org/10. 1109/ TPWRS. 2016. 2577633

[77] Qi J, Sun K, Mei S (2015) An interaction model for simulation and mitigation of cascading failures. IEEE Trans Power Syst 30 (2): 804-819. https://doi. org/10. 1109/TPWRS. 2014. 2337284

[78] Rahnamay-Naeini M, Hayat MM (2016) Cascading failures in interdependent infrastructures: an interdependent Markov-chain approach. IEEE Trans Smart Grid 7(4): 1997-2006. https:// doi. org/10. 1109/TSG. 2016. 2539823

[79] Rahnamay-Naeini M, Wang Z, Ghani N, Mammoli A, Hayat MM (2014) Stochastic analysis of cascading-failure dynamics in power grids. IEEE Trans Power Syst 29 (4): 1767-1779. https://doi. org/10. 1109/TPWRS. 2013. 2297276

[80] Rass S, König S (2012) Turning Quantum Cryptography against itself: how to avoid indirect eavesdropping in quantum networks by passive and active adversaries. Int J Adv Syst Meas 5(1 & 2): 22-33

[81] Rass S, König S, Schauer S (2017) Defending against advanced persistent threats using game-theory. PLoS ONE 12(1): e0168675. https://doi. org/10. 1371/journal. pone. 0168675

[82] Rezazadeh A, Talarico L, Reniers G, Cozzani V, Zhang L (2018) Applying game theory for securing oil and gas pipelines against terrorism. Reliab Eng Syst Saf. https://doi. org/10. 1016/ j. ress. 2018. 04. 021

[83] Rinaldi S (2004) Modeling and simulating critical infrastructures and their interdependencies. In: Proceedings of the 37th annual Hawaii international conference on system sciences, 2004. IEEE. https://doi.org/10.1109/hicss.2004.1265180

[84] Rinaldi SM, Peerenboom JP, Kelly TK (2001) Identifying, understanding, and analyzing critical infrastructure interdependencies. IEEE Control Syst 21(6):11-25. https://doi.org/10.1109/37.969131

[85] Rosato V, Issacharoff L, Tiriticco F, Meloni S, Porcellinis SD, Setola R (2008) Modelling interdependent infrastructures using interacting dynamical models. Int J Crit Infrastruct 4(1): 63. https://doi.org/10.1504/IJCIS.2008.016092

[86] Rose A (2004) Economic principles, issues, and research priorities in hazard loss estimation. In: Okuyama Y, Chang SE (eds) Modeling spatial and economic impacts of disasters. Springer, Berlin/Heidelberg, pp 13-36. https://doi.org/10.1007/978-3-540-24787-6_2

[87] Rose A (2005) Tracing infrastructure interdependence through economic interdependence. Technical report, CREATE Research Archive. http://research.create.usc.edu/nonpublished_reports/78. Non-published Research Reports, Paper 78

[88] Santella N, Steinberg LJ, Parks K (2009) Decision making for extreme events: Modeling critical infrastructure interdependencies to aid mitigation and response planning. Rev Policy Res 26(4):409-422. https://doi.org/10.1111/j.1541-1338.2009.00392.x

[89] Santos JR (2006) Inoperability input-output modeling of disruptions to interdependent economic systems. Syst Eng 9(1):20-34. https://doi.org/10.1002/sys.20040

[90] Santos JR, Haimes YY, Lian C (2007) A framework for linking cybersecurity metrics to the modeling of macroeconomic interdependencies. Risk Anal 27(5):1283-1297. https://doi.org/10.1111/j.1539-6924.2007.00957.x

[91] Schneider CM, Yazdani N, Araújo NAM, Havlin S, Herrmann HJ (2013) Towards designing robust coupled networks. Sci Rep 3(1). https://doi.org/10.1038/srep01969

[92] William S (2018) Lessons learned review of the WannaCry Ransomware Cyber Attack. Report NHS, Feb 2018

[93] Shao J, Buldyrev SV, Havlin S, Stanley HE (2011) Cascade of failures in coupled network systems with multiple support-dependence relations. Phys Rev E 83(3). https://doi.org/10.1103/PhysRevE.83.036116

[94] Shekhtman LM, Danziger MM, Havlin S (2016) Recent advances on failure and recovery in networks of networks. Chaos Solitons Fractals 90:28-36. https://doi.org/10.1016/j.chaos.2016.02.002

[95] Mei S, He F, Zhang X, Wu S, Wang G (2009) An improved OPA model and blackout risk assessment. IEEE Trans Power Syst 24(2): 814-823. https://doi.org/10.1109/TPWRS.

2009. 2016521

[96] Shieh EA, An B, Yang R, Tambe M, Baldwin C, DiRenzo J, Maule B, Meyer G (2013) PROTECT: an application of computational game theory for the security of the ports of the United States. In: Proceedings of the 26th AAAI conference on artificial intelligence (AAAI'12), pp 2173-2179

[97] Song J, Cotilla-Sanchez E, Ghanavati G, Hines PDH (2016) Dynamic modeling of cascading failure in power systems. IEEE Trans Power Syst 31(3): 2085-2095. https://doi.org/10.1109/TPWRS.2015.2439237

[98] Tazi K, Abdi F, Abbou MF (2015) Review on cyber-physical security of the smart grid: Attacks and defense mechanisms. In: 2015 3rd international renewable and sustainable energy conference (IRSEC). IEEE, pp 1-6. https://doi.org/10.1109/IRSEC.2015.7455127

[99] Touhiduzzaman M, Hahn A, Srivastava A (2018) A diversity-based substation cyber defense strategy utilizing coloring games. IEEE Trans Smart Grid 1-1. https://doi.org/10.1109/TSG.2018.2881672

[100] UP KRITIS (2014) Public-private partnership for critical infrastructure protection - basis and goals. Technical report, Bundesamt für Sicherheit in der Informationstechnick (BSI)

[101] Wang WX, Chen G (2008) Universal robustness characteristic of weighted networks against cascading failure. Phys Rev E 77(2). https://doi.org/10.1103/PhysRevE.77.026101

[102] Wang Z, Scaglione A, Thomas RJ (2012) A Markov-transition model for cascading failures in power grids. In: 2012 45th Hawaii international conference on system sciences. IEEE, pp 2115-2124. https://doi.org/10.1109/HICSS.2012.63

[103] Wei DQ, Luo XS, Zhang B (2012) Analysis of cascading failure in complex power networks under the load local preferential redistribution rule. Phys A Stat Mech Appl 391(8): 2771-2777. https://doi.org/10.1016/j.physa.2011.12.030

[104] Wei L, Sarwat AI, Saad W, Biswas S (2018) Stochastic games for power grid protection against coordinated cyber-physical attacks. IEEE Trans Smart Grid 9(2): 684-694. https://doi.org/10.1109/TSG.2016.2561266

[105] Wu SJ, Chu MT (2017) Markov chains with memory, tensor formulation, and the dynamics of power iteration. Appl Math Comput 303: 226-239. https://doi.org/10.1016/j.amc.2017.01.030

[106] Zetter K (2016) Everything we know about Ukraine's power plant hack | WIRED. https://www.wired.com/2016/01/everything-we-know-about-ukraines-power-plant-hack/

[107] Zhang L, Reniers G (2016) A game-theoretical model to improve process plant protection from terrorist attacks. Risk Anal 36(12): 2285-2297. https://doi.org/10.1111/risa.12569

[108] Zhang L, Reniers G (2018) Applying a Bayesian Stackelberg game for securing a chemical

plant. J Loss Prev Process Ind 51:72-83. https://doi.org/10.1016/j.jlp.2017.11.010

[109] Zhang P, Peeta S (2011) A generalized modeling framework to analyze interdependencies among infrastructure systems. Transp Res Part B Methodol 45(3):553-579. https://doi.org/10.1016/j.trb.2010.10.001

[110] Zhang X, Zhan C, Tse CK (2017) Modeling the dynamics of cascading failures in power systems. IEEE J Emerg Sel Top Circuits Syst 7(2):192-204

[111] Zhu Q, Saad W, Han Z, Poor HV, Başar T (2011) Eavesdropping and jamming in next-generation wireless networks: a game-theoretic approach. In: 2011-MILCOM 2011 military communications conference. IEEE, pp 119-124

# 第3章

# 数学决策的制定

I am prepared for the worst, but hope for the best.

怀最好的希望，做最坏的打算。

—— 本杰明·迪斯雷利(B. Disraeli)

由于决策论和博弈论都以优化为核心，本章将讲述优化的基本思想、概念和建模，目的是为后面的章节提供数学基础知识。本章将重点对以下内容进行简单、紧凑和独立的描述：① 决策论和博弈理论是什么；② 这两个领域有什么不同；③ 当我们努力寻求解决方案时，如何实际使用这些模型。具体来说，我们将讨论偏序关系、真实和随机排序关系，以及作为通用覆盖框架的优化，包括单目标和多目标优化及其在决策论和博弈论中的应用。每个小节和概念部分都附有数学例子。本章的开头将具体定义所有即将出现的(数学)描述，以便在整个介绍中(和本书)保持一致。

## 3.1 偏好和排序关系

生活中的许多情形，包括但不限于关键基础设施的保护，是需要在一些选项中进行选择的。根据选项的种类，这种情形可能是从一个有限集合中挑选一些选项，比如购买一个新的安全工具，或者是确定实施某个(固定)动作的时间，比如安全巡查、补丁或类似的行动。关于时间的决策，是从无限集合(因为时间是一个连续的量)中做出选择的例子，但是，离散的和连续的选择都可以统一到决策论的共同标准下。那么，在特定(这里是任意的)上下文中给定的两个行动 $a_1$，$a_2$ 中，决策者如何能够在二者之间做出选择，或者甚至可能决定根本不做选择？在没有任何标准来判断 $a_1$ 与 $a_2$ 的关系的情况下，除非有特殊原因，否则是不可能做出决策的。由于在所有可以想象的情况下，只依靠巧合的偶然性做决策显然是无稽之谈，因此我们需要一种系统的推理方式来引导决策者沿着合理的路线做出最佳决定。“最佳”是一个需要定义的关键概念，而决策论在技术上是对统计推理的重新公理化，并以灵活的方式准确解决选择问题。

决策论受到过很多批评，一些统计学家甚至拒绝接受决策论，理由是主观的决策过程几乎不可能达到数学或统计学工作所需要的准确度。我们将在第 6 章中讨论其中的一些问题。现在，我们感兴趣的是如何对行动进行对比评价，以便做出选择，尽管从绝对意义上来说，可能并不存在绝对"好"的选项。

考虑如下的最普遍的情况。如果 $AS$ 是一个行动的集合，我们可以从中选择元素；假设集合元素之间存在某种偏好关系（用符号 $\trianglelefteq$ 来表示），$a_1 \trianglelefteq a_2$ 意味着行动 $a_2$ 比行动 $a_1$ 更可取。在数学决策论中，通常的做法是通过给行动 $a$ 分配一个数字 $g(a)$ 来量化行动 $a$。假定函数 $g$ 是存在的，那么，当且仅当 $g(a_1) \leqslant g(a_2)$ 时，$a_1 \trianglelefteq a_2$。事实上，函数 $g$ 存在与否，取决于我们对偏好关系所施加的要求。这些要求可能包括某些必要的属性以保证 $g$ 的存在，以及另外一些属性来保证 $g$ 的使用是可行的（例如 $g$ 具有线性、连续等属性）。请注意，出于同样的原因，我们显然不能把 $\trianglelefteq$ 称为一种"排序"关系，因为排序关系有一组精确定义的属性，换言之，如果满足下面的属性，我们才称 $\leqslant$ 是排序关系：

- 反射性（reflexive）：每个元素 $x$ 都满足 $x \leqslant x$；
- 反对称性（antisymmetric）：如果两个元素 $x, y$ 满足 $x \leqslant y$ 和 $y \leqslant x$，则 $x = y$，即它们是相同的；
- 传递性（transitive）：如果 $x \leqslant y, y \leqslant z$，则 $x \leqslant z$。

偏好关系的属性与上述排序属性相似但不完全相同，我们将在第 5 章中进行完整的讨论。一般来说，偏好关系不是排序关系的特例，反之亦然。对于这两种关系，如果任何两个元素 $x, y$ 分别满足 $x \leqslant y$ 和 $y \leqslant x$ 的关系，或分别满足 $x \trianglelefteq y$ 和 $y \trianglelefteq x$ 的关系，我们就称它们为全序（total），这意味着任何两个元素都是可比较的。如果存在不可比较的元素，我们称其为偏序（partial）。在偏序情况下，存在元素 $x, y$，使得 $x \leqslant y$ 和 $y \leqslant x$ 都不成立，或者 $x \trianglelefteq y$ 与 $y \trianglelefteq x$ 都不成立。

令 $(R, \leqslant)$ 是一个任意的集合，其元素是完全有序的（一个常见但不唯一的例子是 $R = \mathbf{R}$），并且让函数 $g: AS \to (R, \leqslant)$ 取在 $R$ 中的值。我们说函数 $g$ 代表 $AS$ 上的排序关系 $\leqslant$，如果它满足下述条件的话：

$$\forall a_1, a_2: \quad a_1 \trianglelefteq a_2 \quad \Leftrightarrow \quad g(a_1) \leqslant g(a_2) \tag{3.1}$$

在实际情况中，偏好关系可以用实值的，甚至是连续的函数 $g$ 来表示，但一般来说，这种表示通常不是那么显而易见的。

数学决策论的发展，起源于如何系统地确定一个合理的偏好关系应该具有哪些属性。数学决策论把这些属性作为公理，并在此基础上推导出一个连续的实值函数 $g$，这样就可以使用优化理论了。数学决策论方法是一回事，这些假设是否能准确反映现实中的决策过程则是另一回事。第 5 章的最后将会讨论在实践中发现的一些关于公理在现实中何时和如何被违反的情况，以及如何修复这种问题以使得决策论仍然有效。

目前，我们将继续假设有一个函数 $g$ 可以用来量化所有行动，从而可以对行动进行排序。分配给 $g$ 的值有多种类型，但几乎在所有情况下都是一个分值(score)、测度(measure)或度量(metric)。这些术语意义不同，我们要记住它们的区别。

· 分值(score)是一个数字，它本身没有任何意义，只用于比较；比如说，如果前者的分值高于后者，我们可能更喜欢行动 $a_1$ 而不是行动 $a_2$。然而，分值的绝对值可能是没有语义的。分值是风险的典型量化方式，通过将连续的损失范围分配给连续的分数。同样地，安全漏洞也可以用分值来比较，这些分值是由对一个漏洞的特征的分类评估汇编而成的，如所需的对手技能水平、利用的时间等。这种方法的一个众所周知的例子和应用是通用漏洞评分系统(Common Vulnerability Scoring System，简称 CVSS)。CVSS 评分数值本身除了作为某些漏洞的严重性指标外，没有任何意义。

· 测度(measure)类似于分值，但它有其自身的意义，也就是说，即使在没有竞争行动的衡量标准的情况下也有意义。在风险评估中，两个常见的测度例子是：

(1) 概率(probabilities)。每个行动 $a$ 可能引发不同的事件，这种事件是行动 $a$ 的后果，其发生的相对频率近似于该事件以行动 $a$ 为条件的概率。行动 $a$ 产生的后果存在不确定性，我们需要对哪些影响可能发生或不可能发生进行推理，以帮助我们选择。

(2) 损失(losses)、收益(revenues)或效用(utilities)。损失、收益或效用，通常用于对某一行动 $a$ 后果的优势或劣势进行量化。收益、效用或回报(payoff)等术语经常被作为同义词使用，而损失在数值上经常被视为与这些同义词相同的概念，只是它有一个负号。绝对损失的量化可以是任意的，包括货币单位、声誉的获得/损失(例如，如果一个公司获得/失去了客户或市场份额)，乃至拯救/失去了人的生命。后者与复杂的伦理问题有关，我们在此不作进一步讨论。

· 度量(metric)。度量用来对两个行动之间的差异进行量化。因此，对单一行动而言，它没有语义(甚至没有定义)的意义，它在这一点上与分值类似，只对比较对象有用。然而，与分值不同的是，度量通常不用于为两个对象或行为进行排名，而是如上面对测度的解释那样，主要是为了衡量度量的相似度。

需要注意的是，测度和度量这两个词有严格的数学含义，其数学对象不能与我们上面的描述混为一谈。在下文中，除非必要，我们不会深入探讨测度理论和度量理论的应用。

## 3.2 优化

现在，函数 $g$ 为我们提供了对行动进行量化和相互排序的方法，这样我们就可以考虑如下的问题，即“在所有属于 $AS$ 的元素 $a$ 中，哪个 $a^*$ 是最佳选择?”，这是一个通用的优化问题。我们的论述将围绕以下的一般性问题而展开：令 $C$ 是一个集合，让 $g:\Omega\to(R,\leqslant)$ 是一个函数，该函数的定义域 $\Omega$ 覆盖 $C$，该函数的像空间是有序的（为方便起见，我们将假设 $\leqslant$ 是 $R$ 上的全序）。在后面的大部分内容中，我们将把 $C$ 作为某个行动空间 $AS$，但是为了保证存在最佳决策，也就是在集合 $C$ 上存在最优解，我们把 $C$ 扩展为一个更大的集合 $\Omega\supset C$，例如，把 $\Omega$ 作为 $C$ 的凸包，表示为 $\Omega=\Delta(C)$。当然，其他做法也是可能的（但我们目前还用不到其他做法）。集合 $\Delta(AS)$ 定义为 $\Delta(AS)=(p_1,\cdots,p_n)\in[0,1]^n:p_1+p_2+\cdots+p_n=1$。集合 $\Delta(AS)$ 是一个单纯形，它将（确定性的）行动集合扩展为随机化的行动集合，这意味着在决策时，决策者可以采取不同的行动，以便在较长时间尺度内得到最优结果。我们以后会看到，最优行为的存在可能会依赖于决策者改变行为的自由。

使用以上定义的符号，我们可以把优化问题看作如下任务，即计算一个元素 $x_0$ 以达到以下目标：

$$[g(x_0)\leqslant g(x),\forall x\in C]\quad \text{或者}\quad [g(x_0)\geqslant g(x),\forall x\in C] \tag{3.2}$$

其中，左边是一个最小化问题，而右边是一个最大化问题。我们用 $\arg\min\limits_{x\in C} g(x)$ 来表示 $g$ 达到最小值 $x_0$，而 $\min\limits_{x\in C} g(x)$ 是指在这个（此处未知）点 $x_0$ 的最小值（对最大化问题来说反之亦然）。一般而言，arg min将产生 $C$ 中的一组数值（最优值通常不是唯一的），而 min 将产生函数 $g$ 定义域中的一个单一数值。函数 $g$ 也被称作目标函数。对于数学博弈，目标通常是一些效用函数，其特殊性和构造将在后面讨论。假设 $\leqslant$ 和 $\geqslant$ 是式(3.2)中所讲的全序，并保证了最优值 $g(x_0)$ 存在的话，那么最优值 $g(x_0)$ 将是唯一的。如果这个排序关系被弱化为偏序，那么这种唯一性就会不复存在。在多目标优化问题中，这种情况会不可避免地发生（这将在 3.3 节讨论）。

对于有 $n$ 个选择的有限行动空间，这相当于在 $n$ 维单位立方体 $[0,1]^n\in\mathbf{R}^n$ 上找到 $g$ 的最优值；而对于无限（连续）行动空间，单纯形 $\Delta$ 是定义在 $AS$ 上的所有（连续）分布的集合，这样就可以将上述定义中的和变成一个积分。但是，我们在本书的其余部分，几乎不需要这种更通用的设定。

集合 $C$ 确实可以（而且在很多情况下会）包含众多的选项，最多可包括无限多的选项。需要注意的是，即使对于一个有限集合 $AS$ 来说，其单纯形 $\Delta(AS)$ 也是连续的。在这些情况下，函数 $g$ 的属性，如连续性、可微分性、凸性或其他属性，可能成为在算法上解决优化问题的重要辅助手段。在大多数情况下，解决优化问题的方法主要取决于函数 $g$ 的结构和隐含属性。

## 3.3 多目标优化

许多实际情况需要同时考虑几个分值或度量。例如，一个公司可能关注财务收益、市场份额、客户满意度和其他许多方面，所有这些都需要对决策进行优化。在这种情况下，我们需要考虑若干个目标函数，并且必须相应地调整式(3.2)中定义的通用优化问题。

假设我们要对 $d>1$ 个单独的目标函数 $g_1,\cdots,g_d$ 进行优化，那么我们可以把它们放在一起作为一个矢量值的目标函数 $g:AS\to\mathbf{R}^d$ 写成 $g(a)=(g_1(a),g_2(a),\cdots,g_n(a))$。在不失一般性的情况下，我们可以认为优化是所有最小化或所有最大化(通过将每个目标函数乘以 $-1$，相应地将目标从“最小”改为“最大”，反之亦然)。因此，式(3.2)需要重新定义 $\mathbf{R}^d$ 元素间的$\leqslant$和$\geqslant$关系。为此，我们让两个向量 $x=(x_1,\cdots,x_d)$，$y=(y_1,\cdots,y_d)\in\mathbf{R}^d$ 满足 $x\leqslant y$，当且仅当 $x_i\leqslant y_i$，$\forall\ i=1,2,\cdots,d$。例如，$x=(1,2,3)\leqslant y=(1,2,4)$。同样，当且仅当对所有坐标 $i=1,2,\cdots,d$ 均满足 $x_i\geqslant y_i$ 时，$x\geqslant y$ 成立；这两种关系的严格定义是很自然的。对 $x>y$ 取反，就得到关系 $x\leqslant_1 y$，意思是无论其他坐标如何，存在一些坐标 $i_0$，使得 $x_{i_0}\leqslant y_{i_0}$。例如，$x=(1,3,2)\leqslant_1 y=(4,4,1)$，因为两个向量的第二个坐标都满足$\leqslant$关系(这就够了，虽然 $x_3\geqslant y_3$)。关系$\geqslant_1$ 的定义与此相同，是 $x$ 和 $y$ 之间严格$<$关系的反操作。$\mathbf{R}^d$ 上的$\leqslant$和$\geqslant$关系具有反对称性、传递性和自反性，但与 $\mathbf{R}$ 上的$\leqslant$不同，上面演绎出的排序关系只是偏序关系(例如，$\leqslant$和$\geqslant$在向量 $x=(1,3)$和 $y=(3,1)$上都不成立)。在 $\mathbf{R}^d$ 上的严格关系的行为与它们在 $\mathbf{R}$ 中的其他关系相似，但$\leqslant_1$和$\geqslant_1$ 的关系只具有自反性，而不具有传递性或反对称性。

由于 $\mathbf{R}^d$ 只是偏序，我们无法找到最大或最小值，而只能找到若干极大或极小值。它们与最大/最小值的区别，仅在于排序关系的部分覆盖性质：最小值是“全局”最优的，意味着它对函数 $g$ 的像空间中的所有其他元素都是$\leqslant$的关系。一个极小的元素可能有不可比较的其他元素，所以它只比某些元素小，但不比所有其他元素小，即那些没有定义的$\leqslant$关系的元素(对于一个极大的元素，反之亦然)。

因此，如果用$\leqslant$重写式(3.2)的话，求解将变得复杂，不仅因为最优值 $g(x_0)$不再是唯一的，而且更不利的是，我们可能会发现不同的候选最优值 $x=g(x_0)$和 $y=g(x_1)$，它们之间没有$\leqslant$或$\geqslant$的关系，因此无法对它们进行比较。

对 $x$ 和 $y$“更好”的选择可以通过查看坐标并用字典序来定义偏好关系。字典序 $x\leqslant_{\text{lex}}y$ 考虑了从左到右的坐标，如果 $x_1<y_1$，则 $x\leqslant_{\text{lex}}y$，如果 $x_1>y_1$，则 $x\geqslant_{\text{lex}}y$。一旦

打成平手，即 $x_1 = y_1$，就用第二个坐标重复这个过程，并定义同样的结果，以此类推（就像人们按字母顺序排列单词一样，根据第一个字母排列，在相同的情况下，根据第二个字母排列两个单词并以此类推）。如果所有的坐标都相等，我们就有 $x = y$。

值得注意的是，这种排序可以将标量上的任何排序扩展到向量上，如果基础排序是全序/偏序的，那么产生的排序就是全序/偏序的。这是定义 $\mathbf{R}^d$ 上全序的另一种方式，但它依赖于坐标在重要性方面的明确排序。从我们的优化问题来看，可以对目标函数本身按某种优先顺序进行合理的排列，不过，这忽略了目标之间的量化权衡。例如，目标 $g_1$ 可能是最重要的，但如果第二和第三重要的目标可以变大（或变小）以补偿目标 $g_1$ 的次优性，那么它的次优值可能仍然可以承受。这种方法发展出了传统的标量化方法。

上述问题可以用传统的标量化方法来解决。矢量值优化问题的标量化是指通过给目标函数 $g_i$ 分配一个权重（优先级、重要性等）$w_i \in \mathbf{R}$ 来定义一个新的目标函数 $g_i: \Omega \to \mathbf{R}, \forall i = 1, 2, \cdots, n$，并对该函数进行优化：

$$g^*: \Omega \to \mathbf{R}, g^* = \sum_{i=1}^{n} w_i \cdot g_i \tag{3.3}$$

在不丢失一般性的情况下，我们可以额外假设所有的权重 $w_i \geqslant 0$，并且 $\sum_i w_i = 1$；否则，如果 $w_i < 0$，我们可以用 $-g_i$ 代替 $g_i$，如果 $\sum_i w_i \neq 1$，我们可以直接用 $g^*$ 乘以某个常数，将权重之和进行归一化，这使得最优值的位置（即 arg min和 arg max集）没有变化，只相当于最优值乘以同一个常数。式(3.3)与目标是独立的这一隐含的假设一致，因为该公式不包括任何混合项。对这一假设的放宽将导致 Choquet 积分，其讨论将在 3.6 节进行。

采用标量化的方法，将所有目标函数编入一个单一的、现在是标量化的函数 $g^*$ 时，我们回到了熟悉的优化单一目标函数的场景。这种简化的代价是，在如何定义权重的问题上，它必然是主观的。如果目标函数不能有意义地增益，比如说，如果 $g_1$ 衡量的是安装一个新工艺的财富收益，而 $g_2$ 则是以计算时间来量化该工艺的效率，那么就会出现额外的复杂情况。从数字上看，这两个数字总是可以相加的，但从语义上看，这两个数字的总和本身没有任何意义；用我们在 3.1 节中介绍的术语来说，$g^*$ 在任何情况下都是一个分值。

尽管如此，在基于 $w_i \geqslant 0$ 和 $\sum_{i=1}^{n} w_i = 1$ 的选择基础上，标量化的目标函数 $g^*$ 对最优性有一个有用的解释：从几何学上讲，优化发生在所有目标的凸点上，所以应在所产生的凸集的边界上寻求最优解。这意味着任何解决方案 $x_0 = \arg\max_{a \in AS} g^*(a)$ 都是帕累托最优的。这意味着每一个备选点 $x_1 \neq x_0$ 都可能改善某些目标 $g_i$，即 $g_i(x_1) \geqslant g(x_0)$，但必然

会有另一个目标 $g_j$ 使得 $g_j(x_1) \geqslant g(x_0)$。因此，在我们的上述术语中，帕累托最优是一个点 $x_0$，对于所有 $x \in \Omega$，都有 $g(x) \leqslant_1 g(x_0)$。图 3.1 用两个目标说明了这种效果：任何朝向更大的 $g(x_1)$ 或 $g(x_2)$ 的移动，都必然会减少另一个目标的价值（由于集合的凸性）。所有帕累托最优点的集合被称为帕累托边界（Pareto front）。在几何学上，它是由定义 $g^*$ 的加权和式(3.3)推导的凸壳边界的一部分。

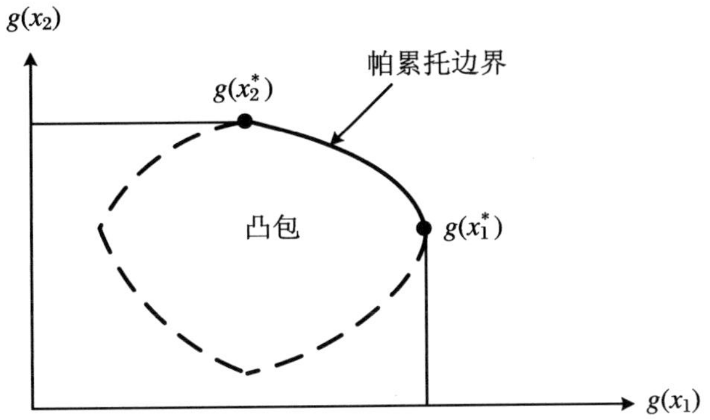


**图 3.1　二维 Pareto 优化示意图**

现在问题来了，标量化方法怎么会比字典序更好呢？毕竟字典序可以很容易地变成全序，无需重要性的权重，只需重要性的等级。尽管如此，在任何情况下，在权重或目标等级的选择上仍然有点主观。然而，如果坐标函数只取离散的和有限的数值，我们可以找到权重来定义 $g^*$，使 $g^*$ 上的数字顺序等于基础向量上的字典序。为了说明这一点，考虑一个简单的例子：

**例 3.1**（整数的数字顺序与字典序的对比）　让所有坐标函数在 $0,1,2,\cdots,9$ 范围内取值，并定义权重为 $w_i = 10^i$。令 $g^* = \sum_{i=1}^{n} w_i g_i$，则它将取值为十进制整数。添加前导零，使两个这样的整数的长度相等（在计算机中，任何两个整数的比特长度都是相等的），很明显，每个数字的字典序与所代表的数字顺序相同。显然，对 10 个以上的数字进行处理的过程也类似，只需要改变数字的进制即可。

## 3.4　决策论

决策论关注的是如何从一组行动中做出最佳选择。这种选择产生的结果，即分值，要么完全由行动决定，要么会受自然界的不确定性影响。这意味着，无论在这个过程中有什么不确定性，都无法合理地反对决策者，尽管后者的责任是根据这一点采取最佳行动。在研究安全方面的问题时，一个决策问题的行动集可以是任何类型，例如，考虑到一些可用的报价，购买哪种反恶意软件(这是对离散集的优化)，何时对员工进行下一次安全培训(这理论上是对一个无限集的优化，但实际上是对有限集的优化，因为它是一个日历日期的选择)，或者什么时候会有攻击(这是对连续时间的选择，因为攻击可以在任何时间点上发起，不受受害者工作时间的限制)。

在实际情况中，可能允许使用一个确定性的函数值 $g(a)$ 来表示某个行动所产生的结果。理想情况下，这个值最好可以从 $a$ 中计算出来。然而，在许多实际情况下，一个行动 $a$ 的结果 $g(a)$ 更应该表示为一个随机值，它有一个已知的分布 $F$，该分布可能有一部分是确定性的，这样我们也许能够计算出 $g(a)$。例如，一个行动 $a$ 的结果可能是 $g(a)$，除了它周围的一些随机变量外，通常用以下方式表示：

$$X = g(a) + \eta \tag{3.4}$$

其中 $\eta$ 具有某种固定的概率分布。如果决策者打算采取行动 $a$，但由于他/她自己无法控制的情况，最终采取了另一个行动 $a'$，就可能出现这种情况。如果 $\eta$ 的平均值为零，那么 $g(a)$ 就是决策者期望从行动 $a$ 中得到的结果；而在现实中，结果可能有所不同。从建模的角度来看，我们可以用 $g(a)$ 作为实际结果的近似值，将不确定性作为随机误差项 $\eta = g(a) - g(a')$，其分布可能是已知的。这是对不确定性进行建模的一种简单方法。

另一种建模方法是，把要优化的目标函数写为

$$X = g(a + \eta) \tag{3.5}$$

其中的 $\eta$ 甚至有可能取决于行动 $a$。我们可以认为决策者用颤抖的手(trembling hand)决策。这与式(3.4)有本质区别，只有当 $g$ 在式(3.5)中是线性的时候，两者才会重合。

在这种不确定性下进行优化有几种方法，其中最简单的是通过使用期望算子替换式(3.4)或式(3.5)中的随机量来“平均化”随机性。如果式(3.4)中的误差项的均值为零，取期望值就可以得到确定的预期结果 $g(a)$。式(3.5)中的情况更为复杂，其中对 $g(a+\eta)$ 分布的期望相当于概率密度的转换，其结果取决于 $g$ 的属性和 $\eta$ 的分布形状。实际上，如果没有这两个因素，我们可以求助于仿真(详见 2.5 节)。如果我们能从随机量中获得任意数量的随机独立(或至少是成对独立)的样本，并保证期望或至少保证方差是有限的，那么就可以使用大数法则，这样式(3.4)或式(3.5)中的样本序列 $X_1, X_2, \cdots$ 的长期平均值以概率 1 收敛于期望。更准确地说，在所有 $n$ 个样本值上，我们可以计算出

$$\bar{X}_n = \frac{1}{n}\sum_{i=1}^{n} X_i \tag{3.6}$$

并且，任何偏离真实平均数 $E(x)$ 的 $\varepsilon > 0$，无论 $\varepsilon$ 多么小，它在长期内都会以消失概率发生。换言之，对于所有的 $\varepsilon > 0$，我们有 $\lim_{n\to\infty} P(|\bar{X}_n - E(x)| > \varepsilon) = 0$。

处理不确定性的一个更复杂的方法是凭借经验来改善我们对 $\eta$ 的刻画。这是一种

贝叶斯的决策方法,在 3.4.1 小节中有所描述。在没有假设或没有能力改进假设的情况下(例如,如果我们无法观察到对手,因为它保持了隐蔽),我们应针对最坏情况进行分析,以寻求在最坏情况下的最佳决策。这是在 3.4.2 小节中进一步描述的极小化极大决策(minimax)。

这两种处理不确定性的方法都依赖于优化,而优化又依赖于行动空间上适当的偏好关系(在 3.2 节已经讨论过)。决策者的优化目标 $g$ 是寻求一个具有最佳后果的行动,该行动的结果由效用函数的分值来刻画。最简单的选择是,效用函数是 $g(a)$的期望值,即行动导致的不确定性,要么是因为 $a$ 没有完全实现(颤抖的手;参考式(3.5)),要么是因为外部随机影响(如式(3.4)),或者两者都有。

利用目标函数 $g$ 可以(但不需要)映射到实数的特点,我们将获得比传统方法更好的可能性:如果我们可以让一个行动 $a$ 的得分 $g(a)$来自超实数集$({}^*\mathbf{R},\leqslant)\supset(\mathbf{R},\leqslant)$[10],那就可以将整个概率分布表示为一个"标量"超实数。此外,更重要的是,超实数空间是全序的,这让我们能够以一种受限但仍然有用的形式进行优化。在有序的超实数空间中,某一(大)类概率分布(在定义 3.1 中指定)有一组唯一的表示方式。根据我们以前的直觉分析,我们可以根据两个行动的结果的概率分布对它们进行排序(这个概念,我们以后会以"展望"的名义进一步讨论)。这些分布之间的偏好可以从它们在${}^*\mathbf{R}$ 中的代表的排序中得出,这与我们对 $\mathbf{R}$ 中的值进行排序的方式很相似。对这种偏序的一个简单的直接定义是,将两个随机变量 $X_1$,$X_2$(例如,分配给行动 $a_1$,$a_2$ 的分数)称为 $X_1\leqslant_{st}X_2$,当且仅当

$$P(X_1\geqslant t)\leqslant P(X_2\geqslant t),\quad \forall t\in(-\infty,\infty) \tag{3.7}$$

我们把这称为标准的随机顺序。我们很容易构造出不满足这种关系的随机变量的例子,所以$\leqslant_{st}$在任何情况下都是偏序的。如果假设随机结果是有界的,并且相对于某种测度(Lebesgue 或计数)是绝对连续的,我们就可以把偏序改为全序关系。

**定义 3.1**(随机$\preceq$-序) 假定给定两个具有分布 $F_1$,$F_2$ 的随机变量 $X_1$,$X_2$,两者都大于等于 1,都共享相同的紧支撑集 $\Omega\subset\mathbf{R}$,都是离散型或者连续型的概率分布,其密度函数为 $f_1$,$f_2$,并且(仅当)在连续的情况下,在 $a=\max\Omega$ 时,$f_1(a)=f_2(a)$。那么,我们可以把两者用 $X_1\preceq X_2$ 来表示,当且仅当以下条件满足时:存在一些 $t_0\in\Omega^\circ$(其中 $\Omega^\circ$是 $\Omega$ 的内部),从而

$$P(X_1\geqslant t)\leqslant P(X_2\geqslant t),\quad \forall t>t_0 \tag{3.8}$$

更通用的定义是把两个分布按顺序排列,该顺序等于它们的矩序列的超实序,也就是$\preceq$-序。定义 3.1 是这个更通用的定义的一个特例。与标准的随机顺序(参见式(3.7))类似的原因,在此,我们以这种形式表示,用符号将其区分开来。我们很少需要显式地计算出阈值 $t_0$,因为在 $f_1(a)\neq f_2(a)$时,从支撑集的右端看尾部区域(最大的风险或损失),其

排序是确定的。

在许多实际情况下，关于随机$\preceq$-序的决定，可以归结为决定一个字典序。这对于离散型随机变量和连续型随机变量都是成立的，只要支撑集在所有被比较的对象之间是共同的。

**定理 3.1**[10] 若 $X\sim F_1$，$Y\sim F_2$ 是两个随机变量，其分布函数为 $F_1$，$F_2$。如果 $X$，$Y$ 是离散型随机变量并有一个共同支撑集 $\Omega=c_1>c_2>\cdots>c_n$，并且 $f_1$，$f_2$ 是各自的（经验性）概率质量函数（向量），那么 $X\preceq Y\Leftrightarrow f_1\leqslant_{\text{lex}}f_2$，其中

$$f_i=(f_i(c_1),f_i(c_2),\cdots,f_i(c_n))\in\mathbf{R}^n \tag{3.9}$$

如果 $F_1$，$F_2$ 在一个共同的紧凑支撑集 $\Omega=[a,b]\subset[1,\infty]$上是连续可微的密度函数 $f_1$，$f_2\in C^\infty(\Omega)$，我们有 $X\preceq Y$，当且仅当

$$((-1)^k\cdot f_1^{(k)}(b))_{k\in\mathbf{N}}\leqslant_{\text{lex}}((-1)^k\cdot f_2^{(k)}(b))_{k\in\mathbf{N}} \tag{3.10}$$

**注 3.1** 在定理 3.1 中关于密度函数平滑性的条件实际上没有看起来那么严格，因为我们总是可以从 $C^\infty$ 内找到任意接近的密度函数，方法是用高斯核平滑（带宽要足够小，以便通过卷积实现预期的安全性；更多细节见 12.4.3 小节）。同样，连续分布的条件 $f_1(a)=f_2(a)$也可以通过截断分布来满足，同时保留一个近似值，达到任何期望的精度。

对分布尾部的关注使得$\preceq$-序对风险管理来说很有意思，因为它会根据极值结果进行判断。换句话说，一个风险管理者也许不会为降低一个已经很低的风险而费心。因此，排名应该是在高风险的行动上，像式(3.8)这样的尾部顺序是比较明确的；具体来说，阈值 $t_0$ 将在对于业务连续性管理来说可接受的、已被预料到的干扰与需要最佳决策和明确性风险管理的干扰间划清界限。同样，损失的上限（定理 3.1 中的最大值 $b$、最大类别 $c_1$ 或定义 3.1 中的效用范围的紧凑性）对应于实际的假设，即损失可能是无限的，但实际上，会有一个上限，超过这个上限，更大的损失就不再有任何区别（基础设施在某些时候会被打破，无论在已经发生的情况之外再造成多少损害）。

定理 3.1 中的 $b$ 值也有实际意义，它是一个行为可能造成的预期最大损失，因此我们不会再区分 $b$ 以上的损失或$c_1$ 类的损失；这种规模的任何极端损失已经没有好坏之分（例如，如果一个企业由于巨大的财务损失而破产，那么是因为 1 亿还是 1.2 亿已经不重要了；在这两种情况下，该企业都不再存在）。

在计算机系统的语境下，超过这个值可以被认为是一个零日漏洞的事件，那么大于 $t_0$ 的损失的概率就与风险管理有关。使用上面的术语来表述的话，这对应于概率分布中超过 $t_0$ 的尾部质量，可以通过构造$\preceq$-序来最小化它。我们将在 12.6.2 小节进一步阐述这个问题。

我们来看随机序的实际相关性。假设一个行动 $a$ 可能对整个的可能结果范围产生

影响，例如 $u_1 \geqslant u_2 \geqslant u_3 \geqslant \cdots \geqslant u_n$，每个结果可能以一些相关的(已知的)概率 $p_i = P$(行动 $a$ 有回报 $u_i$)发生。那么，组对集合$(u_i, p_i): i=1,2,\cdots$是一个离散的概率分布，在其他地方也称为前景或者展望。如果一个行动的结果呈现这种方式下的不确定性，那么随机$\preceq$-序就提供了一个天然方便的工具来对行动进行排序并做出最优决策。

事实上，如果把一个行动的结果"分值"看作结果概率分布的超实数表示，那么在空间$({}^*\mathbf{R}, \leqslant)$内隐含的排序正是式(3.8)所描述的随机$\preceq$-序。

使用随机顺序通常与贝叶斯或极小化极大决策不兼容，但某些特定的$\preceq$-序对这两种决策都是可以接受的。

### 3.4.1 贝叶斯决策

贝叶斯方法能够减少数据的不确定性。更严格一点说，如果不确定性可以通过随机误差项 $\eta$ 来表示(参考式(3.4)或式(3.5))，我们从一个"初始猜测"出发，来研究这个不确定性的情形。换言之，我们定义一个先验概率密度 $f(\eta)$，并通过观察某个行动所产生的效用来收集数据。这个数据可以呈现为任何形式(包括但不限于所观察到的效用)。在不丧失一般性的前提下，我们一般假设数据是实值的集合(即 $d \in \mathbf{R}^n$)。

**注 3.2** 实际上，大多数信息不会以数字形式出现。例如，安全事故报告、技术支持流程等都是文本数据。为了让这些信息融入统计、决策和博弈论的整个数字世界，必须将文本信息"转换"为具有代表性的数字数据。实现这一点的第一步是文档术语矩阵，对频繁出现的技术术语进行计数，以体现文本所涉及的主题。这已经是一种将文本表示为(现在是数字)矩阵的简单形式，可以对其进行后续分析。尽管如此，这些简单的方法并不会涉及文本的语义和内容，因此可以使用自然语言处理的相应概念。然而，我们不会对这些数据准备和信息检索方面内容进行详细讨论，而是直接引用关于这个主题的相关文献。

贝叶斯决策是基于实值数据(即 $d \in \mathbf{R}^n$)的最优决策，由此产生的关于 $\eta$ 的后验不确定性，可以用条件密度 $f(\eta \mid d)$来描述。$f(\eta \mid d)$的值由贝叶斯定理得出：

$$f(\eta \mid d) = \frac{f(d \mid \eta) \cdot f(\eta)}{f(d)} \tag{3.11}$$

其中：

- $f(d \mid \eta)$就是所谓的似然函数。直观地说，这是在给定的 $\eta$ 值下准确观察到数据 $d$ 的概率。

该术语通常从"给定 $\eta$，数据 $d$ 应如何生成"这样的领域知识中获得。如果 $d$ 是一个随机变量的样本，其概率密度函数为 $f: \mathbf{R}^n \times H \to \mathbf{R}$，而 $\eta \in H$ 是具体化$f(d, \cdot)$这个函数族中成员的参数，则其似然函数正好是 $f(d, \cdot)$，只有来自 $\mathbf{R}^n$ 和来自 $H$ 的参数才能"切换角色"。在这里，"切换角色"是指，对于一个分布，我们通常令参数 $\eta$ 固定下来(例如，用均值和标准差来定义一个高斯分布），然后把 $d$ 作为一个变量让它变化。同样地，也可以令似然函数把数据 $d$ 固定下来，然后允许参数 $\eta$ 在可容许选择集上变化。每个这样的选择都给出了一个不同的概率，可以用来精确观察数据 $d$。在最大似然估计的典型应用中，我们寻求预先设置一个 $\eta$ 值，该设置使得精确观察给定数据的机会最大化。但是它在贝叶斯决策中的使用略有不同。

- $f(\eta)$是 $\eta$ 的（无条件）分布；这正是我们的先验分布，也就是说，这是到目前为止，我们关于 $\eta$ 的不确定性的最佳假设。

- $f(d)$是数据的无条件分布，是通过对参数 $\eta$ 在其整个可能性空间中进行"积分"而得到的。形式上，这个"积分"的术语来自全概率定律，即

$$f(d)=\int_{\eta\in H}f(d,\eta)f(\eta)\mathrm{d}\eta \tag{3.12}$$

如果 $H$ 是离散的，那么上述运算就由积分运算简化为求和运算。虽然分母 $f(d)$在技术上只是为了将式(3.11)重新规范化为适当的概率密度，但它的数值计算却导致了与贝叶斯方法相关的大部分计算开销。可以使用像 BUGS（"Bayesian Updating using Gibbs Sampling"，即使用吉布斯抽样进行贝叶斯更新）这样的工具提供的指定软件来帮助完成这类任务。[4]从本质上说，这些算法以一种高度复杂的方式利用了遍历定理(ergodic theorem)，例如前面提到的大数定律。

然而，在某些情况下，通过适当地选择先验密度函数 $f(\eta)$，可以避免计算式(3.12)时所需的算力和统计方法。例如，如果二者相互共轭，则后验分布 $f(\eta|d)$的形状与先验分布相同，因此式(3.12)的计算就可以省去了（参见例 3.2)。然而，在许多其他应用中，式(3.12)的计算可能简化为仅仅计算若干个可能的 $\eta$ 的总和，这适用于许多追求（完美）贝叶斯均衡的博弈论模型（见定义 4.3)。我们将在这种均衡和博弈论的背景下继续这一思路。

根据关于 $d$ 的（新）知识，我们可以计算出后验分布 $f(\eta|d)$，则贝叶斯决策可以表示为

$$\begin{aligned}\text{贝叶斯决策}&=\arg\max_{a\in AS}E_{f(\eta|d)}[g(a)]\\&=\arg\max_{a\in AS}\int_{\eta\in H}g(a)\cdot f(\eta\mid d)\mathrm{d}\eta\end{aligned}$$

也就是说，我们优化（不失一般性，即最大化）由目标函数 $g$ 所量化的平均效用，其中平均值，即期望值，是在后验分布上的平均值。如果 $H$ 是可数的或有限的，则上述积分运算被整个 $\eta\in H$ 上的简单求和所代替。

**例 3.2**（$\beta$-信誉模型） 该技术最早是在文献[2]中出现的，随后在文献[11]中被应用于安全事件预测。我们将在入侵检测的语境中描述这一技术。

设想一个安全管理员有一个入侵检测系统(IDS)了,该系统的未知检测率为 $\eta$。更准确地说,我们将 $\eta$ 视为 IDS 的误报警概率。安全管理员要做的决策是,在 IDS 发出预警时,是否响应这个警报,因为这可能是假警报,而安全管理员希望尽可能少地浪费时间和资源处理这种假警报(这是制定决策中的一种优化方法)。

一个人的自然行为是从经验中了解虚警率,而这正是贝叶斯决策的特点,贝叶斯决策只是让这种直觉变得严谨。因此,在我们的示例中,管理员从初始假定一个虚警率开始。这是一个先验分布,我们将其固定为 $\beta$ 分布:$\eta \sim \mathrm{B}(a,b)$(这样做的原因,我们很快就会清楚),这个分布有两个参数 $a,b>0$,它们在一开始时是固定的。$\mathrm{B}(a,b)$分布的密度函数是 $f_\beta(x \mid a,b) = x^{a-1}(1-x)^{b-1}\mathrm{B}(a,b)$,其中 $\mathrm{B}(a,b)$是欧拉贝塔(Euler's Beta)函数。这个分布的平均值取值是一种特别方便的形式:

$$E_{f_\beta(\cdot \mid a,b)}(\eta) := \bar{\eta} = \frac{a}{a+b}$$

这个公式很有用,在后面会用到。

在上面的方法中,虽然 $a,b$ 的选择是任意的,但它们的选择要能反映对虚警率的初始估计。假设 $\eta \approx 0.05$,即有5%的虚警率,那么我们可以选择先验分布 B(5,95),这样先验分布的平均值为 $5/(5+95)=0.05$,反映了我们的初始估计。

现在假设事件是以随机独立的方式出现的,并且在每单位时间内的平均速率是恒定的。我们令 $n$ 为数据采集最后一个周期内的警报数,$d=(d_1,d_2,\cdots,d_n)$,并将此计数除以 $n=d^+ + d^-$,误报(假阳性)$d^-$ 的数量可以从真阳性 $d^+$ 的数量中推断出来(注意,我们无法计算假阴性,因为这是自然情况下观测不到的)。

接下来,我们做一个贝叶斯更新:每个误报以概率 $\eta$ 出现,并且,在 $n$ 个警报中出现 $d^-$ 个误报的似然函数服从以 $n$ 和 $\eta$ 为参数的二项分布。也就是说,每个单位时间内的似然函数的概率密度函数也服从二项分布:

$$f_{\mathrm{bin}}(x \mid n,\eta) = \binom{n}{x}\eta^x (1-\eta)^{n-x}$$

该似然函数与 $\beta$ 分布共轭,意味着后验密度 $f(\eta \mid d)$也是 $\beta$ 分布,并且可以直接得到如下的结果(无需计算式(3.12)):

$$f(\eta \mid d) = \mathrm{B}(a+d^-, b+d^+) \tag{3.13}$$

其中,右侧项表示具有给定参数的密度函数。

我们把式(3.13)与我们最初的直觉想法进行对比,可以发现,贝叶斯更新给我们先前选择的参数 $a,b$ 赋予了一个简单的含义,即 $a$ 表示负经验(即假阴性)的数量,而 $b$ 表示正经验(即真阳性)的数量。想象一下,如果我们让这两种计数中的一种变得极端,例如,如果相对于假阳性 $d^-$ 而言,真阳性数目(即正确警报)$d^+$ 趋向无穷大,那么 $E(\eta) \to$

0，表明我们最终获得了无条件的信任。相反，如果 $d^-$（即错误警报的数量）趋于无穷大，相对于 $a$（有界或增长幅度较小的经验计数 $d^+$），不信任收敛到 $E(\eta)\to 1$，这对应于 IDS 只产生虚假警报。这两种情况都与我们从长期经验中得出的直观结论一致，因此在本例中主观上证明了该方法的合理性。

最后，让我们回到安全管理员要做的贝叶斯决策：相比于不必要的 $-L_2$ 级投入（即在错误警报上浪费的时间和资源），追踪正确的警报可以防止 $L_1$ 级的损害。基于前面引入的后验分布，贝叶斯决策是在 $\{d_i^+\}_{i=1}^N$ 和 $\{d_i^-\}_{i=1}^N$ 这两个集合上对上述两种结果进行平均，其中 $N$ 是过往所有数据更新的个数，即

$$f(\eta \mid d) = \mathrm{B}\left(a + \sum_i d_i^-, b + \sum_i d_i^+\right)$$

然后，我们可以得到

$$\bar{\eta} = \frac{a + \sum_{i=1}^{N} d_i^-}{\left(a + \sum_{i=1}^{N} d_i^-\right) + \left(b + \sum_{i=1}^{N} d_i^+\right)}$$

每个行动的后验预期效用为

$$\begin{cases} a_1 := \text{采取行动响警报的预期效用} = (1-\bar{\eta})\cdot L_1 + \bar{\eta}\cdot(-L_2) \\ a_2 := \text{忽略警报的预期效用} = (1-\bar{\eta})\cdot L_1 \end{cases} \tag{3.14}$$

换句话说，如果安全管理员选择采取某些行动响应警报，则有 $(1-\bar{\eta})$ 的概率防止出现损害（$L_1$），但有 $\bar{\eta}$ 的概率浪费资源（$-L_2$）。相反，如果他/她选择忽略警报，那么他/她会错过 $(1-\bar{\eta})$ 概率的真阳性（即正确警报），会造成相应的损失。

贝叶斯选择通过选择最佳选项 $a\in AS=\{$响应，忽略$\}$ 来使损失最小化，根据式(3.14)做的正确决策将会得到较小的预期损失。由于 $\eta$ 值是基于经验的，所以它无法应对“警报疲劳”这种攻击方法。在这种情况下，对手可能会造成尽可能多的错误警报，以“训练”上述方法对 $\eta$ 的贝叶斯估计，使其完全不信任 IDS 的质量。因此，安全管理员会产生越来越强的经验偏差（表现为 $\beta$ 分布中的一个参数显著高于另一个参数），并选择忽略越来越多的警报，而这个时候真正的攻击可能才刚开始。这种攻击利用了我们刚才描述的贝叶斯学习机制中的问题。机器学习中也有一个类似的概念，通过构造虚假的例子来欺骗机器学习模型，从而做出错误的预测。在 3.4.2 小节中讨论的极小化极大决策，是避免这种可能性的一种方法，其代价是采取更加悲观的选择，而不一定使用所有可用的知识。

### 3.4.2 极小化极大决策

贝叶斯学习通常依赖于尽可能多的数据，这些数据是已经发生的事件的信息，但这

与通常的安全目标相左:安全目标恰恰是预防事件发生。换句话说,我们不应该仅仅从自己的经验中学习(因为我们可能没有在某些重大安全事件中生存下来,并将从中学习到的经验带入下次决策的机会)。因此,威胁情报和信息共享对于产生有效的学习策略至关重要,但同时,出于对安全的考虑,人们可能会不公开这些信息,因为发布它可能会给声誉带来损害。

极小化极大决策避免了传统贝叶斯学习依赖不断输入的新信息来学习的问题,它采用最坏情况假设来做决策。贝叶斯决策是在假设的可能性集合(后验分布)上寻求最佳结果,而极小化极大决策则假设可能的最坏结果,然后寻找最佳决策("抱最好的希望,但做最坏的准备")。

沿着这个思路,我们将贝叶斯决策中的后验期望 $\arg\max_{a\in AS} E_{f(\eta|d)}[g(a)]$ 替换为最坏情况下的 $\eta$,$\eta$ 控制(随机)结果 $g(a)$,即

$$\text{极小化极大决策} = \arg\max_{a\in AS}[\min g(a,\cdot)]$$

其中第二个最小值覆盖了 $g$ 在给定 $a$ 和一些未知影响(表示为 $g$ 的匿名参数"·")情况下的所有可能值。这意味着我们在任何非平凡情况下,将 $g$ 视为具有已知或未知分布的随机变量。如果 $g$ 是连续的,它可能会在最不利的分布 $f^*$ 情况下取最小值,即 $\min g(a) = E_{f^*}[g(a,\cdot)]$。在这个视角下,极小化极大决策是贝叶斯决策的一个特例。

**注 3.3** 在更一般的情况下,我们需要用下确界(即最大下界)和上确界(即最小上界)替换每个最小值和最大值,从而避免达到能够获得最优值所需要的条件。继续深入研究技术细节已经与问题本身关系不大了,因此我们将不再进一步讨论普适性的场景。

一般来说,没有金科玉律可以告诉我们更应该选择哪种决策,决策范式的"元选择"取决于手头数据的可用性、可靠性、准确性和有用性,但也取决于可能的后果。并非所有类型的损失都具有同等的可比性,比如,无论只有1人或100人死亡,人对生命损失的承受能力可能不会有所不同。以航空安全为例,恐怖袭击让一架载有2人或200人的飞机坠毁,两者之间没有多大区别;重要的事实是,这两类事件都表明袭击是可行和成功的。因此,这里适合使用极小化极大决策。相反地,在处理钓鱼邮件时,极小化极大决策范式会要求人们永远不要再打开电子邮件附件或超链接,从长远来看,这种选择将导致业务中断(因此,攻击仍然是成功的,只是以不同的方式)。在这个例子里,贝叶斯决策会更合适,它让邮件接收者学会识别网络钓鱼企图,并通过从经验中学习将其与合法邮件区分开来。

**例 3.3**(例3.2的延续) 如果安全管理员无法更新关于 $\eta$ 的假设,则他/她可以考虑最坏的情况。使用例3.2中假设的损失,在选择忽略警报而警报是真实的情况下,最多

会造成 $L_1$ 的损失。在选择总是对警报做出反应的情况下，会浪费 $L_2$ 的资源。如果 $L_1 > L_2$，由于不知道实际发生了什么，安全官员可能会悲观地选择“始终做出反应”，因为浪费小于潜在损害。相反，如果 $L_1 < L_2$，那“始终忽略”可能是一种更好的选择。如果 $L_1 = L_2$，那么两个决策同样好。以上所有三种情况都构成一个极小化极大决策。我们可以系统地将其推广到有两个以上选项的问题场景。我们可以建立一个表格，显示每一种选择的组合（每行）与未知的现实情况（每列）；例如，这个表如下所示：

| | 真警报 | 假警报 |
|---|---|---|
| 响应警报 | 0 | $L_2$ |
| 忽略警报 | $L_1$ | 0 |

现在，在最坏的情况下，极小化极大决策应该是最优的——最坏的情况是每种可能性的最大损失，即每列的最大损失，也即 $\max\{0, L_1\} = L_1$ 和 $\max\{L_2, 0\} = L_2$。极小化极大决策是从两者中选择较小的一方，因此如果 $L_2 < L_1$，会选择“响应警报”，因为响应行动达到了最小值 $L_2$；如果 $L_1 < L_2$，会选择“忽略警报”，因为在这种情况下，此操作达到了列最大值的最小值 $L_1$。

如果将相应的概率 1 分配给相应的最坏情况列，则贝叶斯决策将给出相同的结果。也就是说，最不利分布是{真警报，假警报}上 $P$(假警报) $= \eta$ 的伯努利分布，即

$$\eta = \begin{cases} 0, & \text{若 } L_2 < L_1 \\ 1, & \text{若 } L_1 \leqslant L_2 \end{cases}$$

将这样定义的值施加到式(3.14)中，会重现刚才描述的极小化极大决策。显然，对手不能再指望用警报疲劳的方法实施有效攻击，因为安全管理员不再根据对手用来影响他的信息而调整其行为。但它的优势是建立在忽略在系统生命周期中可能获得的知识为代价基础上的。

## 3.5 博弈论

如前一节所述，在决策论中，一个决策的结果可能取决于自然引入的不确定性，这种不确定性的定义是不理性的，它没有任何支持或反对决策者的意图。然而，当我们现在开始进一步考虑理性实体的行为时，我们称这些理性实体为参与者或者决策者。这些参与者可能有自己的行动动机，这种情况下我们就进入了博弈论的范畴。

博弈论的通用场景与决策论非常相似，只是我们对于全部 $n$ 个相互作用的实体（可以包括但不必要包括自然），考虑了多个行动空间：$AS_1, \cdots, AS_n$ 和多个效用函数：

$u_1,\cdots,u_n$。效用函数通常是映射 $u_i:\prod_{i=1}^{n} AS_i \to (\mathbf{R},\leqslant)$。其中,函数的像集合可以被任何全序集所替代。

效用函数的定义可能,但并不需要,包括所有其他参与者的动作,因为一个参与者的效用函数有可能与任何其他参与者的策略都无关。这类参与者的一个例子就是自然,它的行为与参与者的行为无关。

### 3.5.1 正则形式博弈

如果每个行动集 $AS_i,i=1,2,\cdots,n$ 都是有限的,那么我们可以通过一个表格来表示,表格总共有 $|AS_i|$ 行、$\prod_{j=1,j\neq i}^{n} |AS_j|$ 列,表格每个单元格表示第 $i$ 个参与者的效用值 $u_i(a_1,\cdots,a_{i-1},a_i,a_{i+1},\cdots,a_n)$。像这样指定的博弈形式被称为正则形式。我们常将这个繁琐的规范缩写为 $u_i(a_i,a_{-i})$,这里 $a_{-i}=(a_1,\cdots,a_{i-1},a_{i+1},\cdots,a_n)\in AS_{-i}$,其中 $AS_{-i}$ 是除了 $AS_i$ 以外所有行动空间的笛卡儿积。

**定义 3.2**(非合作博弈) 一个博弈由三个要素组成,$\Gamma=(N,S,H)$,其中 $N$ 是参与者的集合,$S$ 是所有行动空间的集合,$H$ 是所有效用函数的集合。对于每个参与者 $i\in N$,我们将其与一个行动空间 $AS_i\in S$ 联系起来。另外,$H$ 包含所有的效用函数 $u_i:AS_i\times AS_{-i}\to R$,其中 $R$ 是一个全序的集合,表示收益。如果所有的行动空间 $AS_i\in S$ 都是有限的,那么博弈本身就是有限的。

从现在开始,我们所讨论的“博弈”指的是没有歧义的非合作博弈。大多数时候,我们在定义 3.2 里默认 $R:=\mathbf{R}$,但也允许其他选择,如 $R:={}_*\mathbf{R}$。注意,要求集合是有限的这个条件,只是个可选的条件,例如,博弈可以包含无限多的参与者和无限(不可数)的行动空间。如果博弈是有限的,我们则称之为矩阵博弈。

像决策论一样,我们可以求解第 $i$ 个参与者的最佳行动,其前提是所有其他参与者的行动都是已知的。假设除了 $i$ 以外的其他所有参与者都做出了行动,我们记为向量 $a_{-i}$,那么第 $i$ 个参与者的最佳对策 $BR_i$ 将使效用最大化:

$$BR_i(a_{-i}) = \arg\max_{a\in AS_i} u\_i(a,a_{-i}) \tag{3.15}$$

这通常是一个集值映射,称为最佳响应对应。如果相对于其他参与者的行动而言,每个参与者的行动对自己而言都是最佳的,我们就达到了一个均衡。

**定义 3.3**(均衡) 博弈 $\Gamma$ 的均衡是一个策略向量 $(a_1^*,a_2^*,\cdots)\in\prod_{i\in N} AS_i$,并且

$$\forall\, i\in N,\quad a_i^*\in BR(a_{-i}^*) \tag{3.16}$$

换言之,均衡其实是一种行为规则,在这种规则中,没有参与者能通过单方面偏离均衡而获得任何利益;就这个意义而言,均衡意味着每个参与者的最优决策。然而,我们想强调

的是，尽管如此，但是通过和参与者合作、协调团队行动，并分享通过这种方式获得的共同收益，还是有可能获得更多收益的。这就是合作博弈论的思路，我们在本书中不再就此做进一步探讨，因为我们的注意力主要集中在非合作博弈及其均衡上。因此，术语“不合作”并不意味着参与者之间的任何利益冲突，而只是指参与者是“自私”的情况下达到的最优均衡。但在安全博弈中，参与者之间会存在天然的利益冲突。

对于两个参与者的有限博弈，为了方便，我们把参与者的效用函数规范为在 $R$ 集上的矩阵，$A_1$ 是参与者 1 的矩阵，有 $|AS_1|$ 行和 $|AS_2|$ 列；$A_2$ 是参与者 2 的矩阵，有 $|AS_2|$ 行和 $|AS_1|$ 列。在某些情况下，我们可以在博弈描述中删除不可能是最佳的行动，从而对博弈进行简化。

**定义 3.4**（占优策略） 给定一个博弈 $\Gamma=(N,S,H)$，如果对于所有 $a_{-i}$ 的对手策略，都有 $u_i(a,a_{-i})\geqslant u_i(b,a_{-i})$，则策略 $a$ 被认为弱占优于（即弱支配）策略 $b$。如果不等式是严格的，我们说策略 $b$ 是严格劣势的（即被支配的），或者简称是劣势的。也就是说，劣势（即被支配）策略是指在所有情况下都有另一种策略产生更好的效用。因此，我们可以安全地将这种策略从行动空间中删除，因为在任何均衡中，它都必然以零概率出现。

**例 3.4**（劣势策略博弈） 考虑下面的二人零和矩阵博弈，即两个参与者的目标完全相反，因此效用总和为零（见下文对零和博弈的更详细解释）。该博弈的行动空间为 $AS_1=a_1,\cdots,a_4$ 和 $AS_2=b_1,\cdots,b_4$，参与者 1 的收益定义如下：

| | $b_1$ | $b_2$ | $b_3$ | $b_4$ |
|---|---|---|---|---|
| $a_1$ | 1 | 3 | 2 | 4 |
| $a_2$ | 0 | 3 | 1 | 3 |
| $a_3$ | 1 | 4 | 2 | 1 |
| $a_4$ | 2 | 1 | 0 | 2 |

如果参与者 1 想效用最大化，则策略 2 的效用(0,3,1,3)⩽策略 1 的效用(1,3,2,4)。因此，在参与者 1 看来，2 号策略是弱劣势的，可以删除。同样地，对于参与者 2，策略 $b_3$ 优于 $b_2$，因为参与者 2 的第二和第三列满足(3,3,4,1)>(2,1,2,0)，所以参与者 2 的第二种策略是严格劣势的。因此，双方都可以删除各自的劣势策略，转而分析目前正在进行的更简单的博弈均衡，从发挥最佳作用的意义上来说，是相同的，因为只有在任何平衡中都不会出现的行动被排除在外。

| | $b_1$ | $b_3$ | $b_4$ |
|---|---|---|---|
| $a_1$ | 1 | 2 | 4 |
| $a_3$ | 1 | 2 | 1 |
| $a_4$ | 2 | 0 | 2 |

虽然删除劣势策略不会改变均衡集，但均衡是否存在是首先要考虑的问题。

**例 3.5**(将 APT 看作“捉迷藏”)　我们可以对 APT 做这样的简化：将其作为某个系统中防御者追逐攻击者的实例。假设防御者知道攻击者是存在但处于潜伏状态，而攻击者继续保持潜伏不被发现。为了进一步简化问题，假设系统中只有两个位置 1 和 2，防御者守卫着这两个位置，而攻击者要征服这两个位置。因此，两个参与者的行动空间相同，$AS_1 = AS_2 = 1,2$（显然，我们可以扩展为两个以上的位置）。假设防御者总是注意到攻击者的存在（这是一种过度简化的现实，但对于这个例子的目的来说已经足够了），那么我们可以将防御者 1 和攻击者 2 的效用函数定义为

$$u_1(a_1,a_2) = \begin{cases} 0, & a_1 \neq a_2 \\ 1, & a_1 = a_2 \end{cases} \quad 和 \quad u_2(a_1,a_2) = \begin{cases} 0, & a_1 \neq a_2 \\ 1, & a_1 = a_2 \end{cases}$$

也就是说，如果防御者检查错了位置（$a_1 \neq a_2$），那防御者就输了，在这种情况下进攻方就赢了，反之亦然。那么，是否存在一种均衡，双方都能获胜？答案是否定的，因为如果防御者选择 $a_1^* = 1$，那么攻击者总是会选择 $a_2^* = 2$ 而获胜。但如果 $a_2^* = 2$，防御者的最佳答复是也打出一个 $a_1^* - 2$，这与我们认为 $a_1^*$ 是最佳的假设相反。同样的推理也适用丁假设 $a_1^* = 2$，即认为 $a_2^* = 1$ 对攻击者是最优的，从而使 $a_1^* = 1$ 对防御者是最优的。由于情况是对称的，攻击者在 $AS_2$ 中也没有最优选择，因此均衡不存在。

例 3.5 给出了延伸问题的关键线索，因为如果没有哪个行动是最优的，那么我们可以通过允许某个行动在行动空间的不同元素之间进行“跳跃”而得到“最佳行动”。也就是说，如果选择一个动作会导致另一个参与者选择一个正确的动作作为回应，这又迫使第一个参与者改变其行为，那么我们最终会有一个无限的选择序列，在博弈的每一轮中都提供无限多的效用序列。当选择某个行动时，在长期时间意义下对其求平均，如果它收敛的话，我们就能定义参与者行动空间上的概率质量函数。就像大数定律(3.6)一样，我们可以求长期平均效用的最优性，其基础是在各自的行动集合上做随机选择。这正是确保（大多数）博弈中均衡存在的方法，包括例 3.4 和例 3.5。

**定义 3.5**(博弈混合扩展)　博弈 $\Gamma=(N,S,H)$ 的混合扩展就是博弈 $(N,S',H')$，其策略空间和效用函数的定义如下：

- $S' = \Delta(AS) \mid AS \in S$，其中 $\Delta(AS)$ 是 $AS$ 集上定义的概率分布集。
- $H' = u_i' : \Delta(AS_i) \times \Delta(AS_{-i}) \to \mathbf{R}, u_i'(a_i, a_{-i}) = E_{a_i, a_{-i}}(u_i)$。在这里，$u_i'$ 给出

了建立在所有参与者行动的概率分布基础上的预期效用。

混合策略的均衡是一个概率分布向量$(a_i^*)_{i\in N}$，该向量满足

$$\forall i \in N,\quad E_{a_i^*,a_{-i}^*}(u_i) \geqslant E_{a_i,a_{-i}^*}(u_i),\quad \forall a \in \Delta(AS_i)$$

**例 3.6**(续例 3.5)　假设防御方会选择在 75%的时间里检查位置 1，而在 25%的时间里只看守位置 2。而攻击者以概率 $p$ 攻击位置 1、以概率 $1-p$ 攻击位置 2。如下所示：

| | | | 防守位置 1 | 防守位置 2 |
|---|---|---|---|---|
| | | | $\frac{1}{4}$ | $\frac{3}{4}$ |
| 攻击位置 | 1 | $1-p$ | 0 | 1 |
| 攻击位置 | 2 | $p$ | 1 | 0 |

我们通过使用式(3.17)计算攻击者的预期效用：

$$u_2\left((1-p,p),a_1^* = \left(\frac{1}{4},\frac{3}{4}\right)\right) = \frac{3}{4}\cdot p\cdot 0+\frac{3}{4}(1-p)\cdot 1+\frac{1}{4}\cdot p\cdot 1+\frac{1}{4}\cdot p\cdot 0$$

$$= \frac{3}{4}(1-p)+\frac{1}{4}p = \frac{3}{4}-\frac{p}{2}$$

因此，攻击者在 $p=0$ 时的效用最大，即 $a_2^*=(0,1)$，$u_2^*=\frac{3}{4}$。

**定理 3.2**(纳什均衡，1951)[5]　每个有限博弈都有一个混合策略上的均衡。

例 3.5 中，混合策略上的均衡是 $a_1^*=\left(\frac{1}{2},\frac{1}{2}\right)=a_2^*$，即两位参与者都选择了等概率的位置。

我们可以对定理 3.2 的适用范围进行加强，以确保在无限博弈中均衡也存在。

**定理 3.3**(Glicksberg，1952)[1]　对于正则博弈，策略空间是度量空间的非空真子集，且效用函数在度量空间上是连续的，那么，混合策略中至少存在一个均衡。

Glicksberg 定理中关于连续性的假设是至关重要的，因为对于不连续的效用函数，均衡可能不再存在(一个反例来自文献[15])。不幸的是，这种情况可能在安全博弈中出现，例如，博弈中的失望率通常会导致不连续的效用函数(我们将在 12.6.1 小节讨论这种情况)。

**注 3.4**　文献中广泛使用了“均衡”和“纳什均衡”这两个同义词，我们也这样使用这两个名词。从历史上看，这种差异源于冯・诺依曼(von Neumann)和摩根斯坦(Morgenstern)[6]对二人博弈引入的均衡概念，后来又被纳什扩展到非线性效用函数的场景。

混合策略在安全博弈方面特别重要,因为静态地实施一些安全预防措施而从不更新、修改或改进它们的话,通常不是一种好的做法。从长远来看,对手将会了解安全机制、适应它,并最终打败它。在这种情况下,混合策略恰好体现的是反复更改安全预防措施,迫使攻击者不断重新适应形势的变化。或者,正如谚语所说:"安全永远没有尽头。"(Security is never finished.)

如果在博弈中的收益可以表示为向量,我们可以将"单边偏离行为造成的损失"的概念转移到多维情形,具体做法是,如果一个参与者单边偏离均衡,将会在目标函数 $g_i$ 的至少一个坐标上降低其收益,即使参与者的目标函数 $g_i$ 的其他坐标可能出现增益。这就是帕累托-纳什均衡的概念。

**定义 3.6**(帕累托-纳什均衡(Pareto-Nash Equilibrium)) 让 $\Gamma=(N=1,\cdots,n,S=AS_i,\cdots,AS_n,H)$是一个混合扩展博弈,其中每个参与者都有 $d$ 维的效用函数

$$u_i:\prod_{i\in N}\Delta(AS_i)\rightarrow(R^d,\leqslant)$$

所以参与者都最大化其效用。我们称一组元素$(x_1^*,\cdots,x_n^*)$为帕累托-纳什均衡,如果对于每个 $i\in N$,我们都有

$$u_i(x,x_{-i}^*)\leqslant_1 u_i(x_i^*,x_{-i}^*),\quad \forall x\in\Delta(AS_i)$$

如果 $AS$ 是有限的,比如说 $k=|AS|$,我们称 $\Delta(AS)$为在 $AS$ 上构造的单纯形,或者也叫凸包。它是所有$(p_1,\cdots,p_k)\in[0,1]$的集合,使得 $p_1+p_2+\cdots+p_k=1$。因为它不会产生歧义,所以我们将总是默认地对博弈进行混合扩展,混合扩展下的决策通常是随机的。在这个视角下,纯策略可用以下方法获得,即通过将所有概率质量放在行动空间中的某单个元素上,从而使混合策略退化为简并分布。因此,我们将不再区分行动空间 $\prod_{i\in N}AS_i$ 上定义的效用和$\prod_{i\in N}\Delta(AS_i)$ 上定义的预期效用,并将 $u_i$ 写为第 $i$ 个参与者(在混合策略中)的(预期)效用。对于退化分布,这两种情况是一致的。

在上述场景下,我们把混合策略表示为 $x\in\Delta(AS_1)$,$y\in\Delta(AS_2)$,参与者 1 的预期效用为

$$E_{x,y}(u_1)=x^{\mathrm{T}}\cdot A_1\cdot y=\sum_{i=1}^{|AS_1|}\sum_{j=1}^{|AS_2|}x_i\cdot a_{ij}\cdot y_j \tag{3.17}$$

参与者 2 的预期效用是类似的。

定理 3.2 和定理 3.3 都保证了通过式(3.3)把向量效用函数进行标量化之后,帕累托-纳什均衡的存在。在文献[3]中,帕累托-纳什均衡被描述为在标量化博弈中的(正常的)纳什均衡。

在许多情况下,采用一个更准确的冲突模型是值得的,而不仅仅是将效用定义为同时选择多个动作的结果。如果攻击者根据防御者的行为调整自己的行动,我们就可以形

成一个领导者-跟随者的模型，导致斯塔克尔伯格均衡，我们将在4.2节讨论这个问题。

## 3.5.2 零和博弈

如例3.5所示，效用的对称性是一种特殊情况，一般而言不需要这个条件成立。如果一个博弈中$\sum_{i\in N}^{u_i}=$ 常数，那么我们称它为常和博弈(constant-sum game)。例3.5中的效用满足这一属性，因为那里的所有 $a_1, a_2$ 都满足 $u_1(a_1, a_2)+u_2(a_1, a_2)=1$。如果效用之和恒定为零，则该博弈被称为零和博弈。对于两个参与者来说，这相当于攻击者的意图与防御者的目标完全相反("你的痛苦就是我的收获")的情况。然而，零和博弈在理论和实践中有两个重要用途：

如果两个博弈 $\Gamma_1=(N_1, S_1, H_1)$ 和 $\Gamma_2=(N_2, S_2, H_2)$ 有相同的均衡集，则称为战略性等价。这实际上需要 $N_1\simeq N_2$ 和 $S_1\simeq S_2$ 都成立，其中同构 $\simeq$ 可以解释为这两个集合是相同的，只是集合内的元素的命名可能不同。

如果一个博弈 $\Gamma=(N, S, H)$ 是常和博弈，也就是说 $\sum_{i\in N}u_i=c\in\mathbf{R}$，那么我们可以找到 $\alpha, \beta\in\mathbf{R}$，使得 $\alpha\cdot(\sum_{i\in N}u_i)+\beta=0$。并定义一个具有 $N, S$ 的战略等价博弈 $\Gamma'$，效用为 $u_i':=\alpha\cdot u_i+\beta$。仿射变换 $x\mapsto\alpha\cdot x+\beta$ 显然会使所有的取得最优值的点保持不变，但如果 $\alpha<0$，则有可能将最大化变成最小化(反之亦然)。因此，只要我们有一个常和博弈，我们就可以等价且不失一般性地谈论其对应的零和博弈。

显然，例3.4和例3.5迫使我们对定义3.2进行扩展。现在我们再进一步观察零和博弈，如例3.4所示，对于一个矩阵 $A=(a_{ij})$，参与者1的目标为最大化其效用，参与者1选择的任何行动，都会导致参与者2选择能够最小化参与者1的效用的行动。因此，参与者1能达到的最小值是 $\underline{v}=\max_i(\min_j(a_{ij}))$。对于例3.4，这将是 $\underline{v}=\max_i(1,0,1,0)=1$。同样地，参与者1会在参与者2选择了它的行动对应的列之后，选择给出最大值的那一行；因此，最好的可能是 $\bar{v}=\min_j(\max_i(a_{ij}))$。同样，对于例3.4，这意味着 $\bar{v}=\min_j(2,4,2,4)=2$。$\underline{v}\leqslant\bar{v}$ 的发现并不是巧合，对于任何函数 $f:\mathbf{R}^2\to\mathbf{R}$，无需更多的假设，只要存在最小和最大，它就会成立，其不等式为

$$\max_x\min_y f(x, y)\leqslant\min_x\max_y f(x, y) \tag{3.18}$$

我们可以通过这种方式计算出一个博弈的差距，对于例3.4来说，这个差距是 $\bar{v}-\underline{v}=1$，这表明双方的最优状态显然是在 $\bar{v}, \underline{v}$ 这两个界限之间。最小最大化定理(定理3.2的一个特例)指出，如果我们以适当的方式扩展博弈，就能够使得达到这个最优成为可能。

零和博弈的实际和重要用途，源于它们是最坏情况下的模型：考虑两个博弈 $\Gamma_0, \Gamma_1$，

它们具有相同的参与者集合 $N$ 和(混合)策略集合 $S=\{\Delta(AS_1),\Delta(AS_2)\}$,但具有不同的收益结构 $H_0=\{u_1,-u_1\}$ 和 $H_1=\{u_1,u_2\}$。在双人零和博弈中,对于效用最大化的参与者 1,其均衡有如下关系:

$$u_1(x,y^*)\leqslant u_1(x^*,y^*)\leqslant u_1(x^*,y) \tag{3.19}$$

其中,左边的不等式是由于参与者 1 只能通过单方面偏离最优行动而带来损失,参与者 2 如果偏离也会损失,因为这增加了参与者 1 的收入(根据博弈的零和属性)。让我们用 $(x_0^*,y_0^*)$ 和 $(x_1^*,y_1^*)$ 来表示 $\Gamma_0,\Gamma_1$ 中的均衡状态。

想象一下这样一种情况:参与者 1 在零和博弈 $\Gamma_0$ 中采用均衡策略 $x_0^*$,而参与者 2 在(非零和)博弈 $\Gamma_1$ 中采用均衡策略 $y_1^*$。最有可能的是,这些均衡不会相同,即 $x_0^*\neq x_1^*,y_0^*\neq y_1^*$。然后,如果参与者 2 偏离 $\Gamma_1$ 的最优行动,会使参与者 1 的实际收益超过预期。同样地,如果参与者 1 偏离了 $\Gamma_2$ 的最优行动,根据均衡的定义,会增加参与者 2 在这个博弈中的收益。由此可见:

$$u_1(x_0^*,y_0^*)\leqslant u_1(x_0^*,y),\quad \forall y\in\Delta(AS_2) \tag{3.20}$$

这意味着,不管参与者 2 在 $AS_2$ 中如何行动,参与者 1 至少可以通过以下方式获得最小的收益:① 假定一个零和博弈,尽管现实中不一定是这样;② 按照这个零和均衡(即最优)策略行动。显然,零和假设可能过于悲观,攻击者的意图可能远非完全对立,但这一假设使防御者免于思考对手的实际意图。这样,零和假设在实践中简化了问题,因为防御者只需要对攻击者的行动空间有信心,而不需要假设攻击背后的(隐藏)意图。

虽然均衡一般不是唯一的,但零和博弈中的均衡收益对每个均衡都是一样的。这使得下面的定义很合理。

**定义 3.7**(博弈的(鞍点)值) 设 $\Gamma$ 是一个具有均衡 $(x^*,y^*)$ 的双人零和博弈。该博弈的鞍点值,或简称为值,是 $\mathrm{val}(\Gamma)=u_1(x^*,y^*)$。

对于参与者 1 的收益矩阵为 $A$ 的有限博弈,他的值由 $(x^*)^{\mathrm{T}}\cdot A\cdot y^*$ 给出。针对对手的每一个行为,式(3.20)所定义的下限是否成立,需要特别考虑以下策略。

**定义 3.8**(安全策略) 设 $\Gamma=(N,S,H)$ 是一个博弈。第 $i$ 个参与者的安全策略是一个(混合)策略 $a_i^*\in\Delta(AS_i)$,使得

$$a_i^*\in\arg\max_{a\in\Delta(AS_i)}\min_{a_{-i}}u_i(a,a_{-i}) \tag{3.21}$$

也就是说,安全策略是一个极小化极大决策,它根据参与者 $i$ 的对手的任何(混合)策略来限定可实现的最优效用。式(3.20)说明,零和均衡行为是双人普通(不一定是零和)博弈中安全策略的一个例子。安全策略的存在性,是我们所定义的均衡的一个简单结果,而安全策略的计算,仅仅相当于各自的参与者使其对手的收益与自己的效用正好相反,而不用考虑这一假设在实践中是否准确。最后,根据式(3.19)和式(3.20),我们可以得

出一个存在性的结果。

**定理 3.4**（安全策略的存在性）　双人博弈 $\Gamma=(N=\{1,2\},S=\{AS_1,AS_2\},H=\{u_1,u_2\})$中参与者 $i$ 的安全策略是零和博弈 $\Gamma_{i,0}=(N,S,H_{i,0}=\{u_i,-u_i\})$中的纳什均衡策略。

注意，在此寻求安全策略的参与者有意忽略了另一个参与者的收益结构（更正式的说法是，$\Gamma_{i,0}$中只出现了 $u_i$，而没有出现对手的效用 $u_{-i}$）。从一个安全从业者的角度来看，这能帮助省去考虑对手动机的需要。换句话说，在博弈论的背景下，安全策略不需要对手建模，因为所需要的只是一个人自己的效用或损害评估。

**例 3.7**[7,12]　考虑双人非常和博弈的两个收益矩阵，表示为如下$(u_1(i,j),u_2(i,j))$的表格，其中包含了两个参与者的每个策略组合$(i,j)\in AS_1\times AS_2$：

| | 参与者 2 | | | | |
|---|---|---|---|---|---|
| 参与者 1 | (2,0) | (2,0) | (1,4) | (3,1) | (2,3) |
| | (1,1) | (2,3) | (2,1) | (2,3) | (4,2) |
| | (0,2) | (3,2) | (0,1) | (2,3) | (2,1) |
| | (0,2) | (4,2) | (1,0) | (0,2) | (1,2) |
| | (2,3) | (2,1) | (4,3) | (4,1) | (3,0) |

这个博弈有多个均衡，参与者 1 的博弈值是 $v_1\in E_1=\left\{2,4,\frac{8}{3},\frac{18}{7},\frac{9}{4},\frac{14}{5}\right\}$，参与者 2 的博弈值是 $v_2\in E_2=\{2,3\}$。

现在，我们通过将参与者 2 的效用替换为参与者 1 的负值，来计算防御者的安全策略，其最终的博弈是一个零和矩阵博弈（与双矩阵博弈中参与者 1 的左侧相同）：

| | | | | |
|---|---|---|---|---|
| 2 | 2 | 1 | 3 | 2 |
| 1 | 2 | 2 | 2 | 4 |
| 0 | 3 | 0 | 2 | 2 |
| 0 | 4 | 1 | 0 | 1 |
| 2 | 2 | 4 | 4 | 3 |

对于参与者 1 来说，这个博弈的鞍点值是 $v_1=2=\min E_1$，所以定义 3.8 所说的式(3.21)中的边界非常窄，尽管通常情况下不是这样窄的。

如果防御者有多个资产要保护，或者参与者有多个目标要优化，那么安全策略的概念是可以进行扩展的，这就是多目标优化的情形。这种情形下，从本质上说，防御者参与的是一种“一对所有”的博弈：它为每个目标定义了不同的效用函数，但所有效用函数的域都是一个相同、统一的行动空间 $AS_1$，只是它们各自的量化目标有所不同而已。同样，我们也可以为每一次攻击设置不同的行动，也就是说，$AS_1$ 中所有行动并非都与所有目标相关，例如，对机密信息的窃听攻击可能同时需要除了 DoS 攻击以外的其他攻击行动。

让我们用损失来定义效用，这样我们就有一个效用最小化的防御者，他将面临一个多目标的优化问题，正如3.3节所示。我们可以将这种情况建模为一个多目标的双人博弈：防御者有 $d\geqslant 1$ 个安全目标，并为这些目标定义了效用函数 $u_1^{(1)},u_1^{(2)},\cdots,u_1^{(d)}$。对于其中的每一个目标和函数，我们可以假定一个独立的攻击者，其行动空间为 $AS_2^{(1)}$，$AS_2^{(2)},\cdots,AS_2^{(d)}$。在不失一般性的情况下，我们可以将所有这些行动空间统一到一个所有攻击者的共同行动空间中，方法是取集合并集 $AS_2=\bigcup_{i=1}^{d}AS_2^{(d)}$，并且只要对手的效用值与 $AS_2$ 的某个行动有关，就让对手的效用为 $-\infty$。例如，如果一个动作 $a\in AS_2$ 对窃听有一定的效用，即 $a\in AS_2^{(\text{eavesdrop})}$，但对 DoS 无用（即 $u_2^{(\text{DoS})}$ 是未定义的，因为 $a\notin AS_2^{(\text{DoS})}$），那么我们就把效用定义为对 DoS 攻击者来说是不利的（实际上，它是被任何其他行动所支配的），所以永远不会选择它，就像它根本就不在行动空间中一样。通过这种方式，我们保证，如果一个行动对特定的攻击者来说是不可用的，那么它在任何情况下都处于被支配的地位，因此，它不会出现在任何均衡中。

为了同时让损失最小，防御者通过为每个（假设的）对手定义一个效用的加权和来进行标量化，然后分析这个双人博弈中的攻击效用（参见式(3.3)）：

$$u_2:=w_1\cdot u_2^{(1)}+w_2\cdot u_2^{(2)}+\cdots+w_d\cdot u_2^{(d)} \tag{3.22}$$

防御者需要选择所有大于等于0的权重 $w_1,\cdots,w_d$，并且满足约束 $w_1+w_2+\cdots+w_d=1$。权重从何而来？如果防御者具有关于每种类型的攻击者的可能性的信息，式(3.22)中的权重可以被设置为相应的可能性。例如，如果 DoS 攻击者被认为是窃听者可能性的2倍，我们就有2个对手，并定义权重 $w_{\text{DoS}}=2/3$，$w_{\text{eavesdropper}}=1/3$。如果这样的假设不合理或者不可能，那么防御者可以分配目标优先级，并相应地定义权重以反映它们（参见3.3节）。

为了将上述方法付诸实施，防御者现在需要定义每个安全目标的具体效用，即对每个攻击者 $j=1,2,\cdots,d$ 定义其具体效用。这里有两种可能的情况：

(1) 防御者有一个对手模型，可以知道攻击类型 $j$ 背后的意图和动机。在这种情况下，防御者可能会定义一个准确的效用函数 $u_2^{(j)}$ 来体现这种知识。

(2) 防御者没有上述的对手模型，因而不知道攻击者的收益情况。那么，防御者可以建立他/她自己的损失模型 $u_1^{(j)}$，并用 $u_2^{(j)}:=-u_1^{(j)}$ 作为攻击者的收益。这相当于去做一个极小化极大决策，也就是针对第 $j$ 种攻击（第 $j$ 个攻击者）的安全策略。

**定义3.9**（多目标安全策略(MGSS)） 设 $\Gamma=(N=\{1,2\},S=\{AS_1,AS_2\},H)$ 是一

个多目标的双人博弈，对于参与者 1，其收益表示为连续的收益向量 $u_1=(u_1^{(i)},\cdots,u_1^{(d)}):AS_1\times AS_2\to\mathbf{R}^d,\forall d\geqslant 1$。这个博弈中参与者 1 的有保证的多目标安全策略是一个策略 $x^*\in\Delta(AS_1)$以及一个向量 $v=(v_1,\cdots,v_d)$，使得以下情况成立。

(1) 对于所有目标 $i=1,2,\cdots,d$，我们有

$$v_i\leqslant u_1^{(i)}(x^*,y),\quad \forall y\in\Delta(AS_2) \tag{3.23}$$

并且，至少有一个选择 $y_i^*\in S_2$ 可以使得等号成立。可以看到，上述所谓的“有保证”是相对参与者 1 而言的，向量每个元素上都有上述不等式关系成立。

(2) 如果参与者 1 偏离 $x^*$，采取行动 $x\neq x^*$，那么至少有一个保证变为失效。在这种情况下，存在一些 $y_0\in\Delta(AS_2)$，使得

$$u_1(x,y_0)\leqslant_1 v \tag{3.24}$$

请注意，这个定义无需知道参与者 2 的效用；事实上，安全策略的特点恰恰是我们不需要知道这个信息。在与纳什均衡相同的条件下，MGSS 的存在是有保证的。[8] 通过对定理 3.4 进行推广，就能得到这个存在性的结果，它与帕累托-纳什均衡的存在性有关。

**定理 3.5**(MGSS 的存在性)[8]　用多目标的双人博弈 $\Gamma$ 作为安全系统的模型。任何这样的博弈，都有一个辅助博弈 $\Gamma'$ 使得$(v,x^*)$是一个 MGSS，当且仅当它在辅助博弈 $\Gamma'$中形成一个帕累托-纳什均衡，其保证是 $\Gamma'$的鞍点值。

MGSS 的计算可以通过虚拟博弈(fictitious play)来实现，我们将在 12.3.4 小节中进一步讨论。

防御者在这里采取的多目标防御，可以看作我们所说的贝叶斯博弈的一个特例。在这样的博弈中，博弈者不确定对手的特定类型是什么，但知道可能的类型集合 $\Theta$ 和它们各自的收益结构。然后，“自然”作为非理性的第三个实体，会根据防御者已知的概率分布来决定类型 $\theta\in\Theta$。防御者反过来又根据知识 $\theta$ 做出一个最佳决策，即贝叶斯决策(参见 3.4.1 小节)。如果攻击者通过发送信号(即使是无意的)部分地暴露了它的类型，防御者可以把对对手类型的猜测，细化为一个以这个信号暴露的信息为条件的后验分布，并再次采用贝叶斯决策。我们以后将在信号博弈的背景下重新讨论这个问题(见第 4 章，以及下一小节的例 3.8)。

## 3.5.3 扩展形式博弈

在很多场景中，深入研究参与者之间互动的动态变化情况是值得的，因为一个参与者的某些行动可能会促成或阻止其他参与者的后续行动。就像在许多棋盘游戏中，参与者可以按照规定的顺序采取行动，而且不一定知道其他参与者已经做了什么或接下来能做什么。后者被称为不完美信息博弈(纸牌游戏就是其中一个例子，因为参与者通常看

不到对手的牌组），而前者被称为不完美回忆博弈（例如，一些纸牌游戏允许交换牌组的一部分而不向其他人展示新旧牌）。安全博弈可以表现出这两种情况，对于防御者和攻击者来说都是类似的：如果防御者不知道攻击者在一个系统中的位置，我们就有一个不完美信息的情况。同样，如果防御者注意到系统中的可疑活动，对手进来的攻击路径可能是模糊的，因此博弈没有完美回忆。

上面的例子揭示了准确描述一个博弈所必需的几个明显的成分，我们称之为扩展形式。像普通形式的博弈一样，扩展形式的博弈有一个有限的参与者集合 $N$，每个 $i \in N$ 都被赋予一个行动空间 $AS_i$。博弈是在离散的时间步骤中进行的，也就是说，博弈允许不同的参与者或参与者组在同一时间点上行动，并允许其他参与者（组）随后行动，如此循环。然后，博弈的一个特定实例会产生一个历史 $h=(a_1, a_2, \cdots)$，其元素来自于行动并集 $\bigcup_{i \in N} AS_i$。在这里，我们假设所有行动空间 $AS_j$ 两两互不相交，因此，在历史中哪个参与者采取什么行动是完全没有歧义的。长度为 0 的空序列对应于还没有参与者行动，也就是博弈的开始。我们把博弈的这种特殊状态表示为 $n$。如果一个行动 $a$，无论这个行动是由哪位参与者采取的，只要它在博弈阶段是被博弈规则所允许的，并且历史 $h$ 在这个行动之后继续进行，即 $h'=(h, a)$ 也是博弈的有效历史，那么，我们称之为行动 $a$ 延续了历史 $h$。

给定一些历史 $h$，扩展形式博弈进一步定义了：① 允许哪些参与者接下来采取行动；② 在博弈的这个阶段中可接受的行动集合。这二者都取决于历史 $h$。对于①，我们定义一个集值映射 $p(h)=\{j \in N$：参与者 $j$ 接下来会采取行动$\}$，对于②，我们定义集合 $Z(h)=\{a \in \bigcup_{j \in p(h)} AS_j$：参与者 $j$ 可以采取行动 $a$ 来延续历史 $h\}$。如果我们把注意力只放在第 $i$ 个参与者可以采取的行动上，我们就写成 $Z_i(h)$。博弈规则规定了采取什么行动是可以的，以及谁可以采取行动。在多个参与者可以同时采取行动的情况下（这些行动不一定彼此独立），$p(h)$ 是一个有两个或更多元素的集合，但在许多情况下会指定仅有某一个参与者 $j \in N$ 在博弈中采取下一步行动。当 $p(h)=\varnothing$ 时[①]，就不可能有更多的行动了，博弈在给所有参与者分配一个效用值后就终止了。具有 $p(h)=\varnothing$ 的历史[②]被称为终端。否则，如果 $p(h) \neq \varnothing$（即有一个参与者可以行动），并且 $Z(h)=\varnothing$ 时[③]，我们称该历史为有限的。一个可以无限延续的历史被称为无限的。例如，国际象棋允许周期性行动的情况（“永恒的国际象棋”）。一些重复安全博弈也是永远不会终止的博弈的例子（“安全永远没有尽头”）。

① 原文为 $p(h)=$，译者认为此处为笔误，应为 $p(h)=\varnothing$。

② 同上。

③ 原文为 $Z(h) \neq \varnothing$，译者认为此处为笔误，应为 $Z(h)=\varnothing$。

所有历史（包括有限的、终端的和无限的）的全部构成了博弈树 $B$，其根为 $n$。在这棵树上，每个历史 $h$ 定义了一条从根 $n$ 到历史 $h$ 中最后一个行动的唯一路径，我们将其称为树 $B$ 中的一个节点 $v$。因此，一个终端历史是一条从根节点 $n$ 到叶节点（最终行动）$v$ 的路径。

在博弈树 $B$ 中，节点 $v$ 的孩子数是 $|p(h)|\times|Z(h)|$，其中，$|p(h)|$ 是可以行动的参与者数量，$|Z(h)|$ 是每个参与者 $i\in p(h)$ 在这个时刻 $v$ 的可以采取的行动的个数。如果在一个节点上，没有参与者可以再采取下一步行动，那么博弈就结束了，并由效用函数规定了每个参与者在这个博弈终端状态的收益。因此，博弈树 $B$ 是博弈所有可能演化的状态的集合。它通常是一个无限的图，因为并非所有的博弈实例都需要终止。

如果图 $B$ 是有限的，即所有的行动序列迟早都会终止，在这种情况下，每个参与者都会被分配到一个效用值，那么，我们称其为有限博弈。正则形式博弈必然在一步之后终止，因为效用是在采取行动之后就获得了的。这就将我们迄今为止所说的行动与在扩展博弈中的策略区分开来了：策略规定了在博弈的任何特定状态下应采取哪个行动。换句话说，在博弈树 $B$ 中的某个节点 $v$，策略告诉应采取行动的参与者接下来要采取哪个行动。优化这些策略与计算均衡是一样的。事实上，通过列举在树 $B$ 中出现的所有终端路径，并收集在其终端节点时获得的效用值，我们可以将博弈树转换成矩阵，即正则形式博弈的矩阵表示。用于标记矩阵的行和列的行动集（在双人博弈的情况下）就对应于我们在本章开始到本节所述的行动空间。现在，对于扩展形式博弈，我们把对一个“行动”的理解，缩小为在博弈当前状态下的一个可能的行动。

除非参与者能观察到所有其他人的行动，否则参与者可能无法确定目前在博弈树 $B$ 中的确切位置。也就是说，从参与者 $i$ 的角度来看，如果知道参与者 $j$ 接下来可以行动，那么参与者 $i$ 可以将集合 $\{v\in B: j\in p(h)\}$ 划分为集合 $I_1,\cdots,I_{j_k}$，这些集合具有以下性质：在同一集合 $I_l$ 中的任何两个博弈状态 $v,w$ 都是一样的，即不管参与者 $j$ 是从 $v$ 还是从 $w$ 开始，其可能的行动都是一样的，我们称之为信息集。如果对参与者 $i$ 而言，$B$ 中两个可能的节点 $v,w$ 处于不同的信息集里，那么获得的信息就是参与者 $j$ 从现在开始可以采取的特定行动集。通常，我们会把“自然”作为初始参与者（例如，如果一个棋盘游戏规定要投掷骰子，我们可以认为这个随机事件是自然界在 1 到 6 之间选择一个数字）。

**例 3.8**（钓鱼博弈）[16] 考虑一个简单的电子邮件通信博弈，参与者 1 是电子邮件的接收者，参与者 2 是任何（未知）发件人。电子邮件的发件人可以是钓鱼的，也可以是诚实的，而“自然”作为第三个参与者 0 进来，决定发件人的类型。因此，博弈（树）从参与者 0 的行动开始，然后进入参与者 1 的信息集，因为这个参与者不知道电子邮件是钓鱼的还是诚实的。因此，它不能确定是哪一种，除非有，比如说，电子邮件上有一个数字签名。在这种情况下，我们知道这封电子邮件是诚实的，对应于树中节点 $n$ 的第三个子节点，它位于另一个现在是单元集的信息集中。

从博弈树上可以直接看到博弈规则，我们使用之前采用的符号，把博弈规则列在下面的表格中。请注意，网络钓鱼对手甚至没有被明确包括在内：

| | $h$ | $n$ | $(n,1)$ | $(n,2)$ | $(n,3)$ |
|---|---|---|---|---|---|
| 下一次行动函数 | $p(h)$ | $\{0\}$ | $\{1\}$ | $\{1\}$ | $\{1\}$ |
| 可采取的行动 | $Z(h)$ | {钓鱼，诚实＋无签名，签名} | {打开，删除} | {打开，删除} | {打开} |

当轮到参与者1行动时，如果博弈处于信息集 $I_1$ 中的任何状态，这个人可以决定打开或不打开邮件，或者只有当邮件被数字签名时才能打开（信息集 $I_2$）。然后，收益可以分配如下：如果接收者打开了钓鱼邮件，那么它的损失为－1，而钓鱼者则赢了（收益＋1）。如果钓鱼邮件被删除，钓鱼者也会损失（收益－1），而接收者则一无所获（收益0）。如果一封诚实的邮件被意外地认为是钓鱼邮件并被删除，那么接收者就会遭受损失（收益－1），而钓鱼者则一无所获（效用为0，因为这封邮件不是他/她发送的）。同样地，在另一种情况下，即邮件来自诚实的发件人，经过数字签名，并被打开，钓鱼者也没有任何收获。在图3.2的博弈树中，各自的效用出现在括号里（形式为（接收者的效用，钓鱼者的效用）），在终止节点的下面。

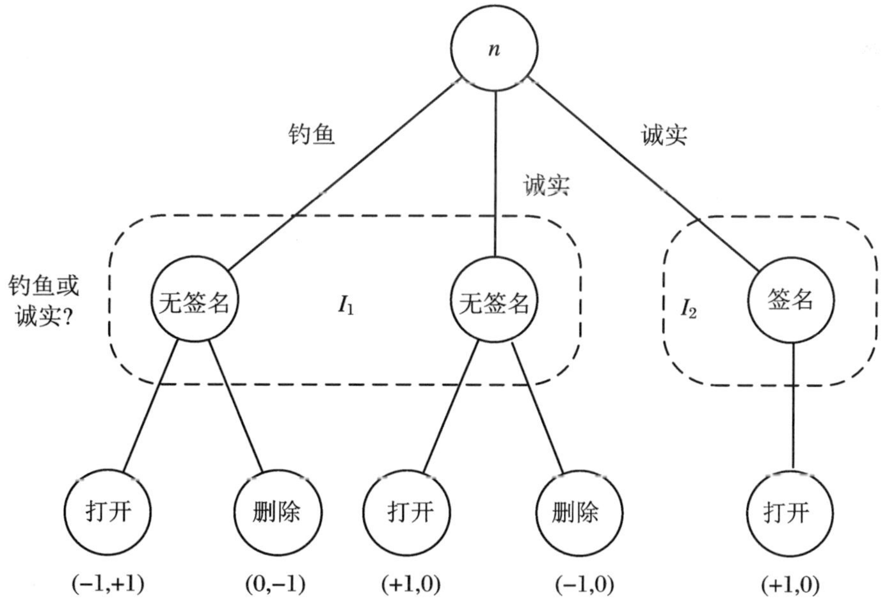


**图3.2 钓鱼博弈的例子**

“自然”作为参与者通常是有用的，它是一个独特的“0 号参与者”，是没有参与者可以影响的相关外部力量，但它的情况却决定了博弈中发生的事情。这个虚拟的 0 号参与者没有被分配任何效用，但在博弈的每个状态下都有一个行动空间，所有参与者都知道大自然在其行动时可能采取的每个行动的概率（即 $p(h)=\{0\}$）。一个简单的例子是当投掷骰子时，因为任何公平的骰子都会等概率地出现数字 1，…，6。但对于例 3.8 的钓鱼博弈，事情就比较复杂了，因为参与者 1 需要估计收到钓鱼邮件的可能性。

接下来的一个扩展形式博弈的最后成分，它统一了迄今为止所讲述的所有组成部分：

**定义 3.10**（扩展形式博弈） 扩展形式博弈是一个由以下内容组成的六元组：

（1）参与者，形成一个有限的集合 $N$。

（2）可能的博弈过程，指定根为 $n$ 的博弈树 $B$，令 $F$ 为 $B$ 中终端或无限历史的集合。

（3）一个关于谁应该采取下一步行动的规则。这是定义在博弈的每个状态下哪位（哪些）参与者可以采取行动的一个函数 $p$，也就是说，对于在行动历史 $h$ 中到达的每个节点 $v\in B$，$p(h)\subseteq N$ 指定哪位参与者接下来行动。

（4）随机性。如果有随机性（不是不确定性）的因素，我们包括一个有行动集 $AS_0$ 的虚拟参与者 0“自然”，并在 $AS_0$ 上定义一个概率分布，条件是每个节点 $v\in B$。

（5）信息集。对于所有 $i\in N$，这是所有$\{v\in B: v$ 是行动序列历史 $h$ 中的节点，且 $p(h)=i\}$的集合的一个划分（partition）。

（6）效用函数 $u:F\to R^{|N|}$，指定每个参与者在博弈结束时得到的效用。

请注意，在这个定义中，随机性和信息集是可选的：如果博弈不涉及随机性（例如国际象棋），就不需要参与者 0。同样，信息集也可以是单元集，如果博弈的当前状态总是被所有参与者完全知道，我们就说博弈有完美信息。这与完全信息（complete information）有很大的不同：完美信息意味着参与者在任何时候都知道博弈的当前状态，而完全信息意味着每个参与者都确定知道博弈本身的所有细节，这些细节中就特别包括对手得到的收益。完美信息和完全信息这两个属性是独立的，安全博弈中也有这两个属性，有完美但不完全信息的博弈，也有不完美但完全信息的博弈（当然也有两种属性同时存在的博弈）。

**例 3.9**（不完全但完整的信息） 考虑一个网络，其中爱丽丝想向鲍勃发送一个信息。假设图中有 $k\geqslant 2$ 条连接两者节点的路径，爱丽丝可以从这 $k$ 条路径中随机选择任何一条路径来传送她的信息。而对手则可以选择网络中的任何一个中间节点进行窃听，并希望信息能够通过这个中间节点。这个博弈有不完美的信息，因为爱丽丝不知道对手在哪里，但它是一个完整的信息博弈，因为所有参与者的目标都是明确的（正如博弈规则的其他部分）。我们将在 11.2 节重新审视这个博弈，进行更详细的分析。

**例 3.10**(完美但不完全的信息)　设想一个量子网络,众所周知,它能够检测对量子比特交换的窃听行为,因而能够实现完美的点对点保密性。假设爱丽丝和鲍勃在量子网络中并试图发送消息。他们对每次窃听事件的反应是停止传输,并采取以下措施:① 暂停,直到窃听者离开;② 切换到经典加密,以保存密钥材料,直到情况①发生;③ 当他们发现当前选择的路径是不安全的,切换到其他路径。因为窃听者由于量子链路的特性而无法隐藏,所以博弈有完美的信息。然而,这些信息是不完全的,因为攻击者的实际目标仍然是隐藏的:它可以是通过窃听来实现拒绝服务攻击 DoS,因为在任何情况下窃听都会导致信道的阻塞或至少退回到一个较弱的加密形式。[14]然而,它也可以是一个复杂的窃听企图,通过强制重定向流量到一个脆弱的节点。[9]我们将在 11.2 节回到这个应用背景,在那里我们将通过多路径传输,无条件地量化量子网络的端到端安全,并使用博弈论模型证明其安全性。

只要博弈有完全的信息并且是有限的,我们就可以列举从博弈树的根部到叶子(终端节点)的所有路径,并记录所有参与者的行动和分配到的效用(只要路径的数量小到足以在合理的计算时间内形成一个完整的列表)。对双方参与者都进行这样的列举,自然而然就为他们创建了行动集,行动集的成员就被称为策略。一个策略(在扩展形式博弈中)是对博弈树的每个阶段(即节点)采取何种行动的规定。

策略是在博弈进行过程中由参与者的行动所决定的行动序列。对于一个正则形式博弈,策略只是行动集的一个成员:每个参与者从其行动集 $AS_i$ 中挑选一个成员 $a_i$,第 $i$ 个参与者 $i \subset N$ 得到 $u_i(a_i, a_{-i})$所刻画的效用。然而,我们并没有进一步研究博弈的机制,因为它都体现在效用函数里了。与此相反,扩展形式博弈中的策略在这方面完全不同,因为它们详细地描述了博弈如何从第一步开始,直到效用被支付给参与者为止。

通过列举策略,即博弈树中的路径,我们把扩展形式博弈转换为正则形式博弈,然而,通常情况下这种转换既不是唯一的,也不是可逆的,因为如果没有额外的信息,扩展形式博弈就无法从正则形式博弈中恢复出来。我们将在第 4 章再来讨论扩展形式博弈的具体例子,届时我们将描述安全博弈中领导者-追随者的场景,这些场景天然地适合使用扩展形式博弈模型。使用这样的模型,例 4.1 将描述使用两个不同的扩展形式博弈向正则形式博弈的过渡。

## 3.6　扩展概念:对目标依赖关系建模

虽然对多目标优化问题进行标量化是一种传统的方法,但如果我们明确规定多个目标之间是如何相互作用的,而不是只说我们对每个目标单独赋予多少权重,那么,这将会产生更多的通用技术。严格地说，假定我们有 $n$ 个目标，它们有特定的值 $g_i$，让这些值按升序排列，$0\leqslant g(1)\leqslant g(2)\leqslant\cdots\leqslant g(n)$。我们使用离散 Choquet 积分作为聚合算子，这样就可以用下面的表达式代替式(3.3)，即

$$g^* := \sum_{i=1}^{n} w_{(i)} \cdot g_{(i)} \tag{3.25}$$

其中 $w_{(i)} := \mu(A_{(i)}) - \mu(A_{(i+1)})$，而 $A_{(i)} := \{i, i+1, \cdots, n\}$ 代表所有目标的集合，其下标从 $i$ 开始递增。有趣的部分是这里的(迄今为止)尚未定义的函数 $\mu$，它对目标集合的整体进行“估值”，并考虑到它们之间的相互作用。这样一来，$w_{(i)}$ 就只不过是分配给以下两种情况的一个价值(可以是收益，也可以是损失)：情况 1 是第 $i$ 个目标被纳入(设定 $A_{(i)}$)，情况 2 是第 $i$ 个目标被排除(设定 $A_{(i+1)}$)。根据这个目标的缺失对整体目标的影响程度，函数 $\mu$ 再次发挥了重要性权重的作用。严格来说，它被称为容量函数(capacity function)，它需要满足 $\mu(\varnothing)=0$ 和单调性 $[A\leqslant B]\Rightarrow\mu(A)\leqslant\mu(B)$。Choquet 积分在名字上与黎曼和这个名字相似，如果我们给容量函数增加额外的属性，使其成为一个测度(measure)，那么这个概念确实就与黎曼和相似了。

虽然这种方法很吸引人，但它的实际应用是有代价的，即不仅需要指定每个目标的重要性，而且还需要指定所有目标的组合对容量函数 $\mu$ 的重要程度。也就是说，式(3.25)只在我们事先已经知道目标之间的相互作用，并明确建模的情况下，才会有所帮助。在极端情况下，我们得在目标 $\{1,2,\cdots,n\}$ 构成的所有子集上都定义 $\mu$，而这些子集有 $2^n$ 个。因此，在实践中，我们通常只限于直接指定重要性权重(如式(3.3))，也许还有成对或三对的目标之间的相互作用(最终形成一些手工定义的 $\mu$，其数量是 $n$ 的二次或三次方)。

模糊逻辑提供了多目标决策的更多可能性，它们都可以归结为某些(部分启发式的)聚合函数。虽然使用这种方法可以很灵活地构建聚合函数，用来刻画目标之间相互依存的特殊性以及后面的机制，但这种灵活性的代价是，我们需要对聚合函数之下的启发式方法和数学概念进行非常复杂的解释。尽管像三角范数(triangular norms)、余范数(co-norms)这样的逻辑连接词来自于精确的数学上的要求，并且与统计学(关联结构理论，即 copulae 理论)有着紧密的联系，但模糊逻辑所提供的(连续的)聚合算子，作为一种比较实用的方法，在合理设计这些方法时，从上述理论获得的帮助要少得多。尽管如此，模糊理论在多目标决策的问题上是非常流行和成功的，不过，这超出了我们这里的讨论范围(这部分内容在文献[13]中有综合阐述)。

# 参考文献

[1] Glicksberg IL (1952) A further generalization of the kakutani fixed point theorem, with application to Nash equilibrium points. In: Proceedings of the American mathematical society, vol 3, pp 170-174. https://doi.org/10.2307/2032478

[2] Jøsang A, Ismail R (2002) The beta reputation system. In: Proceedings of the 15th bled electronic commerce conference

[3] Lozovanu D, Solomon D, Zelikovsky A (2005) Multiobjective games and determin-ing Pareto-Nash equilibria. Buletinul Academiei de Stiinte a Republicii Moldova Matematica 3(49):115-122. http://D:\Documents\resources\multiobjective_games_and_optimization\MultiobjectiveGamesandDeterminingPareto-NashEquilibria.pdf

[4] MRC Biostatistics Unit, U.o.C. (2008) The BUGS project. https://www.mrc-bsu.cam.ac.uk/ software/bugs/

[5] Nash JF (1951) Non-cooperative games. Ann Math 54:286-295. http://www.jstor.org/stable/1969529? origin=crossref

[6] von Neumann J, Morgenstern O (1944) Theory of games and economic behavior. Princeton University Press, Princeton

[7] Rass S (2009) On information-theoretic security: contemporary problems and solutions. Ph.D. thesis, Klagenfurt University, Institute of Applied Informatics

[8] Rass S (2013) On game-theoretic network security provisioning. Springer J Netw Syst Manag 21(1):47-64. https://doi.org/10.1007/s10922-012-9229-1

[9] Rass S, König S (2012) Turning Quantum Cryptography against itself: how to avoid indirect eavesdropping in quantum networks by passive and active adversaries. Int J Adv Syst Meas 5(1&2):22-33

[10] Rass S, König S, Schauer S (2016) Decisions with uncertain consequences- a total ordering on loss-distributions. PLoS ONE 11(12): e0168583. https://doi.org/10.1371/journal.pone.0168583

[11] Rass S, Kurowski S (2013) On Bayesian trust and risk forecasting for compound systems. In: Proceedings of the 7th international conference on IT security incident management & IT forensics (IMF). IEEE Computer Society, pp 69-82. https://doi.org/10.1109/IMF.2013.13

[12] Rass S, Schauer S (eds) (2018) Game theory for security and risk management. Springer, Birkhäuser. http://www.worldcat.org/oclc/1019624428

[13] Ross T, Booker JM, Parkinson WJ (2002) Fuzzy logic and probability applications: bridging

the gap. ASA SIAM，Philadelphia/U. S. A

[14] Schartner P，Rass S (2010) Quantum key distribution and Denial-of-Service：using strengthened classical cryptography as a fallback option. In：Computer symposium（ICS），2010 international. IEEE，pp 131-136

[15] Sion M，Wolfe P (1957) On a game without a value. Princeton University Press，pp 299-306. http：//www. jstor. org/stable/j. ctt1b9x26z. 20

[16] Zhu Q，Rass S (2018) On multi-phase and multi-stage game-theoretic modeling of advanced persistent threats. IEEE Access 6：13958-13971. https：//doi. org/10. 1109/access. 2018. 2814481. https：//doi. org/10. 1109%2Faccess. 2018. 2814481

# 第 4 章

# 博弈的类型

Life is not a game. Still, in this life, we choose the games we live to play.

生活不是一场博弈,然而我们却能选择参与哪些生活中的博弈。

—— J. R. Rim

本章介绍实际安全模型中最重要的几类博弈,包括斯塔克尔伯格博弈(Stackelberg Games)、纳什博弈(Nash Games)、信号博弈(Signaling Games)和分布收益的博弈。后者以实证研究方法和数据科学为基础,从数据中构建博弈,但也揭示了与使用词典目标优先级进行多目标优化的理论之间的联系(经典博弈无法处理这种场景,但具有价值分布的博弈可以处理)。每个博弈的描述都附有安全领域的例子,用以启发和说明各个模型的使用。我们会讨论每一类博弈与其他博弈的关系,突出它们的优点和缺点以及应用,后续的章节会介绍详细信息。

## 4.1 概述

博弈论已经被用于网络空间安全等各种安全的环境中。我们将在本章详细讨论基于不同类型的博弈模型。博弈论在网络空间安全的应用包括入侵检测系统[59,60,67]、对抗机器学习[30,51,53,54,56]、主动适应性防御[6,7,20,47,64,66,68]、网络欺骗[18,28,34,36,58,61]、通信信道干扰[2,50,62,65,69,70]、物联网[8,11,24,28,32,33,35,72]、安全工业控制系统[1,26,61,63]和关键基础设施安全与复原[3,3,16,17,21,22,41]等。在这些场景中,攻击者和防御者都试图通过预测博弈中其他参与者的行动来合理地优化他们的行动。因此,博弈论刻画了这些相互作用的基本属性。

在 4.2 节和 4.3 节中,我们将简要介绍两个最常见的博弈论模型,它们用于防御对网络安全和隐私的欺骗:斯塔克尔伯格博弈和纳什博弈。在 4.4 节中,我们将讨论信号博弈,它研究的是不完全信息的情况。4.5 节将描述更普遍的不确定性博弈,其中原本清晰的真实收益值被随机排序的随机变量所取代。表 4.1 总结了这些博弈的组成部分。

表 4.1 三种博弈的参与者、类型、行动和效用函数

| 参与者 $N$ | 类型 $\Theta$ | 行动 $AS$ | 效用 | 持续时间 |
|---|---|---|---|---|
| 领导者 $L$ 和跟随者 $F$ 之间的斯塔克尔伯格博弈 | 通常是统一的 | $L:a_L\in AS_L$<br>$F:a_F\in AS_F$ | $L:u_L(a_L,a_F)\in\mathbf{R}$<br>$F:u_F(a_L,a_F)\in\mathbf{R}$ | 单次领导者-跟随者结构 |
| 参与者 $V$ 和 $W$ 之间的纳什博弈 | 通常是统一的 | $V:a_V\in AS_V$<br>$W:a_W\in AS_W$ | $V:u_V(a_V,a_W)\in\mathbf{R}$<br>$W:u_W(a_V,a_W)\in\mathbf{R}$ | 同步行动结构 |
| 发送者 $S$ 和接收者 $R$ 之间的信号博弈 | $S$ 有多种类型 $\theta\in\Theta$ | $S:a_S\in AS_S$<br>$R:a_R\in AS_R$ | 各类的 $S$<br>$\theta\in\Theta:u_S^\theta(a_S,a_R)\in\mathbf{R}$<br>$R:u_R(\theta,a_S,a_R)\in\mathbf{R}$ | 单次发送者-接收者结构 |
| 具有价值分布收益的博弈 | 有多种类型是可能但不是必需的 | $S:a_S\in AS_S$<br>$R:a_R\in AS_R$<br>$u_R(\theta,a_S,a_R)$ | 对于每个参与者 $i\in N$，$u_i(x_i,x_{-i})(t)=P(U\leqslant t)$是一个分布 | 各种各样的，包括上述所有的 |

所有这三种博弈都是静态博弈（我们认为单次互相作用是静态的，尽管它们不是同时进行的）。此外，虽然斯塔克尔伯格和纳什博弈通常不包括多种类型，但贝叶斯-斯塔克尔伯格（Bayesian Stackelberg）和贝叶斯-纳什博弈（Bayesian Nash Games）确实允许多种类型。

## 4.2 斯塔克尔伯格博弈

在斯塔克尔伯格博弈中[48]，跟随者在知道了领导者的行动后才采取行动。通常，网络安全模型把防御者记为 $L$，把攻击者记为 $F$，假设攻击者会观察并对防御策略做出反应。为了方便，通常用博弈树来描述它们的结构。

斯塔克尔伯格博弈的求解过程是在时间上逆向进行的（有时也称为逆向归纳法，即 backward induction）。用$BR_F:AS_L\to\Delta(AS_F)$定义跟随者对领导者行动的最佳响应函数，为了简化问题，这里采用混合策略。$BR_F(a_L)$给出了响应 $a_L$ 的最佳$a_F$。最佳响应函数也可以包括一组同样优的行动，换言之，这就是我们要使用幂集（power set）的原因。最佳响应函数的定义是

$$BR_F(a_L)=\arg\max_{a_F\in AS_F}u_F(a_L,a_F) \tag{4.1}$$

基于对 $F$ 的最佳响应的预期，$L$ 选择最佳行动$a_L^*$，满足以下条件：

$$a_L^* \in \arg\max_{a_L \in AS_L} u_L(a_L, BR_F(a_L)) \tag{4.2}$$

那么，在均衡状态下，参与者的行动是$(a_L^*, a_F^*)$，其中 $a_F^* \in BR_F(a_L^*)$。

**定义 4.1**(斯塔克尔伯格均衡) 在一个双人博弈 $\Gamma = (N = \{L, F\}, S = \{\Delta(AS_L), \Delta(AS_F)\}, H = \{u_L, u_F\})$中，对于领导者和跟随者来说，斯塔克尔伯格均衡(Stackelberg equilibrium)是一对策略$(a_L^*, a_F^*)$：给定领导者信息，如果 $a_L^*$ 是最优的，并且在领导者选择 $a_L^*$ 的情况下，跟随者(参与者 2)的最优响应是 $a_F^* \in BR(a_L^*)$。

在有限博弈中，纯策略的斯塔克尔伯格均衡是存在并且有保证的。斯塔克尔伯格博弈在安全领域的应用已经非常普遍，包括数据隐私[30,31]、基础设施安全[4,5,63]、病毒传播[14,19]和网络保险[13,52,57]等。在文献[5]中，攻击者和网络设计者之间形成了一个三阶段的动态博弈。网络设计者首先在攻击前设计一个基础设施网络，并从攻击者的破坏中恢复网络。一旦基础设施建成后，攻击者就会对基础设施网络进行攻击，目的是断开网络，而网络设计者的目的是通过在攻击前后分别设计安全和弹性网络来保持网络连接。双人博弈是斯塔克尔伯格博弈的扩展版本，在这个博弈中，网络设计者在博弈的第一阶段是领导者，在最后阶段是跟随者。攻击者在博弈的第一阶段后是跟随者，但在博弈的第二阶段则是领导者。在文献[57]中，作者建立了一个双层博弈论模型，该模型拥有斯塔克尔伯格博弈的特征，其中保险设计者是为用户宣布保险政策的领导者。用户可以被看作一个与攻击者进行零和博弈的跟随者，其结果决定了用户的网络风险。保险的目标是进一步减轻攻击对用户的损害。三个参与者之间的相互作用可以通过一个双层博弈结构来体现，其中一个博弈嵌套在另一个博弈中。

**例 4.1**(从扩展形式到正则形式) 让我们以扩展博弈的形式重新表述例 3.5 中的捉迷藏博弈。让图 4.1 中表示为“def.”和“adv.”的两个参与者来扮演领导者的角色。首先，让防御方领导，模拟攻击方可以观察防御方并做出相应反应的假设。图 4.1 显示了扩展形式的博弈树，收益表示为(防御者的效用，对手的效用)。

通过系统地列举所有参与者的所有可能的选择，并将其列表，可以得到一个正则形式的博弈。这就可以得到一个收益矩阵，其中同列参与者的策略被写成一对$(X, Y)$，其中 $X$ 是策略“检查位置 1”之后的行动，$Y$ 是防御者上一步“检查位置 2”行动之后的策略。例如，在“检查位置 1”/“(攻击位置 1，攻击位置 2)”单元格中指出的收益如下：防御者(领导者)选择检查位置 1。攻击者在选择了第一列后，将查找遵循该特定历史的行动，即如果防御者的前一个行动是检查位置 1。第一列策略的规则是通过攻击位置 1 来做出反应，这使得防御方的收入为 +1，而进攻方的收入为 −1。请注意，该列中的第二个规则也是攻击位置 1，但这个行动是在防御者上一步检查位置 2 的行动之后。因此，这个收益与填充该表格无关。

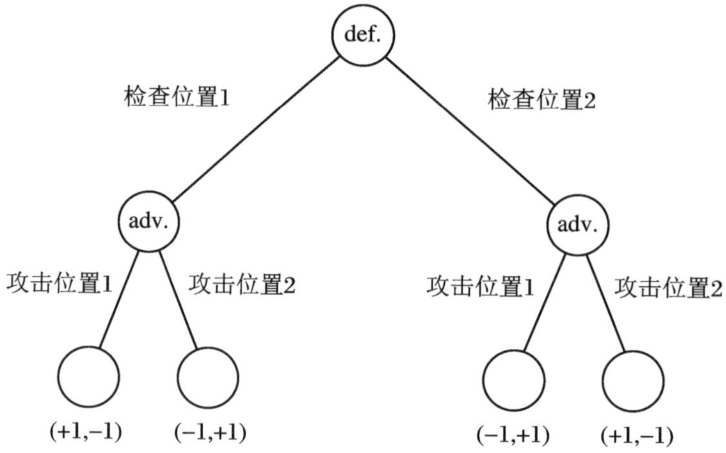


**图 4.1 例 3.5 的扩展形式博弈**

同样地，如果防御者选择检查位置 2，而攻击者选择第一列，那要响应的记录步骤将是“检查位置 2”，在此基础上的规则是攻击位置 1（根据我们的命名惯例，列的标签中的第二个条目）。在这种情况下，攻击方得分 + 1，而防御方遭受损失（ - 1），相应的单元格条目为（ - 1， + 1）。

当考虑博弈树中所有可能的情况并将这种对可能性的系统列举进行到底，我们得到博弈的正则形式表示，如图 4.2 所示。其中黑体字的条目标志着这个领导者-跟随者博弈的均衡，实际上就是斯塔克尔伯格均衡。

| | | 对手（跟随者） | | | |
|---|---|---|---|---|---|
| | | 攻击位置 1，攻击位置 1 | 攻击位置 1，攻击位置 2 | 攻击位置 2，攻击位置 1 | 攻击位置 2，攻击位置 2 |
| 防御者（领导者） | 检查位置 1 | (1, - 1) | (1, - 1) | **( - 1,1)** | ( - 1,1) |
| | 检查位置 2 | ( - 1,1) | (1, - 1) | **( - 1,1)** | (1, - 1) |

**图 4.2 图 4.1 中扩展形式博弈的正则形式**

在这个博弈中，防御方的预期收入为 - 1，这与攻击方可以完全适应防御方的行动这一事实相一致，因为它可以观察到防御方的预防措施并可以采取相应的行动。这意味着，防御方的行动应该对攻击方保密。然而，请注意，这种保密性并不延伸到对行动空间也进行保密。事实上，防御者可以让攻击者知道原则上有哪些行动是可能的，但必须只把当前的具体行动作为秘密。风险管理，连同建立信任的措施，促使我们公布那些为了安全而做的事情，但同时也规定对细节保密。这个特定博弈的博弈论分析在纯数学分析的基础上也给出了同样的教训，从而证明了这种最佳做法的合理性。关于这一点，我们将在第 6 章中详细说明。

让我们把情况转换一下，看看对手先走的情况。图 4.3 显示了这种情况所产生的博弈树，叶子中的收益($u_1$, $u_2$)分别指的是防御者和攻击者的收益。

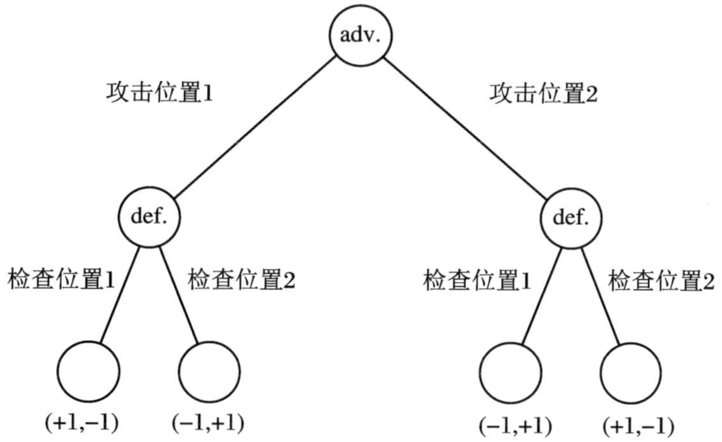


**图 4.3　领导攻击者的变体**

它的正则形式博弈的构造与之前一样，只是表格的形状发生了变化，变成了防御者现在对对手先做的任何事情都有后续策略(需要注意的是，这个版本只会在被动反应性场景中才有实际意义，即防御者会修复由于对抗行动造成的伤害，所以并非所有行动组合，即策略，都具有实际意义)。

| | | 对手(领导者) | |
|---|---|---|---|
| | | 攻击位置 1 | 攻击位置 2 |
| 防御者(跟随者) | 检查位置 1,检查位置 1 | (+1,−1) | (−1,+1) |
| | 检查位置 1,检查位置 2 | **(+1,−1)** | **(+1,−1)** |
| | 检查位置 2,检查位置 1 | (−1,+1) | (−1,+1) |
| | 检查位置 2,检查位置 2 | (−1,+1) | (+1,−1) |

**图 4.4　图 4.3 中的扩展形式博弈的正则形式**

与前一个博弈一样，我们在图 4.4 中用黑体字表示博弈的一个均衡。它给防御方的回报是 +1，给进攻方的回报是 −1。

这种把扩展形式转换为正则形式的方法保证了均衡的存在，正如在正则形式的博弈中均衡存在那样。然后，在这里，均衡有一个更复杂的解释：它是博弈树中的一条路径，能达到所有参与者的同时最优效用，或者，如果均衡是在混合策略中，它是博弈树每个节点中的每个参与者的随机最优行动选择。请注意，这条路径不一定意味着每个参与者在博弈的每个阶段都有最优行为。增加这一要求会导致对(纳什)均衡的进一步细化。需要强调的是,这个概念不仅适用于斯塔克尔伯格博弈,也适用于一般的扩展形式博弈。

**定义 4.2**(子博弈完美均衡(SPE)) 一个给定扩展形式的博弈 $\Gamma$,它的博弈树是 $B$,$\Gamma$ 中的子博弈由 $B$ 的子树 $B'$ 组成,$\Gamma$ 中的所有其他内容仅适用于子树 $B'$。如果 $\Gamma$ 中的一个均衡对 $\Gamma$ 的每一个子博弈都诱导了一个均衡(任何类型,包括纳什、斯塔克尔伯格等),那么它是子博弈完美的。

如果博弈 $\Gamma$ 是有限的,我们称 $B$ 中从根到叶的最长路径为博弈的长度 $l(\Gamma)$。通过对博弈长度 $l(\Gamma)$ 的归纳,可以找到一个 SPE:如果 $l(\Gamma)=1$,那么从根节点 $n$ 开始,参与者 $p(n)$ 所走的第一步就会立即产生收益。这与有限正则博弈一样,根据纳什定理 3.2,存在一个均衡。现在,假设我们已经找到了长度为 $l(\Gamma)=k$ 的子博弈完美均衡,并且我们即将采取第 $k+1$ 步行动。我们让到此为止的历史(长度为 $k$)为 $h$。

- 如果参与者“自然”会进行下一步行动,那么长度为 $k+1$ 的子博弈中的均衡收益是所有参与者在“自然”可以采取的所有行动中得到的效用的加权平均值,权重是这些行动的可能性(注意,对于参与者 0,定义 3.10 要求这些信息是可用的)。
- 如果一个参与者 $i\neq 0$ 要行动,那么它就从现有的行动中选择 $a\in Z(h_i,h_{-i})$,这个行动在所有的可能性中使这个参与者的结果最大化,也就是说,在博弈的这一点之前的子博弈,或者等同于从根部开始的 $k$ 步内可到达的节点。这只有在所有信息集都是单元集的情况下才有效,所以,把其他参与者的行动纳入考虑范围后,可以到达哪些节点将会变得很清楚。

在上述过程的每一步中,我们都可以对所有长度为 $k$ 的路径(有可能是指数级的许多路径)这样做,为长度 $l(\Gamma)=k+1$ 的博弈找到一个 SPE,从而证明以下存在性结果。

**定理 4.1**[25] 每一个具有非扩展形式和完美信息的博弈都有一个子博弈完美均衡。

定理 4.1 的证明实际上是基于反向归纳(backward induction,也用于分析斯塔克尔伯格博弈):要找到子博弈完美均衡,首先考虑找到在最后一步中采取行动的参与者,并在所有可能的情况下最大化该参与者的效用(注意,这些效用都是被直接指定的),即 minimax 决策准则。然后,假设已经采取了这一行动,接下来在上一步中寻找最后一个参与者的行动并最大化其效用,以此类推,直到到达根节点。最后得到的策略就是子博弈完美均衡。

**例 4.2**(例 4.1 的延续) 让我们对图 4.1 的扩展形式博弈应用反向归纳法。最后一个行动的参与者是攻击者,当博弈位于树的左分支时,攻击者将选择攻击位置 2,当博弈位于树的右分支时,攻击者将选择攻击位置 1。假设攻击者采取这些行动,那么防御者就没有真正的选择了,因为它只能选择在左分支输 $-1$,或在右分支输 $-1$。这就得到了我们已经知道的平衡,在图 4.2 中以粗体显示。此外,它表明两个均衡都是子博弈完美的。

如果存在包含两个或更多元素的信息集，则反向归纳会失败，是因为我们最终会得到一个集合，该集合内的多个节点是无法区分的。也就是说，每当我们从 $B$ 中的根节点出发到达这个集合时，我们无法确保能经过预期节点并离开信息集。

为了解决这个问题，参与者需要具有一个关于信息集中每个元素的可能性的信念。该信念是一个概率分布 $\Delta(I)$，这个概率分布是建立在包含当前博弈阶段的信息集上的，并且基于这个概率分布和到达这一位置的历史 $h$ 为条件，选择一个行动以最大化预期效用。我们将在 4.4 节中更详细地讨论完美贝叶斯纳什均衡(PBNE)，它基于两个假设：

顺序合理性(sequential rationality)：博弈中的每个信息集 $I$ 都与一个(先验)信念 $\Delta(I)$相关联，$\Delta(I)$为信息集中的所有节点分配了相应的可能性。博弈行动是基于信念的贝叶斯决策，即最大化预期效用。

一致性(consistency)：在从信息集中选择一个行动之前，以持续在 $I$ 中移动的历史 $h$ 为条件，使用贝叶斯规则来更新信念 $\Delta(I)$。

因此，如果参与者当前在一个信息集中，则应做出一个贝叶斯决策，否则应该做出 minimax 决策(就如在反向归纳中做的那样)。带有 PBNE 博弈的显著实例是信号博弈(参见 4.4 节)，在信号博弈中，我们对防御者所面临的特定对手，使用信念来帮助决策。这类似于式(3.22)里用于标量化多目标优化问题的权重，其中我们有多个虚拟对手代表了多个不同的安全目标。信号博弈对这个场景做了泛化。

## 4.3 纳什博弈

在斯塔克尔伯格博弈中，参与者在不同的时间里行动，而在纳什博弈[27]中参与者同时行动。为了进行比较，考虑一个如图 4.5(a)所示的简单斯塔克尔伯格博弈，相对于图 4.5(b)中作为纳什博弈制定的相同博弈。纳什博弈是在事先承诺的情况下进行的，每个参与者在知道其他参与者的行动之前就承诺执行他或她的策略。通常，事先承诺的二人博弈以矩阵形式显示。然而，图 4.5(b)给出了一个二人博弈的树状图，以显示该博弈与斯塔克尔伯格博弈之间的差异。参与者 $V$ 和 $W$ 同时行动(或者，$V$ 和 $W$ 各自都不知道其他参与者的行动)。连接 $W$ 的两个节点的虚线表示 $W$ 不知道博弈到达了哪个节点，因为 $W$ 不知道 $V$ 选择了哪一步。这是一个信息集的实例(见定义 3.10)。

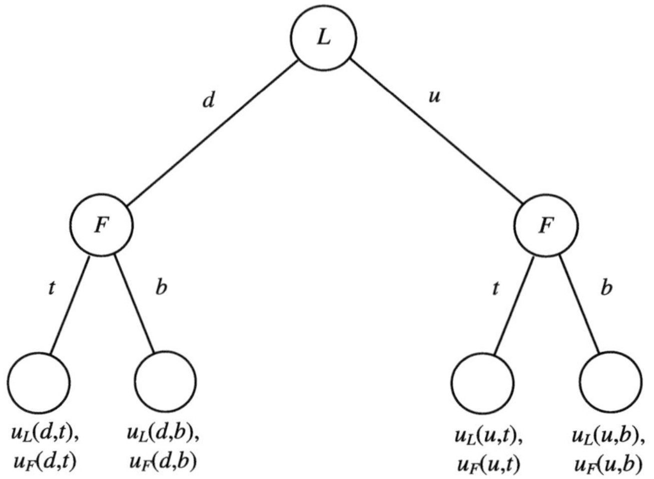


(a) 斯塔克尔伯格博弈 (领导者–跟随者)

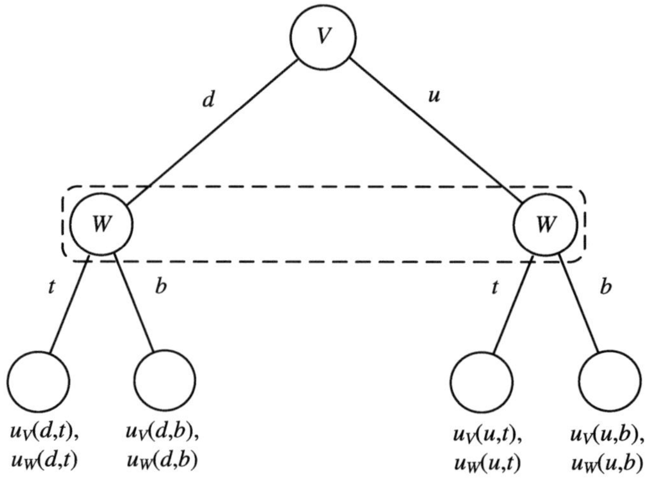


(b) 纳什博弈 (相互事先承诺)

**图 4.5　两种博弈结构图解**

纳什均衡是一个解决方案的概念，它描述了一个没有参与者会单方面偏离的均衡点。[①] 与式(4.1)和式(4.2)不同，我们现在需要同时满足以下条件，并且不偏向于任何一个：$(a_V^*, a_W^*)$且

$$a_V^* \in BR_V(a_W^*) \tag{4.3}$$

$$a_W^* \in BR_W(a_V^*) \tag{4.4}$$

通过式(4.3)和式(4.4)能够求解联合映射$(BR_V, BR_W)$的不动点，纳什均衡始终满足式

① 译者注：原文为“no player has no incentives to deviate unilaterally”，应为“no player has incentives to deviate unilaterally”。

(4.3)和式(4.4)的不动点。纳什均衡的存在一般需要对博弈进行混合扩展(见定义 3.5)。

在很多网络空间安全场景中,零和博弈与非零和博弈已被用于描述许多安全应用,例如通信网络中的干扰和窃听[50,69-71]、入侵检测系统的配置[59,67]和基础设施保护[17,23]等。在文献[59]中,零和博弈被用于刻画攻击者和入侵检测系统之间的交互,其中攻击者选择可以逃避检测的攻击序列,而系统管理员旨在配置入侵检测系统以增加检测概率,同时降低检测开销。在文献[23]中,零和博弈用来作为大规模基础设施网络的博弈模型,其中每个基础设施节点都防御对手,并且每个节点的风险可以通过网络传播。通过近似算法和利用网络连接的稀疏性(即节点之间不是全连接的),可以降低处理大规模博弈的复杂度。在文献[69]中,采用非合作博弈来刻画在支持中继站的无线网络的场景中用户和恶意节点之间的博弈。在存在干扰和恶意节点的情况下,每个无线用户的目标是选择可以优化其传输的安全性和服务质量的服务中继站。相反,恶意节点的目标为决定是否进行窃听、干扰或两种策略的组合,以降低网络的整体传输速率。为了在算法上解决这场博弈,FP 是适用的,它让用户和恶意节点迭代地达到混合策略纳什均衡(有关 FP 背后的一般思想的详细信息,请参阅 12.3.4 小节)。结果还表明,所提出的方法使无线用户能够显著提高他们的平均预期效用,这些效用反映了在所选中继站上感知的安全性和服务质量(就传输速率而言)。

## 4.4 信号博弈

我们继续斯塔克尔伯格、纳什和信号博弈之间的比较,将图 4.6 视为前两个博弈的概括,其中现在有两种参与者 $S$,"自然"作为第 0 个参与者随机确定博弈类型。确定了这个博弈类型后,每种类型的发送方就会根据各自的个人动机采取不同的行动。在一般的信号博弈中,发送方 $S$ 可以访问自己的私人信息,并向接收方 $R$ 发送一条消息。该消息是不可验证的,因此 $R$ 无法确定地知道底层信息。以接收者是否可以根据它接收到的消息(信号)区分不同类型的发送者,我们把分离均衡(separating equilibrium)与混合均衡(pooling equilibrium)①,以及二者的类型,做了区分。无论是将自己的类型显示出来以便让接收者得知,还是隐藏起来不让接收者知道,它们都符合发送者的利益。

① 译者注:在不完美信息博弈中,在不同情况下的完美信息博弈方采取相同行动的均衡,为混合均衡(pooling equilibrium);反之,在不同情况下的完美信息博弈方采取不同行动的均衡,为分离均衡(separating equilibrium)。

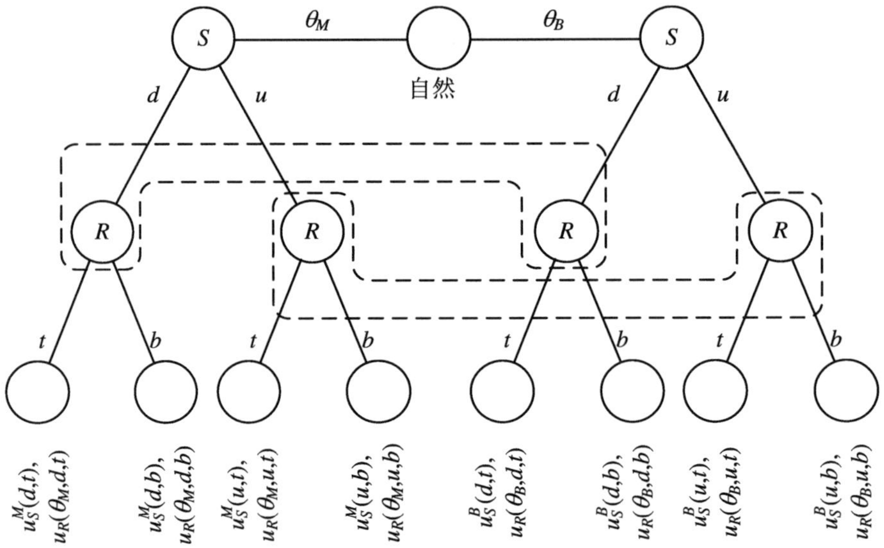


**图 4.6　信号博弈举例**

信号博弈，如斯塔克尔伯格博弈，是两个参与者的动态交互(图 4.6)。信号博弈通常将参与者标记为发送者 $S$ 和接收者 $R$。它的附加组成部分是发送方可以访问接收方未知的某些信息。这被称为发送方的类型 $\theta \in \Theta$。接收方仅根据发送方的行动了解其类型。出于这个原因，发送方的行动(这里指 $a_S$)被称为消息。消息不需要与发送者的类型相对应。

考虑如下的通用例子。我们让 $S$ 的类型集合为 $\Theta = \{\theta_B, \theta_M\}$，其中 $\theta_B$ 表示良性发送者，$\theta_M$ 表示恶意发送者。让 $p(\theta)$表示 $S$ 具有每种类型 $\theta \in \Theta$ 的先验概率。效用函数取决于类型，即 $u_S^M(a_S, a_R)$和 $u_R^B(a_S, a_R)$分别为恶意和良性发送方提供效用函数。函数 $u_R(\theta, a_S, a_R)$给出了当 $S$ 的类型为 $\theta$、发送方消息为 $a_S$、跟随者动作为 $a_R$ 时接收者的效用。$R$ 形成了一个信念 $u_R(\theta | a_S)$，即在给定 $S$ 发送了 $a_S \in AS_S$ 的消息情况下认为 $S$ 具有类型 $\theta$ 的可能性。为了保持一致，这种信念应该根据贝叶斯定律进行更新。$S$ 和 $R$ 都最大化其自身效用的策略对，连同前述的一致的信念，共同形成了 PBNE(参见文献[12])。在某些 PBNE 中，$S$ 可以让 $R$ 形成错误的信念。

双动作信号博弈可以进一步推广为具有有限数量动作的信号博弈。博弈的大致设定如下。首先，“自然”作为 0 号参与者，根据概率分布 $p(t_i)$从一组可行类型 $T = \{t_1, t_2, \cdots, t_I\}$中选取一个类型 $t_i$ 作为发送者的类型，这里 $p(t_i) > 0, \forall i$，并且 $\sum_{i=1}^{I} p(t_i) = 1$。发送方观察 $t_i$，然后从一组可行的消息 $M = \{m_1, \cdots, m_J\}$中选择一条消息 $m_j$。接收方观察 $m_j$，然后从一组可行的动作 $A = (a_1, \cdots, a_K)$中选择一个动作 $a_k$。

收益最终由函数 $u_S(t_i, m_j, a_k)$ 和 $u_R(t_i, m_j, a_k)$ 给出。信号博弈的解是 PBNE。它需要以下条件成立：

**条件 1**（信念形成） 接收方在观察到发送方发送的消息 $m_j \in M$ 后形成关于发送者类型的信念。这种信念由条件分布 $u_R(t_i \mid m_j)$ 表示，其中对于每个 $t_i \in T$，$u_R(t_i \mid m_j) \geqslant 0$，并且

$$\sum_{t_i \in T} u_R(t_i \mid m_j) = 1, \quad m_j \in M$$

注意，发送方对该类型的信念显然由概率测度 $p: T \to [0,1]$ 表示。

**条件 2**（接收方的问题） 对于收到的每个消息 $m_j$，接收方根据给定的信念 $u_R(t_i \mid m_j)$ 来最大化其预期效用：

$$\max_{a_k \in A} \bar{u}_R(m_j, a_k) := \sum_{t_i \in T} u_R(t_i \mid m_j) u_R(t_i, m_j, a_k)$$

因此，接收者的策略由映射 $a^*: M \to A$ 给出。

**条件 3**（发送方的问题） 对于每个类型 $t_i \in T$，发送方根据预期的接收方的策略 $a^*(m_j)$，发送消息以最大化其效用：

$$\max_{m_j \in M} u_S(t_i, m_j, a^*(m_j))$$

因此，接收方的策略由映射 $m^*: T \to M$ 给出。

这个条件在思路上，跟与领导者-跟随者情况下的斯塔克尔伯格均衡的定义是相同的。

**条件 4**（贝叶斯规则一致性） 策略 $m_j = m^*(t_i)$，$t_i \in T$，用于更新接收方的信念 $u_R(t_l \mid m_j)$：

$$u_R(t_i \mid m_j) = \frac{p(t_i)\sigma(m_j \mid t_i)}{\sum\limits_{t'_i \in T} p(t'_i)\sigma(m_j \mid t'_i)}, \quad 若 \sum_{t'_i \in T} p(t'_i)\sigma(m_j \mid t'_i) > 0$$

$$u_R(t_i \mid m_j) = 任何概率分布, \quad 若 \sum_{t'_i \in T} p(t'_i)\sigma(m_j \mid t'_i) = 0$$

其中 $\sigma(m_j \mid t_i)$ 是映射 $m^*$ 导致的分布。如果 $m^*$ 是单元集，则在 $m_j = m^*(t_i)$ 的条件下 $\sigma(m_j \mid t_i) = 1$。

注意，上面这个贝叶斯规则取决于 $m^*$ 的策略（而找到 $m^*$ 取决于 $a^*$）。PBNE 要求同时满足这些条件，即：

**定义 4.3**（完美贝叶斯纳什均衡（PBNE）） 信号博弈的纯策略 PBNE 是一组满足上述四个条件的策略 $m^*, a^*, u_R$。

找到 PBNE 的一种方法是，固定 $u_R$ 并找到 $a^*, m^*$（这个过程与找到斯塔克尔伯格均衡相同），然后找到与上一步中的 $a^*$ 和 $u_R^*$ 一致的 $u_R$。对于复杂的博弈，这种方法可

能需要在 $u_R$ 和 $a^*$ ，$m^*$ 之间进行一些迭代。

需要强调的是，在信号博弈中，不仅接收方可以保持对发送者类型的信念，而且通常情况下，每个参与者都可能对其他参与者的类型有一些假设。我们的描述遵循最常见的二人信号博弈实例，但对两个以上参与者的情况可以遵循相同的方法。

信号博弈在网络空间安全中的应用是巨大的。一个关键的应用领域是网络欺骗。[29,35,36,49,55]参与者只拥有关于其他参与者的目标、能力和偏好的不完全信息，对攻击者和防御者之间的这种不对称信息进行建模，可以刻画他们之间的不完全信息。文献[37]提出了防御性网络欺骗的分类法，并总结了最近的主要文献。在文献[36]中，通过一个检测器来扩展信号博弈，当发送者采取欺骗行为时，该检测器会发出概率警告。检测器的作用在博弈的均衡中发挥了重要作用。通过均衡分析发现，高质量的检测器消除了一些纯策略均衡。与具有低误报率的检测器相比，具有高真阳性率的检测器鼓励参与者诚实地发送信号。不过令人惊讶的是，欺骗性发送者有时会从高度准确的欺骗性检测器中受益。文献[55]使用信号博弈框架来研究 GPS 信号欺骗，攻击者可以通过广播不正确的 GPS 信号来欺骗 GPS 接收器。防御此类攻击对于确保许多关键基础设施的可靠性和安全性至关重要。作者提出了一个信号框架，当攻击者试图用欺骗性和故意制作的信号误导 GPS 接收器时，该框架可以推断出真实位置。均衡分析对博弈安全机制的开发很有用，可以帮助防御关键基础设施的民用 GPS 信号欺骗。文献[16]把信号博弈扩展到多阶段框架，以应对 APT 带来的新出现的安全挑战，这些挑战表现出隐蔽、动态和自适应攻击行为。多阶段博弈捕捉参与者类型的不完整信息，并根据其他参与者行为的可观察历史进行自适应信念更新。PBNE 在参与者主动和被动信息结构下的解，为预测和设计参与者的行为提供了重要的分析工具。

## 4.5 随机顺序下的博弈

传统博弈中，收益必须是明确的数值，而在信号博弈中对手的类型(参与者类型)是随机选择的，因而带来了不确定性。尽管如此，与每种类型相关的奖励都是用实数来量化的。人们就自然会问，在能更强大地刻画不确定性的模型之下，奖励是否会变得更复杂，比如全是随机变量。这的确是有可能的，如果我们使用随机顺序来代替 **R** 中数字的自然顺序的话。

当人们不能指定精确的结果(如金钱收益或损失)时，我们通常可以用自然语言术语来描述不确定结果的类别，然后在博弈中分配与该类别相应的等级作为收益(我们将在第 6 章关于风险管理的内容里继续讨论这个问题)。例如，如果我们讨论损失，但无法做到比“可忽略的”“低的”“高的”或者“非常高的”这些主观估计更精确，那么我们可以赋予收益 1，…，4 的数值，来表示类别的（相对）顺序位置。

如果我们能对一个固定的类别进行合理的赋值，那么我们就回到了具有实值（如整数）回报的正常博弈中。然而，如果这个赋值中的不确定性即使在分类级别上都导致了收益的模糊性，那么我们就需要一种更强大的方法来表示在当前状态的博弈中可能发生的事情。

随机顺序，我们曾在 3.4 节定义 3.1 中简要讨论过，它允许使用整个概率分布作为收益。也就是说，在任何给定状态的博弈中，无论这个博弈是正则的还是扩展形式的，其收益都不一定是“精确的 $u$”。我们可以指定收益是不确定的，以及一个随机变量 $U \sim F$，其中分布 $F$ 可以刻画所有可用的不确定性信息。在后面的第 6 章中，我们将把它称为“前景”并重新审视这个概念。模拟是一种在级联效应下计算可能收益（或者前景）的方式，正如我们在 2.5 节中讨论的，它可以帮助我们去了解安全事件直接的和间接的影响。经验博弈论可以用这样的模拟或者以其他方式收集的经验数据来定义博弈模型，特别是这些信息能帮助对收益进行定义。在这个过程中，我们使用了来自数据科学的整个工具链，将不确定的结果建模为概率分布。在许多情况下，这个模型是高斯分布，或者来自精算科学[15]的长尾分布。另外，我们也可以从数据或分布中取平均值作为收益，这是一种简单而快速的实值设置方法。例如，已知收益是随机的，比如高斯变量 $U \sim N(\mu, \sigma^2)$，传统的博弈将简单地用期望取代 $U$，并使用 $\mu$ 作为实值收益来表示 $U$。

在随机顺序上的博弈，与上述方法相反，它使用完整的对象 $U$，并且用一种随机顺序来定义随机变量之间的最优性。我们所选的排序关系至少应该是全序，以确保能合理地定义什么是最优。定义 3.1 中给出的$\preceq$-序则是一个可能的选择，它为风险管理问题的实际应用进行了定制（作为一个随机尾顺序）。

$\preceq$-序被定义和构造为 $\mathbf{R}$ 上$\leqslant$的替代品，在这个基础上，我们迄今为止描述的所有博弈模型几乎都可以不加修改地转换为随机顺序博弈，这些转换后的模型中的效用函数不是数字收益，而是潜在收益的概率分布。因为这个转换过程不涉及基础概念的变化，而只是求解算法有所变化而已，所以我们接下来不再赘述。

然而，如果把多目标做标量化处理的这个方法在实践中是不需要或者不合理的，那么，下面这个涉及多目标博弈和对优化目标进行字典排序的例子就值得关注了。

**例 4.3**（基于字典的目标优先级） 在面向生产的企业中，与以信息处理为业务模式的公司相比，机密性、完整性和可用性的目标具有不同的重要性：对于信息处理类型的公司，其优先级显然是机密性（C）、完整性（I）和可用性（A）。相反，以生产为导向的公司可能首先争取保证可用性（A），然后是完整性（I），最后（但并非最不重要）是保密性（C）。因此，这两种情况下的词典顺序是相反的：“C-I-A”用于信息处理，而“A-I-C”用于生产。

令人有些不满意的是，$\leqslant_{\text{lex}}$排序里没有使用定义3.1下的连续和实值函数来表示。不过，它确实可以用实数以外的值(称为$^*\mathbf{R}$)构成的函数来表示。通过随机$\preceq$-序，我们可以给出一种合适的函数表示方法。也就是说，实数的顺序和$\mathbf{R}^n$上的字典顺序都可以作为随机$\preceq$-序的特例(注意，在$\mathbf{R}$中，$\leqslant_{\text{lex}}$关系等于实数的正则顺序)。

**定理4.2**　对于任何两个元素$x,y\in\mathbf{R}^n$，其中$n\geqslant1$，存在两个分类分布$F_X,F_Y$，使得$x\leqslant_{\text{lex}}y$，当且仅当$F_X\preceq F_Y$。

构造定理4.2中$F_X,F_Y$非常简单：定义任意两个向量$x,y\in\mathbf{R}^n$。首先，我们引入一个常数$\alpha$，使得$x+\alpha\cdot(1,1,\cdots,1)>0$，其中>在向量的每个元素上都成立。而如果我们给$x$和$y$添加了相同的常数$\alpha$，两者之间的顺序仍会保持不变。我们将这样移位的向量称为$x',y'$。

接着，我们可以选择一个值$\lambda>0$，使$\lambda\cdot\|x'\|_1<1$和$\lambda\cdot\|y'\|_1<1$成立。和前面一样，乘一个正常数仍会保持这两个向量或实数的顺序不变。

由于缩放向量有一个1-范数<1，我们可以添加一个第$(n+1)$-维坐标来构造向量$x'':=(x',1-\|x'\|_1)$以及$y'':=(y',1-\|y'\|_1)$。通过这个构造，这些向量具有以下特点：① 所有元素非负；② 所有元素之和为1，因此它们可以形成概率分布$F_X,F_Y$，其中$x'',y''$作为它们概率质量，这些正是定理4.2所提到的。

作为$\mathbf{R}^n=\mathbf{R}$的特殊情况，如果我们将实数值嵌入伯努利分布中，我们得到实数值排序：例如，适当缩放和移位使$0<a,b<1$，那么根据定理3.1，$a\leqslant b$当且仅当两个伯努利分布$F_A,F_B$与质量向量$x''=(1-a,a)$和$y''=(1-b,b)$满足$F_A\preceq F_B$。

很明显，上述这一技巧也适用于更大的实值集或向量集，只要我们用相同的常数移动和缩放所有实数集或向量集，就能创建一个策略等价博弈，这个博弈具有与原始博弈相同的均衡集。定理4.2允许在博弈中使用字典顺序，这在博弈论的标准设置中是不可能的，因为可以证明字典顺序无法用连续和实数的效用函数表示。因此，为博弈论设置随机顺序和进行超实数的转换可能是不可避免的。该方法的实际应用，特别是定理4.2的应用，可以很容易地用软件(我们将在12.4.3小节中讨论)来实现。

## 参考文献

[1]　Alpcan T, Başar T (2004) A game theoretic analysis of intrusion detection in access control systems. In: Decision and control, 2004. CDC. 43rd IEEE conference on, vol 2. IEEE, pp 1568-1573

[2]　Başar T (1983) The gaussian test channel with an intelligent jammer. IEEE Trans Inf Theory

29(1):152-157

[3] Chen J, Zhu Q (2016) Interdependent network formation games with an application to critical infrastructures. In: American control conference (ACC). IEEE, pp 2870-2875. http://ieeexplore.ieee.org/abstract/document/7525354/

[4] Chen J, Touati C, Zhu Q (2019) Optimal secure two-layer iot network design. IEEE Trans Control Netw Syst 1-1. https://doi.org/10.1109/TCNS.2019.2906893

[5] Chen J, Touati C, Zhu Q (2020) A dynamic game approach to strategic design of secure and resilient infrastructure network. IEEE Trans Inf Forensics Secur 15:462-474. https://doi.org/10.1109/TIFS.2019.2924130

[6] Clark A, Zhu Q, Poovendran R, Başar T (2012) Deceptive routing in relay networks. In: Decision and game theory for security. Springer, pp 171-185

[7] Farhang S, Manshaei MH, Esfahani MN, Zhu Q (2014) A dynamic bayesian security game framework for strategic defense mechanism design. In: Decision and game theory for security. Springer, pp 319-328

[8] Farooq MJ, Zhu Q (2018) A multi-layer feedback system approach to resilient connectivity of remotely deployed mobile Internet of things. IEEE Trans Cogn Commun Netw 4(2):422-432

[9] Farooq MJ, Zhu Q (2018) On the secure and reconfigurable multi-layer network design for critical information dissemination in the internet of battlefield things (IoBT). IEEE Trans Wirel Commun 17(4):2618-2632

[10] Farooq MJ, Zhu Q (2019) Modeling, analysis, and mitigation of dynamic botnet formation in wireless IoT networks. IEEE Trans Inf Forensics Secur 14:2412-2426

[11] Farooq MJ, ElSawy H, Zhu Q, Alouini MS (2017) Optimizing mission critical data dissemination in massive IoT networks. In: Modeling and optimization in mobile, Ad Hoc, and wireless networks (WiOpt), 2017 15th international symposium on. IEEE, pp 1-6. http://ieeexplore.ieee.org/abstract/document/7959930/

[12] Fudenberg D, Tirole J (1991) Game theory. MIT Press, Cambridge

[13] Hayel Y, Zhu Q (2015) Attack-aware cyber insurance for risk sharing in computer networks. In: Decision and game theory for security. Springer, pp 22-34

[14] Hayel Y, Zhu Q (2017) Epidemic protection over heterogeneous networks using evolutionary poisson games. IEEE Trans Inf Forensics Secur 12(8):1786-1800

[15] Hogg RV, Klugman SA (1984) Loss distributions. Wiley series in probability and mathematical statistics applied probability and statistics. Wiley, New York. https://doi.org/10.1002/9780470316634. http://gso.gbv.de/DB=2.1/PPNSET? PPN=599519185

[16] Huang L, Zhu Q (2018) Analysis and computation of adaptive defense strategies against advanced persistent threats for cyber-physical systems. In: International conference on decision

and game theory for security. Springer，pp 205-226

[17] Huang L，Zhu Q (2019) Adaptive strategic cyber defense for advanced persistent threats in critical infrastructure networks. ACM SIGMETRICS Perform Eval Rev 46(2)：52-56

[18] Huang L，Zhu Q (2019) Dynamic Bayesian games for adversarial and defensive cyber deception. In：Al-Shaer E，Wei J，Hamlen KW，Wang C (eds) Autonomous cyber deception：reasoning，adaptive planning，and evaluation of honeyThings. Springer International Publishing，Cham，pp 75-97. https://doi.org/10.1007/978-3-030-02110-8_5

[19] Huang Y，Zhu Q (2019) A differential game approach to decentralized virus-resistant weight adaptation policy over complex networks. arXiv preprint arXiv：1905.02237

[20] Huang JW，Zhu Q，Krishnamurthy V，Başar T (2010) Distributed correlated q-learning for dynamic transmission control of sensor networks. In：Acoustics speech and signal processing (ICASSP)，2010 IEEE international conference on. IEEE，pp 1982-1985

[21] Huang L，Chen J，Zhu Q (2017) A large-scale markov game approach to dynamic protection of interdependent infrastructure networks. In：International conference on decision and game theory for security. Springer，pp 357-376

[22] Huang L，Chen J，Zhu Q (2018) Distributed and optimal resilient planning of large-scale interdependent critical infrastructures. In：2018 winter simulation conference (WSC). IEEE，pp 1096-1107

[23] Huang L，Chen J，Zhu Q (2018) Factored Markov game theory for secure interdependent infrastructure networks. In：Game theory for security and risk management. Springer，pp 99- 126

[24] Kim S (2015) Nested game-based computation offloading scheme for Mobile Cloud IoT systems. EURASIP J Wirel Commun Netw 2015(1)：229. 10.1186/s13638-015-0456-5. https://link.springer.com/article/10.1186/s13638-015-0456-5

[25] Kuhn H (1953) Extensive games and the problem of information. In：Kuhn H，Tucker A (eds) Contributions to the theory of games II. Annals of mathematics studies 28，vol. II. Princeton University Press，Princeton，pp 193-216

[26] Miao F，Zhu Q (2014) A moving-horizon hybrid stochastic game for secure control of cyber-physical systems. In：Decision and control (CDC)，2014 IEEE 53rd annual conference on. IEEE，pp 517-522

[27] Nash JF，et al (1950) Equilibrium points in N-person games. Proc Natl Acad Sci 36(1)：48-49

[28] Pawlick J (2018) A systems science perspective on deception for cybersecurity in the Internet of things. Ph. D. thesis，NY University . http://proxy.library.nyu.edu/login? url = https://search.proquest.com/docview/2051798175? accountid = 12768

[29] Pawlick J，Zhu Q (2015) Deception by design：evidence-based signaling games for network

defense. arXiv preprint arXiv:1503.05458

[30] Pawlick J, Zhu Q (2016) A Stackelberg game perspective on the conflict between machine learning and data obfuscation. In: Information forensics and security (WIFS), 2016 IEEE international workshop on. IEEE, pp 1-6. http://ieeexplore. ieee. org/abstract/document/7823893/

[31] Pawlick J, Zhu Q (2017) A mean-field stackelberg game approach for obfuscation adoption in empirical risk minimization. In: 2017 IEEE global conference on signal and information processing (GlobalSIP). IEEE, pp 518-522

[32] Pawlick J, Zhu Q (2017) Proactive defense against physical denial of service attacks using poisson signaling games. In: International conference on decision and game theory for security. Springer, pp 336-356

[33] Pawlick J, Farhang S, Zhu Q (2015) Flip the cloud: cyber-physical signaling games in the presence of advanced persistent threats. In: Decision and game theory for security. Springer, pp 289-308

[34] Pawlick J, Colbert E, Zhu Q (2017) A game-theoretic taxonomy and survey of defensive deception for cybersecurity and privacy. arXiv preprint arXiv:1712.05441

[35] Pawlick J, Chen J, Zhu Q (2018) ISTRICT: an interdependent strategic trust mechanism for the cloud-enabled Internet of controlled things. IEEE Trans Inf Forensics Secur 14:1654-1669

[36] Pawlick J, Colbert E, Zhu Q (2018) Modeling and analysis of leaky deception using signaling games with evidence. IEEE Trans Inf Forensics Secur 14(7):1871-1886

[37] Pawlick J, Colbert E, Zhu Q (2019) A game-theoretic taxonomy and survey of defensive deception for cybersecurity and privacy. ACM Comput Surv (CSUR) 52(4):82

[38] Rass S (2015) On game-theoretic risk management (part one)-towards a theory of games with payoffs that are probability-distributions. arXiv:1506.07368v4 [q fin.EC]

[39] Rass S (2015) On game-theoretic risk management (part two) - algorithms to compute Nash-equilibria in games with distributions as payoffs. arXiv:1511.08591v1 [q-fin.EC]

[40] Rass S (2017) On game-theoretic risk management (part three) - modeling and applications. arXiv:1711.00708v1 [q-fin.EC]

[41] Rass S, Zhu Q (2016) Gadapt: a sequential game-theoretic framework for designing defense-in-depth strategies against advanced persistent threats. In: International conference on decisionand game theory for security. Springer International Publishing, pp 314-326. http://link.springer.com/chapter/10.1007/978-3-319-47413-7_18

[42] Rass S, König S, Schauer S (2015) Uncertainty in games: using probability distributions as payoffs. In: Khouzani MH, Panaousis E, Theodorakopoulos G (eds) GameSec 2015: decision and game theory for security, LNCS 9406. Springer, pp 346-357

[43] Rass S, König S, Schauer S (2016) Decisions with uncertain consequences - a total ordering on loss-distributions. PLoS One 11 (12): e0168583. https://doi. org/10. 1371/journal. pone. 0168583

[44] Rass S, König S, Schauer S (2017) Defending against advanced persistent threats using game-theory. PLoS One 12(1):e0168675. https://doi. org/10. 1371/journal. pone. 0168675

[45] Rass S, König S, Panaousis E (2019) Cut-the-rope: a game of stealthy intrusion. In: Alpcan T, Vorobeychik Y, Baras JS, Dán G (eds) Decision and game theory for security. Springer International Publishing, Cham, pp 404-416

[46] Rass S, König S, Alshawish A (2020) HyRiM: multicriteria risk management using zero-sum games with vector-valued payoffs that are probability distributions. https://cran. r-project. org/package=HyRiM. Version 1.0.5

[47] Van Dijk M, Juels A, Oprea A, Rivest RL (2013) Flipit: the game of "stealthy takeover". J Cryptol 26(4):655-713

[48] Von Stackelberg H (1934) Marktform und gleichgewicht. J. springer, Wien

[49] Xu Z, Zhu Q (2015) A cyber-physical game framework for secure and resilient multi-agent autonomous systems. In: Decision and control (CDC), 2015 IEEE 54th annual conference on. IEEE, pp 5156-5161

[50] Xu Z, Zhu Q (2017) A game-theoretic approach to secure control of communication-based train control systems under jamming attacks. In: Proceedings of the 1st international workshop on safe control of connected and autonomous vehicles. ACM, pp 27-34. http://dl. acm. org/citation. cfm? id=3055381

[51] Zhang R, Zhu Q (2015) Secure and resilient distributed machine learning under adversarial environments. In: 2015 18th international conference on information fusion (fusion). IEEE, pp 644-651

[52] Zhang R, Zhu Q (2016) Attack-aware cyber insurance of interdependent computer networks. SSRN Electron J. https://papers. ssrn. com/sol3/papers. cfm? abstract_id=2848576

[53] Zhang R, Zhu Q (2017) A game-theoretic analysis of label flipping attacks on distributed support vector machines. In: Information sciences and systems (CISS), 2017 51st annual conference on. IEEE, pp 1-6. http://ieeexplore. ieee. org/abstract/document/7926118/

[54] Zhang T, Zhu Q (2017) Dynamic differential privacy for ADMM-based distributed classification learning. IEEE Trans Inf Forensics Secur 12(1):172-187. http://ieeexplore. ieee. org/abstract/document/7563366/

[55] Zhang T, Zhu Q (2017) Strategic defense against deceptive civilian GPS spoofing of unmanned aerial vehicles. In: International conference on decision and game theory for security. Springer, pp 213-233

[56] Zhang R, Zhu Q (2018) A game-theoretic approach to design secure and resilient distributed support vector machines. IEEE Trans Neural Netw Learn Syst 29(11):5512-5527

[57] Zhang R, Zhu Q, Hayel Y (2017) A bi-level game approach to attack-aware cyber insurance of computer networks. IEEE J Sel Areas Commun 35(3):779-794. http://ieeexplore.ieee.org/abstract/document/7859343/

[58] Zhang T, Huang L, Pawlick J, Zhu Q (2019) Game-theoretic analysis of cyber deception: evidence-based strategies and dynamic risk mitigation. arXiv preprint arXiv:1902.03925

[59] Zhu Q, Başar T (2009) Dynamic policy-based IDS configuration. In: Decision and control, 2009 held jointly with the 2009 28th Chinese control conference. CDC/CCC 2009. Proceedings of the 48th IEEE conference on. IEEE, pp 8600-8605

[60] Zhu Q, Başar T (2011) Indices of power in optimal IDS default configuration: theory and examples. In: Decision and game theory for security. Springer, pp 7-21

[61] Zhu Q, Başar T (2012) A dynamic game-theoretic approach to resilient control system design for cascading failures. In: Proceedings of the 1st international conference on high confidence networked systems. ACM, pp 41-46

[62] Zhu Q, Başar T (2013) Game-theoretic approach to feedback-driven multi-stage moving target defense. In: International conference on decision and game theory for security. Springer, pp 246-263

[63] Zhu Q, Başar T (2015) Game-theoretic methods for robustness, security, and resilience of cyberphysical control systems: games-in-games principle for optimal cross-layer resilient control systems. Control Syst IEEE 35(1):46-65

[64] Zhu Q, Han Z, Başar T (2010) No-regret learning in collaborative spectrum sensing with malicious nodes. In: Communications (ICC), 2010 IEEE international conference on. IEEE, pp 1-6

[65] Zhu Q, Li H, Han Z, Başar T (2010) A stochastic game model for jamming in multi-channel cognitive radio systems. In: 2010 IEEE international conference on communications. IEEE, pp 1-6

[66] Zhu Q, Tembine H, Başar T (2010) Heterogeneous learning in zero-sum stochastic games with incomplete information. In: Decision and control (CDC), 2010 49th IEEE conference on. IEEE, pp 219-224

[67] Zhu Q, Tembine H, Başar T (2010) Network security configurations: a nonzero-sum stochastic game approach. In: American control conference (ACC), 2010. IEEE, pp 1059-1064

[68] Zhu Q, Tembine H, Başar T (2011) Distributed strategic learning with application to network security. In: American control conference (ACC), 2011. IEEE, pp 4057-4062

[69] Zhu Q, Saad W, Han Z, Poor HV, Başar T (2011) Eavesdropping and jamming in next-

generation wireless networks: a game-theoretic approach. In: 2011-MILCOM 2011 military communications conference. IEEE, pp 119-124

[70] Zhu Q, Song JB, Başar T (2011) Dynamic secure routing game in distributed cognitive radio networks. In: Global telecommunications conference (GLOBECOM 2011), 2011 IEEE. IEEE, pp 1-6

[71] Zhu Q, Yuan Z, Song JB, Han Z, Başar T (2012) Interference aware routing game for cognitive radio multi-hop networks. Sel Areas Commun IEEE J 30(10):2006-2015

[72] Zhu Q, Rass S, Schartner P (2018) Community-based security for the Internet of things. arXiv preprint arXiv:1810.00281

# 第 5 章
# 有 限 理 性

No rational argument will have a rational effect on a man who does not want to adopt a rational attitude.

对于一个不想采取理性态度的人而言，任何理性的讨论都不会产生理性的影响。

——卡尔·波普尔（K. Popper）

本章将重新讨论效用函数的概念，我们在第 3 章中首次从公理的角度介绍了这个概念。在本章，我们将回顾决策的基本原则，并将其作为诱导产生（连续的）效用函数的公理。在现实生活中，关于决策的实证研究显示，数学理性和人类行为之间存在相当大的偏差，我们将继续进行一系列可能的解释，从一系列的基本原则中弱化或丢弃单个公理，从而解释人类行为和效用最大化范式之间的差异。这将为博弈的构建提供很有价值的经验，比如收益模型是否由主观数据（访谈、专家经验或类似数据）构建。我们也将强调通过博弈论模型中的效用函数设计来考虑个体风险感知和态度的必要性。

## 5.1 效用最大化及合理性

博弈论和决策论受到一些批评并不奇怪，因为人们往往不会像完全理性的效用最大化者那样行事。我们不去猜测为什么会出现这种情况和它出现的可能原因，而是把重点放在如下的事实，即博弈论特别适用于在技术系统中（以完全理性的方式）实现防御的场景。在这个场景中，当涉及个体行为时，我们需要考虑个体做出的最后决定是任意行为的可能性。博弈效用的不确定性，在一定程度上是可以通过随机排序的随机效用来解释的，可以显式地对其分布进行建模，而不仅仅是定义一个效用平均值。然而，这样做需要来自心理学方面的经验和模型。在任何情况下，诸如在均衡下行动或避免失望等方面的考虑，只是模型应该包括的辅助考虑，而最终，对防御者，更重要的是对其对手的行为预测的质量，才是模型最核心的考虑，这将在很大程度上取决于我们所定义的效用函数的质量。安全策略的研究简化了我们的工作，因为它不需要为攻击者的收益建立模型，只需要考虑动作空间的规范(最好这个规范是准确的)。这种鲁棒性是建立在对可实现安全性的悲观的预测基础上的(可实现的安全性,可以参见式(3.20)和式(3.22)中粗粒度的边界)。

博弈论和决策论的典型设定是,假设一个理性的行动者,从一个定义好了的行动集合中选择一个行动来最大化其利益。这个设定,假设了这个行动者有无限的认知能力,因为此处隐含的数学优化可能是非常复杂并且难以处理的。然而,现实生活中的决策还会受到时间、可用信息(具有不确定性的情况下的推理)的限制,它可能不是最优的,但只要实现了期望(令人满意)的收益水平即可。当人们认为达到最优所需的额外成本超过了最优情况下的额外收益时,就可能发生上述情况。虽然这种推理在原则上可以——但通常存在较大困难——体现在一个正确设计的效用函数中,现实情况仍然会显示出一个真正理性的个体的假设与他实际做出的选择之间的差异。然而,这种情况并不能被称为非理性的或愚蠢的:非理性是指个体选择性地偏离推理,有限理性也不等于愚蠢,因为个体在这里也可能有隐藏的、未知的或比数学优化(在对问题过于简化)可能的假设下更加复杂的动机。从本质上说,有限理性是指在认知努力、可用信息或其他决定选择是理性的因素的限制下做出的决策。

系统地研究效用最大化(相当于风险管理中的损失最小化)概念的来源是值得的。这将有助于理解为什么聪明的和适应性高的个体可能做出看似并非效用最大化的选择。第一次提到效用最大化的人,可以追溯到圣彼得堡博弈中的伯努利,以及帕斯卡,他著名的论点是为什么相信上帝存在是理性的。

**例 5.1**(效用最大化者相信上帝存在的论点) 帕斯卡的论点实际上是效用最大化:如果上帝不存在而且死亡是一切的终结,那么不管我们是否相信任何宗教——既没有坏处也没有预期的好处,我们将得到零效用。否则,如果上帝真的存在,那么不相信的话会给来世带来巨大的麻烦!如果上帝存在,我们相信宗教,那么就可以根据我们在宗教上的表现来期待回报或惩罚。无论如何,不相信上帝总是会得到预期的负面回报,而相反,相信上帝至少给了我们在来世获得积极结果的机会。因此,在逻辑上,相信上帝是理性的(基于效用最大化的论证)。

我们不能过度强调例 5.1 中科学和宗教之间的这种联系,因为二者满足的是本质上不同的需求。尽管如此,按照宗教标准行事似乎是有限理性的,因为这显然不是效用最大化(毕竟,宗教伦理应该教导不要以他人承担的代价追求自我福利)。按照宗教标准行事的意义是它的隐含目的,这些目的是无法通过定义效用函数的方式显示出来的。正如在数学中一样,公理被视为控制选择行为的基本法则。所有这些都可以被质疑,每一种情况都引导我们走向另一组有限理性的模型。

## 5.2 决策的基本原则

下面的推导是C.P.罗伯特在文献[17]中介绍的内容的浓缩版本。我们将仅从他的叙述中理解为什么模型决策的公理化路线不一定会把我们带到我们想要的地方。

在第3章中,我们假设决策问题的选择集上存在某种偏好关系。此选择集是一个行动集 $AS$,行动元素表示为 $a \in AS$ 以及行动之间满足定义的偏好关系 $a_1 \trianglelefteq a_2$。更一般的方法是不考虑行动本身,而是假设行动的结果是对行动的回报,从而来做出决定。行动之间的偏好由行动所隐含的回报决定。从这个意义上说,回报或多或少是对一个行动的量化,类似于第3章的效用函数,但并不完全等同于它们,因为当且仅当某些效用函数 $u$ 被赋予有序值 $u_1(a_1) \leqslant u_1(a_2)$ 时,两个行动 $a_1, a_2$ 会被排序并记为 $a_1 \trianglelefteq a_2$。

然而,更实际的情况是,决定偏好的不是行动,而是行动的结果。这意味着我们将回报 $r(a)$ 分配给行动 $a$,并将偏好关系强加给回报。从概念上讲,我们可以通过考虑行动的回报来简化问题(尽管可能没有一一对应的关系),但我们的想法是,决策者最终寻求的是回报,而行动本身只是获得回报的途径。只要能获得预期的回报,决策者可能并不在乎具体是采取了哪个行动获得的。

因此,从回报的角度而不是从行动的角度来思考问题是很有帮助的,这并没有让问题变得更复杂,它让决策问题变成跟回报有关的一个问题:根据相关的行动来实现所寻求的最佳回报。更正式地说,我们将让有序集 $(R, \trianglelefteq)$ 包含所有回报,并在这个集合上有某种偏好关系 $\trianglelefteq$(不是排序关系)。$\trianglelefteq$ 关系的确定,实质是找到一个函数能表达跟式(3.1)完全相同的偏好关系,我们现在的直接目标是找到偏好关系 $\trianglelefteq$ 上的条件,这些条件能帮助我们构造出这个函数 $u$。与第3章以及其他文献一致,我们将 $u$ 称为效用函数,其同义词为收益(payoff)。

首先,合理的偏好关系应至少满足以下要求:

$Ax_1$(完整性):$r_1 \trianglelefteq r_2$ 与 $r_2 \trianglelefteq r_1$ 二者之一成立。

$Ax_2$(传递性):若 $r_1 \trianglelefteq r_2$ 且 $r_2 \trianglelefteq r_3$,则 $r_1 \trianglelefteq r_3$。

如果我们想谈论一个"最佳"决策,这两条性质似乎都是基本的。例如,在不具备完整性的情况下,会有无法比较的回报,因此我们不能根据回报来选择行动。类似地,如果没有传递性,我们可以有像 $r_1 \trianglelefteq r_2 \trianglelefteq r_3 \trianglelefteq r_1$ 这样的循环偏好,因此无论我们如何比较它们,来自 $\{r_1, r_2, r_3, r_4\}$ 的每一对回报 $r_i \trianglelefteq r_j$ 都是值得选择的。因此,在这种情况下,没有一种选择是"最好的",谈论效用优化似乎也毫无意义。有些令人惊讶的是,如果我们来到5.6节中的后悔理论,就会发现传递性这项要求其实是可以丢弃的。

就像排序关系一样，我们把回报 $r_1$ 和 $r_2$ 的等价性定义为：$r_1 \sim r_2 \Leftrightarrow (r_1 \trianglelefteq r_2) \wedge (r_2 \trianglelefteq r_1)$。也就是说，两种回报都比另一种更可取，因此“同等”好。

现实生活中的行为几乎没有确定性的结果。特别是在安全方面，对额外的预防措施进行投资，可能会奏效，但也可能不会奏效，又或者它可能只对已知安全弱点的特定的有限集合才有效。例如，根据更新状态和许多其他因素，病毒扫描程序可能会捕获恶意软件，但也可能会错过它。因此，我们将回报的概念扩展到了预期回报，即与个体概率相关的可能回报列表。这在一定程度上类似于随机行动，事实上，正是这些想法的延续激发了在 3.4 节中使用随机顺序，以及关于这些顺序的博弈（4.5 节）。

**定义 5.1**（展望） 一个展望是一个三元组 $(a,p,u)$，它将一个动作 $a$ 与一组可能的回报 $u=(r_1,\cdots,r_k)$ 和概率 $p=(p_1,\cdots,p_k)=(P(r_1),\cdots,P(r_k))$ 关联起来，其中 $p_1+p_2+\cdots+p_k=1$。

展望可明确表示为一个 $2\times n$ 的矩阵

$$\begin{pmatrix} r_1 & r_2 & \cdots & r_n \\ p_1 & p_2 & \cdots & p_n \end{pmatrix}$$

或者，当回报集 $R=r_1,\cdots,r_n$ 在上下文中明确且顺序固定时，我们可以把概率 $p=(p_1,\cdots,p_n)\in\Delta(R)$ 这个向量作为展望的缩写符号。

例如，考虑一个补丁或系统更新，它可能不需要有效地关闭或删除漏洞。很可能在修补程序之后，某些攻击不再可能发生（这可能是第一种可能的结果，发生概率为 $p_1$）；或者由于修补漏洞失败（概率为 $p_2$）而某些攻击仍然是可能发生的；又或者攻击自身也做出调整变得更强后仍然可能发生这些攻击（概率为 $p_3$），这是一种中间回报。

**例 5.2**（级联效应与预期模拟） 我们接下来的例子是在模拟复杂系统受到攻击的影响时的例子。2.5 节概述了通过模拟级联效应评估安全事件直接和间接后果的各种模型。所有这些模拟方法的底线是，它们提出了一系列场景，每个场景可能对应于多个影响类别中的一个（影响类别通常是在风险管理的场景中定义的，详见第 6 章的图 6.2）。将影响类别置于一个集合中（这个集合通常是有序的），$R=r_1,\cdots,r_n$。在多次重复模拟后，让 $p_i$ 作为实验中出现的 $r_i$ 这个影响类别的相对频率。那么，$((r_1,\cdots,r_n),(p_1,\cdots,p_n))$ 就是对展望的一个经验估计，是一个作为概率模拟直接输出的人工产物。

展望将博弈论中的固定损益推广到随机损益，我们已经在 4.5 节将概率分布作为损益的博弈中用到了这种随机损益。在这种观点下，展望就是损益，它是一个分布，而不是一个数字。对展望进行排序，就需要像 $\preceq$ 一样的随机排序符号，就像通过 $\leqslant$ 对数字进行排序一样。在这两种情况下，决策挑战是相同的。

让我们假设决策者知道所有结果以及与结果相关的概率。在不同展望之间做选择时，决策者会面临风险。这和具有不确定性的场景不同，在不确定性的场景中，部分展望

(或者是结果或者是概率)对决策者来说是未知的。

现在我们正式将 $\trianglelefteq$ 关系用在凸化的展望空间,即回报空间 $R$ 上的概率分布集 $\Delta(R)$。在博弈论中,这是行动空间,但由于我们正在考虑用更一般的观点来解释为什么博弈可能无法反映人们在现实生活中的行动,我们将在这里使用更通用的术语。让我们假设传递性和完整性在集合 $\Delta(R)$ 上也成立,其元素可以被视为展望(类似于博弈论词汇表中的混合策略)。例如,我们可以通过比较两个展望的平均值来比较它们,但作为使用公理化思路的开端,我们要求 $\Delta(R)$ 上的 $\trianglelefteq$ 的完整性和传递性都存在并且完全符合上述形式。对于式(3.1)中的偏好表示,我们则需要更多的假设:

$Ax_3$(无差别方案下序的守恒性,也称独立性):对于任意两个展望 $p,q$ 和任意一个 $\alpha$,这里 $0<\alpha<1$,我们把 $\alpha\cdot p+(1-\alpha)\cdot q$ 称为混合。公理 $Ax_3$ 对于任意 $\alpha\in(0,1)$,若 $p\trianglelefteq q$,则 $(1-\alpha)\cdot p+\alpha\cdot r\trianglelefteq(1-\alpha)\cdot q+\alpha\cdot r,\forall r\in\Delta(R)$。

也就是说,如果两个展望中一个比另一个在 $\trianglelefteq$ - 序上更优,并且存在第三个可能以概率 $\alpha$ 出现的备选方案,那么这种偏差——因为它适用于任何一个选择——不会改变总体偏好(因此,我们并不关心上述的 $r$,因为它无差别地适用于 $p,q$ 这两个选择)。

$Ax_4$(封闭性):如果 $p\trianglelefteq q\trianglelefteq r$,那么就存在值 $\alpha,\beta\in(0,1)$,使得

$$\alpha\cdot p+(1-\alpha)\cdot r\trianglelefteq q\trianglelefteq\beta\cdot p+(1-\beta)\cdot r$$

虽然到现在为止,我们仅假定在寻找的效用函数是存在的。但是,接受公理 $Ax_1,\cdots,Ax_4$ 作为"决策的基本原则",其结果(尤其是使用封闭性公理)是,下面的定理说明,我们所寻求的效用函数确实是存在的。

**引理 5.1**(文献[17]引理 2.2.2) 若 $r_1,r_2,r$ 是回报集 $R$ 中的回报且满足 $r_1\triangleleft r_2$,$r_1\trianglelefteq r\trianglelefteq r_2$,那么,存在唯一值 $v$,$0<v<1$,使得 $r\sim v\cdot r_1+(1-v)\cdot r_2$。利用这个 $v$,我们可以定义一个效用函数 $u$:

$$u(x)=\begin{cases} v, & 若\ r_2\trianglelefteq r\trianglelefteq r_1, r\sim v\cdot r_1+(1-v)\cdot r_2 \\ -\dfrac{v}{1-v}, & 若\ r_2\sim v\cdot r_1+(1-v)\cdot r \\ \dfrac{1}{v}, & 若\ r_1\trianglelefteq v\cdot r+(1-v)\cdot r_2 \end{cases}$$

引理 5.1 是我们第一次从第一性原理(即公理 $Ax_1$ 到 $Ax_4$)半显式地定义效用函数。请注意,我们可以让回报是无限的。然而,对于许多人来说,无限是一个模糊的概念,如果我们只考虑有限回报,那事情可以大大简化。也就是说,有两个值 $r_1,r_2$,使得

$$[r_1,r_2]=r:r_1\trianglelefteq r\trianglelefteq r_2 \tag{5.1}$$

且 $P([r_1,r_2])=1$(即有界支撑,构造随机序 $\preceq$ 时需要这个假设,参见定义 3.1)。这样定义的效用函数保留了 $R$ 上的 $\trianglelefteq$ - 序,并遵守边界条件 $u(r_1)=1$ 和 $u(r_2)=0$。更重要

的是，通过线性化，它的定义可以延伸到端点$[r_1, r_2]$之间的有限回报：

$$\alpha(r) := \frac{u(r) - u(r_1)}{u(r_2) - u(r_1)}$$

$$\beta := \int_{r_1}^{r_2} \alpha(r) \mathrm{d} p(r)$$

其中，$p$ 是 $R$ 上定义的展望(因此，积分必须理解为 Lebesgue-Stieltjes 类型的积分)。有趣的是，借助第五个公理，效用函数在某种仿射变换下变得唯一。

$Ax_5$(线性化)：让 $\delta_{r_1}$ 和 $\delta_{r_2}$ 是与回报区间$[r_1, r_2]$端点相对应的特定展望(即将全概率质量分配到回报区间末端的点质量)。如果一个展望 $p$ 是～－等价于 $\alpha(r) \cdot \delta_{r_1} + (1-\alpha(r))\delta_{r_2}$，那么这个等价关系在平均意义上是成立的。

在这个新加的线性化假设下，我们得到以下的唯一性结果。

**定理 5.1**(文献[17]定理 2.2.4)　若 $p, q$ 都是$\Delta(R)$中的展望，其中 $R$ 的边界如式(5.1)所定义，那么我们有：

存在性：存在 $R$ 上的函数 $u$ 使得 $p \trianglelefteq q$ 当且仅当 $E_p(u(r)) \leqslant E_q(u(r))$。

唯一性：如果 $u'$ 是满足上述等价关系的另一个效用函数，则存在值 $a>0$ 和 $b$，使得 $u'(r) = a \cdot u(r) + b$。

定理 5.1 的唯一性结论，在博弈论中很容易被认为是策略等价性的条件。

关于决策理论的公理基础的介绍，就到此为止。到目前为止，整个描述隐含地揭示了下述两个方面，又使我们回到了关于有限理性的讨论中：

(1) 整个过程中，我们只关注一个需要优化的测度。换言之，我们导出了效用函数，它是从回报空间 $R$ 到实数空间 $\mathbf{R}$ 的映射。主要原因为 $\mathbf{R}$ 是一个完全有序的空间，但对于所有 $k>1$，$\mathbf{R}^k$ 都不是一个有序空间(可能除了对其进行字典排序有可能使其变得有序以外)。我们把隐藏的动机(例如，避免后悔或失望)看作除了明确建模的效用以外的下一步目标，这是我们考虑有限理性的一个原因。

(2) 每一个公理(完整性、传递性、无差别性/独立性、封闭性和线性化)都应该与经验相一致，以建立一个准确的模型来刻画人们的决策。事实上，有相当多的经验证据表明，这些假设中不止一个是有违现实情况的。

我们下文的论述部分借鉴了文献[21]：请记住，我们不是在寻找偶然的随机违规，我们可以在任何情况下允许并将其归因于不精确的条件或数据中的其他错误。相反，我们将寻找在构造效用函数时出现的系统性违反上述假设条件的情况。这些系统性违反将不会涵盖上述所有公理，但是哪怕只是一次违反也足以使整个构造无效。好的一面是，违反这些假设为新的开发和模型开辟了方向，我们将在下文作部分简要介绍。

## 5.3 违反不变性公理

系统性地违反公理 $Ax_3$ 的最著名例子，可能是阿莱悖论（Allais' paradox），或者更普遍地称为共同结果效应。[1]考虑两个展望，其定义如下：

$p_1$：以概率 1 赢得 100 万美元。

$q_1$：以概率 0.1 赢得 500 万美元，以概率 0.89 赢 100 万美元，或者概率为 0.01 的情况下一无所获。

你会在这两个展望中选择哪一个？选择 $p_1$ 是有吸引力的，因为它能让人瞬间成为百万富翁，而且没有风险。选择 $q_1$ 甚至更具吸引力，因为赢得百万美元的机会只是稍差一点，但赢得 500 万美元的机会也相当大。基于预期效用（$p_1$ 为 100 万美元，$q_1$ 为 $500\times0.1+100\times0.89=139$（万美元）），我们将选择 $q_1$ 以获得更高的预期收益。

现在，考虑稍微修改的选择：

$p_2$：以概率 0.11 赢得 100 万美元，或概率为 0.89 的情况下一无所获。

$q_2$：以概率 0.1 赢得 500 万美元，或概率为 0.9 的情况下一无所获。

这里的赔率似乎很相似，但代价却大不相同。同样，基于预期效用，对于 $p_2$，我们有 $1\times0.11+0\times0.89=0.11$ 和 $q_2$ 预期效用 $5\times0.1+0\times0.9=0.5$，所以效用最大化者在这里是第 2 个。

基于与独立性公理一致的“完全理性”决策，人们将在这对选择中选择 $q$。然而，从经验上看，人们选择 $p_1$ 是为了致富的确定性，而不选择在几乎相同的机会下获得更高的收益 $q_2$。这显然不是效用最大化所能预测的（但正是莫里斯·阿莱所预测的）。此后，无数研究证实了他的发现，此处明显系统性地违反了 $Ax_3$。

违反 $Ax_3$ 的根源在哪里呢？独立性公理忽略了人们在决策时会考虑其他选择，而选择的“吸引力”可能很大程度上取决于其他行动所能提供的收益。追求更大收益可能带来的失望，可能更大程度上激励人们进行更安全的选择，这就是为什么人们会选择致富的确定性，而不是致富（或不致富）的可能性。相反，如果选择收益的大小，使得概率的微小差异对效用结果（以及偏好）产生显著差异，但这种差异不足以说服决策者，导致决策者做出选择时不考虑效用函数，这些情况的评估都需要更多的认知努力，而不是仅仅根据概率的近似比较来做出决定。

阿莱悖论的总的观点是，人们做出的选择不能（通过效用函数）进行评估和相互独立的比较——至少人们不会这么做；他们更喜欢更“全面”的比较，包括更多的选择。在选择的数量上也有一个由经验验证的盈亏平衡点：太多的选择使得按比例决策困难，因此为了减少认知努力，我们可能只考虑几个选择，而放弃数学上最优的选择；这是在数学上众所周知的选择悖论。[12]

一个相关的现象是共同比率效应（参见文献[13]）：如前所述，在两个展望中选择，让我们使用效用最大化作为预测指标，与人们在现实中观察到的情况相比较。

现在的选择问题是针对以下展望：

$p$：要么肯定拿 10 美元，要么有 80%的概率赢 16 美元。

$q$：要么以 20%的概率赢 16 美元，要么以 25%的概率赢 10 美元。

在 $p$ 展望下，许多人宁愿拿 10 美元也不愿赌博，因为后者有零收入的风险。然而，同样的人在 $q$ 展望下会选择 16 美元的赌注，因为这两种选择的概率差不多。这确实与独立性公理不符，因为预期效用指向一个不同的结果：让我们用 $E(16)$ 和 $E(10)$ 的符号来表示我们的选择带来 16 美元或 10 美元收益的预期。我们假设一个人遵循效用最大化原则，那么，$p$ 中 10 美元的选择优于 16 美元的选择，就意味着 $0.8\times E(16)<1\times E(10)$ 或者相当于 $E(16)<1.25\times E(10)$。同样，若 $q$ 中 16 美元的选择更优，那就意味着 $0.2\times E(16)>0.25\times E(10)$，即 $E(16)>1.25\times E(10)$，显然这是相互矛盾的。

再说一次，问题出在哪里了呢？一般问题会出现在，当给定两个收益 $r_1 \trianglelefteq r_2$ 时，其发生的可能性被相同的因子所放大。在上面的例子中，收入是 $r_1=10 \trianglelefteq r_2=16$，但在这两种情况下，获得收入的机会都被提升了 4 倍。经验证据表明，在第一种情况下，人们可能更喜欢确定性，但当机会大致相似且都不大时（通过共同的比例衡量），人们更愿意冒险。

## 5.4　决策权重

我们发现，选择通常是在整个集合的所有选择之间进行排序的。所以，展望的期望效用公式应该修改为

$$p=\begin{pmatrix} r_1 & r_2 & \cdots & r_n \\ p_1 & p_2 & \cdots & p_n \end{pmatrix}=\begin{pmatrix} r \\ p \end{pmatrix}$$

在这里，展望的期望效用从原来的 $E_p(r)=\sum_i p_i\cdot r_i$ 变为其标量积 $E_p(r)=w(p)^{\mathrm{T}}r$，其中附加的加权函数 $w:[0,1]^n\rightarrow[0,1]^n$ 根据概率的大小，对各个回报赋予了不同的权重。根据 $w$ 的选择方式的不同，会出现不同的选择模型，但这些模型可能并不是全都合理的。一个说明这种可能性的例子取自文献[21]：令 $w:[0,1]^n\rightarrow[0,1]^n$ 是一个凸函数，

那么在概率尺度的内部，$w(p)+w(1-p)<1$，并且存在 $\varepsilon>0$ 使得我们不会选择展望 $p=\begin{pmatrix} x & x+\varepsilon \\ p & 1-p \end{pmatrix}$，而是选择另一个展望 $q$，它以 1 为概率得到回报 $x$。显然，通过选择 $\varepsilon$ 的具体值，我们能让 $p$ 支配 $q$。为了避免这种影响，我们可以对它提出单调性的要求：效用函数应该是单调的，这意味着如果一个展望 $q$ 被另一个展望 $p$ 所支配，记为 $q \trianglelefteq p$，那么前者的效用应该小于后者的效用①；效用函数的单调性要求体现了支配关系，它以我们熟悉的形式出现：$q \trianglelefteq p$ 意味着 $u(q)\leqslant u(p)$。

下面定义展望之间的一阶支配关系，我们通过把展望视为分布并对其施加常用的随机顺序(3.7)，并且至少有一次严格不等的关系。直观地说，如果在所有可能的结果中，展望 $p$ 的效用至少与 $q$ 的效用一样高，并且在至少一个结果中，其效用严格高于 $q$ 的效用，那么展望 $p$ 就支配展望 $q$。

正确决定支配性对一个人来说，可能是一件错综复杂的事情，这可以用 Tversky 和 Kahneman[24] 提出的投票实证例子来说明：在一场赌博中，要求从一个瓮中抽出一个彩球，其收益或损失与彩球的颜色挂钩。瓮中的每种颜色的球的比例都是不同的(与抽到相应的球的可能性直接相对应)。共有 88 名参与者被要求在两种展望中做出选择：

$$p_A=\begin{pmatrix} 0\,\$ & \text{赢}\,45\,\$ & \text{赢}\,30\,\$ & \text{输}\,15\,\$ & \text{输}\,15\,\$ \\ 90\%(\text{白}) & 6\%(\text{红}) & 1\%(\text{绿}) & 1\%(\text{蓝}) & 2\%(\text{黄}) \end{pmatrix}$$

$$q_A=\begin{pmatrix} 0\,\$ & \text{赢}\,45\,\$ & \text{赢}\,45\,\$ & \text{输}\,10\,\$ & \text{输}\,15\,\$ \\ 90\%(\text{白}) & 6\%(\text{红}) & 1\%(\text{绿}) & 1\%(\text{蓝}) & 2\%(\text{黄}) \end{pmatrix}$$

显然，$q_A$ 支配 $p_A$，因为选择 $q_A$ 的收益大于或等于 $p_A$ 的收益②。不出所料，所有参与者都选择了 $q_A$。现在，对这个选择稍作修改，将“损失案例”(蓝球和黄球)变成全部是黄球，两个方案中黄球分别占瓮中的3%与2%，两种情况下其收益都是15美元的损失。其他的收益和损失保持不变，因此新的选择介于如下二者之间：

$$p_B=\begin{pmatrix} 0\,\$ & \text{赢}\,45\,\$ & \text{赢}\,30\,\$ & \text{输}\,15\,\$ \\ 90\%(\text{白}) & 6\%(\text{红}) & 1\%(\text{绿}) & 3\%(\text{黄}) \end{pmatrix}$$

$$q_B=\begin{pmatrix} 0\,\$ & \text{赢}\,45\,\$ & \text{赢}\,45\,\$ & \text{输}\,15\,\$ \\ 90\%(\text{白}) & 6\%(\text{红}) & 1\%(\text{绿}) & 2\%(\text{黄}) \end{pmatrix}$$

现在，与之前相反，$q_B$ 支配着 $q_A$，但对人来说，很难注意到这种支配关系。我们说它是被

---

① 译者注：原文为“the utility for the latter should be less than for the dominating prospect”，其中的“the latter”应为笔误，应是“the former”。

② 译者注：原文为“$p_A$ 支配 $q_A$，因为选择 $p_A$ 的收益大于或等于 $q_A$ 的收益”。根据支配关系的定义，在这句话中的 $q_A$ 和 $p_A$ 用颠倒了。

"陷害"的或不透明的。实际上，在之前的 88 个人中，有 58 人再次选择了 $q_A$，尽管它是更糟糕的选择。这个结果可以解释为人们并不是故意违反支配性关系，而是在支配关系不明显的情况下才这样做。

一个更激进的例子是"亚洲疾病"[23]：人们被要求从治疗一种(假设的)潜在致命疾病的两种药物中选择一种。在总共 600 个病人中，药物 $A$ 可以挽救 200 条生命，而在药物 $B$ 下，400 个病人会死亡。显然，这些选择在客观上相同的，但这两种选择的表述方式，会在决策者的头脑中引起不同的偏好。

虽然这种"陷害"是通过将负面属性打包成更简单的术语来构建的(比如用黄色的球代替所有蓝色的球)，但通过"展示正面属性"的效果可以使一个选择在主观上变得比实际情况更有吸引力。这就是事件拆分效应(event-splitting effect)。由文献[22]和文献[11]进行的实证研究证实，当我们更多地把一个选择的积极后果展现出来时(例如通过将其拆分为子事件)，对这个选择的倾向性就很可能会发生变化。

## 5.5 等级依赖理论与展望理论

正如我们之前所看到的，在接近相等的可能性情况下，人们可能会忽略这个信息，决策只直接取决于各自的后果(而不是其期望值)。加权函数可以用来相应地调整概率，比如，可以用来纠正那些被高估或低估的概率。同样，损失和收益也可以因人而异地做加权。这个方法是另外两个方法的核心，即重新定义效用函数，以更好地接近现实生活中的决策，或者说，违反效用最大化原则会对有界理性产生影响，我们需要解释这种影响。

等级依赖期望效用理论，就是一种使用加权函数来调整概率的方法，最初是在文献[16]中提出的：它假设选择不仅取决于展望中的绝对概率，而且还取决于它们的相对顺序(等级)。让展望由 $n$ 个可能的结果 $r_1 \trianglelefteq r_2 \trianglelefteq \cdots \trianglelefteq r_n$ 组成，从最差到最好排序(递增)。在基于等级的方法中，我们可以将决策权重定义为 $w_i = \pi(p_i + p_{i+1} + \cdots + p_n) - \pi(p_{i+1} + \cdots + p_n)$，$\forall i = 1, 2, \cdots, n-1$，并且 $w_n = \pi(p_n)$。这里的新函数 $\pi$ 是一个概率加权函数。正如文献[10]中所建议的，函数 $\pi$ 的选择可以"纠正"个人在评估客观概率时出现的主观错误。因此，由于个人的乐观或悲观态度而导致的概率被低估或高估的情况，可以通过选择适当的 $\pi$ 来纠正(事实上，在文献[7,16,27]中已经研究过 $\pi$ 的曲率和乐观/悲观之间的联系)。基于对 $\pi$ 的选择来确定对 $w$ 的选择，可以使产生的效用函数保持单调性(这样就与被支配关系保持一致了)。

展望理论[13]通过将加权嵌入一个两阶段的决策过程中扩展了上述思想。首先，在第一个阶段，每个人根据几种启发式算法来编辑调整展望，我们已经见过其中一些算法，例如通过组合选择来进行简化,通过取消近似相等的选择等。在第二个阶段,通过对收益和损失进行评估,在第一阶段调整过后的展望中做出选择。这相当于再次应用加权函数 $w$ 和/或概率加权函数 $\pi$。这种编辑调整被称为编码,其结果和概率估值通常是不对称的 $S$ 形函数,在文献[15,25]中有相应的例子,见图 5.1 和图 5.2。Prelec 提出的概率加权函数 $\pi_\alpha(x)=\exp(-(-\ln x)^\alpha)$ 是一个常用的选择,其中参数 $0<\alpha<1$,在安全应用中它也得到了应用。[19]

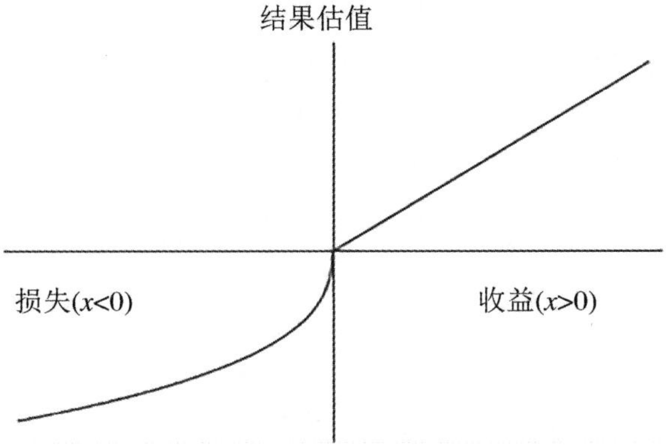


**图 5.1　对展望理论中的结果进行估值的例子**

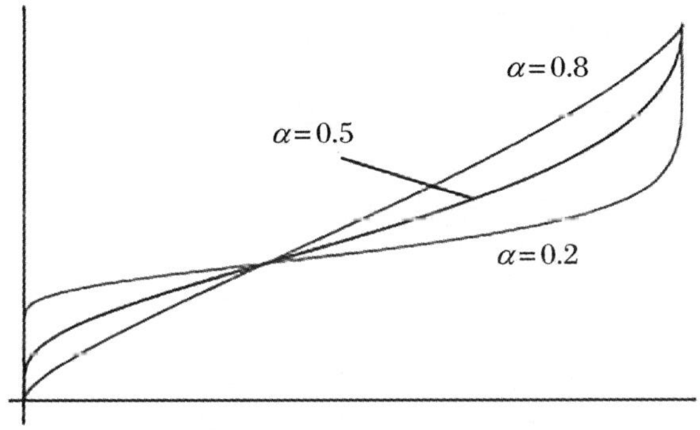


**图 5.2　Prelec 的概率加权函数 $\pi_\alpha$**

## 5.6　违反传递性与后悔理论

有时,选择不是为了最大的效用,而是——主观上相当于——为了避免失望或后悔。虽然我们将在 7.4 节中进一步详述失望,但让我们先看看后悔理论[2,8,14]是如何运作的。在这里,是通过比较其他选择的后果来进行选择的。就如在二人博弈中那样,只是现在是在决策者的头脑中进行的，这个人首先确定世界的当前状态 $s$；然后，根据状态 $s$ 对各个行动进行比较；假设回报是 $r_{1,s}$ 和 $r_{2,s}$。两个行动的后果由一个函数 $M(a_s, b_s)$ 来衡量，该函数随第一个参数的增加而 $\trianglelefteq$ 增加，随第二个参数的增加而 $\trianglelefteq$ 减小。因此，如果 $r_{2,s}$ 比 $r_{1,s}$ 更可取，那么根据 $M$ 的递减单调性，会导致因如果不选择 $r_{2,s}$ 而后悔，从而抑制对 $r_{1,s}$ 的选择。同样，如果 $r_{1,s}$ 比 $r_{2,s}$ 更可取，那这会加强 $r_{1,s}$ 是比 $r_{2,s}$ 更好的选择的地位，但也会后悔。尽管如此，个体仍然会最大化一些效用，只是它也取决于现在的世界状态。这个人将根据世界的状态来最大化一个期望值，这个期望值用 $\sum_s P(s) \cdot M(r_{i,s}, r_{j,s})$ 来比较任何两个回报 $r_{i,s}$ 和 $r_{j,s}$。虽然这种比较方法只适用于行动，但也可以扩展到展望，就像在二人博弈中那样用函数 $M$ 来定义世界状态 $s$ 下两个展望 $p,q$ 之间的偏好，为

$$p \trianglelefteq q \Leftrightarrow \sum_{i,j} p_i \cdot q_i \cdot \psi(i,j) \leqslant 0$$

其中 $\psi(i,j) = M(r_{i,s}, r_{j,s}) - M(r_{j,s}, r_{i,s})$。这里的函数 $\psi$ 只是通过它的符号告诉人们在选择哪个行动时会感到后悔。像往常一样，我们假设不同行动之间的后果是随机独立的（否则一个行动的结果会取决于一个从未采取过的替代行动）。通过函数 $\psi$，我们可以定义一个后悔趋避（regret aversion）的概念：考虑 $r \trianglelefteq s \trianglelefteq t$ 三个回报，后悔趋避意味着对于这三个回报，$\psi(r,t) \trianglelefteq \psi(r,s) + \psi(s,t)$（类似三角形不等式）。现在，让我们假设后悔趋避是决策背后的驱动力，并记住在后悔理论中，回报如何取决于状态也很重要。在文献[21]的例子中，有三个回报 $r_1$，$r_2$ 和 $r_3$，并且 $r_1 \trianglelefteq r_2 \trianglelefteq r_3$。然而，对某个行动所带来的回报的具体分配取决于世界的状态。例如，假设是在一个安全博弈中，攻击者决定了系统的状态 $s$（例如，三个可能的状态 $s_1, s_2, s_3$ 中的一个），防御者必须做出选择。令每个状态和行动下的结果由如下矩阵给出（即类似于矩阵对策）：

| | $s_1$ | $s_2$ | $s_3$ |
|---|---|---|---|
| $r_1$ | $z$ | $y$ | $x$ |
| $r_2$ | $x$ | $z$ | $y$ |
| $r_3$ | $y$ | $x$ | $z$ |

其中，我们令 $\psi(r,s)$ 表示 $r$ 行和 $s$ 列的条目。在后悔趋避理论下，行动之间的偏好由表达式 $\psi(r,s) + \psi(s,t) - \psi(r,t)$ 的符号决定。在我们假设的回报偏好下，当把 $r_2$ 和 $r_1$ 比较时，我们会得到偏好 $r_2 \trianglelefteq r_1$。以同样的方式比较另外两对，很容易看到我们在这里得到一个循环的偏好结构，即 $r_2 \trianglelefteq r_1$，$r_3 \trianglelefteq r_2$ 和 $r_1 \trianglelefteq r_3$，所以这里显然违反了传递性。如果一个选择能使效用最大化，怎样才能使它符合我们所想象的理性呢？显然，非传递性所导致的循环，使得对“最佳”行动进行有意义的定义变得不可能了。

事实上，由于博弈论的存在，我们已快速得到了一个答案：在纯策略中不存在纳什均

衡，但在混合策略中存在纳什均衡的博弈中，上述的循环结构其实很普遍。例 3.6 已经在一个抽查博弈中说明了这一点。通过比较例 3.6 中的收益结构，我们认识到上述 3×3 博弈中的循环偏好结构也存在于之前的 2×2 收益矩阵中：如果防御者会（一直）检查位置 1，那么攻击者就会通过（一直）攻击位置 2 来适应这一点，因此，防守方最好检查位置 2，但如果它一直这样做，那么攻击方又会通过攻击位置 1 来适应，以此类推。

## 5.7 边界效应

边界效应描述了选择对极端结果的敏感性，这类似于取消近似相等的概率的情况（在这种情况下，如果两个行动是以几乎完全相同的可能性发生的，那么决策将只取决于它们的回报数值大小的量级）。在边界效应存在的情况下，我们可以使用下面两种方法：一是引入适当的决策权重来构建决策规则；二是对两个极端的概率值进行“修正”（因此被称为“边界”效应），这与展望理论中的做法类似。第三种方法是，我们可以设计 $\trianglelefteq$ - 序来解决这个敏感性，其中的一个具体例子就是在 3.1 节中介绍的随机 $\preceq$-序。

很显然，$\preceq$-序对极端结果是敏感的，但对损失规模（loss scale）的反向下界则不敏感。一般来说，随机顺序与选择的程序性理论（procedural theories）天然兼容，所以它具有额外的吸引力，这一点将在接下来的内容里进行讨论。一般来说，风险趋避的态度与悲观主义搭配，可能会过度权衡极端事件的可能性，也就是说，理性的行为意味着只是“避免最坏的情况”，而不是“寻求最优”。前者似乎同样是理性的，只是它在效用最大化的定义不同而已，我们将在 7.4 节重新审视这个想法。

## 5.8 程序性理论

考虑一下你自己的启发式决策，恐怕很难说所有的决策都是在严格的效用最大化为目标下做出的。相反，一个人可能会根据世界的状况、当前的主观目标、可用的信息和许多其他因素来调整决策。程序性理论里表现为使用一个可能较大的规则集合，根据当前的情况来使用这个集合里面的规则。尽管这在数学上远不如从第一性原则出发的公理方法（比如用上面的公理来定义一个效用函数）复杂，但我们必须牢记，我们是在和人打交道，他们的行为远没有我们假设的那样精确和确定。事实上，尽管相对于更优雅的函数优化而言，程序性方法很烦琐，然而，偏好理论虽然在数学上很精致，但它似乎并没有为实践中观察到的各种结果提供充分的解释。[21]363 这种偏差，可以被称为有界理性的决策。它也提出了一个问题，即理论上被最大化了的效用函数是否可能在实际上是错误的。

程序性理论的魅力在于可以自由地将任何东西编码到决策机制中，这为在决策框架的设计中容纳心理学、社会学和相关领域的所有发现（例如文献[5,9,18,20]）提供了可能性。我们很容易将概率方面的发现包括在内，也可以模拟那些基于代理（即程序性）的模型。[3,4]事实上，在预测个人可能做出的选择时，在概念上不会阻碍我们使用一个异构的代理池，以便让模拟模型使用不同的选择理论，这些理论在不同的时间或不同的情况下可能准确或不正确地用于特定的个人。此外，模拟可以提供关于决策的“原因”的额外信息，而普通的效用最大化则不能。一个例子是失望率，纯粹的效用最大化是无法直接刻画失望率的。避免失望的模型，是悲观选择模型的一种常见形式，激发产生后悔理论的心理学机制与它是同源的。

总而言之，在把理性行为解释为“效用最大化”时，有界理性可能只是“所有模式都是错的[…]”①的一种谦虚的说法而已。而且，将理性定义为以最大利益为导向的基本范式并不一定有什么问题，只是这种利益可能并不像我们希望的那样可以衡量或明确化。例如，公司可能会寻求最大的利润，但安全并不产生投资回报。相反，它是一种为保护资产和实现利润（持续）而进行的投资，其主要目的是创造信任。这是一个本质上不可比的概念，因为信任具有主观上不同的含义。

## 参考文献

[1] Allais M (1953) Le comportement de l'homme rationnel devant le risque: critique des postulats et axiomes de l'ecole americaine. Econometrica 21(4):503. https://doi.org/10.2307/1907921

[2] Bell DE (1982) Regret in decision making under uncertainty. Oper Res 30(5):961-981. https://doi.org/10.1287/opre.30.5.961

[3] Busby J, Duckett D (2012) Social risk amplification as an attribution: the case of zoonotic disease outbreaks. J Risk Res 15(9): 1049-1074. https://doi.org/10.1080/13669877.2012.670130

[4] Busby JS, Onggo B, Liu Y (2016) Agent-based computational modelling of social risk responses. Eur J Oper Res 251(3):1029-1042 https://doi.org/10.1016/j.ejor.2015.12.034

[5] Camerer CF (2011) Behavioral game theory: experiments in strategic interaction. The

① 作者注：“[…]只有某些模型是有用的”，这个说法来自统计学家 George Box。

roundtable series in behavioral economics. Princeton University Press, s. l. http://gbv. eblib. com/patron/FullRecord. aspx? p=765287

[6] Colman AM (2009) A dictionary of psychology, 3rd edn. Oxford paperback reference. Oxford University Press, Oxford

[7] Diecidue E, Wakker PP (2001) On the intuition of rank-dependent utility. J Risk Uncertain 23 (3):281-298. https://doi. org/10. 1023/A:1011877808366

[8] Fishburn PC (1982) Nontransitive measurable utility. s J Math Psychol 26(1):31-67. https://doi. org/10. 1016/0022- 2496(82)90034- 7

[9] Gigerenzer G, Selten R (eds) (2002) Bounded rationality: the adaptive toolbox, 1st mit press pbk. edn. MIT Press, Cambridge, MA

[10] Gonzalez R, Wu G (1999) On the shape of the probability weighting function. Cogn Psychol 38 (1):129-166. https://doi. org/10. 1006/cogp. 1998. 0710

[11] Humphrey SJ (1995) Regret aversion or event-splitting effects? more evidence under risk and uncertainty. J Risk Uncertain 11(3):263-274. https://doi. org/10. 1007/BF01207789

[12] Iyengar SS, Lepper MR (2000) When choice is demotivating: can one desire too much of a good thing? J Pers Soc Psychol 79(6):995-1006. https://doi. org/10. 1037//0022-3514. 79. 6.995

[13] Kahneman D, Tversky A (1979) Prospect theory: an analysis of decision under risk. Econometrica 47(2):263. https://doi. org/10. 2307/1914185

[14] Loomes G, Sugden R (1982) Regret theory: an alternative theory of rational choice under uncertainty. Econ J 92(368):805. https://doi. org/10. 2307/2232669

[15] Prelec D (1998) The probability weighting function. Econometrica 66(3):497. https://doi. org/10. 2307/2998573

[16] Quiggin J (1982) A theory of anticipated utility. J Econ Behav Organ 3(4):323-343. https://doi. org/10. 1016/0167- 2681(82)90008- 7

[17] Robert CP (2001) The Bayesian choice. Springer, New York

[18] Rubinstein A (2002) Modeling bounded rationality, vol 3. Print edn. Zeuthen lecture book series. MIT Press, Cambridge, MA

[19] Sanjab A, Saad W, Başar T (2017) Prospect theory for enhanced cyber-physical security of drone delivery systems: a network interdiction game. In: 2017 IEEE international conference on communications (ICC), pp 1-6. https://doi. org/10. 1109/ICC. 2017. 7996862

[20] Simon HA (1997) Models of bounded rationality. MIT Press, Cambridge, MA

[21] Starmer C (2000) Developments in non-expected utility theory: the hunt for a descriptive theory of choice under risk. J Econ Lit 38(2):332-382. http://www. jstor. org/stable/2565292

[22] Starmer C, Sugden R (1993) Testing for juxtaposition and event-splitting effects. J Risk

Uncertain 6(3):235-254. https://doi.org/10.1007/BF01072613

[23] Tversky A, Kahneman D (1985) The framing of decisions and the psychology of choice. In: Covello VT, Mumpower JL, Stallen PJM, Uppuluri VRR (eds) Environmental impact assessment, technology assessment, and risk analysis, NATO ASI series, series G. Springer, Berlin/Heidelberg, pp 107-129 . https://doi.org/10.1007/978-3-642-70634-9_6

[24] Tversky A, Kahneman D (1989) Rational choice and the framing of decisions. In: Karpak B, Zionts S (eds) Multiple criteria decision making and risk analysis using microcomputers, NATO ASI series, series F. Springer, Berlin/Heidelberg, pp 81-126. https://doi.org/10.1007/ 978-3-642-74919-3_4

[25] Tversky A, Kahneman D (1992) Advances in prospect theory: cumulative representation of uncertainty. J Risk Uncertain 5(4):297-323. https://doi.org/10.1007/BF00122574

[26] Wang Q, Karlström A, Sundberg M (2014) Scheduling choices under rank dependent utility maximization. Proc Soc Behav Sci 111: 301-310. https://doi. org/10. 1016/j. sbspro. 2014. 01.063

[27] Yaari ME (1987) The dual theory of choice under risk. Econometrica 55(1):95. https://doi.org/10.2307/1911158

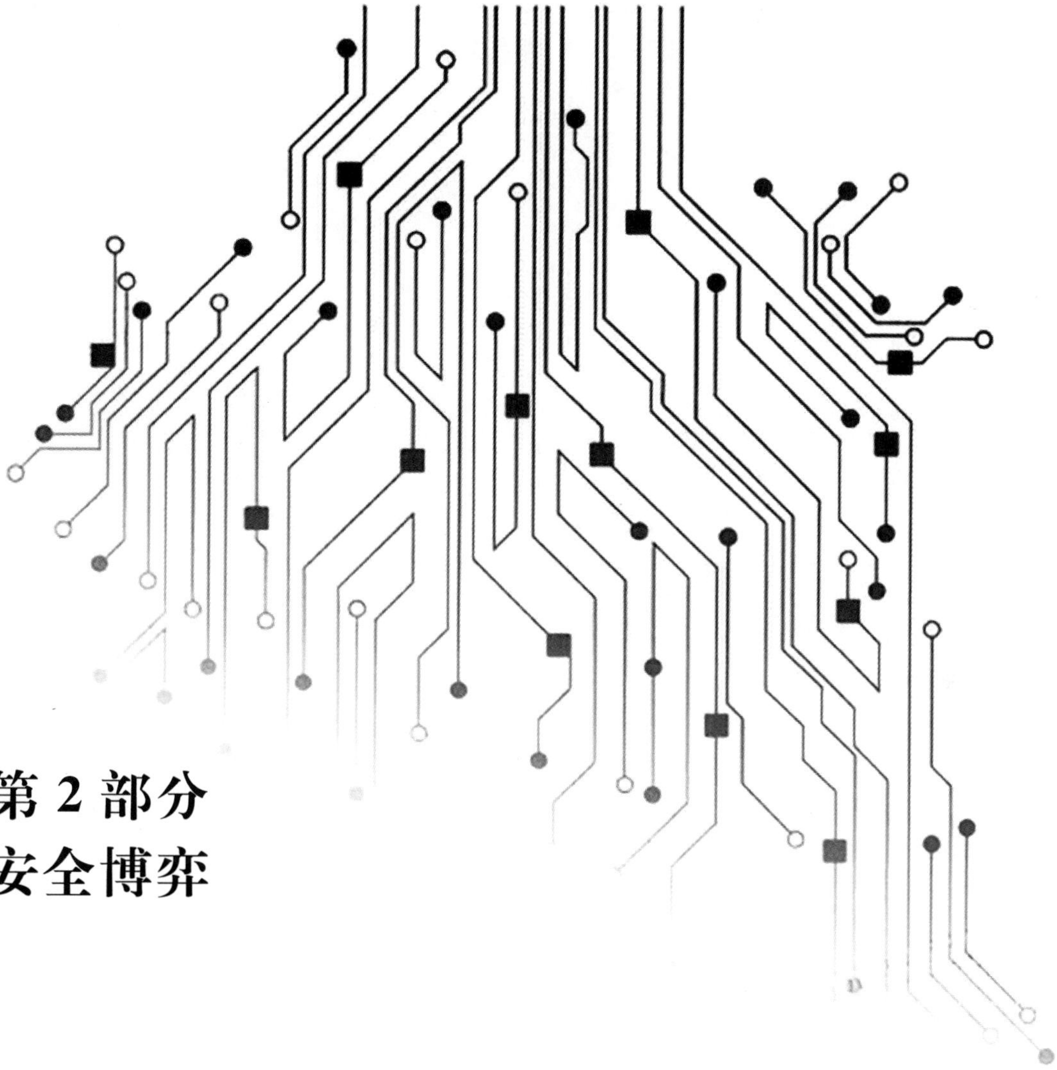

# 第 2 部分
# 安全博弈

# 第 6 章

# 风 险 管 理

If you can't measure it, you can't improve it.

无法衡量一件事,就难以去改进这件事。

——彼得·德鲁克(P. Drucker)

本章将博弈论技术和模型嵌入 ISO 31000 风险管理流程中,作为风险控制职责的通用模板。我们观察到风险管理过程和扩展形式博弈之间的相似之处,并讨论在风险管理过程的各个步骤中使用博弈论算法和方法的可能性。本章的例子包括风险优先级排序的决策、最佳风险消减措施的选择或针对安全的最佳资源分配。我们将讨论对抗性风险分析(ARA)、韧性管理(与风险管理相关)、$k$ 级思维以及评估博弈的行动空间和效用的各种系统性方法。

## 6.1 风险管理过程的步骤

风险管理是系统管理人员的职责,即针对系统环境中可能发生的任何意外情况,持续并长期地保持关注,提出相应对策和风险消减计划、承担潜在危害后果。对于企业环境而言,企业已经根据经验和最佳实践编制了各种标准,为风险管理人员提供了可以遵循的通用指南。我们在本章中把 ISO 31000 作为通用基础模型进行讨论,这个模型与我们所说的风险管理的整个过程和阶段非常相似,区别主要体现在每个阶段采取哪些步骤的个别细节上。我们的阐述来自文献[35],它已经在博弈论和风险管理之间建立了紧密的联系。这种对应关系可进一步扩展到其他标准。[12]

以下取自 ISO 31000 标准的各个阶段,基本出现在所有风险管理指南或标准中。这些步骤相互依存,在实践中,它们依出现的顺序逐渐变得完备:

(1) 建立背景:要对什么处于风险之中有所了解。这包括获得对整个系统(通常是企业)的最详细视图,揭示其所有重要组成部分,这些部分间的相互依赖性,以及外部情况通过潜在级联效应对系统内组件产生的影响。此处的背景可以分为外部和内部两方面,它们定义了风险管理过程的范围,以及相关的(定性或定量)管理标准。

(2) 风险识别:将系统的全貌进一步分解为资产、针对这些资产的威胁以及这些资产的漏洞;这里的漏洞通常是资产的某些可以让威胁场景在现实中发生的属性或特征。

(3) 风险分析:对每个(在前一阶段预计到并在本阶段被严格定义的)威胁情景,分析后果并估计发生的可能性。在定量风险评估中,两者的乘积将给出共同的风险公式:

$$风险 = 影响 \times 可能性 \tag{6.1}$$

这个风险共识在大多数定量和定性风险管理框架中出现过。观察式(6.1)与预期效用的相似性:将随机变量的结果乘以各自的可能性(并将它们相加)意味着接受预期,因此通过式(6.1)计算的风险基本上可以理解为预期损失。

(4) 风险评估:采用类似式(6.1)的方法产生对一组风险的评分,然后进行选择、排序和按严重程度分类。这主要是为了后续风险消减行动而对风险进行优先级排序。这里需要将风险理解为预期损失,并根据式(6.1)的评分定义出风险之间 $\trianglelefteq$ 偏好关系和排名,再将此步骤与定理 5.1 联系起来。请注意,将式(6.1)替换为整个分布对象并用 $\preceq$-随机排序做风险评估的通用方法同样可行。

(5) 风险处理:在前一阶段基础上,按照重要性降序排列风险列表后,我们继续识别威胁情景、制定(针对的威胁)防御策略和(实施防御的)消减措施,再实施策略。所实施的策略可能属于以下(部分互相重叠的)行动类别之一,以下的任何选择始终是基于(例如在博弈论辅助下)先验成本效益分析和权衡而做出的:

- 接受风险(如果一个风险的可能性和影响低于预定阈值);
- 预防风险(尽量通过消除漏洞或切换到完全不同的系统来预防);
- 缓解风险(在事件无法预防的情况下,则尽量通过减少“影响”或“可能性”因素来完成);
- 转移风险(通过为其购买保险完成,我们将在第 7 章对此进行更多说明)。

上述的整个过程几乎是自然而然地适合采用如文献[26]所做的博弈论分析:二人博弈的构建与上述风险评估过程有着惊人的相似之处,因为两个参与者的策略都已确定,此处对应一个威胁分析(一个参与者的策略)和防御行动(另一个参与者的策略)。收益的定义取决于影响分析,这个定义过程通常是在风险识别(步骤 2)和风险分析(步骤 3)期间完成的。

上述过程通常是业务连续性管理和灾难恢复的一部分,包括需要进行业务影响分析,以首先识别关键资产、它们的潜在受影响程度、成本以及中断和恢复的后果。

在风险处理的阶段中,我们为双方参与者寻找优化(均衡)策略。参与者之间对立利益的优化,在风险管理过程中的几个地方都是必要的,因为除了防御者(战略上是风险管理者,在实际操作上是风险管理者的下属)和(有意图的、理性的,甚至是因攻击者属性而导致的自然的、非理性的)攻击者之间的自然利益冲突,我们还有成本效益分析问题,以及——不要忘记——在实施风险消减行动的影响方面所具有的利益冲突问题。例如，人们可能会因为监控设备是安全的必要条件而接受它，但他们仍然可能会发现自己处在被监控检查时感到不悦(即使这是为了整个社区的利益)。任何数值优化通常都需要对目标进行准确量化，但数值的准确性通常正是我们在实际应用中所无法保证的。众所周知，商业声誉、客户便利甚至金钱影响等目标很难量化，而无论多么复杂的概率模型，在某些阶段都必然依赖于经验数据。在没有经验数据基础的情况下，例如，由于灾难性事件很罕见，要将数字纳入博弈论模型就变得困难起来。这就是博弈论在过去的风险管理问题上不受欢迎的原因之一。[2]

在这种情况下，即使是均衡的概念在实际中也没有什么明显帮助。为了说明这一点，我们将以机场的乘客检查为例，并将“便利”作为每个乘客(作为一个参与者)的定性目标。[13]人们固然知道机场安检是为了防止在飞机上遇到危险，但在自己接受检查时却很少感到舒服。那么，这里的纳什均衡是什么？如果每个人都配合，那么每个人都会对检查感到不舒服。因此，个人自私性的最佳选择是拒绝检查，并任由其他人做出贡献。但是，如果每个人都以这种自私的方式行动，那么威胁就会完全重新出现，因为不会再有人配合筛查。实现最佳平衡的机制可以通过博弈论找到，但典型的均衡可能会导致不合理或不切实际的均衡策略。[32]尽管如此，博弈论仍然是对上述互相冲突的目标进行平衡优化的工具。

从好的方面来说，这些问题中的大多数都可以通过相应地调整模型和改变视角来解决。就定性目标而言，标准程序是让专家利用其领域知识和对定性目标的评估而参与进来。如此一来，从此类调查、访谈和其他来源(直至社交媒体分析)所收集的数据就可以形成一个可靠的、用于构建收益模型的数据库。继而可以将这些值编入博弈论分析的值，或者让博弈直接与它们一起作用(通过使用3.4节中讨论的随机顺序，另见文献[29])。其他定性目标(例如“便利”)甚至可以采用定量措施，例如，我们可以在乘客检查中假设“烦恼程度”与检查频率成正比。[31]

## 6.2 韧性分析

韧性分析是风险分析的补充，二者在很多方面都具有可比性。人们把风险管理视为一种自下而上的方法：首先是数据收集，然后是模型构建和风险表征化。而韧性管理可以被视为从相反的方向、自上而下地工作：它从管理层的目标识别开始，然后是决策模型，指定哪些指标、措施或其他方式能帮助决策者对价值进行量化，并最终对行动进行量化。[19]风险管理和韧性分析这二者都不能被视为对另一个的覆盖、替代或总体改进，因为二者之间的差异是对同一问题的看法角度不同，而它们可能相互帮助：韧性管理关注如何从事件中恢复，潜在的长期损害以及罕见事件。这种视角可以被囊括在风险管理的多个阶段中，例如，它们可以是下面这些阶段：针对（长期）影响和可能性进行评估期间，以及在风险处理阶段中风险得到缓解或者转移时（例如通过购买保险并提前采取预防措施以实现快速恢复）。同样，韧性管理不仅是从风险影响中恢复的问题，而且是以风险感知、风险消减和风险沟通三者的整合为中心，这三者都是与通用风险管理流程"横向"运行的事项（见图6.1）。我们会对与本书相关的文献进行更深入的讨论（例如文献[20]），并继续关注博弈论如何适用于这两种管理方法。也就是说，在整个过程中，博弈论主要可以在风险处理期间帮助对安全资源投资进行优化[10]，但其应用甚至可以扩展到风险优先级排序问题（例如，通过使用从博弈模型中得出的分数，或至少采用对任意结构空间（通常是动作空间）进行排序的概念）。

让我们回到式(6.1)，这是我们把博弈论作为风险管理和韧性管理工具的起点。该乘积本质上是一个数字量（虽然它表示一种排序而不是明确的数字），因此，博弈论可以将它转换为目标函数并进行优化。然而，这本身就是一个挑战[2]，它通常需要复杂的概率模型。

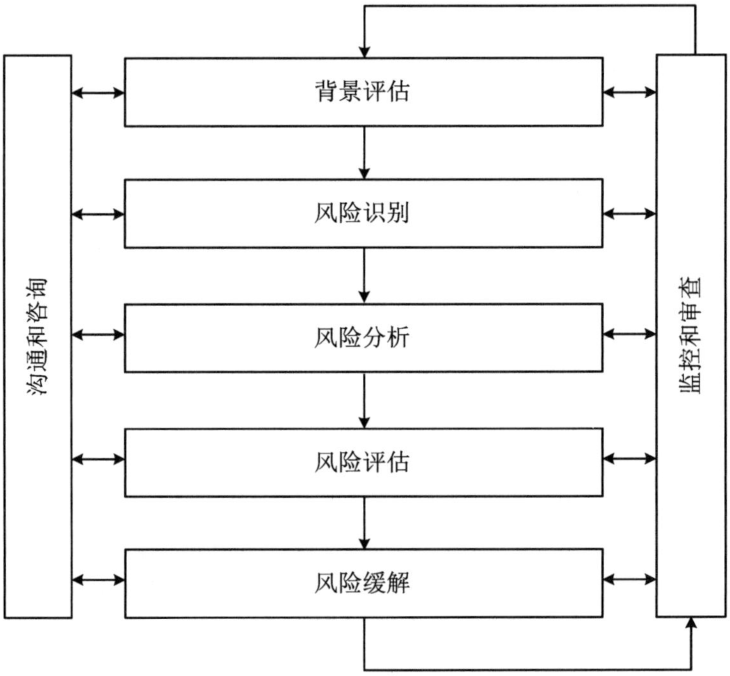


**图6.1 （基于 ISO 31000 的）通用风险评估流程**

**注 6.1** 当基于经验数据进行建模时，通常需要对数据进行统计预处理，包括（但不限于)离群值消除、数据归一化、数据去偏和去噪——基本上所有数据科学需要的处理都得用到。如果数据是主观的并且与风险有关,那么还有许多主观因素会发挥作用[4,9,22,34,37,40,41],例如个人对于风险的亲和或趋避程度、个人的背景(除了专业知识,还包括社会、文化、宗教和其他)等。更重要的是,风险评估随着时间的推移是非恒定的,因为对风险的主观意识和感受高度依赖于最近的个人经历和来自个人对话、社交媒体、新闻报道和许多其他来源的信息。

## 6.3 对安全的量化

安全通常被理解为系统的一种状态,在该状态下,所有针对已知和相关威胁的可行预防措施都已经被实施了。因此,它不是某个物理过程产生的量,也不能像其他物理值一样被"测量"。尽管如此,达到安全状态可以被认为是一个事件,而我们可以为这一事件分配概率。

**注 6.2** 达到安全的条件可能多种多样,取决于场景、应用,并且其范围包括完全数学化的定义(将在第 11 章中给出示例),如风险标准认证(例如 ISO、通用标准,或类似)的定性指示等。

这就带来了安全的定量测度(quantitative measures of security),而不是第 3 章中定义的安全度量(metrics)或分值(score)。分值和度量通常用于绝对评估,而不是一种相对的指标。分值和测度也都适合进行相对比较,但这三者中没有一个必然可以替代或诱导出另一个的关系。

众所周知,对于影响和可能性这两个因素的实际量化容易出错,如例 6.1 所示。

**例 6.1**(雷击风险评估)[21] 在德国慕尼黑地区,根据长期的气象记录可以得知,雷击的概率约为 $1.26\times10^{-6}$。让我们假设雷击的影响(即所造成的损失)约为 10000 欧元。那么由式(6.1)得出的预期损失约为 0.126 分,但这并不能为采取对策提供合理的理由。尽管如此,采纳雷电保护的措施肯定是应该的。这样的例子意味着应该使用量化的尺度来衡量风险的影响以及可能性,因为对专家而言,对其中的任何一个做评估都会变得非常困难。

为了让专家的职责变得容易些,我们可以让专家在他熟悉的领域给出合适的答案,并指定如何将这些答案映射到不同的风险类别以进行定性评估,这些定性评估之后可以用于目标优化,或简单地与式(6.1)一起使用。对于专家评估,风险影响和可能性量表上的类别数量应该是均匀的,以避免数据或答案恰好位于量表表项的中间,因为这些位置上的数据或答案信息量最少,并且在没有更好选项的时候,人们可能会选择这些位置的选项。博弈论的美妙之处在于它可以定义任何规模或任何单位收益，当然其前提是所产生的量化值是可比的(即全序。有关这一点的延伸阅读，请参见第5节)。

图6.2(a)是一个针对风险影响的例子，它给出了“基于类别”的安全的量化和定义，而图6.2(b)则是一个关于风险的可能性的例子。在这些例子中，目标通常是多维度的，因为决策者不仅要注意避免金钱损失，还要平衡投资与收益，包括对声誉的影响、潜在的法律后果等。这指出了安全性的一个普遍问题——因为对它的任何投资都没有直接回报。相反，对安全的投资是为了避免损失，而追求自身利益最大化与损失最小化并不一定是一回事。

| 风险类别 | 损失类别 | | | |
|---|---|---|---|---|
| | 知识产权损失 | 声誉损失 | 对客户造成的损害 | … |
| 可忽略的(1) | 小于500美元 | 不明显 | 无 | … |
| 可注意到的(2) | 500美元到10000美元 | 可注意到的客户流失(产品替代) | 有不便经历但没有物理损害 | … |
| 低(3) | 10000美元到50000美元 | 明显的客户流失 | 对客户造成财产损失，但没有人身伤害 | … |
| 中(4) | 50000美元到200000美元 | 明显的市场份额损失(股市股票价值损失) | 有轻微人身伤害被上报和确认 | … |
| 高(5) | 200000美元到100万美元 | 出现潜在的市场丢失 | 有至少一件严重人身伤害被上报，但伤害可以完全恢复 | … |
| 重大(6) | 超过100万美元 | 破产的可能 | 至少对一个客户造成了无法恢复的伤害 | … |

(a) 影响的类别举例[27]

| 可能性类别 | 名称 | 频率(定性描述的例子) |
|---|---|---|
| 1 | 可忽略的 | 大致每十年发生一次，或者平均每五十年发生一次 |
| 2 | 罕见 | 平均每年发生一次 |
| 3 | 一般 | 每月一次 |
| 4 | 很可能 | 一个月(甚至一天)数次 |

(b) 可能性的类别举例

**图6.2 定性安全定义示例**

按类别进行分类量化，属于上述的基于类别进行安全评估的方法，因为类别值只是一个名称，在它的数字背后没有物理意义。安全测度通常亟须更多的形式上的统一，在大多数情况下它被定义为安全状态出现的可能性，其确切定义由上下文决定，在概率安全模型的情况下，可以从对攻击者成功机会的分析得到其确切定义。我们将在第 11 章用密码学的例子来说明这一点。

当下，重要的是要牢记从有限理性中吸取的教训（第 5 章）：对一个问题的数学形式化表达的方式，会强烈影响给定量表上的主观评分。在图 6.2(a)的示例里，可以将“对客户的损害”这一风险维度的类别定义为“$y$ 个客户中有 $x$ 个受影响”或“$p$%的客户受影响”($p=x/y$)，或“平均每 $k$ 个客户就会受影响”($k\approx y/x$)。这三个都是等价的陈述，但就像在 5.4 节中一样，尽管数值相等，但在这三种情况下，人们对风险分类的方式可能存在很大差异。同样，需要考虑人们在主观上对风险态度，以及个人对风险影响和可能性的高估或低估，在这些地方，加权函数和展望理论（参见 5.5 节）都能够提供实用的工具。

“介于两者之间”这个概念也是可以实现的：假设我们为风险评估的数据采集定义了各种类别。因而，每个专家都可以说出他对风险影响和可能性的主观评价。对于这些主观评价的数据，我们可以依据定义（如图 6.2 所示）规定的风险类别，把它们汇编成分类的分布。这项数据处理工作是很简单的，也特别灵活，因为它为风险类别提供了经验分布。反过来，这些可以作为先验知识导入贝叶斯分析中，或可以直接与博弈论一起使用。后一种方法在风险管理项目“HyRiM”（公用事业供应商的混合风险管理）[14]中付诸实践，该项目确定了基于 ISO 31000 的风险管理流程，并通过博弈论对其中的每个阶段进行实例化，采用经验分布代替通常的数字收益（作为 4.5 节中描述的博弈的一个实际例子）。在下一节中，我们将对使用系统地（有时是部分主观地）构建的先验知识进行关注。这样一来，我们不仅拓展了对风险建模的观点，而且还开始关注其起源。

## 6.4 对抗性风险分析

了解环境和敌人是实施有效保护的基本要求。著名的《孙子兵法》[38]用雄辩的语言描述了这种知识的价值：

知己知彼，百战不殆。不知彼而知己，一胜一负。不知彼不知己，每战必殆。

孙子所教导的“知己知彼百战不殆”的道理早就广为人知，而后来博弈论的发明是以数学的方式来证明这一点的，这就是对抗风险分析的目的：它根据我们手中的信息，对即将到来的攻击，做出最佳的假设，以便来调整防御。如果没有信息或没有可靠的信息，我们接下来能采取的最好的办法，就是用关于我们自己意图的已知信息来替代丢失的关于敌人的数据。零和博弈是这种悲观态度下的合适模型。孙子的洞察力也覆盖了这种情况，因为通过优化最坏情况的平均结果，收益和损失将交替发生。

无论是对我们自己的意图还是对对手的意图进行建模，系统化的方法总是可取的，影响图（influence diagram）[25]就提供了一种这样的方法。影响图与决策树、贝叶斯网络以及博弈的扩展形式表示非常相似。这三者都能够以图形和易于理解的方式表示与决策相关的因素。让我们通过使用影响图来逐步进行对抗性风险评估。[32]影响图的基本形式是有向无环图 $G=(V,E)$，$V$ 中的每个节点都属于以下三个类别之一：

动作节点（矩形）：动作节点表示参与者在图中前一个节点的情况下可以采取的特定动作。这些节点可能代表一个动作或一组动作中的一个选择，这可能取决于可用的先验信息。这些信息通过传入动作节点的边来显示（我们将在图 6.3(d)中看到）。

不确定性或机会节点（椭圆形）：一个行动的结果几乎从来都不是确定性的，并且，它在大多数情况下会影响或受制于概率因素，这可以用不确定性节点表示。这些节点通常带有概率分布的标记，建立在其父节点所代表的变量基础上。如果一个不确定性节点 $w$ 有父节点 $u\to w$ 和 $v\to w$，它将带有一个条件分布 $F_W(w|u,v)$，其中的所有三个节点都被视为随机变量。以动作节点 $u$ 为例，$u$ 中的随机性与动作集中的当前选择有关。请记住，机会节点也出现在扩展形式的博弈中，用来模拟（不理性的）第 0 号参与者“自然”采取的行动。

效用节点（六边形）：效用节点为决策者的效用净值建立模型，以函数或概率的形式存在并依赖于它在图中的父节点。

在下文中，我们一般说影响图中的条目是指图中节点上的各种对象（例如分布、功能、集合等）。

两个节点 $u,v\in V$ 之间的边 $u\to v$ 意味着 $v$ 的状态取决于其父节点 $u$ 的状态，其中依赖关系可以是机会节点的概率也可以是效用节点的函数。行动节点是可以做出理性选择的地方，例如通过效用最大化原则或其他方式。

因此，影响图可以用作决策和风险管理问题中相关因素的可视化表示。它允许将问题系统地分解为与决策相关的因素，并包括它们的相互依赖关系。并且，影响图是一个无环图，这个特性使得我们能够系统地识别需要收集哪些数据项以及规范化它们。整个影响图方法可以（但不需要）按如下叙述进行：对于任何节点 $v\in V$，我们分配一个具有相同名称的变量。为了简化下面的符号，让我们将 $v$ 作为同义词，也用来表示节点 $G$ 或决策模型中相关的变量。对于每个 $v\in V$，将 $Pa(v):=\{u\in V:(u\to v)\in E\}$ 称为图 $G$ 中节点 $v$ 的父集合。同样，将 $Ch(v):=\{u\in V:(v\to u)\in E\}$ 称为 $v$ 在 $G$ 中的子集合。由于该图是无环的，所以肯定有一些节点的父集合是空的，而另一组节点没有子节点。将 $P$ 初始化为没有父节点的那些节点的有序列表，并遵循以下步骤：

（1）对于每个 $v\in P$，根据 $v$ 的类型指定以下条目：

• 如果 $v$ 是一个机会节点，则为它构建一个随机变量 $v$ 的分布，该分布以 $v$ 的父节点为条件。在形式上，我们需要分布 $F_v(x|Pa(v)) := P(v \leqslant x|Pa(v))$。如果 $Pa(v) = \varnothing$，则该分布是无条件的。

• 如果 $v$ 是一个效用节点，则为它指定一个函数 $f_v$，它将 $v$ 的所有父节点的值作为输入来定义 $v$ 的值(因此，效用节点通常不会在没有父节点的情况下出现，因为这会使效用函数在此视图中保持不变)。我们可以写成 $f_v: dom(Pa(v)) \to \mathbf{R}$，其中 $dom$ 是 $v$ 的父变量取值的域。

• 如果 $v$ 是一个动作节点，则为它指定一个 $v$ 可以取值的集合。这些变量是在后续优化期间使用的，例如在博弈论或类似的其他优化中。

(2) 我们现在已经处理完了 $v$，将其从集合 $P$ 中删除并将 $v$ 的子节点 $Ch(v)$ 放入 $P$ 中。然后，从步骤(1)重新开始，直到集合 $P$ 运行为空。

我们强调，在上述过程中处理节点的顺序自然地取决于用来定义下一个节点所需的条目，所以上述过程可能有些不完整，但正如我们将在下面的示例中看到的那样，通常而言，以正确的顺序遍历节点列表并不困难，甚至可以采用方向的方法，即采用一个自下而上的递归过程，从没有子节点的节点开始上述过程。

我们通过一系列例子来说明上述过程。这些例子通常出现在不同情况下。影响图是逐步演变的，灰色节点突出显示与上一张图片的差异。图 6.3(a)显示了一个简单的情况，其中决策者采取的行动直接导致效用。根据上述算法，我们的职责是(迭代 1)指定动作空间，以及(迭代 2)指定动作空间上的效用函数。

在图 6.3(b)中增加的机会节点，来自于传统的统计风险分析所引入的随机性元素。在这个图中，标记为“动作”的节点没有父节点，因此对效用具有自然的直接影响。此外，决策者可以选择其行动来(例如，预防、减轻、采取一般预防措施)影响威胁。从“动作”节点到“威胁”节点的箭头表示了这一点。根据算法，我们从 $P=\{$行动$\}$开始，并指定一个动作空间(如前所述)和威胁分布。对于洪水、火灾、雷击或其他自然灾害，我们可能会依赖统计数据。例如，在保险等领域，其分布模型(如极值分布)是已知的，可以在此处把这种分布模型实例化并赋予“威胁”节点。有了这二者，该程序(在其第三次迭代中)产生了一个新的效用函数，该函数将威胁的动作和随机变量作为输入。因此，它的输出是另一个随机变量，其分布以动作空间作为参数，或者由“威胁”变量的分布决定。由于这张图中没有其他理性行动者采取与“威胁”相关的行动，因此我们仍然处于非对抗性环境中(唯一的对手是自然和突发性事件)。

现在在图中增加了更多的行动条目和参与者，来刻画对抗性风险分析，如图 6.3(c)所示。我们将自然灾害命名为“威胁”，这样我们可以让另一个具有自己行动空间的参与者来施加对威胁的影响。

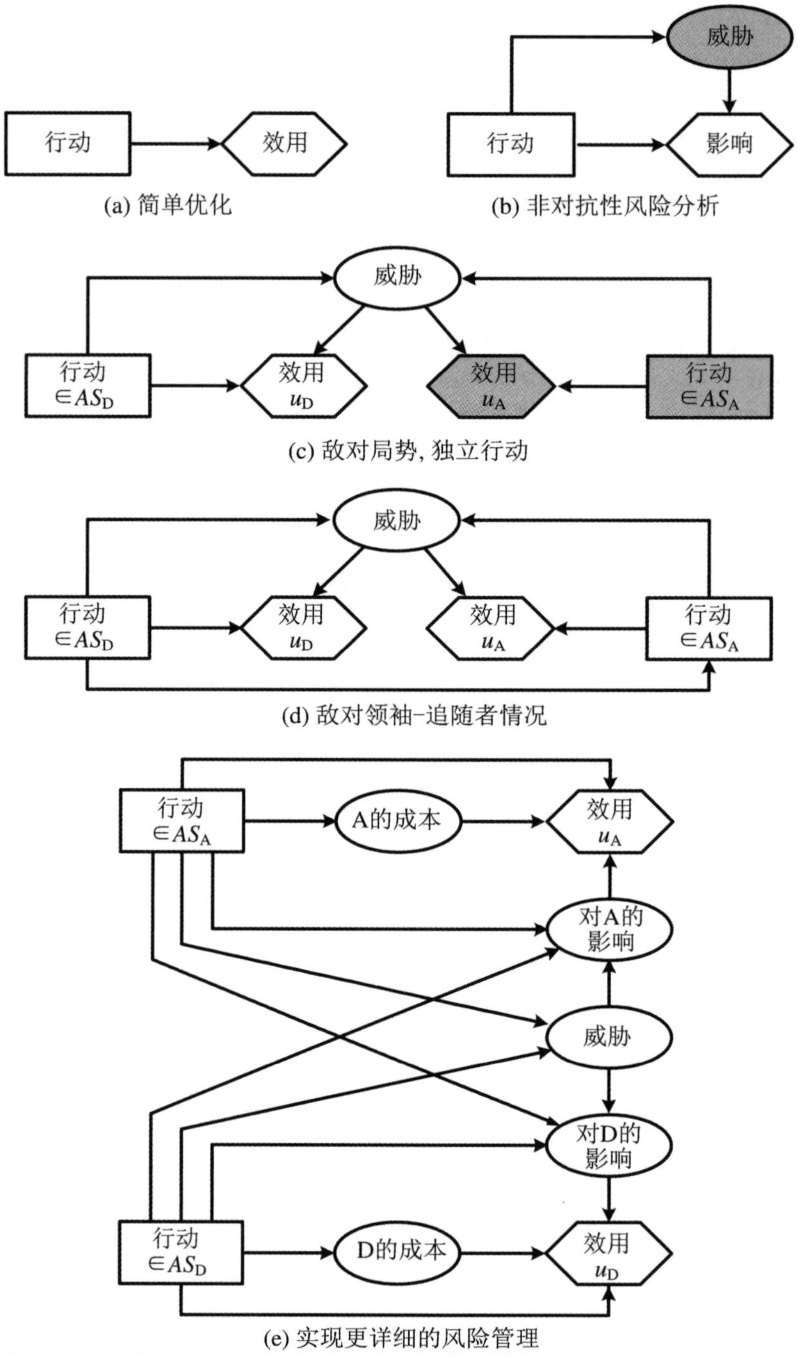


**图 6.3　影响图的例子**

**注 6.3**　危险和威胁这两个术语经常用作同义词，二者都描述可能造成伤害的条件或情况（如自然灾害、人为错误或其他）。有时，我们会区分危险和威胁，因为后者是实际上即将发生和预期的危险。这已经成为一种可能性的组合，但它也有问题，因此并不自动等同于风险,风险是威胁和使威胁产生负面影响的条件(脆弱性)二者的组合。

如果这个参与者是理性的,那它应该会朝着效用最大化的方向采取行动。因此,影响图新增了两个灰色的条目。请注意,现在要指定的条目会对标签进行扩展,这些条目之间可以彼此不同(并且完全不相关)。在这个例子中,让第一个参与者(具有白色的动作和效用节点)作为防御者对抗其对手(维护灰色框的参与者)。我们为两个参与者指定的条目分别以"D"和"A"为下标,它们是下文中的通用名称"Daphne"和"Apollo"的缩写。这个影响图的实例从没有父节点的节点开始,它们现在是以任何顺序定义的两个动作空间,在接下来的步骤中根据双方参与者的行动进行威胁分配,最后基于(相应参与者的)威胁和行动来规范效用函数。

图 6.3(c)显示,两个动作节点之间没有依赖关系,这就允许了参与者或同步或异步地采取行动。在领导者-跟随者的情况下,防御者可能先行动,而对手可能会做出反应。这将对应于从白色到灰色动作节点的箭头,如图 6.3(d)所示。请注意,上述过程后面的规范序列现在不同了:我们从防御者的动作开始,然后对手的动作随之而来(在过程的第二次迭代中)。作为效用最大化者,对手将因此观察当前动作(来自白色动作节点),并确定对它的最佳响应。为此,它需要自己的效用函数和威胁模型,为了方便起见,可以将这个过程反转为自下而上。在本质上,图 6.3(d)中的影响图需要指定以下内容:

- 防御者和攻击者的行动空间 $AS_D$ 和 $AS_A$;
- 两个参与者的效用函数 $u_1: AS_D \times T$ 和 $u_2: AS_A \times T$,其中 $T$ 是可能发生的威胁集合,无论是自然的还是理性参与者触发的;
- 条件概率分布 $F_T(t \mid a, d)$,其中 $t$ 是威胁变量(例如,威胁产生的影响),$d \in AS_D$,$a \in AS_A$ 是双方参与者的行动。

根据情况的需要,还可以在图中添加更多的边或节点,添加边和节点通常很方便。例如,可以使用从两个动作空间到两个效用函数的边来对具有随机收益的双人博弈进行建模,这就有效地模拟了两个参与者的效用取决于他们的行动(正如博弈论中的常见做法)的情况。同样,出现在风险管理过程中的因素,如"影响""成本"等,也可以放在图中表示,看起来就如图 6.3(e)所示那样,甚至更详细或更复杂。需要注意的是,这些示例中的对称性仅仅是巧合,通常这类图不是对称的。

## 6.4.1 风险评估和效用评估

为了完成讨论,让我们回到图 6.3(d)。在领导者-追随者的场景下,决策者如何获得最佳决策?在第一步中,假设双方都知道上面列出的所有条目,并且双方都知道对方知道(即共同知识假设)。如图 6.3(d)所示,Daphne 采取了第一个行动 $d$,Apollo 通过期望效用最大化来采取最佳对策,即他对 Daphne 行动的响应(用从 Daphne 的行动节点到

Apollo的行动节点的边来表示)是

$$a^*(d) = \arg\max_d E_{F_T(t|a,d)}(u_A(a,t)) = \int_\Omega u_A(a,t) f_T(t \mid a,d)\mathrm{d}t \qquad (6.2)$$

其中 $f_T$ 表示威胁变量 $T$ 的条件密度，这个函数的输入参数为Daphne的(固定)行动 $d$ 和Apollo可能会采取的(变化)行动 $a \in AS_A$，积分发生在 $f_T$ 的支持集 $\Omega$ 上。反过来，Daphne将寻求她对Apollo举动的最好回应 $a^*$，对Daphne来说，这意味着计算

$$d^* = \arg\max_d E_{F_T(t|a^*,d)}(u_A(a,t)) = \int_\Omega u_D(d,t) f_T(t \mid a^*,d)\mathrm{d}t$$

在这个顺序博弈中，$(d^*, a^*(d^*))$这个对组是一个斯塔克尔伯格(Stackelberg)均衡，其前提为影响图中的所有条目对双方来说都是共同知识。如果事实并非如此呢？知识的缺乏可以用不同的方式来解决，我们假设Daphne只知道 $AS_D$，$u_D$ 和条件威胁分布 $f_T$，但缺乏关于 $u_A$ 和 $AS_A$ 的信息。

在贝叶斯方法中，Daphne会对未知条目提出假设，这种假设在本质上，是以在 $(u_A, AS_A)$上的先验分布 $F_A$ 的形式出现的。这个先验分布的精确选择通常是贝叶斯分析中最难的部分，一些(建议的)选择包括均匀分布、无信息先验分布，或者 $k$ 阶思考(level-k thinking，稍后讨论)。无论如何，Daphne需要与Apollo共情，并站在Apollo的立场上，假设他的选择和效用是什么。有了这些想法，她才可以设计出先验分布 $F_A$。然后，她需要对 $d=d_0$ 的决策进行修改，使用来自 $F_A$ 的样本(使用蒙特卡罗模拟)来得到 $u_A$ 和 $AS_A$ 的随机实例集。它们中的每一个都可以与式(6.2)一起使用，以得到对Daphne行为 $d$ 的最佳响应序列 $a_1^*, a_2^*, \cdots, a_n^*$。利用这个模拟数据，Daphne可以得出另一个经验概率密度 $\hat{p}_D(a \mid d_0)$，这个概率密度反映了她认为Apollo会如何回应她的行为 $d_0$。当然，对她的所有行为都会相应地重复上述整个过程，以定义概率密度 $\hat{p}_D(a \mid d_0)$来模拟Apollo对Daphne随机行为 $d$ 的随机回复 $a$。然后，她根据她对Apollo的期望来计算她的最佳回复，即，她计算

$$d^* = \arg\max_{d \in AS_D} \sum_{a \in AS_A} \hat{p}_D(a \mid d) E_{F_T(t|a,d)}(u_A(a,t)) \qquad (6.3)$$

到目前为止，Daphne的步骤很容易执行，但是先验分布 $F_A$ 的说明还不清楚。在许多情况下，Daphne可以合理地推测Apollo的技能水平、技术或金钱资源、内部和外部动机以及其他因素。[5,18]关于有限资源的假设在密码学中很常见(见第11章)，但也可以在我们讨论的场景中对有限的预算或知识做合理假设。CVSS等标准明确说明了利用漏洞所需的时间、必要的背景技能(甚至包括内幕知识)以及许多其他方面，这些说明很有用，它们与对攻击者的可能性(即集合 $AS_A$)或能力的建模相关。

然而，如果参与者独立采取行动，问题就会变得更加复杂，比如图6.3(c)。现在，Daphne要推理Apollo的行为，她必须考虑到Apollo也会根据对称性来评估她的行为。

如果我们再次采用共同知识假设，那么 Daphne 和 Apollo 可能都对对方的行为有一个概率概念(在影响图中，Daphne 和 Apollo 的条目都是基于这个共同的先验知识)。在这种共同的先验假设下，Harsanyi[11] 提出了使用 PBNEs 的方法。在本质上，Daphne(类似的，Apollo)假设 Apollo(类似的，Daphne)会以已知的 $n$ 种方式或类型中的一种表现出来，每一种方式或类型都有自己的效用函数 $u_A$。每种类型出现的概率是 $p_i$，$\forall i=1,2,\cdots,n$，并且 Daphne 和 Apollo 都知道这个分布，因此她可以将式(6.3)类似地改写为下面的极大极小决策问题：

$$d^* = \arg\max_{d \in AS_D} \sum_{i=1}^{n} \hat{p}_i E_{F_T(t|a^*(i),d)}(u_A(a^*(i),t)) \tag{6.4}$$

其中 $a^*(i)$是在 Apollo 的每个潜在类型下的最佳回答(这是可计算的，因为我们知道单独的收益和其他参数)。在进一步推广贝叶斯方法的过程中，双方都可以根据对对方的观察来更新自己的信念。此处[1]的一个可靠替代方案是，Daphne 忽略任何其他可能性，只假设最坏情况类型，并将式(6.4)更改为

$$d^* = \arg\max_{d \in AS_D} (\min_i E_{F_T(t|a^*(i),d)}(u_A(a^*(i),t)))$$

即假设她总是要面对最坏的 Apollo(在所有已知的 Apollo 类型 $i=1,2,\cdots$中)。

但是，无论是在影响图的条目方面，还是在参与者类型以及各自的描述方面(对应于我们在影响图中的内容)，都并不能最终解决先验分布的问题。如果没有共同知识的假设，Daphne 就会开始思考 Apollo 会如何行事，而根据对称性，Apollo 也会对 Daphne 做同样的推理。在 Daphne 看来，Apollo 是理性的，因此他会根据 Daphne 的行为来调整自己的行为。所以，除了她自己的(已知)行为之外，她还需要一个关于 Apollo 认为她会做什么的假设。同样地，Apollo 也会根据 Daphne 对他的看法来预测 Daphne 的行为。这种“别人怎么想我”的推理可以无限地继续下去，而且会给双方都灌输一种不切实际的战略思维水平。

$k$ 阶思考系统化了上述策略复杂性的概念，为上述回归提供了一个合理的停止点：它将参与者划分为在策略复杂性上逐级上升的多个级别，从最简单的 0 级参与者开始。这些人的行为完全是随机的，在他们的行动中没有任何战略偏好。形式上，他们在行动空间中做随机选择。1 级参与者假设他的对手是 0 级参与者，因此在面对采取随机行动的对手时表现最好。2 级参与者假设 1 级对手，以此类推。对于 Daphne 和 Apollo 来说，他们可以很容易地利用这个想法来迭代构建先验知识：Daphne 一开始就假设 Apollo 在 0 级。因此，她对所有未知参数使用均匀先验分布 $p_D^{(0)}(a|d)$。基于这一假设，她使用蒙特卡罗抽样，从之前的经验分布和式(6.3)计算出 0 级 Apollo 的最佳响应，这就使她自己进入了 1 级。然后，Daphne 把自己转换为 Apollo 的角色，针对自己的 0 级版本，使用式(6.3)中对 0 级、采样和优化的统一先验(仅从 Apollo 的角度)，来计算出 Apollo 的最

佳对策。这样的话，最佳解决方案，无论是对 Daphne 还是对 Apollo，就与 1 级参与者有关。反过来，Daphne 可以将 Apollo 的 1 级响应作为一个先验，进行抽样，并计算出她对 1 级 Apollo 的最佳响应。这让她到了第 2 级。同样地，Apollo 可以将 Daphne 的 1 级行为作为先验分布，计算出他对 1 级 Daphne 的最佳响应。现在，我们对 Daphne 和 Apollo 都有 2 级的先验，它们都可以进入下一轮迭代，直到达到预期的策略复杂度水平。

这种方法的好处在于，实验证据表明 $k$ 阶思考可以用作对人类行为的解释，因此这种选择先验知识的方式得到了实证支持。[6-8,17] 此外，3 阶以上的策略复杂度在实践中是不常见的，这其实建议了应该在哪里停止递归。

**例 6.2**（网络欺骗中的多层次防卫者） 想象一下基于“蜜罐”的网络欺骗防御。1 级防御者会假设对手是 0 级，也就是假设攻击者不知道自己是否击中了“蜜罐”或真正的系统。从这个意义上说，攻击者“不知道”防御者的策略，或者相当于比防御者低一级。

而 2 级防御者则假设攻击者是 1 级。因此，这个对手与之前的 1 级防御者拥有相同的知识，所以它知道蜜罐并能够识别它。作为一种策略，攻击者可能因此故意攻击蜜罐作为一个诱饵行动，从而欺骗防御者，使其认为它只击中了蜜罐。在某种意义上，攻击者也因此与防御者玩起了欺骗游戏。因此，防御者知道攻击者知道蜜罐已经就位。因而，它可以自己决定是否“相信”蜜罐上的活动是攻击的唯一迹象，或者它可能是隐藏真正的敌对活动的一个诱饵行动。

一个 3 级防御者会假设一个 2 级的对手，这反过来意味着攻击者知道防御者在得知蜜罐上有可疑的活动时仍会产生怀疑。因此，防御者会考虑攻击者对防御者可能采取的行动的看法，以此类推。

对攻击者进行贝叶斯推理，并不是唯一的方法。一种方法是，从随机的观点来看，当对对手建模时，考虑可用信息的最大数量似乎是最自然的方法。另一种导致 Daphne 得出更类似于极大极小推理的方法是，在缺乏更好的知识的情况下，她假设 Apollo 的意图与她的完全相反。在影响图中，这相当于将未知的效用函数 $u_A$ 替换为已知的 $u_D$，这样就有效地创建了一个类似于零和博弈的模型。然而，我们不能相应地替换他们的行动空间，例如，零日攻击是意外攻击的例子，显然已经包含在 Apollo 的行动空间中，但 Daphne 并不知道。因此，她无法为此做好准备（即便她拥有任意高的策略复杂度）。

## 6.4.2 行动空间评估

评估行动空间的系统化方法，在不同的目标实体中是有所不同的：对于防御者（Daphne），在各种安全风险管理标准（例如，文献[3,15,24]等）中的大量类别目录都是可用的。当然，这些也可为 Apollo 所用，帮助他评估 Daphne 的行动空间。对于 Daphne 来说，为了推理 Apollo 的行动空间，她可以求助于已知的漏洞目录、黑客资源[23,36] 和拓扑漏洞分析(TVA)。[16]这里用到的一个流行工具是攻击图,图中的节点对应于一个系统(机器、地点或类似物)中的逻辑点,这些点通过弧线关联起来,显示在攻击期间如何从父节点到达子节点。这个过程形成的树状结构,通常是使用其前置条件和后置条件进行注释的,表示哪些漏洞和服务可被利用,用来从一个节点穿越到下一个节点。对从攻击者的发起攻击的初始入口节点到目标资产的所有路径进行枚举,就可以建立攻击者的一个行动空间模型。这个过程的一个例子是9.4节中的割绳子博弈(Cut-The-Rope game)。

零日攻击也可以加入上述的攻击图中。由于无法对它的影响和可能性进行任何可能的估计,我们可以利用零日攻击的通用特征来更新攻击图。我们将在12.6.2.2小节中研究零日攻击的启发式风险评估。具体来说,零日漏洞利用的唯一安全假设,是从受攻击的源头到入侵终点之间的网络连接、被入侵的节点所提供的服务以及在源头上现有的利用该服务的特权。这些对应于最坏情况的前置条件和后置条件(例如,假设利用零日漏洞可以在目标机器上获得特权),我们从中能够得出攻击路径和场景等,这些信息可以用于对动作空间的估计(例如,通过路径枚举、贝叶斯网络分析[39]、主观专家调查[30]或其他方式进行估计)。

从另一个角度看,零日攻击可以被认为已知行动空间之外的攻击。因此,零日攻击的风险,与行动空间不完整的程度有关。在某些特殊情况下[28],这种不完整性可以很容易地被发现和被修复,因为对于某些通信博弈(参见11.2节)来说,只要在 $AS_{\mathrm{A}}$ 中的众多可能行动中选取一个行动,就足以防御零日漏洞并完全恢复安全。攻击树也提供了类似的可能性,因为如果攻击图的连通性很低,也许只需要为网络中的几个节点添加保护就足够了。在攻击图中精确地抵御零日漏洞攻击的条件,需要使用策略上的支配关系,我们在之后12.6.2.1小节定理12.1中进行定义,我们将在那一小节中用例12.6来解释对行动空间进行扩展后的效果。

## 参考文献

[1] Aghassi M, Bertsimas D (2006) Robust game theory. Math Program 107(1-2): 231-273. https://doi.org/10.1007/s10107-005-0686-0

[2] Bier VM, Cox LA (2007) Probabilistic risk analysis for engineered systems. In: Edwards W (ed) Advances in decision analysis. Cambridge University Press, Cambridge, pp 279-301

[3] CC Consortium (2018) Common criteria for information technology. https://www.commoncriteriaportal.org

[4] Chauvin B, Hermand D, Mullet E (2007) Risk perception and personality facets. Risk Anal 27

(1):171-185. https://doi.org/10.1111/j.1539-6924.2006.00867.x

[5] Clemen RT, Reilly T (2014) Making hard decisions with decision tools, 3rd rev. edn. South-Western/Cengage learning, Mason. Reilly, Terence (VerfasserIn)

[6] Costa-Gomes MA, Crawford VP (2006) Cognition and behavior in two-person guessing games: an experimental study. Am Econ Rev 96(5):1737-1768. https://doi.org/10.1257/aer.96.5.1737

[7] Crawford VP, Iriberri N (2007) Level-k auctions: can a nonequilibrium model of strategic thinking explain the winner's curse and overbidding in private-value auctions? Econometrica 75 (6):1721-1770. https://doi.org/10.1111/j.1468-0262.2007.00810.x

[8] Crawford V, Gneezy U, Rottenstreich Y (2008) The power of focal points is limited: even minute payoff asymmetry may yield large coordination failures. Am Econ Rev 98 (4): 1443- 1458

[9] Dohmen T, Falk A, Huffman D, Sunde U, Schupp J, Wagner GG (2011) Individual risk attitudes: measurement, determinants, and behavioral consequences. J Eur Econ Assoc 9(3): 522-550. https://doi.org/10.1111/j.1542-4774.2011.01015.x

[10] Fielder A, König S, Panaousis E, Schauer S, Rass S (2018) Risk assessment uncertainties in cybersecurity investments. Games 9(2):34. https://doi.org/10.3390/g9020034. http://www.mdpi.com/2073- 4336/9/2/34/pdf

[11] Harsanyi JC (1973) Games with randomly disturbed payoffs: a new rationale for mixed-strategy equilibrium points. Int J Game Theory 2(1):1-23

[12] He W, Xia C, Zhang C, Ji Y, Ma X (2008) A network security risk assessment framework based on game theory. Futur Gener Commun Netw 2: 249-253. https://doi.org/10.1109/FGCN.2008.166.

[13] Heal G, Kunreuther H (2005) You can only die once: interdependent security in an uncertain world. In: Richardson HW, Moore JE, Gordon P (eds) The economic impacts of terrorist attacks. Edward Elgar, Cheltenham/Northampton. https://doi.org/10.4337/9781845428150.00008

[14] HyRiM Consortium (2015) Hybrid risk management for utility providers. https://hyrim.net/. EUAFP7 Project No. 608090, project from 2015-2017

[15] Informationstechnik, B. f. S. i. d. (2008) BSI-Standard 100-2: IT-Grundschutz method-ology. https://www.bsi.bund.de/SharedDocs/Downloads/EN/BSI/Publications/BSIStandards/standard_100-2_e_pdf.pdf? __blob=publicationFile&v=1

[16] Jajodia S, Noel S, O'Berry B (2005) Massive computing: topological analysis of network attack vulnerability. Springer, Berlin/New York

[17] Kawagoe T, Takizawa H (2009) Equilibrium refinement vs. level-k analysis: an experimental

study of cheap-talk games with private information. Games Econ Behav 66(1): 238-255. https://doi.org/10.1016/j.geb.2008.04.008

[18] Keeney RL, Raiffa H (1976) Decisions with multiple objectives: preferences and value tradeoffs. Wiley series in probability and mathematical statistics. Wiley, New York. Raiffa, Howard (VerfasserIn)

[19] Linkov I, Palma-Oliveira JM (2017) An introduction to resilience for critical infrastructures. In: Linkov I, Palma-Oliveira JM (eds) Resilience and risk. Springer Netherlands, Dordrecht, pp 3- 17. https://doi.org/10.1007/978-94-024-1123-2_1. http://link.springer.com/10.1007/978-94- 024-1123-2_1

[20] Linkov I, Palma-Oliveira JM (eds) (2017) Resilience and risk: methods and application in environment, cyber and social domains. NATO science for peace and security series. Series C, environmental security. Springer, Dordrecht

[21] Münch I (2012) Wege zur Risikobewertung. In: Schartner P, Taeger J (eds) DACH security 2012. SysSec, pp 326-337

[22] Nicholson N, Soane E, Fenton-O'Creevy M, Willman P (2006) Personality and domain-specific risk taking. J Risk Res 8(2):157-176. https://doi.org/10.1080/1366987032000123856

[23] NIST (2018) National vulnerability database. https://nvd.nist.gov/

[24] Organisation IS (2009) ISO/IEC 31000 - risk management - principles and guidelines. http://www.iso.org/iso/home/store/catalogue_tc/catalogue_detail.htm? csnumber=43170. Accessed 11 Apr 2016

[25] Pearl J (2005) Influence diagrams—historical and personal perspectives. Decis Anal 2(4):232-234. https://doi.org/10.1287/deca.1050.0055

[26] Rajbhandari L, Snekkenes EA (2011) Mapping between classical risk management and game theoretical approaches. In: Decker BD, Lapon J, Naessens V, Uhl A (eds) Communications and multimedia security: 12th IFIP TC 6/TC 11 international conference, CMS 2011, Ghent, 19-21 Oct 2011. Proceedings. Springer, Berlin/Heidelberg, pp 147-154

[27] Rass S (2017) On game-theoretic risk management (part three) - modeling and applications. arXiv:1711.00708v1 [q-fin.EC]

[28] Rass S, Schartner P (2011) Information-leakage in hybrid randomized protocols. In: Lopez J, Samarati P (eds) Proceedings of the international conference on security and cryptography (SECRYPT). SciTePress - Science and Technology Publications, pp 134-143

[29] Rass S, König S, Schauer S (2016) Decisions with uncertain consequences - a total ordering on loss-distributions. PLoS One 11(12): e0168583. https://doi.org/10.1371/journal.pone.0168583

[30] Rass S, König S, Schauer S (2017) Defending against advanced persistent threats using game

theory. PLoS One 12(1):e0168675. https://doi.org/10.1371/journal.pone.0168675

[31] Rass S, Alshawish A, Abid MA, Schauer S, Zhu Q, de Meer H (2017) Physical intrusion games - optimizing surveillance by simulation and game theory. IEEE Access 5: 8394-8407. https://doi.org/10.1109/ACCESS.2017.2693425

[32] Rios Insua D, Rios J, Banks D (2009) Adversarial risk analysis. Risk Anal 104(486):841-854

[33] Rothschild C, McLay L, Guikema S (2012) Adversarial risk analysis with incomplete information: a level-K approach. Risk Anal 32(7): 1219-1231. http://doi.wiley.com/10.1111/j.1539-6924.2011.01701.x

[34] Rubio VJ, Hernández JM, Márquez MO (2012) The assessment of risk preferences as an estimation of risk propensity. In: Assailly JP (ed) Psychology of risk, psychology research progress. Nova Science Publishers, Inc, New York, pp 53-81

[35] Schauer S (2018) A risk management approach for highly interconnected networks. In: Rass S, Schauer S (eds) Game theory for security and risk management. Springer, Birkhäuser, pp 285-311

[36] Shema M (2014) Anti-hacker tool kit, 4th edn. McGraw-Hill/Osborne, New York

[37] Skotnes R (2015) Risk perception regarding the safety and security of ICT systems in electric power supply network companies. Saf Sci Monit 19(1):1-15

[38] Sun Tzu, Giles L (2015) The art of war. OCLC: 1076737045

[39] Sun X, Dai J, Liu P, Singhal A, Yen J (2016) Towards probabilistic identification of zero-day attack paths. In: 2016 IEEE conference on communications and network security (CNS). IEEE, Piscataway, pp 64-72. https://doi.org/10.1109/CNS.2016.7860471

[40] Weber CS (2014) Determinants of risk tolerance. Int J Econ Financ Manag Sci 2(2): 143. https://doi.org/10.11648/j.ijefm.20140202.15

[41] Weber EU, Blais AR, Betz NE (2002) A domain-specific risk-attitude scale: measuring risk perceptions and risk behaviors. J Behav Decis Mak 15(4):263-290. https://doi.org/10.1002/bdm.414

# 第 7 章

# 保　　险

Insurance: An ingenious modern game of chance in which the player is permitted to enjoy the comfortable conviction that he is beating the man who keeps the table.

保险是一种靠运气取胜的巧妙的现代博弈，参与者拥有令人愉悦的信念，他就是能击败庄家的那个人。

——安布罗斯·比尔斯(A. Bierce)

网络空间保险为用户提供了一个很有价值的额外保护，从而将网络空间的数据上存在的风险转移给第三方。网络保险政策能够通过激励用户采取预防措施来减少网络攻击成功的次数，以换取更广的保险范围，并基于用户自我保护的水平来定价保费，从而将最佳实践付诸实施。本章将介绍一个双层博弈论模型，该模型将零和博弈嵌入一个委托代理博弈中，以捕获用户、攻击者和保险公司之间复杂的交互关系。博弈框架提供了网络保险的综合视图，并使得系统化地设计兼容激励和感知攻击的保险政策成为可能。本章还将介绍一个新的失望率指标，以衡量实际损害和预期损害之间的差异。

## 7.1　为什么要有网络空间保险?

基础设施的网络风险日益受到关注，这不仅仅是因为 APT 的出现(见第 1 章)。网络空间的风险不仅会造成网络事故，包括身份盗窃、网络勒索和网络中断，还可能导致整个基础设施及其向用户和消费者提供的关键服务出现故障。对于运营商来说，保护基础设施免受可能对系统造成损害的有意和无意行为的影响，已成为一个关键问题。传统的对策包括安装 IDS、将恶意主机列入黑名单、过滤/阻止网络流量等。然而，这些方法并不能保证完美的安全，即使技术再进步，老练的对手也仍然可能规避这些安全措施。因此，网络风险是不可避免的，找到其他方法来缓解风险和影响至关重要。

网络保险是网络空间的风险管理中用于转移风险的重要工具[52,53]，关于风险管理，可以参看第 6 章。作为对网络空间安全技术解决方案的一个补充，网络保险能够帮助网络系统从网络事故中得到快速恢复，从而减轻目标系统的损失，提高受害者的恢复能力。这一方案对于无法承担网络空间大型保护性投资的中小型基础设施系统尤其有用。在写这本书的时候，网络保险市场还处于起步阶段，在美国的普及率低于15%。令人鼓舞的是，自2011年以来，该市场正以30%的年增长率快速增长。网络保险面临的关键挑战在于，网络事故一般是由狡猾的敌手秘密且有目的地发起的，因而难以评估这些不同类型的网络风险和网络事故的影响。此外，网络保险的设计还需要考虑道德风险和逆向选择问题。被保险人往往缺乏改善安全措施以防范攻击的动机。随着网络空间中的节点连接日益紧密，未受保护的网络风险还可能会传播到其他未投保的节点。由于被保险人的信息不对称，针对较高风险，保险公司还倾向于提高其保险费率，这会导致降低了终端用户对网络保险的负担能力的问题。

在本章中，我们旨在提供一个基线框架，以解释网络保险市场参与者之间的互动关系，并利用该框架为基础设施服务设计最佳的网络保险。该框架的一个关键应用是在网络风险出现时，能够为基础设施管理人员和用户提供保障，并转移他们的风险。这些网络风险可能包括电网受到攻击而无法向食品加工厂提供电力，云服务器出现故障而无法向航空公司用户提供登机信息，或者列车因通信系统故障而相撞。显然，网络保险在降低网络风险方面发挥着关键作用，它将基础设施的通信和信息系统与其对基础设施或相关基础设施的物理影响联系起来。（关键）基础设施、ICT及其运营商和用户之间的相互依赖关系会传播网络风险，并加剧对关键基础设施的损害。为此，对互相关联的基础设施如何使用网络保险的理解，是全面了解相互依存的基础设施风险管理的关键。

本章将首先提出一个委托代理博弈模型，以捕捉保险公司和用户之间的互动。保险公司被视为委托人，其完全了解用户的安全政策。[①] 用户（指基础设施运营商或它的用户）实施其本地保护，并向保险公司支付保险费。保险公司设计了一种激励相容的保险机制，这种机制包括保费和保险政策，而用户则决定是否参加保险和其实施抵御攻击的力度。本章还将通过在框架中引入对抗行为，重点介绍一种攻击感知的网络保险模型。攻击者的行为决定了网络威胁的类型，例如拒绝服务（DoS）攻击、数据泄露、网络钓鱼和欺骗。对威胁类型进行区分，这在确定损失类型和保险政策方面起着重要作用。数据泄露不仅会导致财务损失，还会损害声誉，这种情况下，保险可能仅涵盖预先约定百分比的财务损失。

---

① 译者注：原文为“the principal who does not have incomplete information about customer's security policies”，此处“incomplete”疑为“complete”。

## 7.2 背景

网络安全的挑战不仅是技术问题,也是经济和政策问题。[3]最近,有学者研究了使用网络保险来提高网络物理系统的安全水平。[22,23]虽然这些研究涉及网络安全的外部效应,但很少有研究在模型中考虑恶意对手进行的网络攻击,而这会使其模型有别于经典保险模型。在文献[28]中,作者分别考虑了网络攻击和来自网络中其他节点的间接感染造成的直接与间接损失。然而,网络攻击被视为随机输入,而不是来自于战略对手。经济学文献[15,16]中研究的道德风险模型涉及代理人的隐密行动,旨在解决以下问题:委托人如何设计代理人的工资合同以最大限度地发挥他的努力。该框架与保险市场相关,并已用于对网络保险建模[6]而形成减轻网络攻击损失的解决方案。此外,在文献[1]中,作者研究了具有外部影响效应的网络里面的安全投资问题。在这项研究中,每个节点决定其安全投资水平,并与战略攻击者进行竞争。但是这个模型并没有关注保险政策和隐秘行动的框架。在本章中,我们通过把攻击模型融合进来,从而丰富了道德风险类型的经济框架,并提供了一种研究网络保险的整体视角,以及系统化地设计保险政策的方法。文献[27]中研究了网络效应对安全决策过程的影响,作者考虑了线性影响网络模型的一种变体,其中每个节点代表一个网络公司,有向链路模型表示相邻节点之间的正或负影响。

博弈论模型是用来刻画博弈参与者之间对抗和防御互动的自然框架。[11,17,18,24,25,37,50,54,56,57]在纳什均衡中,防御者和攻击者都寻求最优策略,并且没有人有动机单方面偏离其均衡策略,尽管它们与其安全目标相冲突。因而,通过纳什均衡理论,博弈论可以对防御者的保护水平进行定量的度量。均衡的概念,还能对博弈模型所刻画场景的安全结果进行定量的预测。在大多数情况下,这将是一种损失预期,而在其他(广义)情况下,这也可能是极端事件的可能性(例如零日漏洞利用率和随机尾排序上的博弈)。在7.4节中,我们还将讨论如何处理超出预期的行为。

我们可以使用不同类型的博弈模型来刻画不同类别的对手。例如,不完全信息博弈适合刻画网络欺骗[17,29,32,33,50,57],动态博弈有助于建立网络物理系统安全模型[8,18,25,43-47],零和博弈和斯坦克尔伯格博弈适合刻画安全风险管理(见第6章,以及文献[30,31,41,48,49,51])。在本章中,针对攻击者和防御者,我们建立一个零和博弈,以量化与二者对抗行为相关的网络安全风险。该博弈模型嵌套在委托代理博弈模型中,这样就建立了一个集成框架来刻画防御者、攻击者和保险公司三者。

## 7.3 网络保险的三方博弈框架

在本节中，我们将介绍一个涉及用户和保险公司的网络保险委托代理模型。这里的用户指的可以是基础设施运营商，该运营商负责管理其网络，该网络面临着攻击者的威胁，可能会受到数据泄露、任务失败和严重财务损失的影响。用户的目标是找到一种有效的方法来减轻网络攻击所造成的损失。主要有两种方法：第一种方法是部署本地保护措施，例如防火墙和 IDS[4,35]，频繁更改密码[36]，及时进行软件修补和主动移动目标防御[19]；我们在 12.5 节中还会描述更多的方法。这些防御机制可以降低攻击的成功率，但不能保证用户的全部网络安全，即用户仍有可能被攻击者入侵。第二种方法是采用网络保险。用户支付保险费，以便保险公司能够赔偿网络攻击造成的损失。该机制提供了一个额外的缓解问题的机制，以进一步减少以技术解决方案为代表的第一种方法无法防止的损失。为了在我们的框架中刻画这两个选项，我们允许用户决定他们自己的保护级别，以及他们理性地决定是否参与网络保险。

网络攻击者是发起网络攻击的人，如节点捕获攻击[39]和拒绝服务（DoS）攻击[20]，这些攻击以获取用户的隐私数据或引起网络服务中断为目标。因此，攻击者的目标是找到一种高效的攻击策略，尽可能多地对用户造成损失。我们使用攻击级别来表示不同的攻击策略，以刻画各种攻击类型的不同严重程度。更高级别的攻击，其发动成本也更高，但会造成更严重的危害。因为用户的损失不仅取决于攻击策略，还取决于保险策略，所以，攻击者的最佳策略也会受到保险政策覆盖率的影响。

保险公司是指通过向用户提供激励相容的网络保险约定（包括保费和保险水平）来承保风险的个人或公司。保费是用户为参与保险计划而支付给保险公司的服务费，而保险覆盖水平是指，保险公司因成功的网络攻击而向用户赔偿，赔偿是根据所造成损失按照一定比例进行的。保险公司有两个目标，一个是从提供保险中获利，另一个是减少用户的平均损失，后者也与保险公司的成本直接相关。保险公司的问题是要确定保险的服务费和覆盖水平。请注意，用户的平均损失取决于用户的本地保护级别和攻击者的攻击级别。此外，加入保险会为用户降低其受到攻击带来的损失，但对理性用户而言，只有在这个成本降低程度高于或等于其支付给保险公司的保费时，用户才加入保险。

用户、攻击者和保险公司的目标及其行为的影响都是相互交织的。我们使用一个三人博弈来刻画三方之间的复杂互动。用户和攻击者的目标存在冲突，可以通过每个节点上的局部博弈来刻画这种冲突，其中用户确定防御策略，而对手选择攻击策略。每个节点的局部交互结果决定着其网络风险，网络保险被用作减少网络风险造成的进一步损失的额外方法。保险公司是框架中为用户设计保险政策的领导者或负责人，而用户可以被视为跟随者或代理人，根据给定的保险政策确定其防御策略。

## 7.3.1 攻击感知的网络保险

我们首先描述用户和攻击者之间的博弈，然后描述用户和攻击者博弈平衡下保险公司的问题。网络保险模型的说明如图 7.1 所示。在这个博弈中，由用户和攻击者选择的一对行动（$p_c$，$p_a$）会导致保险公司无法直接观察到它的风险级别。保险公司由此设计了一份保单，包括保险服务费和覆盖水平，以弥补因网络攻击造成的部分损失。

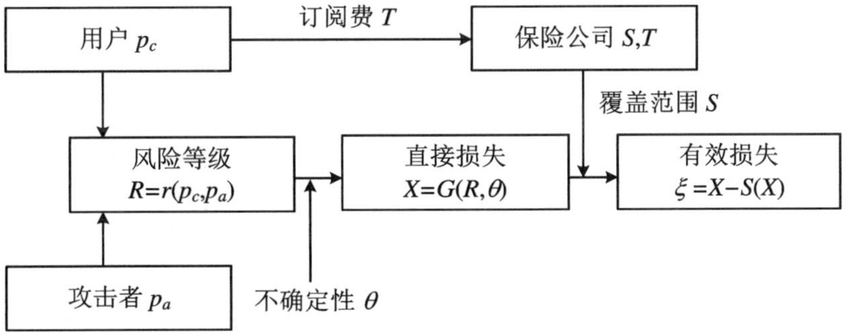


**图 7.1 三方网络保险博弈**

令 $p_c\in[0,1]$，$p_a\in[0,1]$分别表示用户的本地保护级别和攻击者的攻击级别。一方面，$p_c$ 大则表示用户很谨慎，而 $p_c$ 小则表示用户很鲁莽。鲁莽的用户可能会点击收到的垃圾邮件里的可疑链接，不经常给计算机系统打补丁，还会留下网络足迹从而被对手获取系统信息。另一方面，$p_a$ 大则表示攻击者能发起强大的攻击，而 $p_a$ 小则表示攻击者的攻击是弱小的。使用 $p_c$ 和 $p_a$ 的抽象可以对一系列异构防御和攻击策略的有效性进行刻画，而无需对单个机制进行细粒度建模。这将使我们能够专注在安全问题产生的后果和相关机制的选择上。

用户和攻击者的动作对（$p_c$，$p_a$）决定了用户的风险级别，记为 $R\in\mathbf{R}_{\geqslant 0}$。较大的 $p_c$ 和较小的 $p_a$ 表示用户的风险水平较低。① 我们使用以下风险函数 $r$ 来表示用户和攻击者的行为与用户的风险级别之间的联系。

**定义 7.1** 函数 $r(p_c,p_a):[0,1]^2\to\mathbf{R}_{\geqslant 0}$ 给出了用户的风险级别 $R$，它定义在用户本地保护级别 $p_c$ 和攻击者攻击级别 $p_a$ 上。另外，我们假设它在$[0,1]^2$ 上是连续的，在 $p_c\in[0,1]$上是凸单调递减的，在 $p_a\in[0,1]$上是凹单调递增的。

---

① 译者注：原文为“A larger $p_c$ and a smaller $p_a$ indicate a higher risk level of the customer”，根据上下文，“a higher risk”应为“a lower risk”。

值得注意的是，$p_c \in [0,1]$的单调性表明，用户的本地保护级别越高，会导致他的风险级别越低，而 $p_a \in [0,1]$的单调性表明，攻击者的攻击级别越高，则会导致用户的风险级别变得越高。由于 $r$ 在 $p_c$ 上是凸的，因此当用户采用较高级别的本地保护时，风险降低减少。由于 $r$ 在 $p_a$ 上是凹的，所以当攻击者进行更高级别攻击时，风险增加得更快。在不失一般性的情况下，我们有以下风险函数：

$$r(p_c, p_a) = \log\left(\frac{p_a}{p_c} + 1\right) \tag{7.1}$$

类似的函数也被广泛应用于无线网络[2,24]的干扰攻击和速率控制问题。[1,55]在 $R$ 的风险级别下，用户的经济损失可以表示为一个以货币单位（如美元、欧元等）来衡量的随机变量 $X = G(R, \theta)$，其中 $\theta$ 是一个具有概率密度函数 $g$ 的随机变量，它刻画在测量过程中或系统参数中的不确定性。例如，由于被入侵的服务器而造成的数据泄露，可能是用户端安全级别较低的结果。损失的大小取决于数据的内容、重要性以及破坏程度。这些参数的变化由随机变量 $\theta$ 捕获。由于无法完全消除被攻击的风险，用户可以通过支付保险费或者服务费 $T$，将剩余的风险转移给第三方，也就是保险公司。具体方法是当用户面临的损失为 $X$ 时，为 $S(X)$的保险支付保费或服务费 $T$，其中 $S: \mathbf{R}_{\geqslant 0} \to \mathbf{R}_{\geqslant 0}$是可以给投保的用户减少损失的支付函数。因此，用户的实际损失 $\xi$ 就可以写成 $\xi = X - S(X)$。

考虑到攻击者的行动 $p_a$ 和保险公司的赔付函数 $S$，用户的目标是通过找到最佳的本地保护级别 $p_c^*$ 来最小化实际损失的平均值。可以通过优化如下问题来实现这个目标：

$$\min_{p_c \in [0,1]} E_\theta(H(\xi)) = E_\theta(H(X - S(X))) \tag{7.2}$$

其中 $H: \mathbf{R}_{\geqslant 0} \to \mathbf{R}_{\geqslant 0}$是用户的损失函数，在 $\xi$ 上递增。在这个优化问题中，不包括服务费 $T$，因为该费用是由保险公司决定的常数。

损失函数 $H(\xi)$表示用户对风险的态度或者倾向。凸的 $H(\xi)$是倾向于趋避风险的，表示用户更介意风险，而凹的 $H(\xi)$是倾向于承担风险的，表示用户更关注花费，而不是风险。线性的 $H(\xi)$则表示用户是风险中立型。在本书中，我们考虑一个风险趋避型用户，并使用了一个典型的风险趋避损失函数，即 $H(\xi) = e^{\gamma\xi}$，$\gamma > 0$，它表示用户对损失的介意程度。

值得注意的是，式(7.2)中的成本函数可以显式地表示为 $X$ 的函数。因此，我们可以通过对 $X$ 进行充分统计、取其期望后重写式(7.2)。设 $f$ 为 $X$ 的概率密度函数。显然，$f$ 是从映射 $G$ 下的密度函数 $g$（与随机变量 $\theta$ 有关）进行的转换。此外，$g$ 还依赖于动作对 $(p_c, p_a)$。因此，我们可以写成 $f(x \mid p_c, p_a)$来表示参数化的密度函数。在不失一般性的情况下，我们假设 $X$ 遵循一个指数分布，即 $X \sim \mathscr{E}_x(1/R)$，其中 $R := r(p_c, p_a)$是用户的风险级别。指数分布已经广泛应用于风险和可靠性分析。[5,9,12,26]因此，密度函数可以被写成

$$f(x \mid p_c, p_a) = \frac{1}{R}\mathrm{e}^{-\frac{1}{R}x} = \frac{1}{r(p_c, p_a)}\mathrm{e}^{-\frac{1}{r(p_c, p_a)}x}$$
$$= \frac{1}{\log\left(\frac{p_a}{p_c}+1\right)}\mathrm{e}^{-\frac{1}{\log\left(\frac{p_a}{p_c}+1\right)}x}, \quad \forall x \in \mathbf{R}_{\geqslant 0}$$

根据式(7.1),在给定行为 $p_c$ 和 $p_a$ 的情况下,用户的平均损失是 $E(X)=R=r(p_c,p_a)=\log\left(\frac{p_a}{p_c}+1\right)$。对于较小的 $p_c$ 和较大的 $p_a$,用户的风险级别往往较高,这也就导致了用户的平均损失会较多。我们进一步假设保险赔付政策 $S(X)$ 在参数 $X$ 上是线性的,即 $S(X)=sX$,$s\in[0,1]$,其中 $s$ 表示保险的覆盖水平。因此,实际损失可以写为 $\xi=(1-s)X$。在给定保险范围 $s$ 和行为对 $(p_c,p_a)$ 的情况下,用户的平均实际损失为 $E(\xi)=E((1-s)X)=(1-s)E(X)=(1-s)\log\left(\frac{p_a}{p_c}+1\right)$。当 $s$ 很大时,实际损失就很小了。因此,我们得出

$$E(H(\xi)) := \int_{x_i\in\mathbf{R}_{\geqslant 0}} H(x-S(x))f(x \mid p_c,p_a)\mathrm{d}x$$
$$= \frac{1}{R}\int_0^{\infty}\mathrm{e}^{\left(\gamma(1-s)-\frac{1}{R}\right)x}\mathrm{d}x$$
$$= \frac{1}{1-\gamma(1-s)R} = \frac{1}{1-\gamma(1-s)\log\left(\frac{p_a}{p_c}+1\right)} \tag{7.3}$$

如果 $\gamma(1-s)-\frac{1}{R}<0$,即当

$$1-\gamma(1-s)\log\left(\frac{p_a}{p_c}+1\right)>0 \tag{7.4}$$

用户的损失是有限的。否则,损失期望最终会变成无限,即 $E(H(\xi))\to\infty$。在这种情况下,找不到可以减少损失的保险方案。条件(7.4)给出了一组可行参数,在这些参数下,网络保险是有效的。它也揭示了通过保险来达到减少损失的目标的极限。注意到,在可行条件(7.4)下最小化(7.3)相当于最小化 $\gamma(1-s)\log\left(\frac{p_a}{p_c}+1\right)$。用户的问题可以改写成

$$\begin{cases}\min\limits_{p_c\in[0,1]} J_u(p_c,p_a,s) := \gamma(1-s)R = \gamma(1-s)\log\left(\frac{p_a}{p_c}+1\right)\\ \text{s.t. } \gamma(1-s)\log\left(\frac{p_a}{p_c}+1\right)>0\end{cases} \tag{7.5}$$

优化问题(7.5)刻画了用户在已知攻击级别 $p_a$ 和保险覆盖水平 $s$ 下,其最小化平均实际损失的目标。而另一方面,攻击者的目标是找到最佳的攻击级别 $p_a^*$,在用户的本地保护

级别 $p_c$ 和保险公司覆盖水平 $s$ 的情况下，使得用户的平均损失最大化。用户和攻击者的这种利益冲突构成了一个零和博弈，它可以用以下的 minmax 或 maxmin 的形式表示：

$$\begin{cases}\min\limits_{p_c\in[0,1]}\max\limits_{p_a\in[0,1]} K(p_c,p_a,s)\\ \text{s.t. } p_c,p_a,\gamma \text{ 满足式(7.4)}\end{cases} \quad 或 \quad \begin{cases}\max\limits_{p_a\in[0,1]}\min\limits_{p_c\in[0,1]} K(p_c,p_a,s)\\ \text{s.t. } p_c,p_a,\gamma \text{ 满足式(7.4)}\end{cases} \tag{7.6}$$

其中

$$\begin{aligned} K(p_c,p_a,s) &:= \gamma(1-s)R + c_u p_c - c_a p_a \\ &= \gamma(1-s)\log\left(\frac{p_a}{p_c}+1\right) + c_u p_c - c_a p_a \end{aligned} \tag{7.7}$$

目标函数 $K$ 的第一项刻画了在给定保险覆盖水平 $s$、本地保护级别 $p_c$ 和攻击级别 $p_a$ 情况下的平均实际损失。第二项和第三项分别表示用户和攻击者的成本。$c_u\in\mathbf{R}_{>0}$ 是用户的成本参数，$c_u$ 越大，说明本地保护成本越高。$c_a\in\mathbf{R}_{>0}$ 为攻击者发动 $p_a$ 级别攻击需要花费的成本参数。越大的 $c_u$ 表示发动一次网络攻击的代价越昂贵。注意到 $c_u$ 和 $c_a$ 可以被解释为本地保护和网络攻击的市场价，保险公司也知道它们。问题(7.6)中的约束条件表示的是用户的可行集合。注意，如果 $s$，$p_c$ 和 $p_a$ 是不可行的，那么 $K$ 会是一个无限的代价。通过最小化 $K(p_c,p_a,s)$ 就可以刻画用户的目标，即用性价比最高的本地保护级别来达到平均实际损失最小的目标。最大化 $K(p_c,p_a,s)$ 刻画的是攻击者的目标，即以最小的攻击级别来最大化用户的平均实际损失。请注意，问题(7.6)的极大极小形式可以解释为用户在最坏情况下的解决方案，即用户预测最坏情况下的攻击场景，并在这个预测场景下采用的安全策略。

此外，问题(7.6)产生了一个具有鞍点的保险覆盖级别为 $s$ 的均衡，这可以作为定义 3.3 在双人博弈情况下的一个特例。

**定义 7.2**(保险博弈) 在保险覆盖水平 $s$ 下，用户和攻击者的行动集表示为 $AS_u(s)$，$AS_a(s)$，$AS_{u,a}(s)$。三元组

$$\Gamma_z := (\{用户,攻击者\},\{AS_u(s),AS_a(s),AS_{u,a}(s)\},K)$$

定义了一个零和博弈。如果对所有的 $p_c\in AS_u(s)$，$p_a\in AS_a(s)$，$(p_c,p_a)\in AS_{u,a}(s)$，以下关系都成立：

$$K(p_c^*,p_a,s)\leqslant K(p_c^*,p_a^*,s)\leqslant K(p_c,p_a^*,s) \tag{7.8}$$

则策略对 $(p_c^*,p_a^*)$ 是该零和博弈的一个均衡。

上述定义中的 $K$ 和 $AS_{u,a}(s)$ 是式(7.7)和式(7.4)中定义的目标函数和可行集。

需要注意的是，在给定的保险覆盖水平 $s$ 下，$(p_c^*,p_a^*)$ 必须满足可行的约束条件(7.4)。因此，我们的目标是寻找零和博弈下受约束的鞍点，在该零和博弈中，对参与者策略的约束条件是互相耦合的。

**命题 7.1**　若保险覆盖水平 $s$ 满足以下条件：

$$1-\gamma(1-s)\log\left(\frac{c_u}{c_a}+1\right)>0 \tag{7.9}$$

则定义 7.2 中的零和博弈 $\Gamma_z$ 存在如下的唯一均衡：

$$p_c^*=\frac{\gamma(1-s)}{c_u+c_a},\quad p_a^*=\frac{c_u\gamma(1-s)}{c_a(c_u+c_a)} \tag{7.10}$$

命题 7.1 表明，用户与攻击者之间的零和博弈的鞍点与保险公司的保险政策 $s$ 有关。请注意，当 $s$ 很大时，$p_c^*$ 和 $p_a^*$ 都很小，这表明用户和攻击者都会采取较弱的行为。此外，我们对于鞍点，即安全策略，有以下的观察结果：

**注 7.1**（佩尔茨曼效应）　当保险提供更高的覆盖水平时，用户在鞍点 $p_c^*$ 下的风险往往较小，也就是说用户会采取一个较弱的本地保护。用户因为保险而采取的这种冒险行为通常被称为佩尔茨曼效应。[34]

**推论 7.1**（鞍点比值的不变性）　鞍点满足 $\frac{p_a^*}{p_c^*}=\frac{c_u}{c_a}$，即用户与攻击者之间的行动比值仅与 $c_u$ 和 $c_a$ 有关，而与保险公司的保险政策 $s$ 无关。特别地，当 $c_u=c_a$，$\frac{p_a^*}{p_c^*}=1$，即鞍点策略是对称的时候，我们有 $p_c^*=p_a^*=\frac{\gamma(1-s)}{c_u+c_a}=\frac{\gamma(1-s)}{2c_u}=\frac{\gamma(1-s)}{2c_a}$。

**注 7.2**（鞍点风险取决于成本常数）　用户在均衡状态下有一个恒定的鞍点风险级别 $R^*=r(p_c^*,p_a^*)=\log\left(\frac{p_u^*}{p_c^*}+1\right)=\log\left(\frac{c_u}{c_a}+1\right)$，这是由采取保护措施和发动攻击的成本决定的。该比率与覆盖水平 $s$ 无关。

**推论 7.2**　在鞍点处，用户的平均直接损失是 $E(X)=R^*=\log\left(\frac{c_u}{c_a}+1\right)$，用户的平均实际损失是 $E(\xi)=E((1-s)X)=(1-s)E(X)=(1-s)R^*=(1-s)\log\left(\frac{c_u}{c_a}+1\right)$，而保险公司对用户的平均赔付为 $E(sX)=sE(X)=sR^*=s\log\left(\frac{c_u}{c_a}+1\right)$。

推论 7.1 表示用户和攻击者的鞍点策略比值是个常数，它仅由成本参数 $c_u$ 和 $c_a$ 决定，即仅由实施特定级别保护的成本和实施攻击的市场价格或成本所决定。因此，用户的鞍点风险水平是不变的，并且仅由市场决定，如注 7.2 所示。由于这个原因，平均直接损失是个常数，如推论 7.2 所示。但当保险覆盖水平 $s$ 不满足式(7.9)时，用户的可保险性无法得到保证，如命题 7.2 所示。

**命题 7.2**（可保险性的基本限制）　给定一个保险覆盖水平 $s$，它满足如下条件：

$$1-\gamma(1-s)\log\left(\frac{c_u}{c_a}+1\right)\leqslant 0$$

并且($p_c^*$，$p_a^*$)不满足可行不等式(7.4)，那么，用户的平均直接损失是 $E(X)\rightarrow\infty$，而且定义 7.2 中的零和博弈 $\Gamma_z$ 中不存在有限的均衡损失。因此，保险无法保护该用户，因为保险政策并不能减轻他的损失，保险公司也不会向不可保的用户提供保险。

从式(7.4)和式(7.9)，我们可以得到：

**命题 7.3** 在可保险的场景下，用户的成本参数必须满足 $c_u < c_a(1-e^{-\gamma(1-s)})$，并且用户的本地保护级别必须满足 $p_c > \dfrac{\gamma(1-s)}{c_a}e^{\gamma(1-s)}$。

特别需要注意的是，用户必须支付服务费 $T\in\mathbf{R}_{\geqslant 0}$才能成为受保人。当保险下的平均均衡损失低于无保险时发生的损失时，用户就有购买保险的意愿。如果保险公司支付的金额很低，那么就会出现用户受不到保护的趋势。此外，如果支付的金额低，那么保险公司的风险就会很高，而用户可能会在网络空间鲁莽行事。

## 7.3.2 保险公司的问题

保险公司制定保险政策$\{s,T\}$，其中 $s$ 表示覆盖水平，$T$ 表示服务费，于是用户和攻击者的利益冲突将导致一个零和博弈，这将得到前文所述命题 7.1 的唯一解，相应的平均损失如推论 7.2 所示。请注意，$T$ 是保险公司首先向用户收取的毛利润，但当用户面临损失 $X$ 时，保险公司必须向用户支付 $sX$。保险公司的营业利润可以记为 $T-sX$。保险公司无法直接观察用户和攻击者的行为。然而，根据对市场的了解，例如用户的成本参数 $c_u$ 和攻击者的成本参数$c_a$，保险公司的目标是尽量减少用户的平均实际损失，同时最大化其运营利润。

回顾推论 7.2，用户在鞍点的平均实际损失为 $E(\xi)=(1-s)E(X)=(1-s)R^*=(1-s)\log\left(\dfrac{c_u}{c_a}+1\right)$，它在 $s$ 上单调递减。当用户处于完全覆盖(保险覆盖水平 $s=1$)时，支付 $T$ 的平均损失是$(1-s)R^*+T\,|_{s=1}=T$。当用户不投保时，平均直接损失是 $R^*$。因此，如果完全覆盖下的成本高于没有保险下的成本，即 $T>R^*$，用户就不会有投保的动机。此外，对于 $T\leqslant R^*$，如果在保险覆盖水平为 $s$ 时，其平均损失低于无保险的情况，即$(1-s)R^*+T\leqslant R^*$，那么用户会选择投保。因此，我们可以得到以下的条件，其中简称里的附注“-$c$”表示它们与用户相关：

**条件 1**(个体理性(IR-$c$)) 服务费必须满足

$$T\leqslant T_{\max}:=R^*=\log\left(\frac{c_u}{c_a}+1\right)$$

这样用户会倾向于购买保险。

**条件 2**(激励相容(IC-$c$)) 服务费 $T\leqslant T_{\max}$，如果保险覆盖水平 $s$ 满足

$$s \geqslant s_0 = \frac{T}{R^*} = \frac{T}{\log\left(\frac{c_u}{c_a}+1\right)}$$

用户将购买保险。

只有在满足 IR-$c$ 和 IC-$c$ 的约束时,用户才会购买保险。注意,当 $c_u$ 较大,$c_a$ 较小,即鞍点风险级别 $R^*$ 较高时,$T_{\max}$较大,$s_0(T)$较小,即用户投入的本地保护成本较高、攻击者进行网络攻击的成本较小时,服务费价格会比较高,但最小覆盖率会比较低。请注意,$s_0$ 在 $T$ 上是单调增加的,而且,当 $T=0$,$s=0$,即不收取服务费时,用户将接受任意的保险覆盖水平。当 $T=T_{\max}$,$s=1$,即服务费最高时,用户只接受全覆盖保险。

保险公司向用户收取服务费 $T$,即保险公司的毛利润是 $T$。然而,从推论 7.2 可知,保险公司也向用户支付了平均 $sR^*=s\log\left(\frac{c_u}{c_a}+1\right)$的费用。因此,保险公司的平均营业利润为 $T-sR^*$,它必须大于或者等于 0,以便保险公司能提供保险服务。因此,我们对保险公司有以下条件(用附注"-"标记):

**条件 3**(个体理性(IR-$i$)) 如果

$$T-sR^*=T-s\log\left(\frac{c_u}{c_a}+1\right)\geqslant 0$$

保险公司将能够提供保险服务。

回顾命题 7.2,保险公司将只向可保用户提供保险,即必须满足不等式(7.9)。因此,我们可以得到以下定义了可行的覆盖范围的条件:

**条件 4**(可行性(F-$i$)) 以下条件成立时:

$$s>1-\frac{1}{\gamma\log\left(\frac{c_u}{c_a}+1\right)}$$

覆盖水平 $s$ 是可行的,即用户是可保的。

条件 3 和条件 4 分别表示保险公司的个体理性约束(IR-$i$)和可行性约束(F-$i$)。通过使用针对用户的(IR-$c$)和(IC-$c$)约束,以及针对保险公司的(IR-$i$)和(F-$i$)约束,保险公司的目标,即最小化用户平均实际损失和最大化运营利润,可以通过以下优化问题来实现:

$$\begin{cases}\min\limits_{0\leqslant s\leqslant 1,\,T\geqslant 0} J_i(s,T):=\gamma(1-s)\log\left(\frac{c_u}{c_a}+1\right)+c_s\left(s\log\left(\frac{c_u}{c_a}+1\right)-T\right)\\ \text{s.t. (IR-}c\text{)},\text{(IC-}c\text{)},\text{(IR-}i\text{)},\text{(F-}i\text{)}\end{cases}\tag{7.11}$$

需要注意的是,目标函数的第一项是保险覆盖水平 $s$ 下用户的平均实际损失,因为保险公司还旨在减少攻击者给用户造成的损失。最小化目标函数第二项,表示保险公司的盈利目标。注意,参数 $c_s$ 表示在更安全的用户和保险公司更大利润之间的权衡。

此外，问题(7.11)的解和定义 7.2 中相应的均衡一起，产生了一个双层博弈平衡，可以定义如下：

**定义 7.3** 设 $AS_i$ 是保险公司的行动集，$AS_u(s)$ 和 $AS_a(s)$ 是用户和攻击者在保险覆盖水平 $s$ 下的行动集。定义如下的双层博弈 $\Gamma$：

$$\Gamma := (\text{用户}, \text{攻击者}, \text{保险公司}, AS_u(s), AS_a(s), AS_i, K, -K, J_i)$$

当 $s^*$，$T^*$ 用均衡目标函数 $J_i^*$ 解决了问题(7.11)，并且定义 7.2 中所述的目标函数为 $K^*$ 且保险政策为 $s^*$，$T^*$ 的零和博弈，策略对 $(p_c^*, p_a^*)$ 是该零和博弈的鞍点值时，策略元组 $(p_c^*, p_a^*, s^*, T^*)$ 被称作双层博弈 $\Gamma$ 的均衡。

注意，可以把保险公司的问题(7.11)看作目标函数的线性规划问题，在 $s$ 和 $T$ 中所有的约束都是线性的。我们在解决这个问题之前，首先观察到(IR-$i$)和(IC-$c$)共同表明保险政策 $s$ 和 $T$ 必须满足

$$T = sR^* = s\log\left(\frac{c_u}{c_a} + 1\right) \tag{7.12}$$

**推论 7.3** 等式(7.12)意味着下述含义：

(1) 零营业利润原则：因为 $T - sR^* = 0$，所以保险公司的营业利润始终为 0。

(2) 线性保险政策原则：保险公司只能提供满足式(7.12)的保险政策 $s$ 和 $T$，在这个前提下，用户投保并且保险公司提供保险。

对于式(7.12)，线性保险政策表明，投保的比率和保险覆盖水平仅取决于鞍点风险 $R^*$，该风险由注 7.2 中提到的成本决定。它为保险政策的设计提供了指导。

基于式(7.12)，我们可以通过以下命题来总结保险公司的最佳保险策略：

**命题 7.4** 对于保险公司来说最佳的保险策略是

$$s^* = 1, \quad T^* = T_{\max} = \log\left(\frac{c_u}{c_a} + 1\right) \tag{7.13}$$

命题 7.4 表明，全额保险和最大化服务费是保险公司最佳的保险政策。结合命题 7.1，我们提出以下双层博弈均衡的命题：

**命题 7.5** 双层博弈允许一个独特的均衡

$$(p_c^*, p_a^*, s^*, T^*) = \left(0, 0, \left\{1, \log\left(\frac{c_u}{c_a} + 1\right)\right\}\right)$$

在均衡状态下，保险公司为用户提供全额保险，并向用户收取最高的服务费。这样用户和攻击者就没有动机在均衡状态下采取行动，因为成本会非常高。这种均衡还表明，网络保险能有效地减轻损失。

对于博弈的双层结构进行分析，我们得出最优保险政策是将风险从节点转移给保险公司。该框架还可以拓展到其他具有相互依赖关系的基础设施的方案。当存在网络世

界、物理世界、人类和社会的相互依赖时，一个节点的网络风险可以传播到其他节点上。而一个节点上的保险就可以在整个系统的安全中发挥重要的作用。我们可以预料到保险问题应该考虑到网络的影响。本研究还可以进一步扩展到研究风险的动态演变对保险机制，以及对代理人的保护措施的影响。

## 7.4　失望率

从用户的角度看以上框架，遇到的一个问题是如何设置保险覆盖水平，或者保险金额。自然地，一个人会为预期的损失购买保险，并且人们可以使用优化论和博弈论，采取行动系统化地优化这个预期。原则上，对于用户而言，以下行为似乎简单而明显：

(1) 利用博弈论优化行动，以最小化损失；

(2) 考虑最坏情况下发生的预期损失，为它购买保险。

然而，这种简单的方法在实践中可能会失败。

在主观上，最大化期望的一个问题是，对于预期的统计概念，人们可能存在着主观误解，即它可能被错误地视为"大部分时间应该发生的结果"(即它是"预期"的)。很明显，这种想法是有缺陷的，即使是一个普通骰子上的期望点数也是 3.5，但骰子只能得到整数的点数 1,2,…,6。例如，在进行一个具有真实价值奖励的博弈时(为了简单起见，我们现在可以把 $\trianglelefteq$ 当作 $\mathbf{R}$ 上的 $\leqslant$ 排序)，均衡策略 $x^*$ 最大化了预期回报，然而其鞍点值仍然是一个平均值。这意味着在博弈的许多次重复中，我们将精准地得到高于或低于平均水平的奖励；这些博弈的长期均值才会收敛到预期值。然而，优化一个期望并不会自动优化它附近的波动。拿图 7.2 举例说明：其中，有两个动作显示了不同的预期结果，我们用两条垂直线标注了出来。在计算了最小化损失的情况之后，人们显然会投票支持行动 $a_1$，因为行动 $a_2$ 会导致更大的损失。然而，在这两种情况下损失是随机的。事实上，这是两个不同的分布，采取行动 $a_1$ 会留下一个更大的机会去遭受高损失，行动 $a_2$ 则不是这样，它虽然遭受更高的平均损失，但肯定不会像 $a_1$ 那样承受如此高的损害。知道了这一点，决策者可以合理地主张采取行动 $a_2$，但这似乎违反了预期的效用最大化，然而，考虑到前文所述的展望的概念，而不仅仅是平均损失的话，采取 $a_2$ 的行动仍然不是一个有限理性的选择。

在所获奖励低于博弈价值的情况下，博弈中的决策者或参与者会感到失望，因为它从博弈中得到的回报比预期的要少。反而，我们有可能会惊讶地发现在相反的情况下收获更多，但是两者的主观评价不一定相同。虽然数学方面只考虑长期平均值(根据大数定律)：$v = \lim_{n\to\infty}\frac{1}{n}\sum_{i=1}^{n} r_i$，因此 $r_i > v$ 还是 $r_i < v$ 并不重要。但是经验证据表明，正如展望理论借助概率加权函数所描述的那样(图 5.1 和图 5.2)，人们确实会以不同的方式来对待这两个事件。

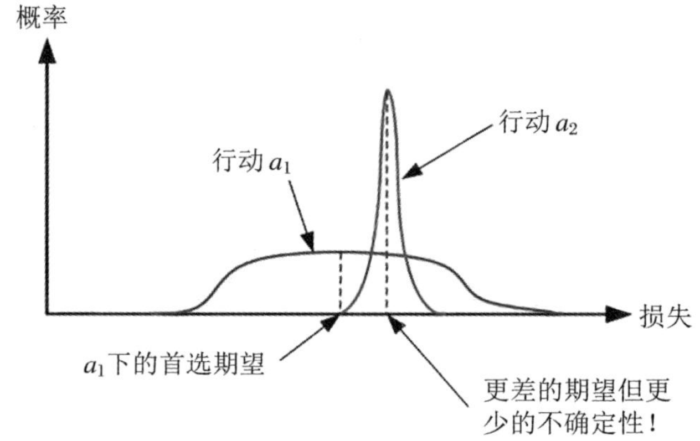


**图 7.2　考虑不确定性的决策**

如果一个人不仅要争取获得最大的平均奖励，还试图避免失望，那么我们可以寻求对 $P(R > E(R))$做进一步优化，其中 $R$ 是从决策中获得的随机回报。从实际损失的角度考虑这个问题，人们也可以将这个关于实际损失的限制条件设为按一定比例大于 $E(R)$或者是比 $E(R)$大一个固定值，以反映最大可承受的实际损失。这将决定保险覆盖水平。

实际上，标准的博弈论没有覆盖以上这些内容①，标准博弈论只是最大化 $E(R)$。失望理论[7,14]聚焦于针对失望率的决策，对于最小化决策者而言，其失望率是 $d = P(R > E(R))$，这等同于对最大化决策者而言，$d = P(R < E(R))$。很容易看出，传统的均衡计算过程，并不能告诉我们任何关于随机变量 $R$ 的形状信息，我们必须从均衡中计算出这些信息。对于具有实值项的标准矩阵博弈，$A \in \mathbf{R}^{n\times m}$，均衡策略$(x^*, y^*)$下的期望可以直接计算为 $v = (x^*)^T \cdot A \cdot y^*$，比率 $d$ 可以通过模拟博弈并且计算随机选择$(e_i^*)^T \cdot A \cdot e_j$ 小于或者大于 $v$ 的情况来近似得到。

**例 7.1**(矩阵博弈中均衡下的失望)　考虑具有收益结构的零和双人博弈

$$A = \begin{pmatrix} 3 & 2 \\ 1 & 6 \end{pmatrix}$$

---

①　译者注：原文为"None of this is in fact not covered by standard game theory"，根据上下文，"not covered"应为"covered"。

其均衡为 $x^*=\left(\frac{5}{6},\frac{1}{6}\right)$，$y^*=\left(\frac{2}{3},\frac{1}{3}\right)$，鞍点为 $v=\frac{8}{3}$。

如果双方(防御者和对手)都遵循均衡，那么参与者所经历的最高失望率将是多少呢？

请注意回报矩阵 $A$，只有当 $a_{ij}<v\approx 2.667$ 的矩阵元素才是相关的，并可以计为1；其他所有都计为0。这得出一个新的失望指标的矩阵

$$D=\begin{pmatrix}0 & 1\\ 1 & 0\end{pmatrix}$$

我们称这个矩阵为 $D$，它在 $A$ 的均衡时的奖励是 $(x^*)^{\mathrm{T}}\cdot D\cdot y^*=\frac{7}{18}\approx 38.9\%$，这个是最大化决策者的失望概率。也就是说，即使两个参与者都优化了他们的行为，参与者1有很大的可能得不到均衡所显示的那么多奖励。

失望率总是与博弈中的一个目标和均衡有关，如果有多个安全目标，每个目标都会产生它自己的失望率。假设在一个给定的博弈 $\Gamma$ 中，参与者 $i$ 最小化其目标，其行动遵循均衡 $x_i^*$，他/她的对手的行动是 $x_{-i}^*$。基于参与者 $i$ 的效用 $u_i$，他/她在所有纯策略 $a_i\in AS_i$，$a_{-i}=AS_{-i}$ 上的失望被定义为

$$d_{u_i}(a_i,a_{-i}):=\begin{cases}1, & 若\ u(a_i,a_{-i})>E_{(x_i^*,x_{-i}^*)}(u_i)\\ 0, & 其他\end{cases}\tag{7.14}$$

显然，这个函数依赖于均衡，反过来，把它包括在博弈中，会使均衡依赖于函数 $d_{u_i}$。但问题是，如果在式(7.14)中定义它，这是一个不连续的效用函数，因此到目前为止得到的存在性结果(纳什定理3.2或格利克斯伯格定理3.3)都不再适用。如图7.3所示。

事实上，不连续性甚至可以从博弈中去除所有的均衡，使得我们找不到最优解，需要在博弈中添加更多的条件才能保证均衡的存在性，我们在这里不做进一步探索(更多内容可以参见文献[40])。

摆脱上面这个问题的一个直接方法是，将失望重新定义成一个连续的函数，例如，通过设

$$d_{u_i}(a_i,a_{-i}):=\max\{0,\lambda\cdot[u(a_i,a_{-i})-E_{(x_i^*,x_{-i}^*)}(u_i)]\}\tag{7.15}$$

参数 $\lambda>0$ 是一个惩罚参数，施加在超出预期损失的金额上。这是一个与大量的“意外”损失成正比的金额，否则为零(因为预期的损失边界显然是正确的)。这种情况很有意思，因为参与者可能会接受略高于预期的损失，但随着对这类事件的容忍度降低，他所遭受的额外损失就越多。通过一个正因子来缩放所定义的函数，我们可以控制容忍度变大或变小。

在类似式(7.15)的定义下，我们又回到了一个具有连续回报函数的博弈，不动点定

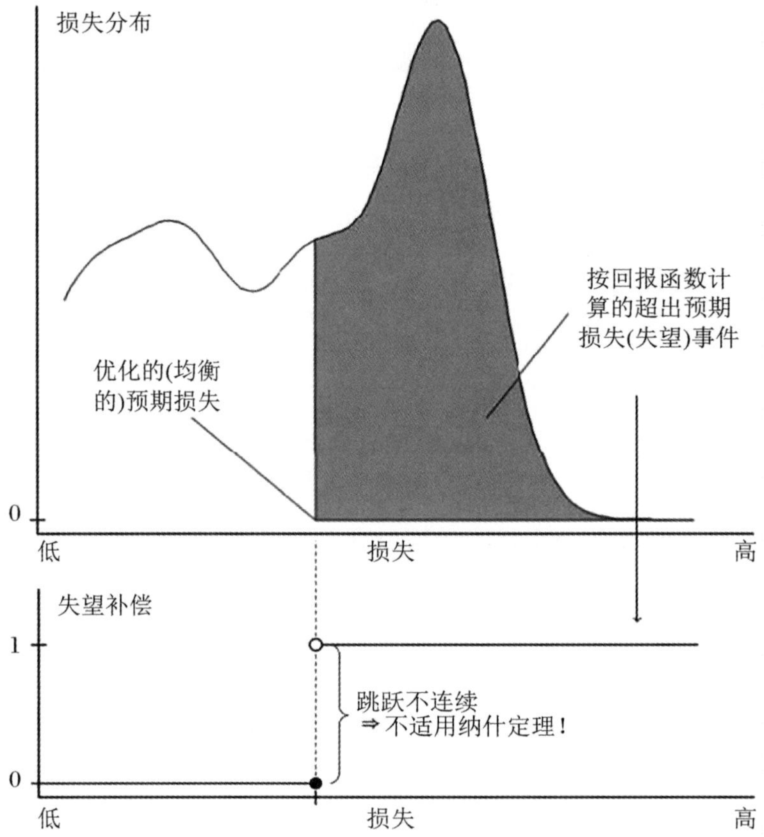


**图 7.3 基于效用的失望率说明**

理(也是纳什定理的基础)确保了这样的博弈存在均衡。

从技术上讲,更容易处理的博弈,是那些收益函数不是实数而是分布的、如我们在 4.5节中所描述的博弈,在这种类型的博弈里,失望为 $d_X := P(X > E(X))$,它是跟随机效用 $X \sim F(a_i, a_{-i})$关联在一起的,分布 $F$ 依赖于 $a_i$ 和 $a_{-i}$ 这些选择的行动;如果已知分布 $F$ 的话,就会很容易地计算出失望(如果博弈中使用的效用只取 $\mathbf{R}$ 中的值,则不会)。可以证明,对于有限的(矩阵)博弈,这是一个连续函数,不需要做像(7.15)那样的改动。它实际上并不是由不同的博弈概念,而是建模的方式所导致的,即虽然传统的博弈用实值的效用函数来表示,但清晰的收益值没有包含足够的信息来从这些数据中获得失望率。相反,将收益建模为分布,能够确立足够多的数据,从而可以:① 定义明确的收益;② 从中计算失望率,这两者都可以很容易地为所产生的多目标博弈(MOG)计算传统的均衡。算法的细节非常简单,但在那之前我们需要引入一些有帮助的软件工具,所以将它们的演算放到第 12 章。

在 4.5 节中介绍的概率分布作为收益的博弈,其吸引人的一点是允许从视为随机变

量 $V$ 的鞍点可以直接计算 $d$，因为在这种情况下，$V$ 是一个分布函数，可以通过积分直接计算它的一阶矩左或右的面积 $d$。这个过程在软件中甚至是可以自动化的，正如我们将在 12.6.1 小节中所展示的那样。

如果博弈中的收益是定义在 **R** 上的，那么这样的博弈就不能自然地将失望作为优化的目标，原因有二：

(1) 如果效用函数只是一个数值，则这些值不包含平均值周围的波动信息，那么它所丢失的信息是不能包含在优化中的。我们需要一个更丰富的模型，将效用表示为一个完整的分布，而不仅仅作为一个实数。然而，在这种情况下，如在 4.5 节中直接使用随机顺序和价值分配博弈可能更容易、更有效。或者，也可以将方差作为第二个目标，使之变成多目标的博弈（见 3.5.1 小节）。

(2) 表达式 $P(R>E(R))$ 实际上是一个指标型变量的期望，因此似乎符合优化预期效用的博弈论框架。然而，指标函数会使最终的目标函数不连续，于是纳什定理和基于它的任何结果都不能保证均衡的存在。事实上，没有均衡的博弈是存在的[38]，均衡的缺失显然是由于收益函数的不连续。解决这一点，需要对指标函数进行平滑近似，在文献[40]中可以找到一些例子。

悲观主义和乐观主义都被认为与个人如何评价潜在行动的不同结果有关，可以通过具有不同曲率的效用加权函数来表示。这个函数，对风险寻求者而言，是凸的；对风险规避者而言，是凹的；对风险中性者而言，是线性的。如果假设 $u$ 是二次可微的，那么我们称 $\lambda_u(x):=-u''(x)/u'(x)$ 是绝对风险趋避型的 Arrow-Pratt 测度。[13]23 它的定义，部分来源于定理 5.1，因为在推导过程中我们“抵消”了位移和缩放（即定理中的变量 $a$ 和 $b$），于是我们可以认为一个具有效用函数 $u$ 的个体比另一个具有效用函数 $v$ 的个体是更加风险趋避的，当且仅当对于所有的 $x$ 来说都有 $\lambda_u(x)<\lambda_v(x)$。请注意，这里适用于决策问题，而不适用于博弈问题，因为其中的效用是随机的，并依赖于其他参与者的行为。在这种随机结果中，风险规避型或风险寻求型可能与效用分布[10,42]的偏态以及尾分布的权重（尾部的权重越大，会越频繁地发生极端事件）有关。

鉴于此，让我们再一次重新考虑基于 $\preceq$-序（定义 3.1）的收益为分布函数的博弈。虽然 $\preceq$ 的定义不特别依赖于三阶矩或任何曲率，但它揭示了尾分布的质量，因此在某种程度上它“控制”了失望率（虽然它不是为此目的而设计的）。而且，零和竞争的（不一定是反映现实情况的）假设，虽然主要是为了理论方便和易于建模而被采用，但认为把防御者的动机取反后就是对手的动机，就可能过于悲观了。然而，这种建模方法引出了失望趋避的概念，因此，创建一个更准确的对抗模型可能更可取（见 6.4 节，但可能仍然不能预测敌手的行为，从而导致失望）。本质上，零和假设在某些情况下可能是不现实的，但这是一个可证明的最坏情况的假设，因此永远不会让人失望（只有当实际遭受的损害低于防御者准备的损失时，防御者才会产生正面和惊讶的感受）。

在许多情况下，对失望做出反应是一种短视的行为，反过来，它有时候也被打造成一个有限理性的概念元素。然而，这只会发生在当我们将理性定义为效用最大化时。决策背后的短视态度也可能源于一个简单的想法，那就是如果无论如何都不能可靠地预测，为什么还要担心更遥远的未来会发生什么呢？博弈的设计目的是优化未来极长时间段内的平均收入，那么，如果博弈不能在现实中永远地运行，个人为什么要关心长期的平均收入呢？这种思维在安全方面尤其合理，因为承担损害的能力自然是有限的。即使博弈保证了一些可接受的（期望的）平均奖励，这种保证也不能保护防御者免于遭受任意大的伤害。因此，短视是防御者的生存要素之一，因为它不允许累积的损害最终“破坏”资产（防御者丧失行动能力），在博弈进一步重复之前，通过更大的奖励来补偿损失，以接近均衡收益（即达到理论极限）。

## 参考文献


[1] Acemoglu D，Malekian A，Ozdaglar A（2013）Network security and contagion. Technical report，National Bureau of Economic Research

[2] Altman E，Avrachenkov K，Garnaev A（2007）A jamming game in wireless networks with transmission cost. In：Network control and optimization. Springer，pp 1-12

[3] Anderson R，Moore T（2006）The economics of information security. Science 314(5799)：610-613

[4] Axelsson S（2000）Intrusion detection systems：a survey and taxonomy. Technical report，Technical report Chalmers University of Technology，Goteborg

[5] Balakrishnan K（1996）Exponential distribution：theory，methods and applications. CRC Press，Boca Raton

[6] Bolot J，Lelarge M（2009）Cyber insurance as an incentivefor internet security. In：Managing information risk and the economics of security. Springer，pp 269-290

[7] Chauveau T（2012）Subjective risk and disappointment. Documents de travail du centre d'economie de la sorbonne，Université Panthéon-Sorbonne（Paris 1），Centre d'Economie de la Sorbonne. https://EconPapers.repec.org/RePEc:mse:cesdoc:12063

[8] Chen J，Touati C，Zhu Q（2017）A dynamic game analysis and design of infrastructure network protection and recovery. ACM SIGMETRICS Perform Eval Rev 45(2)：128

[9] Christoffersen P，Pelletier D（2004）Backtesting value-at-risk：a duration-based approach. J Financ Economet 2(1)：84-108

[10] Eichner T, Wagener A Increases in skewness and three-moment preferences. Mathematical Social Sciences 61(2), 109-113 (2011). doi:10.1016/j.mathsocsci.2010.11.004

[11] Farhang S, Manshaei MH, Esfahani MN, Zhu Q A dynamic bayesian security game framework for strategic defense mechanism design. In: Decision and Game Theory for Security, pp. 319-328. Springer (2014)

[12] Finkelstein M (2008) Failure rate modelling for reliability and risk. Springer Science & Business Media, London

[13] Gintis H (2014) The bounds of reason: game theory and the unification of the behavioral sciences, revised edn. Princeton University Press, Princeton/Oxfordshire. http://www.jstor.org/stable/10.2307/j.ctt13x0svm

[14] Gul F (1991) A theory of disappointment aversion. Econometrica 59(3):667. https://doi.org/10.2307/2938223

[15] Hölmstrom B (1979) Moral hazard and observability. Bell J Econ 10:74-91

[16] Holmstrom B (1982) Moral hazard in teams. Bell J Econ 13:324-340

[17] Horúk K, Zhu Q, Bošansky` B (2017) Manipulating adversary? s belief: a dynamic game approach to deception by design for proactive network security. In: International conference on decision and game theory for security. Springer, pp 273-294

[18] Huang L, Chen J, Zhu Q (2017) A large-scale Markov game approach to dynamic protection of interdependent infrastructure networks. In: International conference on decision and game theory for security. Springer, pp 357-376

[19] Jajodia S, Ghosh AK, Swarup V, Wang C, Wang XS (2011) Moving target defense: creating asymmetric uncertainty for cyber threats, vol 54. Springer Science & Business Media, New York

[20] Jhaveri RH, Patel SJ, Jinwala DC (2012) Dos attacks in mobile ad hoc networks: a survey. In: Advanced computing & communication technologies (ACCT), 2012 second international conference on. IEEE, pp 535-541

[21] Kelly FP, Maulloo AK, Tan DK (1998) Rate control for communication networks: shadow prices, proportional fairness and stability. J Oper Res Soc 49:237-252

[22] Kesan J, Majuca R, Yurcik W (2005) Cyberinsurance as a market-based solution to the problem of cybersecurity: a case study. In: Proceedings of WEIS

[23] Lelarge M, Bolot J (2008) A local mean field analysis of security investments in networks. In: Proceedings of the 3rd international workshop on economics of networked systems. ACM, pp 25-30

[24] Manshaei MH, Zhu Q, Alpcan T, Bacşar T, Hubaux JP (2013) Game theory meets network security and privacy. ACM Comput Surv (CSUR) 45(3):25

[25] Miao F，Zhu Q，Pajic M，Pappas GJ（2018）A hybrid stochastic game for secure control of cyber-physical systems. Automatica 93:55-63

[26] Minkova LD（2010）Insurance risk theory. Lecture notes，TEMPUS Project SEE doctoral studies in mathematical sciences

[27] Miura-Ko R，Yolken B，Mitchell J，Bambos N（2008）Security decision-making among interdependent organizations. In：Computer security foundations symposium，CSF'08. IEEE 21st. IEEE，pp 66-80

[28] Pal R，Golubchik L，Psounis K，Hui P（2014）Will cyber-insurance improve network security? a market analysis. In：INFOCOM，2014 proceedings IEEE. IEEE，pp 235-243

[29] Pawlick J，Zhu Q（2015）Deception by design：evidence-based signaling games for network defense. arXiv preprint arXiv:1503.05458

[30] Pawlick J，Zhu Q（2016）A Stackelberg game perspective on the conflict between machine learning and data obfuscation. In：Information forensics and security（WIFS），2016 IEEE inter- national workshop on. IEEE，pp 1-6. http://ieeexplore. ieee. org/abstract/document/7823893/

[31] Pawlick J，Zhu Q（2017）A mean-field Stackelberg game approach for obfuscation adoption in empirical risk minimization. arXiv preprint arXiv：1706. 02693. https://arxiv. org/abs/1706. 02693

[32] Pawlick J，Colbert E，Zhu Q（2017）A game-theoretic taxonomy and survey of defensive deception for cybersecurity and privacy. arXiv preprint arXiv:1712.05441

[33] Pawlick J，Colbert E，Zhu Q（2018）Modeling and analysis of leaky deception using signaling games with evidence. IEEE Trans Inf Forensics Sec 14(7):1871-1886

[34] Peltzman S（1975）The effects of automobile safety regulation. J Polit Econ 83:677-725

[35] Raiyn J et al（2014）A survey of cyber attack detection strategies. Int J Secur Appl 8(1)：247-256

[36] Rass S，König S（2018）Password security as a game of entropies. Entropy 20(5):312. https://doi.org/10.3390/e20050312

[37] Rass S，Alshawish A，Abid MA，Schauer S，Zhu Q，De Meer H（2017）Physical intrusion games-optimizing surveillance by simulation and game theory. IEEE Access 5:8394-8407

[38] Sion M，Wolfe P（1957）On a game without a value. Princeton University Press，pp 299-306. http://www.jstor.org/stable/j.ctt1b9x26z.20

[39] Tague P，Poovendran R（2008）Modeling node capture attacks in wireless sensor networks. In：Communication，control，and computing，2008 46th annual allerton conference on. IEEE，pp 1221-1224

[40] Wachter J，Rass S，König S，Schauer S（2018）Disappointment-aversion in security games. In：

International conference on decision and game theory for security. Springer, pp 314-325

[41] Wang W, Zhu Q (2017) On the detection of adversarial attacks against deep neural networks. In: Proceedings of the 2017 workshop on automated decision making for active cyber defense. ACM, pp 27-30

[42] Wenner F (2002) Determination of risk aversion and moment-preferences: a comparison of econometric models. Ph.D. thesis, Universität St. Gallen

[43] Xu Z, Zhu Q (2015) A cyber-physical game framework for secure and resilient multi-agent autonomous systems. In: Decision and control (CDC), 2015 IEEE 54th annual conference on. IEEE, pp 5156-5161

[44] Xu Z, Zhu Q (2016) Cross-layer secure cyber-physical control system design for networked 3D printers. In: American control conference (ACC). IEEE, pp 1191-1196. http://ieeexplore.ieee.org/abstract/document/7525079/

[45] Xu Z, Zhu Q (2017) A game-theoretic approach to secure control of communication-based train control systems under jamming attacks. In: Proceedings of the 1st international workshop on safe control of connected and autonomous vehicles. ACM, pp 27-34. http://dl.acm.org/citation.cfm?id=3055381

[46] Xu Z, Zhu Q (2017) Secure and practical output feedback control for cloud-enabled cyber-physical systems. In: Communications and network security (CNS), 2017 IEEE conference on. IEEE, pp 416-420

[47] Yuan Y, Zhu Q, Sun F, Wang Q, Başar T (2013) Resilient control of cyber-physical systems against denial-of-service attacks. In: Resilient control systems (ISRCS), 2013 6th international symposium on. IEEE, pp 54-59

[48] Zhang R, Zhu Q (2015) Secure and resilient distributed machine learning under adversarial environments. In: 2015 18th international conference on information fusion (fusion). IEEE, pp 644-651

[49] Zhang R, Zhu Q (2017) A game-theoretic defense against data poisoning attacks in distributed support vector machines. In: Decision and control (CDC), 2017 IEEE 56th annual conference on. IEEE, pp 4582-4587

[50] Zhang T, Zhu Q (2017) Strategic defense against deceptive civilian GPS spoofing of unmanned aerial vehicles. In: International conference on decision and game theory for security. Springer, pp 213-233

[51] Zhang R, Zhu Q (2018) A game-theoretic approach to design secure and resilient distributed support vector machines. IEEE Trans Neural Netw Learn Syst 29:5512-5527

[52] Zhang R, Zhu Q (2019) Flipin: a game-theoretic cyber insurance framework for incentive-compatible cyber risk management of internet of things. IEEE Trans Inf Forensics Secur 15:

2026-2041

[53] Zhang R，Zhu Q，Hayel Y（2017）A bi-level game approach to attack-aware cyber insurance of computer networks. IEEE J Sel Areas Commun 35(3)：779-794

[54] Zhu Q，Rass S（2018）On multi-phase and multi-stage game-theoretic modeling of advanced persistent threats. IEEE Access 6：13958-13971

[55] Zhu Q，Fung C，Boutaba R，Başar T（2012）Guidex：a game-theoretic incentive-based mechanism for intrusion detection networks. Sel Areas Commun IEEE J 30(11)：2220-2230

[56] Zhu Q，Clark A，Poovendran R，Başar T（2013）Deployment and exploitation of deceptive honeybots in social networks. In：Decision and control（CDC），2013 IEEE 52nd annual conference on. IEEE，pp 212-219

[57] Zhuang J，Bier VM，Alagoz O（2010）Modeling secrecy and deception in a multiple-period attacker-defender signaling game. Eur J Oper Res 203(2)：409-418

# 第 8 章

# 巡逻和监视博弈

Under observation, we act less free, which means we effectively are less free.

在监视下,我们的行为不那么自在,这就意味着我们实际上不那么自由。

——E. 斯诺登 (E. Snowden )

巡逻和监视博弈都研究如下的追逃场景,即对手试图逃避移动防御者(巡逻)或固定防御者(监视)的检测。这两种博弈都在基础设施抽象模型的图上进行。我们将回顾各种存在解析解的解决方案,以在不同类别的拓扑图上进行最佳巡逻。其应用包括沿线(边界、管道或类似物)、港口(树结构图)和通常较大的地理区域(平面图和地图)的巡逻。对于监视和巡逻,我们将得到解决一些重要问题的线索,例如如何估计必要资源,如何处理检测中面临的不完善性、不确定性,以及对手逃离巡逻者或监视者视线的机会等。我们将讨论如何在复杂地形中,使用模拟以及定义在实值和随机排序上的经验博弈。

## 8.1 通用场景

每当由物理边界(博物馆、机场、市区、仓库或类似物)定义的特定地形需要保护时,巡逻博弈可能是一个可以考虑的模型。我们假设移动防御者有义务对该区域进行持续监视,但(通常)无法依赖传感器信息或无法查看远处的区域。如果遥感是可行的,就是我们将在 8.8 节讨论的监视博弈,它改变了博弈的性质,从巡逻的追逃风格转变为传感器放置的优化问题。

在巡逻博弈中,防御者通常单独行动。这与安保人员的实际情况有些不同,安保人员通常成组工作,可以使用监控设备,并且彼此之间不断联系。然而,为了简化模型,并且不丢失太多普遍性,我们可以把一个协作的防御者团队视为一个单一的实体,赋予这个实体同时检查多个位置的能力来代替防御者团队的多个人。这相当于改变了区域的拓扑结构,但有关巡逻博弈的基本思想和结果是不变的。

下面要讨论的大多数(但不是全部)巡逻博弈的模型都是离散的,首先将地形划分为一组有限的区域。可以根据自然情况进行这种划分，例如建筑物的楼层布局，或边界、河流、山脉分隔的地理区域，但通常不受什么约束，主要取决于我们自己的选择。通常，某些区域包含了特别感兴趣或重要的区域（例如，办公室），而其他区域则具有较少或次要的兴趣（例如，走廊）。为了系统化地帮助区域的划分，我们会考虑有多少个区域是有意义的，有一个关于美术馆的著名定理可能对此有所帮助。

## 8.2 美术馆定理

美术馆定理，是组合数学和图论里面的一个优雅结果，它考虑下面的情况：假定一个博物馆，墙上挂着珍贵画作，其平面图构成一个有 $n$ 条边（墙）的多边形。需要多少固定的警卫（每个都有 360 度的视野）才能保证所有绘画（墙壁）都在视野中并受到保护？

最小警卫数量的计算，通常是 NP 难的，但是这个数量有一个简单的上限，由以下定理给出：

**定理 8.1**（Chvátal 的看守者定理[11]） 如果 $S$ 是一个有 $n$ 个顶点的多边形，那么 $S$ 中最多有 $n/3$ 个点的集合 $T$，使得对于 $S$ 的任何点 $p$ 都有 $T$ 中的一个点 $q$，线段 $p-q$ 完全位于 $S$ 中。

$T$ 中的点正是监控看守者或摄像机，而上述线段是从放置在 $q$ 点的摄像机到墙壁（绘画）位置 $p$ 的视线。Chvátal 的原始证明被 S. Fisk[15] 简化为优雅的五行论证：将平面布局视为平面图 $G$，并添加连接到 $G$ 中所有顶点的人工顶点 $v_0$，构成平面图 $G'$。根据四色定理[8]，我们可以使用四种颜色对 $G'$ 进行着色，其中不包括 $v_0$ 的颜色使 $G$ 为三色。现在，让 $T$ 是所有具有相同颜色的最小顶点集（只有三个可供选择）。然后，必然有 $|T| \leqslant n/3$。此外，$S$ 中的每个点 $p$ 都位于某个三角形中（因为每个平面图都可以进行三角剖分），并且 $S$ 中的每个三角形都有一个点 $p \in T$。由于三角形是凸的，所以从 $q$ 到 $p$ 一定有一条视线，从而证明了定理。图 8.1 描述了证明思路。

**注 8.1** 尽管美术馆定理允许任意形状的建筑，但它仍然假设布局中没有“洞”，例如可以单独绘制成为内部为多边形的露台（例如，参见图 8.2(a)，其中内部区域可能是一座山）。进一步看上面的论证会发现它隐含地使用了乔丹曲线定理来确保多边形①的内部和外部都是连通区域，因此：① 到外部“人工”顶点的连接仍保持 $G$ 是一个平面图；② 三角测量仍然可行。只要博物馆的布局可以绘制为单个多边形，该定理就适用。否则，我

① 译者注：原文为“polynomial”，根据上下文，此处应为“polygon”。

们可以参考文献[21]中改进过的版本。

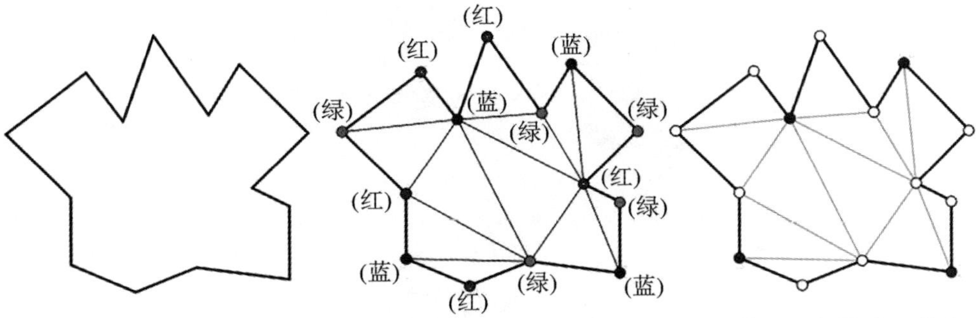


(a) 初始地形　　(b) 三角剖分区域和3色　　(c) 警卫者位置(实心节点)

**图 8.1　美术馆定理简介**

## 8.3　从美术馆定理到巡逻博弈

美术馆定理对巡逻和监视博弈都有帮助，主要有以下两个原因：

- 它有助于通过参考区域的三角测量来定义区域；
- 它还根据区域的边界几何形状限制了监控摄像机(或警卫)的数量：$n$ 面墙需要不超过 $n/3$ 个具有 360 度全景的摄像机。

一旦地形被划分为区域或位置，边缘就可以表示一个区域与另一个区域的可达性。图 8.2 显示了一些示例：自然栖息地(图 8.2(a))可能在中间有一座山，因此如果这些区域相邻，就可以从一个区域到达另一个。其他地形可能不同，例如建筑物(图 8.2(b))或港口(图 8.2(c))，根据门、码头或类似物的物理可达性来定义图中的边。对于建筑物以及任何其他地形，我们可以为图形节点着色以指示区域的重要性，使用绿色/黄色/红色等简单比例表示正常、中等和高度安全区域。

上述建模过程实际上定义了一个图，该图是实际巡逻博弈的"博弈场"。博弈论的用处，在于了解巡逻者应该如何随机化其巡逻以防止被攻击者预测。然而，在这里不推荐使用简单的最大熵启发式算法[16]，因为它规定以相同的可能性 $1/n$ 均匀随机地访问每个位置 $1,2,\cdots,n$。[5]博弈论在这里有助于找到最佳随机化策略。

接下来，设巡逻博弈的博弈场是一个图 $G=(V,E)$，它有 $n=|V|$ 个顶点，对应需要定期检查的区域，以及区域 $i$ 和 $j$ 之间的边，只要区域 $j$ 到 $i$ 是可达的。根据拓扑(地理)或其他约束，让 $G$ 成为有向图可能会很方便(例如，如果一个区域可以从另一个区域到达，但不能直接返回)，或者对边进行加权，例如，为图中的每条边设置相应的距离或其他

成本。我们将在适当的情况下对图进行这些修改。

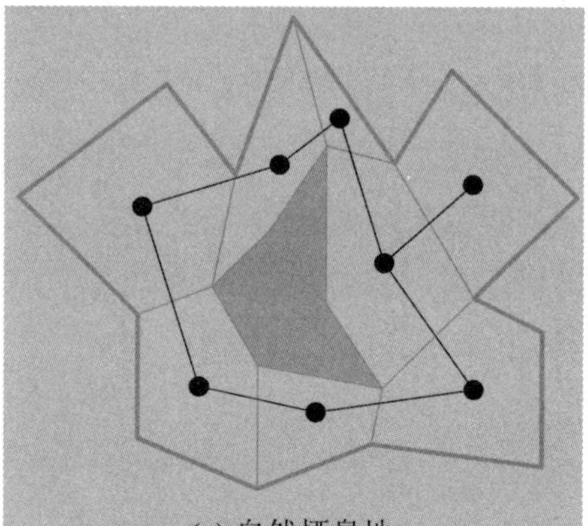

(a) 自然栖息地

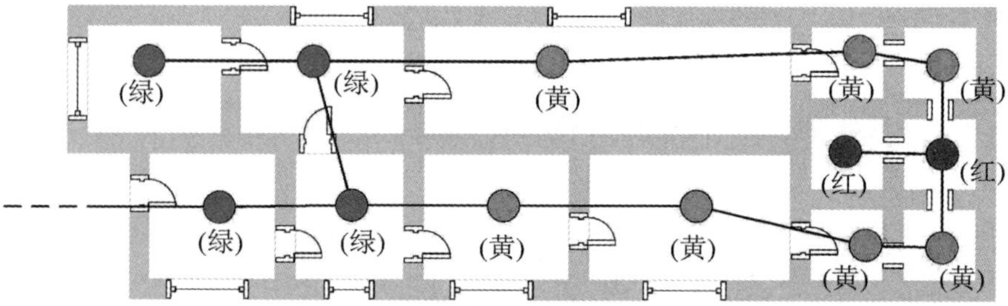


(b) 建筑，用颜色代码指示区域重要性

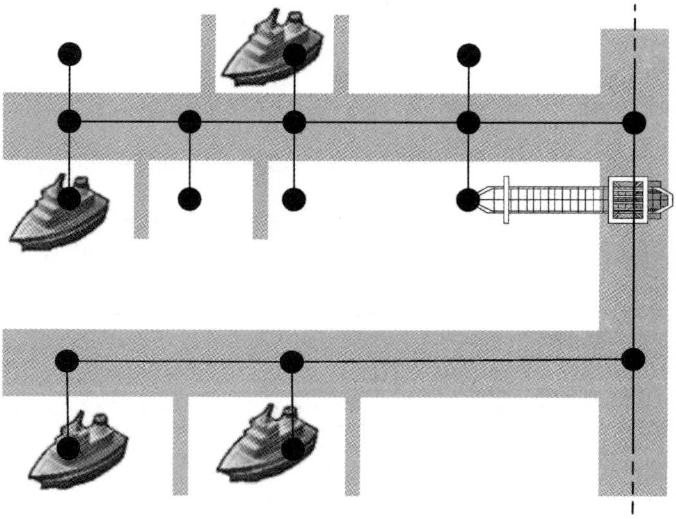

(c) 港口

**图 8.2 将不同地形划分为区域的示例**

## 8.4 一个简单的矩阵博弈模型

在最简单的场景中，巡逻者和攻击者的策略都只是访问与图中节点对应的点或区域(参见例 3.5)。双方参与者各自选择他们的位置 $i,j$ 进行检查或破坏，相应地，博弈对参与者做出如下奖励：

$$u_1(i,j)=-u_2(i,j)=\begin{cases}0, & \text{若 } i=j\text{，则防御者在位置 } i \text{ 抓到入侵者；}\\ 1, & \text{若 } i\neq j\text{，则防御者没有抓到入侵者}\end{cases}$$

防御者(即参与者 1)的目标是最小化其损失，上述等式定义了防御者的$(n\times n)$-收益矩阵$A$。这是一个对角矩阵，该博弈存在解析解，我们将在 12.3.3 小节中更详细地描述它。上面定义的博弈，其鞍点值为 $\text{val}(A)=1/n$。稍微推广一下上述模型，我们可以根据不同区域的安全许可级别，重新定义矩阵的对角元素，这些元素刻画了当对手不在区域 $i$ 出现时，潜在商业价值损失或预期损坏。

如果防御者可以通过监视辅助设备(包括同时巡逻的警卫)直接观察到(或以其他方式观察)附近区域或远程区域的情况，则可以在矩阵中插入非对角非零元素。

不管怎样，上述建立的模型非常简单，并且可以在图上进行计算，因而很受欢迎。图的大小，即区域的数量，直接决定了博弈的大小。

然而，这个模型过于简化了实际问题，因为它可能规定了实际上很麻烦的策略：想象一下，这要求警卫反复检查远处的房间，却漏了沿途的区域，而在直观上，首先检查这些沿途的区域才是合理的。然而，严格遵循随机化时，这种情况就会出现，例如，检查(建筑物的)1 楼，然后检查 27 楼，然后再次返回检查 3 楼，以此类推。这种简单的随机化，在实践中是不可行的。

在文献[25]中，作者提出了一个更明智的模型，它增加了改变博弈重复策略的成本：在图中，我们用警卫从位置 $i$ 到位置 $j$ 时必须走过的距离来标记图中的边，这样我们就得到一个加权图，在这个加权图上运行 Floyd-Warshall 最短路径算法[12]是一件简单的事情，然后我们会得到一个距离矩阵 $S=(s_{ij})_{i,j\in V}$，定义了从区域 $i$ 到区域 $j$ 的最短距离 $s_{ij}$。除了抓到攻击者这个目标以外，我们把距离成本作为次要目标，这样就使得该博弈具有多个目标。第 3 章的技术和解决方案都可以用于这个多目标博弈问题。通过求解式(12.6)就可以获得这个博弈的均衡，我们将在 12.5 节阐述它的算法。

## 8.5 图遍历博弈

"巡逻博弈"这一术语，最早被用来描述在图上进行、含有时间元素的博弈。这种博弈是以其自然周期重复的，例如，工作日、轮班或类似的周期。[5]

考虑一个固定的离散时间范围 $T\in\mathbf{N}$，在有限时间段 $\mathcal{T}=\{0,1,\cdots,T-1\}$ 上进行的博弈。我们可以认为 $T$ 定义了巡逻者的轮班情况。管理者必须根据成本标准或其他约束条件来选择 $T$，从而规定轮班的时间长度。稍后，我们将阐述如何确定 $T$。

和以前类似，攻击者的策略是，从时间 $\tau$ 开始，以 $m$ 个时间单位为时间跨度，随机访问一个区域（并造成损坏、窃取敏感数据、进行偷猎等）。因此，在间隔 $I=\{\tau,\tau+1,\cdots,\tau+m-1\}$ 内，攻击者在区域 $i$ 中。我们用对组 $(i,I)$ 来描述这种攻击策略。

巡逻者（防御者）通过图选择路线，在每个时间单位内访问其中一个区域。因此，巡逻者的策略是在图上的游走（walk）$w:\mathcal{T}\to V$，其中 $w(t)$ 给出了巡逻者在时间 $t=0,1,\cdots,T-1$ 时的当前位置。

**注 8.2** 术语"游走"（walk）和"路径"（path）经常被用作同义词，但一些作者将它们做如下的区分：在图中的游走允许循环（意味着一个位置可以沿着游走访问不止一次），而路径只允许每个位置仅访问一次。在某种程度上，它是两个地点之间最直接（不一定是最短）的路线。在下文中，我们将不会过多使用这种区别，而将使用广泛同义的术语"游走"和"路径"。

如果巡逻者在其活动期间访问了攻击者的位置，即对于防御者的策略 $w$ 和攻击者的策略 $(i,I)$，如果 $i\in w(I)$，则攻击者被捕获。相应地，博弈中的收益是个 0-1 值：

$$u_1(w,(i,I))=-u_2(w,(i,I))=\begin{cases}1, & 若\ i\in w(I);\\0, & 若\ i\notin w(I)\end{cases}$$

对 $u_1$ 取长期平均值，就得到抓住攻击者的可能性。对于重复博弈，可以考虑用 $T$ 来定义博弈的周期，即单次博弈从时间 $t=0$ 运行到时间 $t=T-1$，并且博弈在时间 $t=T$ 重新开始，并一直运行到时间 $t=2T-1$，以此类推。为了使这有意义，我们需要令路径在同一位置开始和结束。这实际上让分析变得简化了，因为它允许我们做这样的假设，即在任何时间间隔内，发生攻击都是等概率的。然而，重复不是必须的，在研究这个问题的文献中，博弈的单次变体与周期性变体被区分开来，它们各自的结果也不相同。从这里开始，我们让 $\Gamma_0$ 表示单次博弈，它只在一个周期 $T$ 上进行，我们让 $\Gamma_p$ 表示周期性博弈。对于这两种变体，我们添加了参数 $V,T$ 和 $m$，以刻画依赖于这些值的博弈属性。

如果我们考虑一组固定路径，并考虑在这些路径上的对抗活动中，位置 $i$ 和间隔 $I$ 的所有可能的组合，我们很容易得到另一个矩阵博弈。博弈中这类策略的数量会变得相当多，因而，我们会在后续内容中考虑和使用策略规约的方法。

在上述框架中定义的博弈，其鞍点值(即抓住攻击者的机会)存在解析解。其中最重要的事实[5]包括：

(1) $\mathrm{val}(\Gamma(V,T,m))$在 $m$ 上是非递减的。在将边添加到图中时，无论是一次性还是周期性博弈，其值不会增加。这是因为抓获"更快"的攻击者(这时 $m$ 较小)比抓获较慢的攻击者的可能性更小。此外，向博弈添加新策略(在路径中增加新的边)也不会使防守巡逻者的情况变坏。

(2) $\mathrm{val}(\Gamma_p(V,T,m))\leqslant\mathrm{val}(\Gamma_0(V,T,m))$，因为周期性博弈中的路径受到单次博弈中路径的约束(见上文)。

(3) 如果把两个相邻的区域 $i,j$ 合并成一个新的区域$k$，区域 $k$ 连接到$i$ 和$j$ 的所有先前的邻居，那么在这个简化的图上，博弈的值会变得大于或等于原始值(无论是重复博弈还是单次博弈)。直观上来说，是因为巡逻者现在检查位置 $k$ 一次相当于原来检查两个区域$i,j$，其前提是原始图中的最佳路线也会"相应地"在简化的图上使用。

(4) 对于 $\Gamma=\Gamma^0$、$\Gamma=\Gamma^p$ 和任何配置$(V,T,m)$，都有$\dfrac{1}{n}\leqslant\mathrm{val}(\Gamma(V,T,m))\leqslant\dfrac{m}{n}$。这个不等关系范围两端的相等情况可以通过均匀随机策略实现：

- 如果防御者统一随机选择一个位置并等待攻击者，则达到最小值界限。
- 如果攻击者在固定间隔 $I$ 内均匀随机地选择一个位置进行攻击，则达到该值的最大界限。

(5) 关于轮班周期长度 $T$，以下事实可以帮助模型的设计：

- 延长轮班周期不会让结果变得更好，即$\mathrm{val}(\Gamma^0(V,T+1,m))\leqslant\mathrm{val}(\Gamma^0(V,T,m))$。这是因为攻击者在较短的博弈中至少保留相同的策略，但若时间较长，就有更多的机会采取行动。但这不适用于周期性博弈，在文献[5]中可以找到反例。
- 对重复博弈来说，延长轮班周期可能会让结果变好，即$\mathrm{val}(\Gamma^p(V,k\cdot T,m))\geqslant\mathrm{val}(\Gamma^p(V,T,m))$，对于所有 $k=1,2,\cdots$。这是因为巡逻者可以通过重复$\Gamma^p(V,T,m)$中周期为$T$ 的最佳路径$k$ 次，就能达到至少跟较短博弈中相同的成功率。但是，在周期为 $kT$ 的博弈中，巡逻者可以使用的策略更多，因此该值甚至可能会增加。

(6) 最优通用策略：如果巡逻 $w$ 使得节点$i$ 出现在每个长度为$m$ 的$w$ 子路径上，那么我们称这种策略为拦截，因为它最终会拦截对它包含的节点的每一次攻击。一组这样的拦截策略，使得 $V$ 中的每个节点都包含在一个拦截策略中，这称为覆盖集。覆盖策略是从最小的(就集合的基数而言)巡逻覆盖集 $C$ 中统一随机选出来的。

同样，对于攻击者，如果巡逻 $w$ 不能在时间跨度$m$ 内同时拦截两个节点$i$ 和$j$，我们称这两个位置是独立的。如果位置 $i$ 和 $j$ 彼此相距很远，以至于从一个位置走到另一个位置所需的时间比 $m$ 长（在单次博弈的情况下），或者 $T \leqslant 2d(i,j)$，则会发生这种位置独立的情况，因为巡逻者将在完成一轮巡逻后返回原点，因此无法及时到达其他位置。假设攻击者知道独立节点的最大（就基数而言）集合 $D$，那么它可以从 $D$ 中均匀随机地选择一个位置，并在预先固定下来的攻击间隔 $m$ 内攻击那里。我们把这种情况称为攻击者的独立策略。

在这两种通用的行为模式下，我们能得到博弈鞍点值的严格界限，它们是：

$$\frac{1}{|C|} \leqslant \mathrm{val}(\Gamma(V,T,m)) \leqslant \frac{1}{|D|} \tag{8.1}$$

防守方可以采取覆盖策略来达到下限，攻击者可以采取独立策略来达到上限。

在一些特殊类别的图上，我们能得到更有力的结果：

哈密顿图：这些图中存在一个循环路径，沿着这个路径每个区域只访问一次。一个简单的例子是具有 $n$ 个节点的圈 $C_n$，它可以模拟一个地区、军事基础或类似的外围围栏。

如果图 $G$ 是哈密顿图，则

$$\mathrm{val}(\Gamma^0(V,T,n)) = \frac{m}{n}, \quad 并且\ \mathrm{val}(\Gamma^p(V,T,n)) \leqslant \frac{m}{n}$$

确定一个图是否是哈密顿图，通常是 NP 完全的。[17]但是一些充分条件（虽然我们还没有讨论如何找到这些条件）可以用来检查一个图中是否存在一个哈密顿回路，例如：

- 完全图是哈密顿图（很简单，但很有趣，因为这是每个位置都可以从其他位置到达的模型，例如水域的情况）。
- 狄拉克定理：如果 $G$ 中的 $n$ 个顶点的度数大于等于 $n/2$，则 $G$ 是哈密顿图。
- 如果任意两个不相邻的节点 $u,v$ 的度数满足 $\deg(u)+\deg(v) \geqslant |V|$，则 $G$ 是哈密顿图。

二分图：若一个图 $G=(V,E)$ 的顶点集可以划分成两个集合 $V_1, V_2$，使得所有的边的顶点分别在 $V_1$ 和 $V_2$ 中，反之亦然，那么它是一个二分图。在二分图中，没有哪条边是完全位于 $V_1$ 或 $V_2$ 之内的。

二分图的特例包括树状图，它们适合描述港口（参见图 8.2(c)）、机场等区域的地形。

如果一个图是二分图，假设 $a=|V_1| \leqslant b=|V_2|$（不失一般性），那么

$$\mathrm{val}(\Gamma^0(V,T,m)) \leqslant \frac{m}{2b}, \quad 并且\ \mathrm{val}(\Gamma^p(V,T,m)) \leqslant \frac{m}{2b}$$

完全二分图在单次博弈的情况下，或者在周期性博弈的情况下且 $T=2kb, k \in \mathbf{N}$，上面的两个边界都是严格并且可达的。

折线图：折线图是节点的线性排列，即每个节点最多有两个邻居。其重要的应用包

括刻画一个国家的边境地区、管道或类似的东西。虽然这样的地形不一定对应一条直线，但受保护的区域通常可以划分为一系列相邻的区域，从而生成折线图。

如果 $G$ 是一条直线且 $n \leqslant m+1$，则

$$\mathrm{val}(\Gamma^0(V,T,m)) = \frac{m}{2(n-1)}, \quad 并且\ \mathrm{val}(\Gamma^p(V,T,m)) \leqslant \frac{m}{2(n-1)}$$

后一个边界是严格的，并且在 $T=2k(n-1)$，$k \in \mathbf{N}$ 情况下是可达的。

此外，对于折线图[22]，式(8.1)定义的边界变为如下形式：

$$\left\lceil \frac{n}{\lfloor m/2 \rfloor + 1} \right\rceil^{-1} \leqslant \mathrm{val}(\Gamma(V,T,m)) \leqslant \left\lfloor \frac{n+m-1}{m} \right\rfloor^{-1}$$

这适用于单次和周期性博弈，其中两个边界的紧密性也适用于前述的通用覆盖和独立策略。有趣的是，在线路长度 $n$ 和攻击持续时间 $m$ 的特定条件下，来回遍历线路(或它的一部分)这样直观的行为被证明是最优的。[22]例如，如果 $n \leqslant (m+2)/2$，那么巡逻者可以通过简单地在端节点之间来回拦截每一种可能的攻击。同样，如果 $n < m+1$，则攻击者具有在线路两端同时攻击的最佳策略(径向策略)。其他配置稍微复杂一些，在参考文献(包括文献[7])中可以了解详细信息。

折线图特别有用。首先，它们允许对连续时间的博弈进行解析解的分析(参见 8.7 节)。其次，许多通用的图拓扑结构可以分解为线图(很简单，因为一条边已经构成了线图，并且可以在这个基础上构建任何更复杂的结构)。我们将在下一节中使用它。

## 8.6 策略规约技术

### 8.6.1 分解

这意味着将图划分为更小的部分(线性的、完全的、哈密顿的或其他，不一定大小相同或同构)，可以使用专门的结果(例如，解析解的公式)。假设攻击者在任何时候都可以进入系统，在那里它与巡逻者进行“本地博弈”。每个本地博弈都有自己的博弈场，这些博弈场是图的一部分，体现了警卫和入侵者之间追捕和逃避的所有时序行动。这提升了我们的视角，可以将巡逻视为嵌套的“博弈中的博弈”。在全局视图上，它是一个简单的类似 8.4 节描述的对角线博弈(请参见 12.3.3 小节)，其中每个收益现在都由本地博弈来定义。很明显我们可以得到以下的结果：

**定理 8.2** 假设图 $G=(V,E)$ 被分解为 $N$ 个较小的图 $G_i=(V_i,E_i)$，其中 $i=1,2,\cdots,N$，这样 $V=V_1 \cup V_2 \cup \cdots \cup V_N$，在 $G$ 中相邻两个节点，在 $G_i$ 中也是相邻的。那

么，无论是单次还是周期性的巡逻博弈，其值 $\mathrm{val}(\Gamma(V,T,m))$ 都满足

$$\mathrm{val}(\Gamma(V,T,m)) \geqslant \left(\sum_{i=1}^{N} \frac{1}{\mathrm{val}(\Gamma(V_i,T,m))}\right)^{-1}$$

这意味着，对于一个复杂区域的拓扑，在难以求解出确切结果的情况下，我们可以先将图分解为更小的易于分析的拓扑，在这些子图上我们能够得到它们的解析解。然后，使用定理 8.2 把各个子图的最佳策略进行组合，从而得到原始（复杂）拓扑的性能估计。

同时，如果分解出来的子图有较小的可行策略集，那么子图分解就构成了一种策略规约的启发式方法。

## 8.6.2 收缩

收缩的概念就像前文所述的支配关系一样，只保留那些能对博弈做出重要贡献的策略。对这个问题的直觉分析很简单：如果一个系统中，在更长的路线上入侵者需要承担更大的被检测到的风险，那为什么要考虑这种更长的路线呢（它们给了防御者更多的时间和空间来抓住它）？如果较短的路线比较长的路线更可取，即较快的策略支配较慢的策略，我们就可以很安全地将后者排除在博弈之外。在文献[9]中描述了一个如下的算法：

（1）计算所有区域之间的两两最短路径（例如，通过使用 Floyd-Warshall 算法），这些区域对应图中的节点。

（2）把所有的最短路径都统一输出到一个新的图中。

显然，这个过程保留了所有节点之间的最短连接。此外，如果在检查一些节点的过程中会自然覆盖另一些节点，那我们就可以删除这些被覆盖的节点。例如，如果三个区域形成一条直线 $V_0 - V_1 - V_2$，在从 $V_0$ 到 $V_2$ 的路上路过了 $V_1$，反之亦然，那么我们可以将 $V_1$ 合并到其中一个邻居节点里，这样就进一步简化了模型。

以图 8.3 为例：最初，所有的边都在图中；在只保留那些在最短路径上（在任何两个位置之间）的边，我们最终在示例图中删除了两条边。

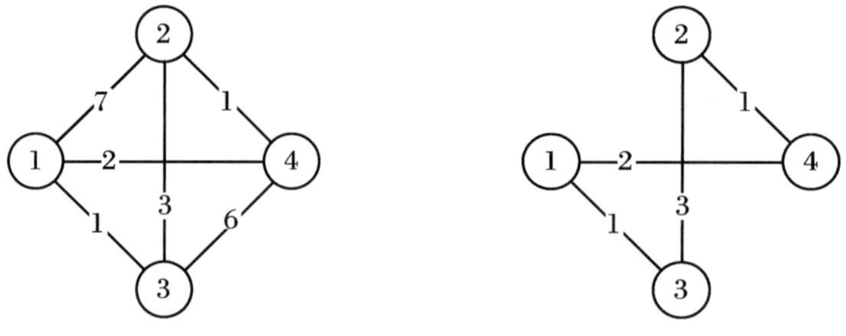

(a) 所有节点都可访问　　(b) 最短的路径

**图 8.3　通过仅保留最短路径来减少策略**

### 8.6.3 对称化

如果我们可以合理地假设在某些短路径上发生攻击的概率是相等的，那么把这些短路径视为“等价”的可能性，就不那么容易理解了。这种技术被称为对称化。[5]我们通过一个例子来说明：考虑图 8.4，其中节点 2 和 3 对称地排列在从 1 到 4 的路径周围。因此，在节点 2 和 3 中巡逻且随机攻击节点 2 和 3 与将这两种可能性视为单一场景并没有本质上的区别，不会改变博弈的实际值。更正式地说，我们可以在 $G$ 上寻找自同构。这是一个置换 $\pi: V \to V$，它将图 $G$ 映射到图 $G' = (\pi(V), E')$，其中 $(u, v) \in E'$ 当且仅当 $(\pi^{-1}(u), \pi^{-1}(v)) \in E$，即当且仅当相同的边在 $G$ 中时，$G'$ 中存在边（同样为无向图定义）。直观上，自同构只“重命名”顶点，但保持所有邻域关系（边）不变。

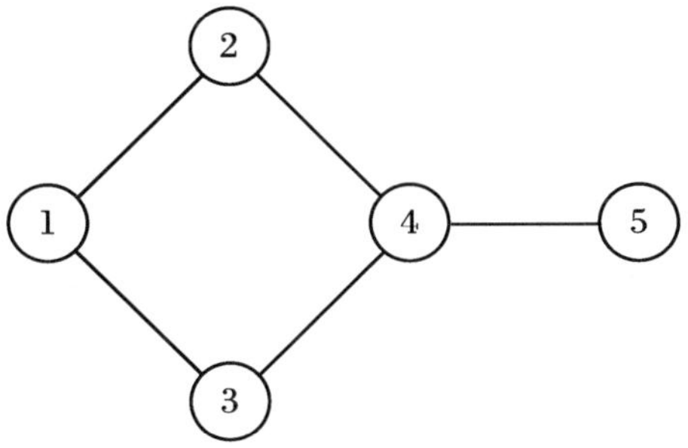


**图 8.4 风筝图**

在这样的自同构 $\pi$ 下，如果两个巡逻策略 $w_1 \neq w_2$，并且 $w_1$ 在 $\pi$ 下映射到 $w_2$，我们称这两个策略等价。对于图 8.4，自同构是映射 $\pi = \{1 \to 1, 2 \to 3, 3 \to 2, 4 \to 4, 5 \to 5\}$，因此在 $\pi$ 下从走 $1 \to 2 \to 4$ 映射到 $1 \to 3 \to 4$，反之亦然，因此它们等价。同样，如果 $\pi(i) = j$ 且 $\pi(j) = i$，攻击者选择位置 $i$ 或者位置 $j$ 时没有区别。在这种情况下，我们将位置 $i$ 和 $j$ 也称为是等价的。

了解一组（对于巡逻者或攻击者的）等价策略 $S = \{s_1, s_2, \cdots, s_d\}$ 的关键，是我们可以将 $S$ 视为一个单一的策略，其中我们均匀地随机选择一个要在实际博弈中采用的策略。也就是说，博弈的设置和分析将所有等价策略收缩为单个实体，而对于这种（收缩）策略 $S$ 的实际博弈，参与者将统一从 $S$ 中随机选择一个元素作为其行动以进行博弈。在对称化后博弈的值保持不变[1,2]，但由此产生的博弈通常具有较少的策略，因而更容易分析。

## 8.7 巡逻博弈的进一步变化

### 8.7.1 连续巡逻

连续巡逻也是在连续时间内进行的，但有以下变化[6]：

· 攻击者可以选择图中的任何位置，不一定是顶点，而且也可以选择一条边上的任何点。

· 巡逻者的策略是一个函数 $w:[0,\infty)\to V$，该函数满足 $d(w(t),w(t'))\leqslant|t-t'|$，其中所有 $t,t'\geqslant0$，$d$ 是图上的距离函数，是拓扑意义上的度量（参见正式定义的术语表）。

· 时间范围是无限的，因此如果路径是图中的圈，则只会出现周期性博弈。

该设置的其余部分保持不变，即当攻击者在时间 $y$ 发起攻击，且持续时间为 $r$ 时，攻击者仍然在时间间隔 $I=[y,y+r]\subset[0,\infty)$ 内选择一个位置 $x$ 进行攻击。对于连续博弈，之前的许多结果都以类似的形式成立，例如边界（8.1）转换为

$$\frac{r}{l_{\text{CPT}}}\leqslant \text{val}(\Gamma)\leqslant\frac{r}{l_G}$$

其中 $l_G$ 是 $G$ 的总长度，即所有边的长度之和，$l_{\text{CPT}}$ 是中国邮递员问题（CPT）的长度。CPT 是 $G$ 中的一个圈，沿着它，至少会访问每个节点一次，但与 TSP 问题或汉密尔顿圈不同，它允许多次访问同一个顶点。尽管如此，我们只对最短的路径感兴趣，但松弛约束条件后我们可以在多项式时间里计算出这种情况下的最短路线。[14]

### 8.7.2 累积博弈

一些巡逻博弈并不关心抓获入侵者本身，而是关注清理其“足迹”。例如，若入侵者在某个区域留下了一定数量的危险物品，而防御者清理这些物品达不到一个要求的数量，那么巡逻者就输了（同样，如果巡逻者收集了足够多的攻击者留下的物品，博弈就以有利于防御者的方式结束）。这种博弈适用于许多应用场景，例如控制一个地区的污染。

这类模型采用与前述模型类似的思想和概念，在文献[3,20]中进行了研究，在博弈的各种配置中，都能计算出攻击者的最佳策略。[4]

### 8.7.3 覆盖博弈

与巡逻类似，但设置方式不同的是防范机场恐怖袭击的模型。[23]简而言之，防御者的策略是警卫（或不警卫）某些位置，而攻击者的意图是攻击这些位置或至少造成最大的伤

害。每一种策略(针对两个参与者)都是针对对手的保护、攻击和潜在伤害而量身定制的。最终,这又是一场博弈,防御者选择一个区域进行保护,攻击者选择一个区域进行攻击。这通常是一个非零和博弈,因为防御者的额外约束条件是分配有限的资源进行防御(因此可能会不时地随机进行重新分配,如果无法一直持续覆盖所有的位置的话),并且攻击者的收益是对防御者的损害,而不是对防御者的支出(防御者通过保护其区域而获得收益,但这也产生了成本)。

## 8.8 监控博弈

监控博弈中,我们增加了固定设备和其他辅助设备来帮助扩大巡逻范围。监控博弈还缺乏公认的定义,但它的最常见问题与传感器的最佳放置位置有关。“最佳”的含义因应用而异,可能包括视野覆盖范围[10,18,19]、定位误差、检测率[24]等指标。通常,该问题是一个包括成本约束条件的多目标优化问题,还可能要优化多个冗余传感器覆盖的范围(多个传感器、守望者或其他方式同时覆盖的区域)。下面的形式化示例就包含了这个次要目标。

与之前一样,建模过程是先把区域划分为若干感兴趣的区域或位置,然后引入变量来表示监控设备所覆盖的区域。美术馆定理及其相关定理[21]为我们提供了所需传感器数量的上限。监控博弈关注的是传感器数量的下限,以及这些传感器的最佳放置位置。请注意,定理8.1的简短证明是非构造性的,也不涉及警卫的放置位置;它只是利用着色问题存在(通常是非唯一的)着色方案来判断所需要警卫位置的数量。但是,寻找着色方案本身需要高昂的计算成本。

下面是一个简单但有指导意义的模型(基于文献[13]):从$1,\cdots,n$枚举所有区域,对于每个可能可以放置传感器的位置(不是传感器本身,因为我们假设它们都是相同的),我们定义一个指标变量

$$s_j := \begin{cases} 1, & \text{如果传感器在位置 } j; \\ 0, & \text{否则} \end{cases}$$

其中变量$j,j=1,2,\cdots,m$表示所有可能的传感器位置。我们在模型中增加真实物理位置的背景信息,以确定性能指标和区域覆盖集:

$$\lambda_{ij} := \begin{cases} 1, & \text{如果区域 } i \text{ 能被位置 } j \text{ 的传感器覆盖}; \\ 0, & \text{否则} \end{cases}$$

$$N_i := \{ j : \lambda_{ij} = 1 \}$$

总的来说,我们感兴趣的是传感器能够覆盖整个地区,或覆盖最大的范围,所以我们定义

第三个指标变量 $m_i$ 来判断一个区域是否被任何传感器覆盖，即 $m_i := 1$ 当且仅当一个区域 $i$ 被某个传感器覆盖，否则，$m_i := 0$。类似地，我们也可以定义另一个指标以表示有多个传感器覆盖同一区域。请注意，如果该区域是一个重要区域，我们关注监视系统的可靠性，那么这种冗余就可能是需要的；但是如果我们主要关注成本，并且安装或维护传感器的成本昂贵，则不需要冗余传感器。为了简单起见，我们现在把这个问题形式化表示为单一目标的优化问题，在后面再直接扩展这个模型以包含其他目标。

对攻击者而言，一个区域可能具有特定的重要性（价值），我们通过为第 $i$ 个区域分配权重 $\alpha_i$ 来反映这一点。在不知道攻击者的意图，或不知道一个节点对攻击者的价值等情况下，我们可以把一个区域或节点对于我们自己的安全或商业价值，作为它对攻击者的价值（这是一个最坏情况下的假设，可以用零和模型来刻画它）。

优化的总体目标函数，是这些分值的总和，其约束条件是这些区域是否被覆盖，这可以表示为 $\sum_{i \in \text{Zones}} \alpha_i \cdot m_i$。

接下来我们考虑预算限制的约束条件。预算限制可以有不同的形式，例如，对传感器数量的限制、在不同位置安装传感器的总成本以及其他类似的限制。如果只有传感器的数量不能超过最大数量 $s$ 这样的限制，但我们不关心成本，我们可以添加一个约束条件 $\sum_j s_j \leqslant s$。如果在位置 $j$ 的传感器的成本是 $c_j$，并且总成本不能超过预算限制 $C$，那么成本约束条件是 $\sum_j s_j \cdot c_j \leqslant C$ 。上述约束条件仅用来说明如何刻画预算限制，我们可以根据实际问题的场景，自由定义约束条件。

由此产生的问题是混合整数型的，其表述如下：

$$
\begin{cases}
\text{maximize} \quad z = \sum_i \alpha_i m_i \\
\text{s.t.} \quad \sum_{j \in N_i} s_j - m_i \geqslant 0 \text{ 对于所有的 } i\text{（全覆盖）} \\
\sum_j s_j \leqslant s\text{（传感器数量有限）} \\
\sum_j s_j c_j \leqslant C\text{（安装预算有限）} \\
s_j, m_i \in \{0,1\} \text{ 对于所有的 } i, j
\end{cases}
\tag{8.2}
$$

只有第一个和最后一个约束是必须的，因为成本约束可能会有所不同并取决于问题的上下文。第一个约束确保第 $i$ 个区域被传感器覆盖，最后一个约束将变量定义为决策指标。这可以防止像“0.5 个传感器”这样没有意义的分数形式的出现。

实现式(8.2)时比较棘手的是如何定义 $N_i$ 这个集合，因为这取决于传感器的物理特性（相机的视野、运动检测的范围、分辨率，或其他类似的特性）。下面列举了式(8.2)这个模型面临的进一步挑战和可能的改动，包括：

- 其他目标：我们可以定义很多其他的相关目标，例如，位置错误或运动检测错误、备份覆盖范围（即同一位置的多个传感器），以及隐私侵犯和用户在监控系统存在时的便利性问题[24]等。后两个因素没有通用的数学模型，除了受到立法（例如欧盟数据隐私法规或其他法规）的严格约束外，我们还必须依靠实证研究（访谈）。

- 不完美的性能：如果传感器不完全可靠，那么要对模型进行如下的直接修改：让一些决策变量的范围从$\{0,1\}$变为$[0,1]$，例如，$\lambda_{ij}\in[0,1]$可以表示传感器对第 $i$ 个区域的部分覆盖，它是该区域面积的（百分比）分数。同样，重新定义 $m_i:=P$（传感器检测区域 $i$ 中的对抗性活动）以表示不完全可靠的检测机制。尽管我们得对这个混合整数问题做部分松弛以使得求解变得容易，但这是以新的挑战为代价的，即对现在所涉及的概率进行可靠的估计。

通常来说，即使是在像式(8.2)这样的精确形式下，这个优化问题的解析解也是不存在的（或至少是未知的）。

上述计算和建模的可处理性问题值得用于监视问题的仿真。在这里，我们用一个白盒模拟器来替换目标函数，这个模拟器会输出检测率、运动误差或其他的分值。问题(8.2)是一个静态放置传感器的模型，但没有考虑理性对手会想办法逃避检测的情况。我们对传感器放置模型做如下扩展，就得到一个监控博弈模型：

参与者1（防御者）负责放置传感器；这里的重复博弈，假设传感器是可移动的（因此，这个概念再次接近巡逻博弈，尽管防御者的策略不再局限于图中路径）。

参与者2（攻击者）与防御者进行“警察和强盗”的博弈，想办法绕过防御者将要（通过放置传感器来）检查的位置，并优化其自身的目标，其中可包括（但不限于）：

- 到达某个目标区域：APTs作为高度针对性的攻击，通常属于这一类，因为目标是到达一个易受攻击的位置，在一次攻击中击中最大数量的次要目标。

- 在尽可能多或尽可能有价值的区域造成破坏：这也与APTs相关，因为它对信息收集阶段进行建模，为计划中的攻击做准备。

我们可以用博弈来规避典型的传感器放置问题的NP难，并有助于对对手行为的假设进行解释。这些可以都整合进一个贝叶斯博弈，在这样的博弈里，存在不同的对手与防御者进行对抗。虽然这种模型是另一个研究领域的主题（例如犯罪预测或对抗性风险评估，参见6.4节），但我们在这里强调以下的可能性：如果我们拥有关于攻击者的先验信息，这些信息表明某些位置比其他的位置更有可能被击中，那么我们可以把可能被攻击的位置的集合，即攻击者的策略空间，转换为相同大小的对手类型集合，每个攻击者类型专门攻击各自的位置。位置受到攻击的可能性的先验信息，自然就会转化为相应的攻击者类型的可能性，在这样的问题中，正确的解决方案就是PBNE（见定义4.3）。我们将在 9.4 节中割绳子博弈的背景下描述这一点。

在仿真中，我们可以让攻击者走先验假设的不同路线，并让它以不同的可能性击中不同的目标(从而以不同的方式模拟对手的行为)，测试固定传感器放置位置情况下的性能。这对应于$(1\times m)$-矩阵博弈，其中防御方固定传感器放置位置，攻击方从 $m$ 条可能的路线中选择一条。我们还可以对收益函数的结构进行变换，例如可以针对攻击者的固定路线($(n\times 1)$-矩阵博弈)，要求在给定的 $n$ 个传感器布局集合中寻找最好的那个布局。如果已经固定了 $n$ 个传感器的布局，并且假定攻击者有 $m$ 条路线，那么博弈就会针对对手的情况，找到最佳的随机传感器布局。

在使用博弈矩阵 $A=(a_{ij})\in\mathbf{R}_{n\times m}$ 的完整模型中，只有从防御者的纯均衡策略才能得到传感器的物理布局。如果博弈在混合策略下能求得所有均衡，则我们可以：

· 通过最接近上界或最接近下界的纯策略来对最优混合策略进行近似。因为最优值必须位于极小极大不等式(3.18)给出的界限之间，所以，在以下范围内出现的任何值：

$$\{\max_{x=1,\cdots,n}\min_{y=1,\cdots,m}a_{ij},\ \min_{x=1,\cdots,n}\max_{y=1,\cdots,m}a_{ij}\}$$

只要它更接近最优值，我们就可以根据它决定应该选择哪个行动。

· 通过对一部分资源的分配，把混合策略变为纯策略。对移动传感器(例如，移动 ID 扫描仪)，这可以是几个巡逻警卫组成的团队随机检查某些位置(类似于巡逻博弈)，或者按需安排警卫去保护他们各自分配的位置。

· 采用贪心算法，以均衡下的概率作为权重来确定纯策略的优先级。也就是说，只要在我们能够负担的预算范围内，我们就以均衡的最高概率来选取这些行动。

# 参考文献


[1] Alonso NZ, Terol PZ (1993) Some games of search on a lattice. Naval Res Logist 40(4):525-541. https://doi.org/10.1002/1520-6750(199306)40:4< 525::AID-NAV3220400407> 3.0.CO; 2-B

[2] Alpern S, Asic M (1985) The search value of a network. Networks 15(2):229-238. https://doi. org/10.1002/net.3230150208

[3] Alpern S, Fokkink R (2014) Accumulation games on graphs. Networks 64(1):40-47. https://doi.org/10.1002/net.21555

[4] Alpern S, Fokkink R, Kikuta K (2010) On Ruckle's conjecture on accumulation games. SIAM J Control Optim 48(8):5073-5083. https://doi.org/10.1137/080741926

[5] Alpern S, Morton A, Papadaki K (2011) Patrolling games. Oper Res 59(5): 1246-1257.

https:// doi.org/10.1287/opre.1110.0983

[6] Alpern S, Lidbetter T, Morton A, Papadaki K (2016) Patrolling a pipeline. In: Zhu Q, Alpcan T, Panaousis E, Tambe M, Casey W (eds) Decision and game theory for security. Lecture notes in computer science. Springer International Publishing, Cham, pp 129-138

[7] Alpern S, Lidbetter T, Papadaki K (2017) Periodic patrols on the line and other networks. ArXiv:1705.10399v1 [math.OC]

[8] Appel K, Haken W (1989) Every planar map is four colorable, vol 98. American Mathematical Society, Providence. https://doi.org/10.1090/conm/098

[9] Basak A, Fang F, Nguyen TH, Kiekintveld C (2016) Combining graph contraction and strategy generation for green security games. In: Zhu Q, Alpcan T, Panaousis E, Tambe M, Casey W (eds) Decision and game theory for security. Lecture notes in computer science. Springer International Publishing, Cham, pp 251-271

[10] Bodor R, Drenner A, Schrater P, Papanikolopoulos N (2007) Optimal camera placement for automated surveillance tasks. J Intell Robot Syst 50(3):257-295. https://doi.org/10.1007/s10846-007-9164-7

[11] Chvátal V (1975) A combinatorial theorem in plane geometry. J Combin Theory Ser B 18: 39- 41

[12] Cormen TH, Leiserson CE, Rivest RL (1994) Introduction to algorithms. MIT Press, Cambridge

[13] Debaque B, Jedidi R, Prevost D (2009) Optimal video camera network deployment to support security monitoring. In: 12th international conference on information fusion, 2009. IEEE, Piscataway, pp 1730-1736

[14] Edmonds J, Johnson EL (1973) Matching, Euler tours and the Chinese postman. Math Program 5(1):88-124. https://doi.org/10.1007/BF01580113

[15] Fisk S (1978) A short proof of Chvátal's Watchman theorem. J Combin Theory Ser B 24(3): 374. https://doi.org/10.1016/0095-8956(78)90059-X

[16] Fox CR, Bardolet D, Lieb D (2005) Partition dependence in decision analysis, resource allocation, and consumer choice. In: Zwick R, Rapoport A (eds) Experimental business research. Springer, Dordrecht/Berlin, pp 229-251. https://doi.org/10.1007/0-387-24244-9_10

[17] Garey MR, Johnson DS (1979) Computers and intractability. Freeman, New York

[18] Hörster E, Lienhart R (2006) On the optimal placement of multiple visual sensors. In: Aggarwal JK, Cucchiara R, Prati A (eds) Proceedings of the 4th ACM international workshop on video surveillance and sensor networks - VSSN'06, p 111. ACM Press, New York. https://doi.org/10.1145/1178782.1178800

[19] Indu S, Chaudhury S, Mittal N, Bhattacharyya A (2009) Optimal sensor placement for surveillance of large spaces. In: 2009 third ACM/IEEE international conference on distributed smart cameras (ICDSC). IEEE, pp 1-8. https://doi.org/10.1109/ICDSC.2009.5289398

[20] Kikuta K, Ruckle WH (2002) Continuous accumulation games on discrete locations. Naval Res Logist 49(1):60-77. https://doi.org/10.1002/nav.1048

[21] O'Rourke J (1987) Art gallery theorems and algorithms. The international series of monographs on computer science, vol 3. Oxford University Press, New York

[22] Papadaki K, Alpern S, Lidbetter T, Morton A (2016) Patrolling a border. Oper Res 64(6): 1256-1269. https://doi.org/10.1287/opre.2016.1511

[23] Pita J, Tambe M, Kiekintveld C, Cullen S, Steigerwald E (2011) GUARDS - innovative application of game theory for national airport security. In: IJCAI 2011, pp 2710-2715 . https:// doi.org/10.5591/978-1-57735-516-8/IJCAI11-451

[24] Rass S, Alshawish A, Abid MA, Schauer S, Zhu Q, de Meer H (2017) Physical intrusion games - optimizing surveillance by simulation and game theory. IEEE Access 5: 8394-8407. https:// doi.org/10.1109/ACCESS.2017.2693425

[25] Rass S, König S, Schauer S (2017) On the cost of game playing: how to control the expenses in mixed strategies. In: Decision and game theory for security. Springer, Cham, Switzerland [S. l.], pp 494-505

# 第9章

# 最优检查计划

Truth is confirmed by inspection and delay; falsehood by haste and uncertainty.

真理被检查和时间所验证,谬误由匆忙和迟疑所导致。

——塔西陀(Tacitus)

在这一章中,我们考虑在博弈中计算有关于如何、多久以及何时沿生产线或通用工业流程进行检查的最优策略。我们将回顾统计检验的基本概念,每当防御者采取"检查"行动时,就会进行统计检验,并分析在统计检验中对手试图逃避检查的作弊策略。在几个检查阶段后,这种博弈随之被嵌入一个外部顺序博弈里,以应对有限的资源和防御者重复检查情况。我们还考虑将检查作为一种针对高级持续威胁(APT)的防御模型,有两种模型分别适合两类不同的APT:当APT的目标是获得对基础设施尽可能长时间的控制,而不希望永久地破坏或摧毁它时,我们使用FlipIt博弈作为相应的模型。当APT的目标是打击重要资产,破坏或至少永久破坏关键基础设施时,我们使用Cut-The-Rope博弈作为模型。

## 9.1 重复、独立的检查

检查博弈(inspection game)通常在两个参与者之间进行,我们下面称参与者1为检查者,参与者2为被检查者。在许多实际案例中,"被检查者"不会是一个采取理性行动的实体,而是一些部分地受到对抗性影响的对象。例如,检查者可能是负责产品质量控制的人。被检查的产品本身显然没有违背检查者的意图,但是,因为(理性的)对手可能诱使检查人员错过了有缺陷或瑕疵的产品,使得低质量产品也通过了检查,这种试图损害公司声誉的对手就能够通过降低产品质量或者顾客满意度来篡改生产线以减少产量。

我们在本章遵循文献[1]中提出的模型,定义一个包含受检对象在内的"操场"(playground),在这个操场上,诚实的检查者和有敌意的被检查者具有相对立的意图,即检查者试图检测非法行为，对于每一个未被发现的被检查者的违规行为，都会给检查者带来 $-1$ 的损失。对于每一个检测到的违法行为，检查者得到收益 $-a$，$a\in(0,1)$，而被检查者得到 $-b$，$b>0$。如果检测导致了一个假警报，那么检查者得到 $-e$，而被检查者得到 $-h$，$(0<h<b)$。这个(简单的)模型假设对双方而言，警报都是不受欢迎的。在这个模型的变体中，使用高概率的假警报可能就会是一种攻击策略，会导致响应警报的人员进入警报疲劳的状态。在这种变体模型中，只需要在假警报出现时改变被检查者收益的符号(从 $-h$ 变为 $+h$)。我们对数值的变化不做进一步的讨论，只强调对 $a$，$b$，$e$ 和 $h$ 的约束和它们之间的关系可能会随应用的变化而变化。例如，可以使用 $e<a$ 来表示与检测到违规相比，假警报更不易造成困扰，虽然二者都同样意味着防御失败(因为检测到违规就已经表明安全预防措施失败了)。

对于检查本身，检查人员对呈现给他的物体或人工制品进行(统计)检验，维护一个警报集合作为发出警报的事件的集合。一般来说，检查者抽样检查那些能触发报警条件的属性或变量，并把警报发给其他人。抽样主要包括：

· 属性抽样(attribute sampling)，是指根据一小部分物品，检验或估计总体中具有某些确定特征的物品数量(这是一个经典统计学的问题，比如，根据在一个更小的群体中的调查，推断出公共社区中吸烟者的数量)。

· 变量抽样(variable sampling)，是对某些变量(在连续尺度上)的值、平均值或其他特征进行估计，以评估它们是否在规范所规定的范围内。例如，如果变量是设备发出的电磁辐射量，则抽样的目的是根据法律或技术规范限制下的平均性能来评估整批设备。

这两种技术密切相关，在会计和审计、环境控制、机场安全检查、犯罪控制(通过优化巡逻)、入侵系统检测和许多其他方面都有应用。

检查者定义的警报集合，通常是对会引起警报的条件或情况的一种规范。通常情况下，其形式不明确并取决于应用。

**例 9.1**(警报集合的可能定义) 警报集合有许多可能的定义，其中包括：

· 对于标准的统计检验(如质量检查)：检验统计(如对参考组样本的 $F$-检验)的警报集合定义为 $\{z>q_{1-\alpha}\}$，其中 $z$ 是检验统计，$q_{1-\alpha}$ 是检验分布的 $(1-\alpha)$-分位数。我们将在后面的例 9.2 中分析似然比检验的一些实例。

· 对于入侵或恶意软件的检测，其警报集合可能是对文件、电子邮件或类似文件中发现的某些(已知)病毒模式的匹配。从形式上看，这种表示方法也是一个集合{病毒模式 1，病毒模式 2，…}，如果检查者遇到这些模式中的任何一种，就会发出警报。

· 对于电子邮件过滤，警报集合可以是每小时发送的电子邮件超过了一定数量限制的事件(例如，任何每小时发送超过 100 封邮件的邮件流量都是可疑的活动)。

· 对于税务欺诈[11],存在许多复杂的欺诈指标,其中一个指标考虑的是首位数字(前位数)的分布,即它们应该遵循本福特分布(Benford distribution)[2],$P$(前位数字 = $d$) = $\log((d+1)/d)$,$d = 1,2,\cdots,9$。任何"显著"地偏离这个分布的情况,都是数据被篡改的(微弱)信号(不一定是敌对行为,但至少是重新检查它们的一个理由)。

我们注意到,本福特定律的检验,不仅适用于税务欺诈,而且适用于许多数据序列,其条件是这些数据从至少两个来源的复杂的相互作用中产生,并且它们既没有被系统化地分配(如序列号、账号、心理价格等),也没有被人为地修改(如截断、近似舍入或类似)。

· 对于信用评级[15],警报集合可以是评分 $z$ 的集合$\{z>k\}$,$0<k<1$ 是一个阈值,评分 $z$ 通常来自于对客户某些属性的逻辑回归模型。因此,它取决于客户,在对客户进行"检查"以评估信用资格时才会计算。阈值 $k$ 是一个常量,它定义了信贷发放资格所需的最低分数。

由于检查博弈的核心是检查者进行统计检验,其结果决定了双方的收益,存在四种可能的基本情况,这些情况通常以混淆矩阵的形式出现:

在统计检验理论中,假阴性(false-negative)事件被称为第一类错误,而假阳性(false-positive)事件是第二类错误。大多数统计检验(在检验理论的传统意义上)让检验设计者为第一类错误确定一个可接受的显著性水平 $\alpha$,这反过来又为何时拒绝检验假设设定了标准(在上面的例子和其他许多例子中,这个标准是一些检验分布的$(1-\alpha)$-分位数)。基本上,$\alpha$ 表示实际中虽一切正常但也会发出警报的概率,检验理论中使用的 $\alpha$ 的典型值是5%或1%(见表9.1)。

**表9.1 混淆矩阵——通用结构**

| | | 实际情况 | |
|---|---|---|---|
| | | 一切正常 | 违法行为 |
| 检验结果判定情况 | 一切正常 | 真正 | 假正 |
| | 违法行为 | 假负 | 真负 |

第二类错误的可能性 $\beta$,比较微妙。我们通常对这个参数只有隐性的控制(我们不能事先选择它或固定它的值),它与 $\alpha$ 的值呈负相关。从视觉上看,我们可以认为检验将"好"和"坏"的情况区分开,但两者都是围绕各自的零假设和备择假设随机分布的。决策阈值左右两侧的区域正是衡量检验性能的 $\alpha$ 和 $\beta$ 的值。图9.1说明了在检验零假设和备择假设时,这两种错误是如何相互关联的。在图9.1中,我们可以将决策线(垂直线)向左或向右移动,从而缩小和扩大 $\alpha$ 和 $\beta$ 的相对区域,这直观地解释了负相关的情况。

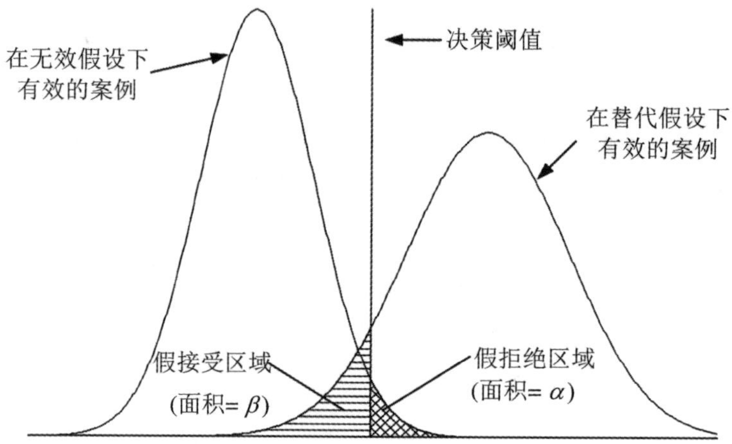


**图 9.1　第一类误差与第二类误差负相关**

（从左到右：在零假设下有效的情况，假接受区域（面积 = $\beta$），决定阈值，假拒绝区域（面积 = $\alpha$），在备择假设下有效的情况。）

由于检查者只能选择两种错误可能性中的一种，通常是 $\alpha$，被检查者可以尝试将第二种错误最大化以逃避检测。这种错误由检查者只能假设，但攻击者可以控制的备择假设所支配（见图 9.1）：被检查者的策略是将曲线相互靠近，以使第二种错误最大化，最大化违反规定而不被发现的机会。

因此，我们把检查博弈分解为两个嵌套博弈：

(1) 最大化第二种错误以逃避检查者的检测，其中，对于假警报，检查者要做的是确定接受假警报的可能性。这就是反检测博弈。

(2) 在检查过程中最大限度地提高实际收益，收益的定义如上文所述。这就是实际检查博弈。

为了建立一个正式的模型，我们把统计检验写成 $\delta$，$\alpha(\delta)$是检查者定义的 $\delta$ 实例中的第一类误差。对于一个固定的检验 $\delta$，检查者的策略只是选择一个警报集 $Z$，一般采取 $Z=\{\delta(x)>k\}$的形式，其中 $x$ 是检查者拥有的数据，$\delta(x)$是检验统计量，$k$ 是为检验定义的阈值。除其他情况外，这个通用公式包括了上述所有例子。

对于被检查者来说，其策略包括检验作弊策略 $\omega$（它的实际形式，取决于检验是如何进行的），以及在实际的检查博弈中，被检查者非法行事的概率 $q$。防御者需要在博弈论的帮助下才能针对 $q$ 值进行优化。通常情况下，可能有无限多的方法来篡改检验，但正如我们以后所看到的（在 9.1.1 小节），使用有限的对抗行动集合，往往会更方便。我们让 $AS_2$ 成为被检查者的所有违规策略的集合（允许有无限多或连续的策略，但只用有限的策略来做例子）。

反检测博弈是零和博弈，包括检查者在可用的检验中选择最佳检验，以达到预期的错误警报概率。我们把 $AS_1(\alpha)$写成具有给定 $\alpha$ 值的候选检验集。任何(策略)选择 $\delta\in AS_1(\alpha)$就定义了后续检查博弈中的警报集 $Z$。反过来，被检查者通过从可能的违规策略集 $AS_2$ 中选择 $\omega$，试图最大化未被发现的违规率 $\beta$，也就是说，反检测博弈有鞍点值

$$\beta(\alpha):=\min_{\delta\in AS_1(\alpha)}\max_{\omega\in AS_2}\beta(\delta,\omega) \tag{9.1}$$

同样，从图 9.1 上看，检查者在多个检验之间进行选择，这决定了图 9.1 中分布的形状。选择不同的检验就形成了不同的形状，而 $\beta$ 的优化则取决于对手对作弊策略的选择。请注意，检查博弈是纳什型的，而嵌入在内部的反检测子博弈(只要被检查者在检查博弈中选择作弊就会进行)是斯塔克尔伯格型的，因为被检查者的作弊策略取决于检查者所使用的检验。与此相对的是被检查者的行动，试图使决策阈值对应的竖线右边的区域 $\beta$ 最大化，这取决于双方都知道的值 $\alpha$。

在博弈论的思维中，检查者希望通过对正常行为进行检验，最大限度地提高检测出非法行为的机会，正常行为被表述为某种零假设 $H_0$。如果对手的行为是非法的，那么备择假设 $H_1$ 就是真的，因此 $H_0$ 就应该被拒绝。发生这种情况的概率被称为检验的能力(power of test)。

**定义 9.1**(统计检验的能力)　设 $\delta$ 是对某个零假设的统计检验，设 $H_1$ 是 $H_0$ 的任何备择假设。检验 $\delta$ 的能力是在备择假设 $H_1$ 为真时拒绝 $H_0$ 的概率。

**例 9.2**　将展示如何计算一个统计检验的能力的例子。用正式术语重新表述这个定义，其中：

- $H_0$ 是“基准(baseline)”，也就是检查者希望看到的常规/预期/正常情况；
- $H_1$ 是被检查者所施加的潜在对抗影响。

那么我们有

$$\beta(\alpha):=1-(\text{检验对抗 } H_1 \text{ 的能力})=1-P(\text{拒绝 } H_0\mid H_1 \text{ 为真})$$

其中，$\beta$ 对 $\alpha$ 的依赖是隐含的，因为它决定了检验的步骤，更确切地说，决定了检验统计量在拒绝和接受两个区域之间的边界。我们将在后面的定理 9.1 中进一步阐述。

检验的能力通常是无法准确计算的，除非所有的备择假设 $H_1$ 都以已知的概率发生。由于作弊行为恰好是攻击者偏离零假设 $H_0$ 所代表的正常行为，我们可以通过假设攻击者只有一套有限的行动集合来对问题进行简化，每个行动都会导致一个不同的备择假设 $H_1$。对于一个固定的备择假设，我们可以计算出它的检验能力(见例 9.2)，并构建最强大的检验 $\delta^*\in\Delta$(就最佳 $\beta$ 而言)。这就是式(9.1)中检查者最小化问题的显式解。

为了保证式(9.1)有一个鞍点，我们还必须对函数 $\beta$ 施加以下标准的假设：

$$\beta(0)=1,\quad \beta(1)=0,\quad \text{并且 } \beta \text{ 在 } 0 \text{ 处是凸连续的} \tag{9.2}$$

## 9.1.1 反检测博弈的求解

对于先验固定的 $\alpha$，任何给定的备择假设，即针对预期（正常）行为 $H_0$ 的对抗行动 $H_1$，检查者可以直接构建最佳检验。

对于检验，令 $X$ 是被检变量，在正常条件下，它的分布是 $P(X|H_0)$，密度函数为 $f_0(x)$。类似地，在被检查者的对抗性影响 $H_1$ 下，$X$ 有一个不同的分布 $P(X|H_1)$，密度函数为 $f_1(x)$。图 9.1 以左、右钟形曲线说明了这些密度。

检验统计量是一个似然比：

$$\Lambda(x) := \frac{f_1(x)}{f_0(x)} \tag{9.3}$$

其中，按照惯例，如果这个商是“0/0”的形式，那么 $\Lambda := 1$，否则，若分母是 0，那么 $\Lambda := \infty$。这两种特殊情况要么不应该发生，要么对应于检验变得微不足道或成为确定性的情况。我们将在注 9.2 和 9.3 中详细讨论。设辅助函数 $G(\lambda) := P(\Lambda(X) > \lambda | H_0)$，表示商 $\Lambda$ 在一般情况 $H_0$ 下超过给定值 $x$ 的可能性。

决策阈值（见图 9.1）是落在以下界限内的任意值 $k$：

$$\lim_{\varepsilon \to 0} G(k - \varepsilon) =: G(k - 0) \leqslant \alpha \leqslant G(k) \tag{9.4}$$

其中，$G(k-0)$ 是一个简写，表示从左边逼近 $k$ 的极限。在确定 $k$ 时，需要注意 $G$ 一般是非递增的且右连续的。如果 $f_0$，$f_1$ 都是连续的，且处处满足 $f_1>0$，则 $k$ 是方程 $G(k)=\alpha$ 的唯一解，如图 9.2(b)所示。否则，如果 $\Lambda$ 由于 $f_0$ 和 $f_1$ 是离散或分类函数而有跳转，则纵轴上位于“跳转值之间”的任何值都是可接受的。图 9.2(a)用横坐标上的粗线标出了 $k$ 的可能选择的间隔。

**注 9.1**（决策阈值的实用近似） 确定函数 $G$ 通常是个困难的步骤，这相当于计算当 $X$ 的分布为零假设时 $\Lambda(X)$ 的概率。如果有足够多的关于正常情况的“训练数据”（没有任何对抗性影响），那么我们可以根据经验对 $k$ 进行近似：让数据成为 $H_0$ 下 $X$ 的一组样本，列举为 $x_1, x_2, \cdots, x_N$。我们可以从转换后的数据 $\Lambda(x_i)$（其中 $i=1,2,\cdots,N$）中构造一个经验分布估计 $\hat{F}_\Lambda$；我们所寻找的 $k$ 是从 $\hat{F}_\Lambda$ 的分位函数中得到的。这个过程可以使用相应的软件完成，比如 R[12]，它有内置的函数 ecdf，可以直接从预先计算的值 $\Lambda(x_1), \cdots, \Lambda(x_n)$ 来构建 $\hat{F}_\Lambda$，以及通用函数 quantile 来计算 $k$。

确定了 $k$ 的数值后，检验的形式如下：

$$\begin{cases} \text{如果 } \Lambda(x) > k\text{，则拒绝 } H_0\text{；} \\ \text{如果 } \Lambda(x) < k\text{，则接受 } H_0 \end{cases} \tag{9.5}$$

其中，如果 $f_0$，$f_1$ 是连续的分布，那么等式 $\Lambda(x)=k$ 发生的概率为 0，所以检查者不需要

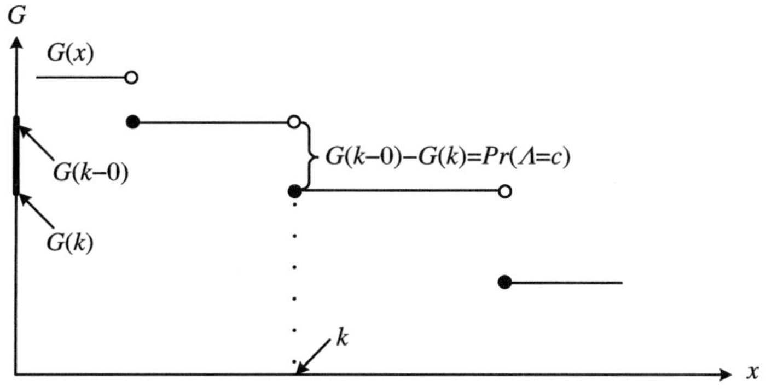


(a) 离散密度情况下的检验。如果密度函数$f_0$，$f_1$是离散的，那么它们的商$\Lambda$是分类并且跳跃的，纵轴上位于“跳转值之间”(即$G(k-0)$与$G(k)$之间）的值是可接受的，$k$是决策阈值

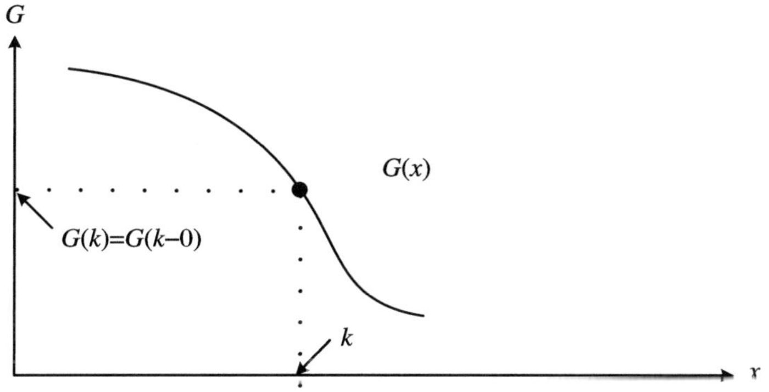


(b) 连续密度情况下的检验。如果密度函数$f_0$，$f_1$是连续的，那么它们的商$\Lambda$也是连续的，$G$是递减右连续的，对于决策阈值$k$，$G(k)=\alpha$有唯一解

**图 9.2　函数 $\alpha(x)$形状的例子**

担心这种可能性。如果 $f_0$,$f_1$ 是离散或分类函数,这种情况也会发生。在这个博弈中,检查者在这两种情况下的最优策略都是“纯”策略。

否则,当事件 $f_0(X)=k\cdot f_1(X)$有非零的机会发生时,那么对于给定的数据,检验可能是不确定的(因为我们可以如下这样选择 $k$:通过在图 9.2(a)中的区间的两端附近选择 $k$,使其出现两种可能的结果)。在这种情况下,我们必须在新的数据上重复检验。那么检验的最终结果就取决于收集到的全部检验结果。这相当于检查者的最优策略是一个随机策略的情况。然后,这个检验的决策变量可以被定义为

$$\frac{\alpha-G(k)}{1-G(k)}\in(0,1) \tag{9.6}$$

定理 9.1 体现了这个检验方法的合理性。我们接下来详细说明这个结果(来自文献[9])。我们在此稍微复用一下符号,用 $\delta$ 表示(整个)统计检验,对检查者所拥有的数据

$x$ 都使用这个检验。具体数值 $\delta(x)$ 将是检验的决定结果，包括上面式(9.6)中给出的分数值的不确定情况。

**定理 9.1**（奈曼-皮尔逊引理[9,10]） 设 $f_0$，$f_1$ 为零假设 $H_0$ 和备选假设 $H_1$ 的密度。采用式(9.3)中似然比 $\Lambda(x):=\dfrac{f_1(x)}{f_0(x)}$ 的定义，式(9.6)用于相等的情况。那么，以下情况成立：

(1) 第一类错误的显著性水平保证：如上定义的统计检验 $\delta$ 与常数 $k$ 满足

$$E_{H_0}(\delta(X)) = \alpha \tag{9.7}$$

(2) 最优性：如果一个检验满足式(9.7)和式(9.5)，那么，在显著性水平为 $\alpha$（第一类错误的概率）的所有检验中，它是检验 $H_0$ 与 $H_1$ 的最有力的检验（在定义 9.1 的意义上）。

(3) 唯一性：如果一个检验在水平 $\alpha$ 上对 $H_0$ 和 $H_1$ 的检验是最有力的，那么对于某些 $k$，它满足式(9.5)的概率为 1（相对于由 $H_0$ 和 $H_1$ 引起的测量）。它也满足式(9.7)，除非存在一个水平小于 $\alpha$ 且能力为 1 的检验（见下面的注 9.2）。

**注 9.2** 在定理中令 $k=\infty$ 意味着在 $f_1(x|H_1)>0$ 时拒绝 $H_0$。这是在显著水平为 $\alpha$ 时最有力的检验，并且能力为 1，相当于 $\beta=0$，即没有第二类错误。然而，在由 $H_0$ 和 $H_1$ 所引起的分布重叠的所有情况中，这也是最不切实际的一种，只要有最微小的备择假设成立的机会，检验就基本上会被拒绝；然而，这种机会可能是由检查者的数据中仅存的“自然”随机性导致的，这种情况可能但不一定意味着对抗性活动。

然而，若对手的行为出现以下情况，即如果在任何可能的 $H_1$ 下，密度 $f_0$ 和 $f_1$ 的支持集都不相交，那么，攻击者的任何行为都会在系统中产生不容置疑的影响，而检查者是能够检测到这些影响的。基于规则的警报系统通常可以覆盖这种情况，它只是简单地检验在正常系统状态下永远不会发生的情况。如果这种方法是可用的，那么反检测博弈就变得微不足道了，因为存在(100%可靠的)确定性检验，所以攻击者无法隐藏。这再次与定理 9.1 一致，因为它承认有更好的检验，但只是在上面描述的情况下才会出现更好的检验。

**注 9.3** 我们可以在 $f_0(x|H_0)=0$，即仅当 $H_0$ 成立的机会为零时，拒绝 $H_0$。这与注 9.2 的情况类似。通过在定理 9.1 中取 $k=0$ 来接受 $H_0$ 是最乐观的，并且是在 $\alpha=0$ 水平上最强大的检验，即没有第一类错误。然而，它也最大化了第二类错误，显然，这非常符合被检查者的利益。

**例 9.2**（改编自文献[9]） 假设一个系统是这样的，检查者测量(并检查)某个参数 $X$，在正常情况下，该参数均值为 0、方差为 $\sigma^2$。例如，可以将 $X$ 视为与电力供应商网络中电压和正常水平之间的偏差。例如，在常规条件下的电压为 220 V，并且电压与该标称电压的偏差 $X\sim N(0,\sigma^2)$。假设在黑客攻击时，对手设法停用部分电力系统以“过载”它并造成损害，在这种情况下，就可能存在具有相同方差的正偏差 $X$。

反检测博弈就是一种检查者检验此类事件是否存在，而攻击者则希望隐身并逃避被检测到的博弈。

现在，我们为检查者设计最佳检验。零假设是 $H_0: \mu = E(X) = 0$，备择假设是 $H_1: \mu = E(X) = \xi$，其中 $\xi$ 是检查者先验确定的，它的一个可能的选择是系统可以处理或自然发生的电压余量（例如，令 $\xi \approx 3\sigma$）。无论是出于何种考虑来选定 $\xi$ 的值，我们都做如下假设，即检查者一旦确定标称电压达到可接受的上限时，就发出警报。

似然比是两个正态分布的商，即

$$\frac{f_N(x \mid \mu = \xi, \sigma^2)}{f_N(x \mid \mu = 0, \sigma^2)} = \frac{\exp\left(-\dfrac{1}{2\sigma^2}(x-\xi)^2\right)}{\exp\left(-\dfrac{1}{2\sigma^2}x^2\right)} = \exp\left(\frac{\xi \cdot x}{\sigma^2} - \frac{\xi^2}{2\sigma^2}\right)$$

由于指数函数严格递增且 $\xi > 0$，我们可以使用更简单的项，$\exp\left(\dfrac{\xi \cdot x}{\sigma^2}\right)$，进行最大化以获得 $f_1(x)/f_0(x) > k$ 的区域。换言之，我们可以寻找值 $k'$，使得 $P(X > k') = \alpha$，其中的概率分布是高斯分布。该值是 $k' = \sigma \cdot z_{1-\alpha}$，其中 $z_{1-\alpha}$ 是标准正态分布的 $(1-\alpha)$-分位数。因此，当且仅当所选 $\alpha$ 的似然比大于 $\sigma \cdot z_{1-\alpha}$ 时，检验拒绝 $H_0$。

这个检验对（特定的）$H_1$ 的能力是多少呢？如果 $H_1$ 为真，则从 $H_0$ 的拒绝区域可以得到检验对 $H_1$ 的能力，即它是 $H_1$ 下区域大于 $k = \sigma \cdot z_{1-\alpha}$ 的高斯密度积分。相反，对于违规的策略 $H_1 \in AS_2$，检查者接受它为"正常"（采用 $H_0$）的机会为

$$\beta(\alpha) = \int_{-\infty}^{\sigma \cdot z_{1-\alpha}} f_N(t \mid \mu = \xi, \sigma) \mathrm{d}t$$

例如，$\sigma = 1, \xi = 1$ 和 $\alpha = 0.05$，我们得到 $z_{1-\alpha} \approx 1.644854$ 和 $\beta(0.05) \approx 0.740489$。

请注意，除非 $H_0 = H_1$，否则我们就有 $\beta > \alpha$，这是一个普遍的事实，适用于每个如此构造的最强大的检验。

**注 9.4** 实际统计检验通常提供所谓的 $p$ 值作为检验函数的辅助输出。该值的常见用途是在 $p$ 值大于 $\alpha$ 时接受原假设。严格来说，$p$ 值是检验统计值左侧曲线下的面积。因此，它衡量的是数据与零假设之间矛盾的程度，较小的 $p$ 值表明在零假设下观察到数据的可能性较小。

现在让我们回到式（9.1）的解：$\Lambda$ 的定义已经说明了为什么确定备择假设通常是有帮助的。到现在为止，我们都假设对手的行动集合是有限集 $AS_2$。由于被检查者是要最大化式（9.1）中的违规策略 $\omega$，这些策略中的每一个都通过形成相应的条件分布来定义自己的备择假设 $H_1$，并最大化其假接受区域的面积（即 $\beta$，见图 9.1）。因此，检查者需要针对替代假设中的最坏情况来构建最佳检验，如果只有有限多个违规策略 $\omega \in AS_2$，这种

方法肯定是可行的。在给定这些违规策略的情况下，检查者的任务就是确定由此产生的条件密度 $f_1(x|H_1(\omega))$，其中的 $H_1(\omega)$ 是对手采取行动 $\omega\in AS_2$ 时所产生的备择假设。这个过程很像风险管理的风险分析中的后果评估（见第 6 章），或 4.5 节中回报是分布情况下的博弈。

令 $AS_2=\{\omega_1,\omega_2,\cdots,\omega_m\}$ 枚举了（假定的）违规策略，它们的密度为 $f_{1,j}=f_1(x|H_1(\omega_j))$，其中 $H_1(\omega_j)$ 表示动作 $j$ 所对应的隐含的替代假设。对于这个集合中的每一个策略，我们都可以采用上文的方法构造出一个最佳检验 $\delta_j$。由于检查者不知道被检查者采取了什么行动，所以检查者需要随机选择一个检验 $\delta_i, i\in\{1,\cdots,m\}$，来应对被检查者的行动 $\omega_j\in AS_2$：

$$\beta_{ij}=\int_{-\infty}^{k_i} f_{1,j}(t)\mathrm{d}t$$

其中，$k_i$ 是第 $i$ 次检验的决策阈值，$\beta_{ij}, i, j=1,\cdots,m$ 的值形成了一个 $m\times m$ 的矩阵，这样就把问题(9.1)表示为一个零和矩阵博弈，其鞍点值正好是 $\beta(\alpha)$。

## 9.1.2 检查博弈的求解

根据定义，检查博弈属于领导者-追随者的博弈类型，因为检查者遵循一个公开的政策（尤其是将透明度作为建立信任的措施）来行事，而被检查者要与之配合。

作为一个双人博弈，检查者的行动空间只涉及 $\alpha\in[0,1]$ 的选择，它通过像奈曼-皮尔逊引理这样的技术来确定检验（参见 9.1.1 小节）。被检查者只有是否违规的策略的选择，因为后者涉及其自身的最佳违规策略。请注意，图 9.3 所示的扩展形式博弈为检查者设置了一个信息集，因为该检查者不知道发生的行为是合法的还是违规的。被检查者秘密地选择了一个行动，决定了 $H_0$ 或 $H_1$ 是否为真。然而，当一个检验拒绝了 $H_0$，这个检验是可靠的（这意味着被检查者采取了违规行为）。

图 9.3 中的博弈通常具有唯一的混合均衡：设 $q\in[0,1]$ 是合法行为的概率，$1-q$ 是违规行为的概率，设 $q^*$ 是最优选择。如果 $q^*=0$，那么检查者会选择一个没有误报的检验 $\delta^*$，但这必然会增加被检查者未被发现的机会（因为它增加了第二类错误）。相反，如果 $q^*=1$，则不论发生了什么，检查者都可以通过始终发出警报来最大化其收益。然而，如果 $h<b$（正如我们上面假设的），那么被检查者的最佳选择将不再是 $q^*=1$。策略的唯一性仅取决于其效果的等价性，因为零和博弈的所有均衡策略都有相同的值。

**定理 9.2**[1] 假设对于任何假警报的概率 $\alpha$，反检测博弈(9.1)的值 $\beta(\alpha)$ 都满足式(9.2)，其中，最优违规行动 $\omega^*$ 不依赖于 $\alpha$。那么，图 9.3 中的参数 $a, b, e$ 和 $h$ 的检查博弈存在一个均衡 $(\alpha^*, q^*)$：

- $\alpha^*$ 是以下方程的解：

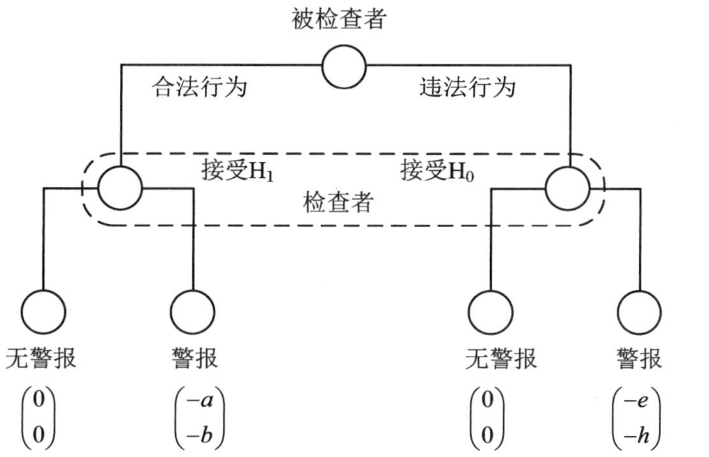


(a) 扩展形式博弈。被检查者的行为是合法行为或者违法行为，检查者进行检验，接受$H_1$时，若不发出警报，二者的收益为(0,0)，若发出警报，二者的收益为$(-a,-b)$；接受$H_0$时，若不发出警报，二者的收益为(0,0)，若发出警报，二者的收益为$(-e,-h)$

| | 合法行为($H_0$) | 违法行为($H_1$) |
|---|---|---|
| 检查者 | $-e \cdot \alpha$ | $-a-(1-a)\cdot\beta(\alpha)$ |
| 被检查者 | $-h \cdot \alpha$ | $-b+(1-b)\cdot\beta(\alpha)$ |

(b) 则形式博弈($\alpha \in [0,1]$)

**图 9.3 具有完美回忆的领导者-跟随者检查博弈**

$$-h \cdot \alpha^* = -b + (1-b)\beta(\alpha^*) \tag{9.8}$$

其中 $\beta$ 由式(9.1)给出，它是在一个 $\alpha$ 的值上通过使用奈曼-皮尔逊定理(参见 9.1.1 小节)得到的最优检验。

- $q^*$ 值为

$$q^* = P(\text{合规行动}) = \frac{e}{e-(1-a)\beta'(\alpha^*)}$$

其中 $\beta'$ 是函数 $\beta$ 在 $\alpha^*$ 处的任何子导数。

被检查者根据 $\alpha$ 的值决定其行动，当 $\alpha < \alpha^*$ 时，被检查者将因此采取违规行动，如果 $\alpha \geqslant \alpha^*$ 则采取合法行动。

要在实际中应用定理 9.2，可以遵循以下步骤：

- 增加如下的假设，即假设对手可以采取一定的行动，改变备择假设 $H_1$ 的分布，使得它成为对检查者而言的最坏情况。我们可以连同正常情况下的分布(即情况 $H_0$)，构建似然比检验统计量，使用奈曼-皮尔逊引理，即定理 9.1。

在输入显著性水平 $\alpha$ 后，实现一种通过计算似然商的分布来计算 $\beta$ 的算法，而似然商的分布可能需要事先进行分析训练。

- 使用刚刚实现的算法来确定 $\alpha^*$，对式(9.8)求数值解。请注意，在这里，我们关于(不依赖于 $\alpha$ 的)最优违规策略的假设开始发挥作用了：如果它依赖于 $\alpha$，那么这两个步骤将相互交错，我们就无法得到根据 $\alpha$ 来计算 $\beta$ 的函数。通过上述分析，最坏情况下攻击行为，无非是在为 $\alpha$ 设置任何值之前确定最佳 $\omega^*$，这样我们就保证了定理 9.2 这个假设的成立。

## 9.2 顺序和相关性的检查

某些应用场景下，检查者可能只能执行有限数量的检查。例如，考虑一条有 $n$ 个阶段的生产线，沿该生产线最多发生 $m<n$ 个检查。让 $I(n,m)$表示检查者的均衡收益，让 $V(n,m)$表示被检查者(违规者)的均衡收益。进一步假设合法行为下，两名参与者的收益为零(因为检查者无论如何都做了他的工作，而违规者则失败了)，在发现违规行为时，检查者损失 $a$，攻击者(被检查者)损失 $b$。

尽管博弈包括多个阶段，是 2×2 的，但有一个明确的答案(稍后在 12.3.2 小节中给出)；如果被检查者对合法行为和违规行为一视同仁，那我们就可以计算出博弈的解。因此，我们得出 $V$ 和 $I$ 的部分递归方程：

$$V(n,m)=\frac{b\cdot V(n-1,m)+V(n-1,m-1)}{V(n-1,m-1)+b+1-V(n-1,m)} \tag{9.9}$$

其初始条件为

$$\begin{cases}I(n,n)=V(n,n)=0, & n\geqslant 0;\\ I(n,0)=-1,V(n,0)=1, & n>0\end{cases} \tag{9.10}$$

**定理 9.3** 假设一个递归检查博弈具有如图 9.4 所示的收益，并且，在每个阶段之后，两个参与者都被告知是否存在违规(即在完成一个阶段之后，两个参与者都会知道博弈的状态)。此外，博弈的初始条件为式(9.10)。那么，被检查者的均衡收益为

$$V(n,m)=\frac{\binom{n-1}{m}}{\sum_{i=0}^{m}\binom{n}{i}b^{m-i}}$$

检查者的收益为

$$I(n,m)=-\frac{\binom{n-1}{m}}{\sum_{i=0}^{m}\binom{n}{i}(-a)^{m-i}}$$

均衡策略是通过归纳得到的：从 $n,m=0,1,\cdots$ 开始，通过将值代入图 9.4 中的博弈矩阵，并从所产生的(数值型)2×2 矩阵计算均衡策略。

| 检查者/被检查者 | 合法行为 | 违规行为 |
|---|---|---|
| 检查 | $I(n-1,m-1)/V(n-1,m-1)$ | $-a/-b$ |
| 没有检查 | $I(n-1,m)/V(n-1,m)$ | $-1/1$ |

**图 9.4 顺序检查博弈的例子**

定理 9.3 的适用性是有争议的，因为它假设参与者的状态在每个阶段之后都成为了共识；这在现实中可能并不准确，因为检查者通常不会被告知遗漏的违规行为。若相应地更改模型以解决这种信息缺乏，则通常会导致递归结构无效，并且博弈不再直接可解。然而，如果博弈是 2×2 矩阵或对角矩阵，则可以从第 12 章给出的公式中获得类似式(9.9)的近似表达式，从而得到一个部分递归的方程来定义均衡点，并在数值上，可以从初始条件开始迭代地求解。在实践中，这可能已经足够了。

我们将在接下来的 9.3 节中专门讨论考虑到这种被检查者处于隐蔽状态的博弈。

## 9.3 对抗隐秘接管的检查

假设检查者随机地选择时间来检查，并有可能重置某些系统组件，从而排除过去已经控制该组件的潜在入侵者(例如，通过安装木马后门或类似的程序)。每当攻击者变得活跃时，我们假设一个组件被入侵，并且稍后(不知不觉地)被检查者重新控制(因为攻击者是隐身的)。我们在下面将要描述和分析的博弈，在文献中被称为 FlipIt，模拟了 1.3 节中介绍的第一种类型的 APT。

在这个博弈中，两个参与者各自优化他们的检查策略和接管策略，其中目标函数就像一个向上或向下的指示器，取决于当前是谁控制了组件。

图 9.5 描述了上述博弈随时间推移的情况，其中，实心圆圈表示检查发生的时间点，它们会相应地“翻转”控制权。博弈中的整体收入取决于任一参与者控制组件(或系统)的时间，他们采取行动的成本也应一起纳入考虑。首先，令 $C_i(t)\in\{0,(-1)^{i-1}\}$，$i=1,2$，是第 $i$ 个参与者在时间 $t$ 是否有控制权的指示变量。我们让参与者 1 作为防御者，参与者 2 作为攻击者。参与者的平均控制时间为 $\gamma_i(t)=\dfrac{1}{t}\int_0^t C_i(\tau)\mathrm{d}\tau$ (这大致对应于在重复博弈中获得的平均收益，在一个随机博弈中的收益函数，或微分博弈中的连续收益函数)。显然，$C_i(t)$的值取决于双方的检查和接管，我们将隐含地记住他们之间的依赖

关系，以便通过暂时忽略他们的策略来简化符号。

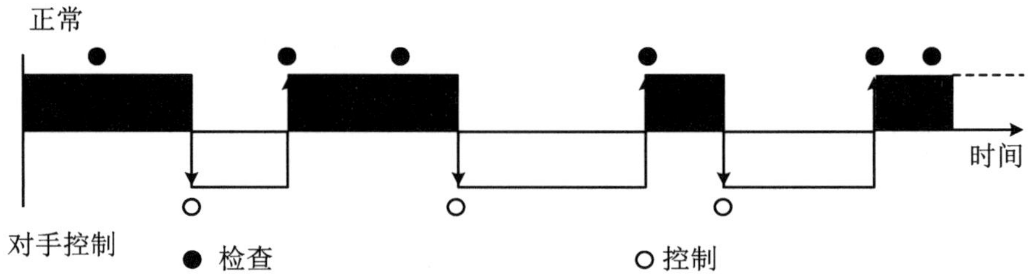


**图 9.5　对抗检查的时序控制**

（下方表示对手控制，上方表示正常，空心表示控制，实心表示检查）

接管一个组件的控制通常与成本相关；在打补丁、升级或重置的时候，防御者可能需要临时关闭系统或部件。如果截止到时间 $t$，第 $i$ 个参与者（$i\in\{1,2\}$）总共采取了 $n_i(t)$ 个动作，每个动作的成本为 $k_i\in\mathbf{R}$，那么我们可以将博弈的收益细化为平均控制时间减去它的平均成本，即 $u_i(t):=\gamma_i(t)-\frac{n_i(t)t\cdot k_i}{t}$。

**注 9.5**　要让上述的设置发挥作用，其实际挑战在于需要（可靠地）估计成本参数 $k_1,k_2$。均衡的依赖关系可以描述下文的最佳检查模式和最佳攻击模式，它取决于这两个量是如何相互关联的。从检查者的角度来看，估计 $k_1$ 可能需要仔细的考虑，但通常是可行的，但是用于估计 $k_2$ 的信息则要稀疏得多。一种可能的信息来源是 CVSS，因为它们通常涉及针对特定攻击来评估其所需的技能水平、成本或复杂度，这些信息可以帮助专家估计成本 $k_2$。

对于实际博弈，假设在博弈开始时，我们就一劳永逸地选定检查策略、优化如下的参与者收益：

$$u_i:=\liminf_{t\to\infty} u_i(t) \tag{9.11}$$

其中，优化是朝着无限时间范围的，$u_i$ 的实际值取决于检查和攻击机制，这两者决定了指标函数 $C_i(t)$ 在时间轴下的形状，如图 9.5 所示。我们在定义了两个参与者的效用函数后，现在就可以用 $u_i(s_1,s_2)$ 来明确表示对策略的依赖关系了，因为均衡将取决于 $s_1$，$s_2$ 的选择；并且，在一些具体的检查博弈中，我们已知其均衡。

## 9.3.1　定期检查

在随机阶段定期检查中，防御者恰好每 $\delta$ 个单位时间检查一次，第一次检查发生在随机选择的时间 $t_0\sim U(0,\delta)$。随机阶段因此是值 $t_0$。例如，这种制度将由 IT 管理员进行每周检查（相应的时间单位 $\delta$ 是一周），检查时间总是在一周的同一天。工作日为随机阶段，开始时统一随机选择。

这种检查策略具有广泛的确定性，对于攻击者来说唯一的不确定性在于检查会在随机阶段出现。因此，我们必须假设攻击者永远不会知道或无法推断出检查是在何时发生的。在这个(实际上很强的)假设下，博弈存在均衡。为了将策略与其他策略区分开来，我们写成 $periodic(\alpha)$来表示任一参与者的周期性策略。然后，我们有以下均衡[4]：

假设博弈是这样的，防御者和攻击者都以速率 $\alpha_i = 1/\delta_i$ 和随机阶段 $t_i \sim U(0, \alpha_i)$周期性地行动，其中 $i \in \{1,2\}$。那么，该博弈具有以下预期收入，其平均值是通过对许多具有随机阶段的博弈实例进行平均而得：

- 如果防御者至少和攻击者一样快，即 $\alpha_1 \geqslant \alpha_2$，那么

$$u_1(periodic(\alpha_1), periodic(\alpha_2)) = 1 - \frac{\alpha_2}{2\alpha_1} - k_1\alpha_1$$

$$u_2(periodic(\alpha_1), periodic(\alpha_2)) = \frac{\alpha_2}{2\alpha_1} - k_2\alpha_2$$

- 否则，如果防御者比攻击者更慢，即 $\alpha_1 < \alpha_2$，那么

$$u_1(periodic(\alpha_1), periodic(\alpha_2)) = \frac{\alpha_1}{2\alpha_2} - k_1\alpha_1$$

$$u_2(periodic(\alpha_1), periodic(\alpha_2)) = 1 - \frac{\alpha_1}{2\alpha_2} - k_2\alpha_2$$

这些情况下的纳什均衡为

$$\alpha_1^* = \frac{1}{2k_2},\ \alpha_2^* = \frac{k_1}{2k_2^2},\quad \text{若 } k_1 < k_2$$

$$\alpha_1^* = \alpha_2^* = \frac{1}{2k_1},\quad \text{若 } k_1 = k_2$$

$$\alpha_1^* = \frac{k_2}{2k_1^2},\ \alpha_2^* = \frac{1}{2k_1},\quad \text{若 } k_1 > k_2$$

毫不奇怪，均衡是由每个参与者的行动成本决定的，如果防御者和攻击者的行动成本大致相等，那么一个参与者不会比另一个有实质性优势。相反，如果防御者比攻击者快得多，即比率 $\alpha_1 > \frac{1}{2k_2}$，那么攻击者重新获得控制的投入则超过了获得控制权的收益。因此，攻击者的平均收益将是负数，在这种情况下，其(在经济意义上的)最佳行为是根本不进行攻击。

上面给出的(均衡)收益是随机阶段的平均值，因此为了保证其在博弈中的表现，防御者需要不时以新的随机阶段重新启动策略。因此，上述结果适用于重复博弈。当防守者在时间 $T_j = j^2$ 重新调整博弈时，可以渐近地获得上述收益。这个方法具有增长“临时固定”检查间隔的优势，但其代价是不知道何时开始收敛到均衡(收敛是根据大数定律，意味着 $u_1, u_2$ 的方差最终会消失)。

以上分析暗示了通过更频繁地重新启动随机阶段来加速收敛的想法，这导致了同一博弈的另一个实例：让检查（和攻击）具有随机的发生时间，而不是某个周期的整数倍。有趣的是，可以证明任何此类策略都受到具有相同速率的周期性策略的强支配，因此对博弈的这种改变不会改善任何一方的情况。这对防御者来说实际上是个好消息，因为定期检查策略比随机时间检查更容易“生存”。

### 9.3.2 处于领导者地位的防守者和处于跟随者地位的攻击者

现在让我们放弃攻击者不知道检查在何时发生的假设。因此，领导者-追随者博弈的情形是，防御者宣布检查率 $\alpha_1$，接下来攻击者通过选择 $\alpha_2^* := \arg\max_x u_2(\alpha_1, x)$ 作为最佳回复来应对防御者。检查者预先假设了这一点，因此首先选择 $\alpha_1^*$ 作为对 $\alpha_2^*$ 的最佳回复。由此产生的均衡是[4]：

- 如果 $k_2 < (4-\sqrt{12})k_1$，则最优检查率为 $\alpha_1^* = \frac{k_2}{8k_1^2}$，$\alpha_2^* = \frac{1}{4k_1}$，两个参与者的最大收入为 $u_1(periodic(\alpha_1^*), periodic(\alpha_2^*)) = \frac{k_2}{8k_1}$ 和 $u_2(periodic(\alpha_1^*), periodic(\alpha_2^*)) = 1-\frac{k_2}{2k_1}$。

- 如果 $k_2 \geqslant (4-\sqrt{12})k_1$，则最优检查率为 $\alpha_1^* \searrow \frac{1}{2k_2}$，$\alpha_2^* = 0$，收入为

$$u_1(periodic(\alpha_1^*), periodic(\alpha_2^*)) \nearrow 1-\frac{k_1}{2k_2}$$

和

$$u_2(periodic(\alpha_1^*), periodic(\alpha_2^*)) = 0$$

其中$\searrow$，$\nearrow$分别表示从下方和上方收敛。

因此，如果攻击者获得控制权的成本大于防御者重新获得控制权的成本的 53%，那么攻击者的攻击就不再是经济的了。

### 9.3.3 随机检查

现在，让我们假设攻击者知道上次检查发生的时间，并让检查者仅根据上次检查选择下一次检查的时间，即检查者不关心过去，而是在当前检查完成时，随机决定何时进行下一次检查。

这意味着两次检查之间的时间必定呈指数分布，因为这是唯一无记忆的连续分布，即两个事件发生时间之间的间隔是随机独立的。实际上，这种选择很有吸引力，因为即使攻击者保留了过往检查的记录，这些信息也无助于确定下一次检查的时间。正如刚刚

描述的领导者-跟随者场景，我们假设攻击者知道平均检查率；即使防御者没有明确宣布此信息，如果攻击者注意到检查(例如，如果先前安装的木马由于补丁而消失或停止工作)，那么估计检查率是很容易的。

检查者的策略被称为 $\lambda$ 指数，或者等效地，每个时间单位内的检查次数将遵循泊松分布(这是唯一的离散无记忆分布)。如在定期检查中那样，我们用 *expon*($\lambda$)来表示相应的随机时间检查的策略，该策略中的检查暂停事件服从 *Ex*($\lambda$)分布(因此检查次数将具有泊松分布)。这种策略通常优于定期检查，至少在对抗定期活跃的对手方面有优越性。攻击者知道了检查率 $\lambda$ 后，其最佳行动就取决于获取控制权的成本[4]：

- 如果 $\lambda \geqslant \frac{1}{k_2}$，则攻击者(在周期性策略中)的强支配策略，就根本不会发挥作用。
- 否则，如果 $\lambda \leqslant \frac{1}{k_2}$，则最佳攻击周期

$$\delta^* = \frac{1}{\alpha} \tag{9.12}$$

是以下方程的唯一解：

$$e^{-\lambda\delta^*}(1+\lambda\delta^*) = 1 - \lambda k_2$$

在上述最优选择下，博弈存在已知均衡。[4]

- 如果 $k_1 \geqslant 0.854 k_2$，对检查者而言，其最优检查率是

$$\lambda^* = \frac{1}{k_2} \cdot (1 - (1+z)e^{-z})$$

$$\frac{k_1}{k_2} = z^{-3}(e^z - 1 - z)$$

对攻击者而言，其最大收益在 $\delta^* = z/\lambda^*$ 上获得，均衡收益为

$$u_1\left(expon(\lambda^*), periodic\left(\frac{1}{\delta^*}\right)\right) = 1 - \frac{1-e^{-z}}{z} - \frac{k_1}{k_2}(1-(1+z)e^{-z}) \geqslant 1 - \frac{k_1}{k_2}$$

$$u_2\left(expon(\lambda^*), periodic\left(\frac{1}{\delta^*}\right)\right) = e^{-z}$$

- 如果 $k_1 < 0.854 k_2$，那么检查者应该以 $\lambda = 1/k_2$ 的速率进行博弈，以获得收益 $u_2 = 1 - k_1/k_2$，这将迫使攻击者退出。

上述结果自然引起了如下的问题：除了周期性策略，攻击者是否还有其他策略(如果攻击者并不知道检查是何时发生的，周期性策略会被认为是支配性策略，它们支配了随机时间间隔的攻击策略)。贪心的攻击者可能会试图在检查者不活动的时间段内优化 $u_2$。通常，如果检查发生在时间步骤 $t_i$ 和 $t_{i+1}$，那么贪心的攻击者会在 $t_i$ 之后立即尝试接管控制权，但它也必须知道，在未来的随机时间里，检查者会进行下一次检查(但是 $t_{i+1}$ 的值目前还不得而知)。因此，现在的问题是攻击者何时采取行动，因为如果在攻击

者接管控制权之后，检查者很快进行检查，那么对于攻击者而言，这一举动的投资 $k_1$ 可能会超过短期控制的好处。相反，太晚接管控制权显然会减少攻击者的收入。因此，攻击者的问题将是，基于估计 $\hat{f}_0$，即检查者在时间 $t_{i+1}$采取行动进行检查的概率密度，来优化其发起攻击的时间。

事实证明，在服从指数分布的检查时间下，攻击者的最优策略就是所得到的值 $\delta^*$，它通常在周期性攻击策略中占支配地位。对于其他检查模式，例如定期检查或它的变体，贪心攻击者的策略通常可以胜过迄今为止给出的攻击者的最优方案。因此，让攻击者变得贪婪，通常会使上面给出的均衡失效，在这种情况下，防御者需要显式地计算其最佳回复。

## 9.4 隐蔽入侵检查

虽然 FlipIt 将重点放在最大限度地减少处在隐藏攻击者控制之下的时间，检查者的目标是使攻击者完全远离关键系统部件（用谚语来表达：落后者吃亏）。这对应于 1.3 节中介绍的第二种类型的 APT，其目的是杀死受害者而不是最大化控制它的时间。我们在下面描述这类博弈，名为割绳博弈（Cut-The-Rope）。[13]

**注 9.6** 这种情况实际上类似于人体免疫系统每天所做的事情：免疫系统不可能将病原体拒之门外，但它主要是对病原体进行足够的控制，以防止它们到达身体的重要部位或者是发展成危险的感染。这里描述的入侵博弈，遵循完全相同的思路。

我们将焦点从攻击者吞并系统控制权的时长转移到它是否击中目标本身，博弈就变成了检查者和攻击者之间的拉锯战。特别地，防御者假设发起 APT 攻击者拥有无限的预算，并且没有希望能把攻击者打到退出。

在这样的博弈中，战场可以是一个物理区域，就像第 8 章中的巡逻博弈，或者如果入侵是通过网络渠道发生的，就像网络空间博弈那样。从概念上讲，这些博弈的模型是没有区别的，只是它们的具体设置方式不一样而已。我们使用网络入侵的场景来做进一步解释：在网络入侵场景中，攻击者通过建立初始接触点（例如，通过网络钓鱼、恶意 USB 噱头、窃取密码或其他方式等社会工程技术）在企业的网络中挖掘了隧道，并对技术系统进行监视、利用量身定制的漏洞进行渗透，二者交替进行。这是当前 APT 遵循的模式，这种模式之下的动态交互恰好可以用来定义上述博弈[14]（见第 1 章）。

TVA 是一个（半自动化）过程，用来识别入侵者可能潜入系统的场景。它能够创建图的结构，图中节点对应于系统中的物理或逻辑点，对手可以逐跳地获取控制权，直到它到达系统中的目标点（这些目标可能是包含敏感业务信息的数据库，也可能是一个企业的任何有价值的资产)。

**注 9.7** 在其他场景中,例如黑客大会,我们发现类似的比赛称为"夺旗比赛"(capture-the-flag)。在那里,团队的目标是夺取某个资产的控制权,而获胜者通常是最快的团队。Cut-The-Rope 与夺旗比赛是相似的,尽管它只有一名参与者试图"夺取资产",而第二名(防守)参与者的职责则是让攻击者远离它。然而,夺旗比赛和割绳博弈的战场本质上是一样的。

图 9.6 是文献[5-7]中的一个简单示例,我们将在本节中使用它进行说明。入侵博弈设置的三个要素中的第一个就是攻击图,可以从 TVA 或通过其他方式构建,在这里,我们强调,TVA 只是一种(方便的)构建割绳博弈战场的可能方式,但任何其他能够刻画攻击者闯入并征服受害者系统的系统化模型,都同样适用于割绳博弈的场景。

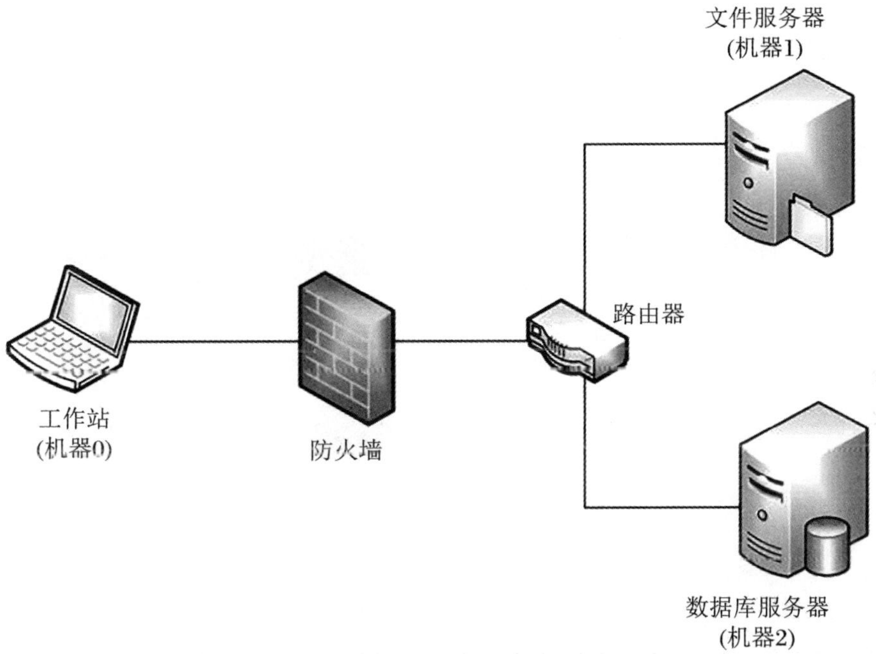


**图 9.6 隐蔽入侵博弈的基础设施**

来自文献[16]的示例(从左到右:机器 0——工作站,防火墙,路由器;机器 1——文件服务器;机器 2——数据库服务器)

## 9.4.1 隐蔽入侵博弈的设置

### 9.4.1.1 第一步:战场准备

通过 TVA 或其他方式可以构建攻击图 $G=(V,E)$或攻击树(示例参见图 9.7)。在图 9.6 中,节点 0 为工作站,节点 1 为文件服务器,节点 2 为数据库服务器。攻击者的目标是节点 2。我们假设每台机器都运行某些服务，如文件传输协议（FTP）*ftp*（*i*，*j*）、远程 Shell 协议（RSH）*rsh*（*i*，*j*）或安全 Shell 协议（SSH）*ssh*（*i*，*j*），来表示可从机器 *i* 远程访问机器 *j* 上的服务。每个服务的实现，都可能容易受到针对某些漏洞的攻击，例如缓冲区溢出（bof）或类似的漏洞。攻击树系统地列举了各种可能性，并将前提条件显示为矩形，将（对手的）动作显示为椭圆形，两者均由刚才描述的相应谓词进行注释。例如，从机器 *i* 远程 FTP 访问主机 *j*，其漏洞表示为 *ftp_rhosts*（*i*，*j*）。从机器 *i* 远程 SSH 访问机器 *j* 时，SSH 实现上的缓冲区溢出漏洞表示为 *ssh_bof*（*i*，*j*）。渗透过程是通过逐步建立的信任关系 *trust*（*i*，*j*）得以进行的，这意味着机器 *i* 授予机器 *j* 的访问权限，可能也获得在机器 *j* 上的执行权限，用谓词 *execute*（*j*）来表示。

攻击者的最初位置是在工作站上拥有完全执行权，其目标是在数据库服务器上获得完全执行权。从现在开始，为了引用方便，我们为攻击图中的每个节点分配数字名称，如图 9.7 中带圆圈的数字所示。

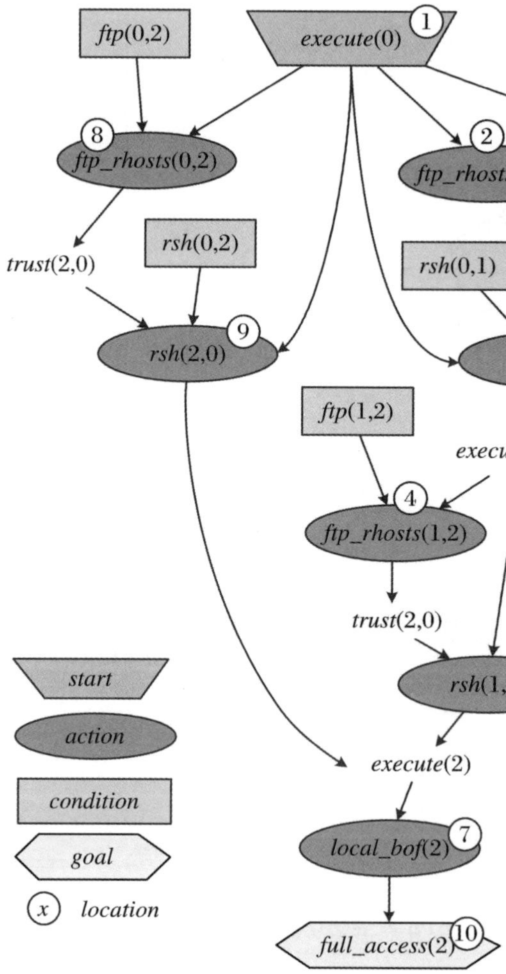


**图 9.7 攻击图 $G=(V=\{1,2,\cdots,10=v_0\},E)$ 的例子**

在攻击树中，检查者可以连续列举攻击图中的所有路径，从攻击者可以进行初始接触的入口节点(此处为节点1)开始，直至目标节点(此处为节点10)。路径的数量通常是指数级的，因此建议采用启发式策略规约(如8.6节)；其中一些方法甚至是用于漏洞评估的自动化工具的一部分。[3]

表9.2列出了图9.6显示的示例中基础设施的一些路径。这个列表已经是攻击者2的动作空间，到这里就完成了我们的模型的前三分之一。扩展形式博弈和攻击树的对应关系确实还有很多，正如表9.3总结的那样。

**表9.2 APT场景(基于图9.7，对手的行动集 $AS_2$)**

| 序号 | 策略描述为攻击路径 |
|---|---|
| 1 | *execute*(0) → *ftp_rhosts*(0,1) → *rsh*(0,1) → *ftp_rhosts*(1,2) → *rsh*(1,2) → *local_bof*(2) → *full_access*(2) |
| 2 | *execute*(0) → *ftp_rhosts*(0,1) → *rsh*(0,1) → *rsh*(1,2) → *local_bof*(2) → *full_access*(2) |
| 3 | *execute*(0) → *ftp_rhosts*(0,2) → *rsh*(0,2) → *local_bof*(2) → *full_access*(2) |
| 4 | *execute*(0) → *rsh*(0,1) → *ftp_rhosts*(1,2) → *rsh*(1,2) → *local_bof*(2) → *full_access*(2) |
| 5 | *execute*(0) → *rsh*(0,1) → *rsh*(1,2) → *local_bof*(2) → *full_access*(2) |
| 6 | *execute*(0) → *rsh*(0,2) → *local_bof*(2) → *full_access*(2) |
| 7 | *execute*(0) → *sshd_bof*(0,1) → *ftp_rhosts*(1,2) → *rsh*(0,1) → *rsh*(1,2) → *local_bof*(2) → *full_access*(2) |
| 8 | *execute*(0) → *sshd_bof*(0,1) → *rsh*(1,2) → *local_bof*(2) → *full_access*(2) |

**表9.3 攻击树/图和扩展形式博弈的对应关系**

| 扩展形式博弈 | 攻击树、图 |
|---|---|
| 博弈的开始 | 树、图的根 |
| 博弈进行的阶段 | 树、图的节点 |
| 每个阶段允许的行动(针对对手) | 每个节点可能的应用 |
| 博弈的结束 | 叶子节点(攻击目标) |
| 策略 | 从根到叶子的路径(=攻击向量) |
| 信息集 | 攻击者当前位置和行动的不确定性 |

#### 9.4.1.2 步骤2:检查策略

我们假设两个参与者的周期性行动，但并不一定需要他们同时采取行动，而是让他们的行动交替进行。对于检查者来说，这对应于 9.3 节的周期性策略；对于攻击者来说也是如此，尽管我们可以允许在两次检查之间发生多次渗透行动（这种情况下我们需要通过在步骤 3 中定义合适的收益函数）。

检查者的行动空间直接对应于攻击者的行动空间。因为对设备的检查在攻击图 $G$ 中就表现为对某个节点的检查，所以设立检查者的行动空间可以通过设置一个设备列表来进行，该设备列表包括了需要进行定期检查（并且可以检查）的设备列表，对应于攻击图 $G=(V,E)$ 中节点 $AS_1 \subseteq V$。在这里，重要的是，检查这个动作可能意味着各种事情，不仅仅是修补系统或安装一些额外的保护措施，还包括访问凭据的更改。在这种情况下，我们需要注意的是，更改密码或其他访问凭据通常是一件简单的事情，与把整机下线并进行完整重新安装系统不一样，后者会中断日常业务，所以通常会尽可能避免。因此，更改访问凭据可能是更现实的设置，因为它：① 通常能更便宜、更快地实现；② 保持攻击树不变。我们在下面的博弈模型，就假设了一个这样的静态攻击树。

检查者策略的数量，受到攻击树中节点（例如，系统漏洞）的数量限制。因此，尽管可利用漏洞的数量可能不是指数级的，但它可能仍然很大，我们可以将类似的漏洞归为一个分组，这样在攻击图上就是一个包含大量的抽查检查漏洞的节点。例如，我们可能不会区分不同类型的缓冲区溢出漏洞，而是通常把相应的节点称为"缓冲区溢出"（如图 9.7 中的 *ssh_bof*），或远程 Shell 漏洞（可能不太明确这个漏洞是通过特权升级，窃取访问凭据，还是其他方式来利用的）。我们假设检查者的任何行为都不会完全清除所有缓冲区溢出或消除所有获得更高权限的可能性，攻击树保持了通用性，就会使其描述的防御者的行为变得更加静态。

根据表 9.2，我们可以对检查者的策略进行定义，以拦截攻击者的已知攻击策略。例如，如果检查者可以抽查图 9.6 中的"工作站（机器 0）""文件服务器（机器 1）"或"数据库服务器（机器 2）"，则防御者的行动空间基本上是图 9.7 中的整个集合 $AS_1=V$。

到这里，我们就完成了隐蔽入侵博弈模型的三个要素中的第二个。

#### 9.4.1.3　步骤 3：收益评估

检查者的问题是找到最佳策略进行抽查，即计算最佳随机选择 $x \in \Delta(AS_1)$。为此，我们需要定义一个合适的收益函数。假设防御者在最坏情况下工作，我们在下面对攻击者的收益进行刻画。

本质上，攻击者可以出现在 $G$ 中的任何位置，因为它可以在任何时间点采取行动，而防御者可能只是周期性地活动（我们稍后会将其推广到防御者也可以在连续时间内行动的情况，例如，如果有一个 24/7 的安全响应团队负责防御）。在任何情况下，检查者都必须考虑到如下的可能性，即入侵者可能位于网络中的任何地方，并且，他/她只能假设

攻击者在检查后位于某些位置的可能性。我们称 $\Theta \subseteq V$ 为一组可能的位置，并让 $\theta$ 是 $\Theta$ 中一个特定的位置，防御者假设攻击者在这个位置的可能性为 $P(\theta)$。在没有对分布 $(P(\theta))_{\theta\in\Theta}$ 的合理猜测的情况下，防御者可以采用均匀随机位置的假定，即 $P(\theta):=1/|\Omega|$。然后，对于每个起始位置，都可以定义一个不同的对手类型，这样就使博弈成为贝叶斯博弈。

接下来，我们在防御者两次检查的时间间隔里，让攻击者采取随机数量（实际上是任意数量）的攻击行动。就像在9.3.1小节一样，我们假设一个 $periodic(1/\delta)$ 防御，这意味着防御者每 $\delta$ 个单位时间就会变得活跃。然后，允许攻击者在防御者空闲期间采取任意随机步数，攻击者的步数将服从泊松分布数 $N\sim Pois(\lambda)$，其中 $\lambda$ 为攻击率。该值是每 $\delta$ 时间单位完成的平均攻击步骤数。假定它是共识（参见6.4.1小节），并且是防御者需要先验估计的值。

此外，我们对攻击者做如下的理性假设，即他会根据通往 $v_0$ 的最短或“最简单”的路径（例如，这个路径比其他路径需要利用更少但更简单的漏洞），来理性地选择路径 $\pi_\theta=(\theta,w_1,w_2,\cdots,v_0)$。沿着攻击路径 $\pi_\theta$，我们假设它留下了后门或其他方法以便以后快速返回，以便更加深入地进行渗透（为了保持其攻击的隐蔽性，避免产生过多的噪音，从而逃避检查）。我们称 $V(\pi_\theta)=\{\theta,w_1,w_2,\cdots,v_0\}$ 为攻击路径 $\pi_\theta$ 上的所有节点。

当防御者采取行动时，它会选择一个节点进行检查，并清除它发现的任何恶意软件。如果在清理过程中，攻击者的一个后门消失了（如图9.8(a)所示，用于在节点3进行检查），这会将攻击者送回到防御者刚刚进行抽查之前的点。否则，如果防御者正在检查攻击者尚未通过或根本无法通过的节点，因为他/她在完全不同的路线上，则不会发生任何事情，并且防御者的行为也没有受到任何影响（例如，如果检查者检查图9.8(a)中的节点6）。

**例9.3**（检查成功或失败） 如果攻击者成功地在文件服务器上安装了后门，并且检查者目前在工作站上检查，那么这是一次未命中，入侵者仍将存在。同样，如果入侵者的恶意软件在文件服务器上，并且在检查者完成补丁或软件更新后变得失效，它会将入侵者发送回攻击路径上的较早点。在这两种情况下，检查者可能不知道检查是成功还是失败，并且只能根据攻击者在检查中被击中或被遗漏时会发生的情况，来更新其相应的假设。但是，检查者在以下任何一种情况下都不会成功：

- 在攻击者选择的攻击路径以外的点进行检查。
- 在攻击路径上的某个点进行检查，但攻击者尚未到达（在这种情况下，防御者来得太早）。

**注9.8** 我们的模型假设攻击者没有横向移动。也就是说，如果攻击路径 $\pi$ 被检查者拦截，则假设攻击者继续沿着相同的路径 $\pi$ 向 $v_0$ 移动。尽管如此，现实生活中的攻击

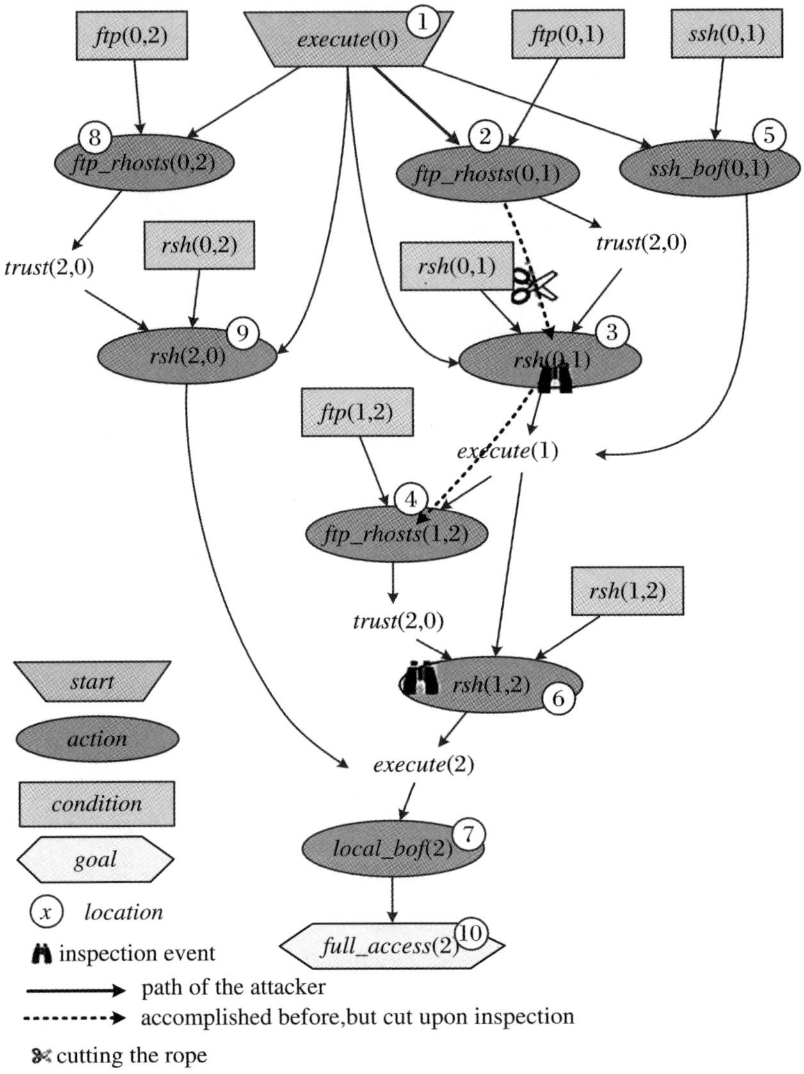


**图 9.8 Cut-The-Rope 的割绳博弈（inspection event：检查事件，path of the attacker：攻击者的路径，accomplished before，but cut upon inspection：之前完成但在检查时中断，剪断绳索。在节点 6 检查（“未击中”），在节点 3 检查（“割绳子”））**

者可能会切换到另一条攻击路径 $\pi'$，但这已包含在我们的模型中，因为我们假设了使用路径 $\pi'$ 的另一种对手类型。由于在博弈中防御者是针对所有可能的对手类型采取行动的，所以无论真正的对手是否从路径 $\pi$ 横向移动到路径 $\pi'$，对检查者的防御而言都没有影响，因为他/她无论如何都会将两种对手类型考虑在内。

通过多个后门或类似的其他辅助工具形成的链条，攻击者可以一遍又一遍地返回到系统中，我们称这样的后门为“绳索”，防御者禁用这些后门从而“切断”攻击者返回路径，所引出的博弈称为割绳博弈（“Cut-The-Rope”）。

对手的开始于节点 $\theta$ 的效用，可以基于防御者所做的抽查情况、通过其在攻击路径 $\pi_\theta$ 上的位置计算出来。设 $d_\pi(u,v)$ 是图 $G$ 中路径 $\pi$ 上从 $u$ 到 $v$ 的图论距离，并且，对手采取的行动步数服从泊松分布(我们可以删除 $\pi$ 的 $\theta$-索引以简化我们在这里使用的符号而不会产生歧义)。那么，攻击者在路径 $\pi$ 上的节点 $v$ 处的概率具有如下的条件分布：

$$P(\text{对手的位置} = v \mid V(\pi)) = \frac{f_{Pois(\lambda)}(d_\pi(\theta,v))}{P_{Pois(\lambda)}(V(\pi))} \tag{9.13}$$

其中 $f_{Pois(\lambda)}(x) = \frac{\lambda^x}{x!}e^{-\lambda}$ 是泊松分布的密度，并且

$$P_{Pois(\lambda)}(V(\pi)) = \sum_{x \in V(\pi)} P_{Pois(\lambda)}(d_\pi(\theta,v)) = \sum_{x \in V(\pi)} f_{Pois(\lambda)}(d_\pi(\theta,v))$$

有关表 9.2 中攻击路径 1 的示例，请参见图 9.9(a)。

现在，检查者过来进行抽查，最好的情况是切断攻击者身后的绳索。设 $c \in V$ 是一个被检查的节点，那么之后可能被截断的攻击路径为(参见图 9.9(b))

$$\pi|_c = \begin{cases} (\theta, \omega_1, \omega_2, \cdots, \omega_{i-1}), & \text{若 } c = \omega_i, \exists\, \omega_i \in \pi; \\ (\theta, \omega_1, \cdots, v_0), & \text{否则} \end{cases}$$

切断绳索意味着调节对手在新的路径上的位置分布 $\pi|_c$。公式与式(9.13)相同，只是把 $\pi$ 换成了 $\pi|_c$。如果检查者根据他的混合抽查策略 $x$(如果是纯策略则博弈可能退化)，在 $AS_1 \subseteq V$ 上进行随机抽查 $c \sim x \in \Delta(AS_1)$，并且攻击者沿着路径集 $\pi$ 中路径(以 $\lambda$ 的速率)向前走的步数，是由随机起始位置 $\theta \sim \Theta$ 决定的，那么，攻击者的效用分布为

$$U(x,\theta,\lambda) = (P(\text{对手的位置} = v \mid V(\pi|_c)))_{v \in V} \tag{9.14}$$

图 9.9(b)显示了在检查路径上的节点时，截断的分布的例子。

表达式(9.14)适用于从 $\theta \in V$ 开始的攻击者，并且由于检查者不知道攻击者的位置(因为 APT 的隐蔽性)，他/她使用自己对于对手类型(即攻击者的起始位置)的信念，来定义其先验收益为

$$U'(x,\lambda) = \sum_{\theta \in \Theta} P_\Theta(\theta) \cdot U(x,\theta,\lambda) \tag{9.15}$$

这相当于写成 $U(x,\theta,\lambda)(v) = P_x(\text{对手的位置} = v \mid \theta,\lambda)$，因为这是以起点 $\theta$ 为条件、构造攻击者位置的分布而得到的。然而，在这个视角下，式(9.15)只是全概率定律，通过标量化的方法将 $U'$ 转化为攻击者位置的分布。

防御者对该分布进行 $\preceq$-最小化，同样，攻击者对它进行 $\preceq$-最大化。由于攻击图和防御者的策略集都是有限的，因此该博弈只是一个矩阵博弈，收益函数的值是分布，因此属于我们在 4.5 节中定义的博弈类别。进行 $\preceq$-优化的过程，就是把到目前为止所描述的这些步骤加以实现的问题，这个实现实际上很短。它的完整实现，可以参见第 12 章中给出的表 12.2。

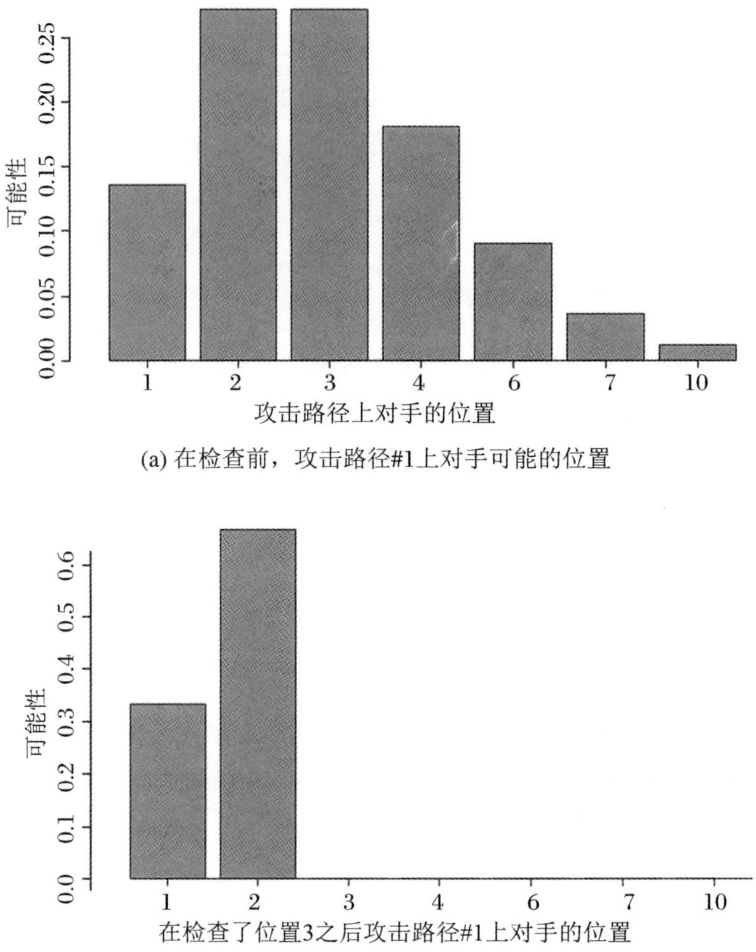


(a) 在检查前，攻击路径#1上对手可能的位置



(b) 检查时截断

**图 9.9　Cut-The-Rope 的收益分布**

### 9.4.2　随机时间检查

我们可以很容易地用检查者的指数策略 $expon(\lambda_D)$ 替换定期检查的假设。就像在 FlipIt 中一样，检查者可能会按照速率参数为 $\lambda_D$ 的指数分布，在随机时间间隔内变得活跃，类似地，攻击者可能会在按照速率 $\lambda$ 的指数分布的时间间隔内变得活跃。这两个值均指同一单位时间内的平均活动的数目。

上述假设对模型的改变是微不足道的，因为它仅仅意味着用参数为 $\frac{\lambda_D}{\lambda+\lambda_D}$ 的几何分布来替换 $Pois(\lambda)$ 泊松分布，其他一切都保持不变，因此我们不会在这里详细介绍。

## 9.4.3 抽查成功的概率

类似地,我们可以结合概率来刻画检查者未能从节点中清除恶意软件的情况。假设对节点 $c \in V$ 的检查成功概率为 $p_c$。将式(9.13)中的模型更改为下面这种情况:

$$P(\text{对手的位置} = v) = p_c \cdot P(\text{对手的位置} = v \mid V(\pi|_c)) + (1 - p_c) \cdot P(\text{对手的位置} = v \mid V(\pi))$$

这是一个割绳成功和切割失败的简单组合,在博弈模型里,除了用这个公式替换式(9.13)之外,没有其他变化。

## 9.4.4 漏洞利用的成功概率

攻击者可能会面临利用漏洞的成功概率问题。我们使用弹性值 $q(e)$来描述攻击成功概率,因而,在攻击路径 $\pi = (e_1, e_2, \cdots)$上走 $d$ 步的可能性是(假设攻击是随机独立的)

$$P(d) = \prod_{k=1}^{d} q(e_k)$$

和前面的例子一样,我们只是用 $P(d)$替换泊松密度 $f_{Pois}$,其他一切都保持不变。

这种变化中的挑战是对利用漏洞的成功概率 $P(e)$进行估计,启发式规则可能会帮到我们,从 CVSS 分数[8]或类似的分值中推导出 $P(e)$。

## 9.4.5 安全策略计算

事实证明,PBNE(定义 4.3)适合作为这里所讨论博弈的解的概念,从而赋予检查者针对假定的一组(假定具有一定概率分布的)对手类型的最佳防御。在计算上,我们可以将检查者的问题视为一对多的竞争,其中防御者同时面对所有 $\theta$-类型的对手($\forall \theta \in \Theta$)。那么,条件(9.15)只是一些多目标安全博弈的标量化,PBNE 等于 MGSS(定义 3.9),反之亦然。这样我们就可以通过 FP 计算 PBNE(参见图 12.3 和第 12 章)。

Cut-The-Rope 易于实现和泛化,但与 FlipIt 不同,它不适合分析研究。它更多适用于计算防御策略这样的实际问题,但它具有允许防御者和攻击者使用不同时间轴(离散和连续)的独有特点。一个尚未探索但易于引入的泛化,是对行动或抽查成本进行量化处理,或者类似地,在多个维度上衡量安全性。这两种泛化,都将博弈从一个目标转变为多个目标(增加如 12.5 节中描述的二次成本项,或增加如第 6 章介绍的收益分布以衡量与风险管理相关的更多安全目标)。在任何情况下,在第 12 章中实现的求解,仍然适用于这种多维度的泛化博弈,只是构建博弈的方式有所变化,计算均衡的方法并没有变化。

# 参考文献


[1] Avenhaus R, von Stengel B, Zamir S (2002) Inspection games: 51. In: Aumann RJ, Hart S (eds) Handbook of game theory with economic applications, vol 3. Elsevier, Amsterdam, pp 1947-1987

[2] Benford F (1938) The law of anomalous numbers. Proc Am Philos Soc 78(4):551-572

[3] CyVision CAULDRON (2018) http://www.benvenisti.net/

[4] Dijk M, Juels A, Oprea A, Rivest RL (2013) FlipIt: the game of stealthy takeover. J Cryptol 26(4):655-713. https://doi.org/10.1007/s00145-012-9134-5

[5] Jajodia S, Ghosh AK, Subrahmanian VS, Swarup V, Wang C, Wang XS (eds) (2013) Moving target defense II - application of game theory and adversarial modeling. Advances in information security, vol 100. Springer. http://dx.doi.org/10.1007/978-1-4614-5416-8

[6] Jajodia S, Ghosh AK, Swarup V, Wang C, Wang XS (eds) (2011) Moving target defense - creating asymmetric uncertainty for cyber threats. Advances in information security, vol 54. Springer. http://dx.doi.org/10.1007/978-1-4614-0977-9

[7] Jajodia S, Noel S, O'Berry B (2005) Topological analysis of network attack vulnerability. In: Kumar V, Srivastava J, Lazarevic A (eds) Managing Cyber Threats. Massive Computing, vol 5. Springer, Boston, MA

[8] König S, Gouglidis A, Green B, Solar A (2018) Assessing the impact of malware attacks in utility networks, pp 335-351. Springer International Publishing, Cham. https://doi.org/10.1007/978-3-319-75268-6_14

[9] Lehmann EL, Romano JP (2005) Testing statistical hypotheses. Springer texts in statistics, 3rd edn. Springer, New York

[10] Neyman J, Pearson ES (1933) On the problem of the most efficient tests of statistical hypotheses. Philos Trans R Soc A Math Phys Eng Sci 231(694-706):289-337. https://doi.org/10.1098/rsta.1933.0009

[11] Nigrini MJ (2002) The detection of income tax evasion through an analysis of digital distributions. Ph.D. thesis, University of Cincinnati

[12] R Core Team: R (2018) A language and environment for statistical computing. R Foundation for Statistical Computing, Vienna. https://www.R-project.org/

[13] Rass S, König S, Panaousis E (2019) Cut-The-Rope: a game of stealthy intrusion. In: Alpcan T, Vorobeychik Y, Baras JS, Dán G (eds) Decision and game theory for security. Springer International Publishing, Cham, pp 404-416

[14] Rass S, König S, Schauer S (2017) Defending against advanced persistent threats using game-theory. PLoS ONE 12(1):e0168675. https://doi.org/10.1371/journal.pone.0168675

[15] Siddiqi N (2017) Intelligent credit scoring: building and implementing better credit risk scorecards, 2nd edn. Wiley, Hoboken

[16] Singhal A, Ou X (2011) Security risk analysis of enterprise networks using probabilistic attack graphs. Technical report, National Institute of Standards and Technology (NIST). NIST Interagency Report 7788

# 第 10 章

# 深度防御博弈

Without struggle, success has no value.

未经奋斗得来的成功并无价值。

——亚伦·劳里森(A. Lauritsen)

在本章中,我们从全局和跨层角度,来分析 ICS 的层次结构及其攻击模型。在 ICS 中,物理层由设备、控制器和工厂组成,而网络层由路由器、协议、安全代理和管理程序组成。针对物理层的物理干扰或故障,物理层控制器常被设计为具有鲁棒性、自适应性和可靠性等特征。由于网络中可能存在恶意行为,我们必须在设计物理层防御时,也考虑到路由和网络流量所造成的干扰和延迟,以及网络攻击所导致的网络设备意外故障等。另一方面,网络安全策略的设计往往没有考虑控制的性能。为了确保控制系统的持续可操作性,在设计安全策略时,为网络系统提供最大程度的安全增强和最小的系统开销,对我们来说是同等重要的。我们应从控制系统的物理和网络两方面进行整体上的分析和设计。

## 10.1 跨层安全的需求

IT 基础设施与 ICS 的集成,创建了一个嵌入在可公开访问网络中的封闭网络系统。它为行业带来了许多成本和性能上的好处,但也带来了保护自动化系统免受安全威胁的诸多艰巨挑战。[6] IT 网络和自动化系统通常在其安全目标、安全架构和服务质量要求等方面有所不同。因此,传统的 IT 安全解决方案是不能直接应用于控制系统的。当务之急是在研发新的网络安全解决方案时,必须把许多控制系统的特定属性纳入考虑范围。在本章中,我们将介绍一个框架来评估网络安全策略对各种控制系统性能的影响,并为一个大规模网络化的 ICS 设计它的最佳安全策略。

由于控制系统与外部网络完全隔离,控制系统的安全历来被定义为系统的可靠性水平,其设计旨在提高系统的可靠性和鲁棒性,而不是考虑网络安全。因此,将现代 IT 架构与像控制系统这样没有内置安全对策、隔离的网络融合起来,是一项具有挑战性的任务。从缓解安全风险的角度来看,简单地将IT安全技术部署到控制系统中,可能不是一个可行的解决方案。尽管现代控制系统使用了与IT和业务网络相同的底层协议,但由于控制系统的内在功能特点,已经经过验证的安全技术有可能反而不适用于ICS。

能源、交通和化工等行业都有着时间敏感性方面的需求。因此,安全策略可能会引入不可接受的延迟并使可接受的系统性能降级。控制系统的可访问性要求,使其明显地有别于IT系统。对系统中安全性和系统可访问性之间权衡的理解,将使我们能够了解安全控制系统的基本限制和设计原则。一个集成控制系统的物理层和网络层的安全解决方案,需要考虑这两层之间的交互关系。图10.1描述了以嵌套结构形式出现的深度防御的概念。在示意图中,我们使用多层保护措施来保护目标资产,这些措施包括:授权和访问控制、防火墙、IDS和DMZ、物理巡逻和监视等。该图还说明了系统的物理层和网络安全之间的相互联系。

在本章中,我们从全局和跨层的视角,分析ICS的层次结构和攻击模型。物理层由设备、控制器和工厂组成,而网络层由路由器、协议、安全代理和管理器组成。针对物理层的物理干扰或故障,物理层控制器常被设计为具有鲁棒性、自适应性和可靠性等特征。由于网络中可能存在恶意行为,我们必须在设计物理层防御时,也考虑到路由和网络流量所造成的干扰和延迟,以及网络攻击所导致的网络设备意外故障等。另一方面,网络安全策略的设计往往没有考虑控制的性能。为了确保控制系统的持续可操作性,在设计安全策略时,为网络系统提供最大限度的安全增强和最小的系统开销,对我们来说是同等重要的。我们应从控制系统的物理和网络两方面进行整体上的分析和设计。

## 10.2 社会-网络-物理安全威胁

随着近年来网络物理系统的出现,以及物理基础设施与人、技术和计算组件之间的越来越多的互动,人们开始特别关注网络空间的犯罪行为以及如何提高当代复杂工作场所中的网络安全。相比之下,物理安全却在不少地方一定程度上被忽视或不当执行。网络安全旨在通过阻止未经授权的对于网络和资产的远程访问,来保护网络空间中的资产和资源。尽管如此,攻击者仍有可能通过物理的方式,进入一个组织的场所并连接到其中的网络、服务器或现场可用的任何其他设备来获得访问权限。传统上,企业的物理安全的主要模型是城堡(堡垒)保护模型,该模型旨在围绕一个可信区域构建一个硬壳,该可信区域内包含了各种不同的有价值的资产,例如人员、硬件和软件、数据和信息资源等。因此,人们在利益设施的外部边界部署和安装各种安全控制措施,以建立所谓的安全边界。一般来说,边界控制的设计和实施都考虑到了D5策略,即划界(demarcation)、威慑(deter)、监测(detect)、延迟(delay)和防御(defend)。[9]划界是指围绕重要资产建立边界的过程。这些边界应该是清晰可见的，以避免无辜的边界越界，并简化对敌对意图的识别。

威慑的目标，是创建一个对于攻击者而言没有吸引力的环境。比如，安全照明、围栏、监控点和监控系统等都是有效的威慑措施，因为它们能够降低在不被察觉的情况下攻击者实施攻击的机会。然而，威慑力量还不足以将攻击者拒之门外。因此，对于边界而言，至关重要的是，能够检测到非必要的活动并拖延潜在入侵者足够长的时间，以便安全人员或应急人员能够通过拒绝入侵者访问内部关键资产和资源的方式来进行拦截和防御。企业的安全边界可以包括常见的保护部件和机械屏障，例如围栏、墙壁、监控点、入口大门或小门、车辆屏障、安全照明、景观设计、视频监控、警报系统、保卫、入侵检测系统等。例如，闭路电视摄像机越来越多地用于标准监控、视频记录、事件检测和取证分析等。它通过专用的同轴电缆或任何通用计算机网络，将视频信号传输到特定的视频控制系统和常由第三方承包商提供服务的中央监控站中的有限数量的监视器上。除此之外，物理访问有时仅限于具有有效身份验证信息(例如身份徽章)的授权用户。由于这些安全解决方案需要安装在固定的地方，所以它们在实际操作中往往存在静态和不够灵活的缺点。

尽管为了确保任何人同受保护资产的任何接触都需得到授权，已经采用了所有这些控制措施，但是，因事故、人为错误甚至有针对性的攻击所带来的物理安全破坏仍然是有可能的。通过利用这些机制的静态特性，以及设备位置的可预测性，攻击者仍然可能潜入资产所在的设施里。此外，社会要求企业变得更加灵活和更加动态，以及企业和社会之间更高效紧密协作和互联的趋势，使得这些系统坚固的安全边界变得漏洞百出，因此，安全边界不再能够将风险阻挡在外部环境中。当下的趋势是，一个组织会超越其传统边界与其他实体进行接触，这些实体包括供应商、业务合作伙伴、服务提供商甚至客户等，导致系统内有不同的外部实体，如临时工、实习生、独立承包商、分包商和访客。虽然在工业敏感区的边界上严格控制出入，但在越过边界之后，普通组织人员和临时人员的行动几乎都是完全自由的。因此，利用系统的动态特性和系统缺乏适当的资源管理策略，潜在的攻击者还是可以造成损失和损害的。

因而，关于内部没有攻击源，并可配备较少保护的假设将不再有效了。系统复合体内存在的不可检测性，让攻击者有了很好的机会来侦察目标区域，收集敏感信息，以及掩盖正在进行中的攻击的踪迹。如今，攻击者将利用不同的攻击方法反复尝试以适应防御者策略。[2]因此，对系统复合体态势的感知就变得非常重要，这样一来，潜在的入侵者可以随时被检测到，并且安全管理人员也能够对入侵做出及时响应。动态和移动的监控系统(或策略)肯定会增强系统的鲁棒性，并增加攻击者发起攻击的成本和复杂度，同时，这将使系统的防御者在安全博弈中保持优势、领先于攻击者。

### 10.2.1 网络物理威胁

网络空间安全是一个包括技术、组织以及与人员等方面相关的广义术语，因此不能被纯技术安全概念所涵盖。然而，反过来说，关于组织的假设以及人员的假设，确实是任何技术预防措施的关键基础。最重要的例子是密码学中的安全概念，它实际上将安全等同于底层密钥的保密性(我们将在第 11 章正式讨论该概念)。一旦知道密钥，任何安全证明或严格论断都将失效。这一点也适用于许多(如果不是全部)其他技术性安全预防措施，因为要保护访问凭证。但在某些时候，保护最终必须依赖于人类的行为和意识。这本质上正是因为要提高效率而易被攻击的地方：在大多数情况下，与运行昂贵(且耗时)的密码分析相比，窃取访问凭证或窥探加密密钥要便宜得多。

密码学和相关领域的成就(见文献[3])迫使攻击者将精力集中在最弱的因素上——人；这个弱点是有据可查的。[8]尽管人们已经提出了一些漏洞解决方案[14]，但仍有很多工作要做。从本质上讲，社会工程就是利用了人类缺乏对威胁的认识。因此，认识培训、抽查等似乎只是一些顺理成章的对策，但它们并没有永久性的效果。因此，需要持续的信息和培训活动以应对社会工程，而这需要消耗金钱和时间，并且，对这些措施的最佳投资这个问题，把安全与经济直接联系起来。然而，安全投资和它的积极影响(投资回报)之间的权衡，在攻击者一方也同样存在，这就直接引出了我们接下来要描述的对安全的非正式但实际有效的理解。

### 10.2.2 安全经济学

安全通常不是让攻击变得不可能，因为使攻击变得不经济就足够了；换言之，如果攻击者的投资超过了成功后获得的收益，那么发动攻击就毫无意义。因此，我们的攻击/防御模型将通过测量防御中的“最佳”成本/收益权衡，来考虑尝试入侵的整个生命周期中所产生的成本。鉴于这种平衡和冲突，由此产生的模型是二人博弈，防御者试图将攻击者的成本最大化，而攻击者试图最小化其投资以最大化其收益。这可以通过所造成的损害减去必需的投资来量化，或者以更复杂的方式——通过考虑多目标优化并将投资和回报视为单独的目标来实现(参见 3.3 节和 12.5 节)。

## 10.3 深度防御的多层框架

网络空间基础设施是控制器和物理设备之间的接口。控制信号是通过安全增强后的 IT 基础设施发送的，这类基础设施包括无线网络、互联网和局域网等。IT 基础设施的安全架构旨在实现控制系统的深度防御。[13]图 10.1 释明了深度防御的概念，它结合了不同的博弈模型，攻击者针对目标资产在每层采取不同的博弈策略。它使用的级联防护措施，可以在潜在威胁出现时为管理员提供更多信息和资源控制机会。这些级联的防护措施，包括了从物理保护到防火墙、访问控制等多种安全设备和代理。但是，这也可能会导致控制器与物理设备之间的通信延迟和丢包率等方面的问题。

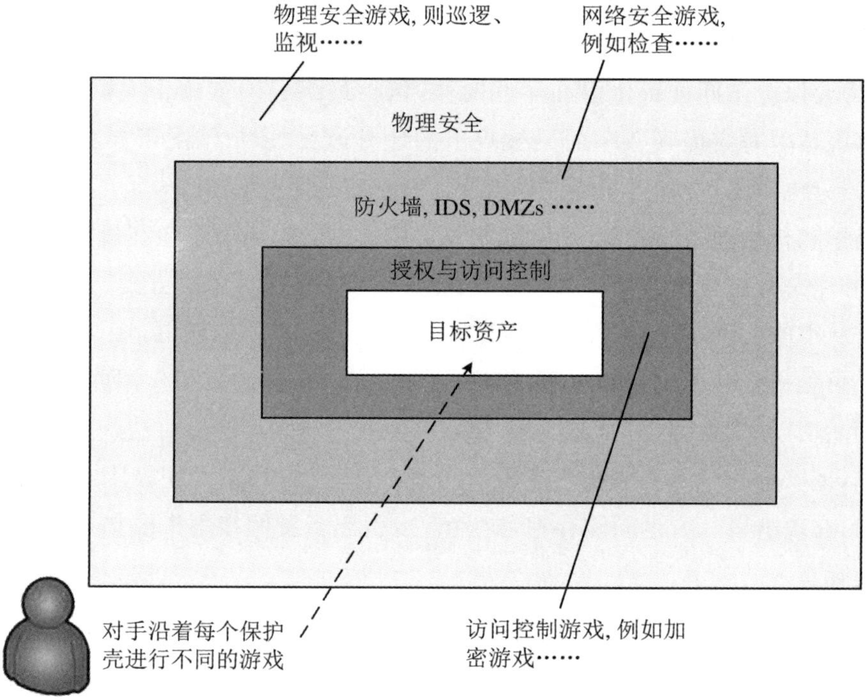


**图 10.1 用于保护目标资产的深度防御安全机制**

我们接下来为这种网络物理场景描述一个统一的安全模型，并从控制系统和网络防御的角度研究相应的缓解策略。在物理层，我们通常的目标是，考虑系统中的不确定性和干扰的情况，设计鲁棒或自适应的控制器以增强系统的鲁棒性和可靠性。在网络层面，我们通常使用在网络中部署安全设备和代理的方法来实现 IT 安全解决方案。物理层和网络层的安全设计，通常遵循不同的目标，并没有统一的框架。

APT 是 ICS 的新兴威胁之一。与自动探测和业余黑客不同的是，APT 有特定目标并会深入探索和挖掘系统的架构、有价值的资产甚至是防御策略，以便攻击者调整其策略并使密码学、防火墙和入侵检测系统失效。APT 也具有欺骗性，可以在系统中潜伏很长时间，例如，重放攻击会重放预先记录的标准传感数据，以在攻击期间欺骗监控。我们已经在 1.4 节里回顾了多个例子。

深度防御是一种能够防御这种复杂攻击的有用策略。在同时考虑到这些层的互联和相互依赖性的情况下，深度防御采用全局的方法来保护系统里网络层和物理层中的资产。深度防御策略，能为网络物理系统提供有效的跨层保护，从整体上阻止攻击并降低网络安全风险。

我们利用博弈论方法来量化地刻画防御的约束条件、攻击的后果和攻击者的动机，以便实现深度防御的正式设计范式。特别地，我们引入一个多阶段博弈框架来模拟 APT 的长期交互和隐蔽性。我们将 APT 的整个生命周期分为多个阶段，在每个阶段，双方都采取行动、进行观察，然后进入下一个阶段。在 1.3.2 小节中我们概述了 APT 的这种多阶段特点的细节，我们称之为杀伤链。[2]深度防御博弈的主要思想是，将每个阶段建模为一场这个阶段独有的博弈，并让一个博弈的结果来决定下一个博弈开始时各个参与者的起始战略位置。这可能意味着，在博弈中有（或没有）某些策略或某些收益是取决于博弈链里上一阶段博弈结果的。因此，深度防御博弈模型是一组以某种方式嵌套的博弈模型，并且每场博弈都被选择对相应的阶段进行最佳建模。特别地，这可能需要在每个阶段里的博弈模型都具有非常不同的结构。我们将在下文中描述一组可能的模型，全部的博弈论模型（如本书通篇所述）可能会在不同的实际情境中得到应用。

在侦察阶段，攻击者会探测系统并从开源或内部信息中获取情报。侦察阶段旨在识别易受攻击的目标，并提高初始攻击的成功率。APT 在获得私钥并站稳立足点后，会进行特权升级、在网络中横向传播，最终，要么获取机密信息，要么造成物理损害。APT 的链结构可以对应一个多阶段博弈，其中每个阶段都可以描述为一个攻击者和防御者之间的本地交互过程，其结果将引起下一阶段中的交互。APT 的目标是入侵目标物理资产，而防御者的目标是在杀伤链的多个阶段采取行动以阻止攻击或降低攻击所带来的影响。

博弈论框架的一个关键挑战是捕捉网络中的隐蔽行为和欺骗行为，让我们使用不完全信息的多阶段博弈[4]来模拟参与者之间的信息不对称。为此，我们引入类型的概念，来刻画博弈中参与者的私有信息。例如，用户的类型，无论合法与否，对用户或攻击者自己来说都是私有的。另一方面，网络的配置级别，无论高低，对网络管理员（即防御者）来说都是私有的。由于 APT 的隐蔽性，防御者虽然不知道用户的类型，但他可以通过使用移动目标防御、蜜罐部署等防御性迷惑技术来隐藏或混淆自己的类型。[1,7]参与者的类型决定了他们的效用并会影响他们的行为。因此，每个参与者在各个阶段都会观察和分析其他参与者的行为，以形成对对方类型的信念。在这个交互过程中，当他们可以进行有效观察时，参与者们就会通过贝叶斯规则来不断更新他们的信念（见定义4.3）。

双方参与者都根据自己的信念，各自都战略性地采取行动以最大化他们的效用。PBNE 对每个阶段的每种用户类型都能预测参与者的策略，因为没有参与者会单方面偏离均衡而受益。由于前向信念更新和后向策略计算之间的耦合，PBNE 的计算是很有挑战性的。我们首先要把问题形式化为一个数学规划问题，这样就能计算出在给定信念情况下的单阶段贝叶斯博弈的均衡策略。然后，我们拓展这种方法，通过构建一系列嵌套的数学规划问题，来计算在给定信念序列情况下的多阶段贝叶斯博弈的均衡策略。最后，我们将这些数学规划问题与贝叶斯更新相结合，并提出一种有效的算法来计算PBNE。

这些建模和计算方法，已被证明能够加强广泛类别的工业 SCADA 系统的安全性。在文献[5]中，我们使用田纳西伊斯曼（TE）流程作为案例进行了研究，并提供了防御 APT 的设计指南，其中的 APT 可以通过电子邮件欺骗渗透到网络网中，继而提升权限、篡改传感器读数，并在不触发警报的情况下降低 TE 过程的运行效率。动态博弈方法提供了一种评估风险的定量方法，并提供了一种系统化、可计算的机制，在多个网络物理阶段实现主动的战略性防御。首先，我们观察到，当 APT 已经做好充分准备并准备发起攻击时，最后阶段的防御通常为时已晚、不再有效。我们需要在攻击仍然处于"不为人知"的状态时，在多个阶段采取预防措施和主动响应，这样攻击者在攻击进行到最后阶段时就丧失了优势地位。其次，防御者的在线学习能力在检测对手的欺骗和弥补信息不对称等方面起着重要作用。它提升了从可观察行为中识别隐藏信息的可能性，迫使隐蔽攻击者采取更保守的行动，从而减少攻击所带来的损失。最后，防御性迷惑技术被证明可以有效地增加攻击的不确定性及其学习成本，从而降低攻击成功的概率。

## 10.4 深度战略防御的多层博弈

最近关于 APT 博弈论建模的研究[10-12]建议将一般攻击分解为以下三个阶段，这三个阶段可以作为杀伤链的简化表示。这里需要认识的主要事实是，物理入侵可以沿着与此相同的路线运作：

(1) 初始渗透(第一阶段)：如果攻击者已经与受害者基础设施建立了初步联系，则此阶段完成；更准确的说法是，已在系统内建立了一个联络点；通常，此时已成功通过网络钓鱼电子邮件(参见例 3.8)或类似方式安装了恶意软件。攻击者在尝试纯粹的物理访问时，可能会使用逻辑入口来收集合法员工的信息，例如，这些信息可被用于创建一个貌似有效的假身份。

(2) 学习和传播(第二阶段)：这个阶段可能包括很长一段时间，攻击者在此期间保持隐蔽，并收集有关受害者基础设施的信息。其目标是尽可能深入地渗透设施，以便接近"神经痛点"，随后可以对它造成损害。

(3) 造成破坏(第三阶段)：这是攻击者变得活跃并试图凭借所有先前获得的知识造

成破坏的阶段。特别是，如果此阶段受到（并行）网络攻击的支持，已经在受害者的基础设施中留下了恶意软件和秘密安装的后门，则该阶段可能并不需要物理接入。

在文献[12]中，这些阶段中的每一个都被建模为一个特定类型的博弈，具体如下：

第一阶段用矩阵博弈来刻画，因为首先，只有有限的策略（例如社会工程、已被入侵了的第三方供应商等）才能导致进入基础设施的情况。此外，这些策略未必能成功，因此通常需要反复地尝试（网络钓鱼是一个很好的例子，因为它的成功需要大量的电子邮件，这对应于重复策略）。

第二阶段用顺序博弈来刻画，其中攻击者的目标是，建立一个从初始接触点（阶段1的结果）到目标资产（阶段3的开始）的阶段化的路径。在网络攻击的情况下，"阶段"可能在物理上对应于某个子网络或计算机，其所对应的"下一阶段"是"更接近"目标资产的任何子网或计算机。这里对接近度的定义取决于网络和物理域的具体情况，可以是用网络节点跳数衡量的距离，或者在公司层次结构中的某个位置而拥有的一定级别的特权，又或者（在我们之后考虑的物理安全的情况下）在目标资产变得可达之前要通过的房间和安全检查的数量等。

第三阶段再次用矩阵博弈来刻画。对于攻击者和防御者而言，其可能的具体行动集合，会取决于攻击者所获得的访问类型。例如，如果攻击者拥有对中央服务器的完全访问权限，那么服务器内的配置或数据可能不再安全。在这种情况下，相应的防御策略是对配置和数据两方面的完整性检查。显然，在这里必须重复这两个完整性检查的行动，这意味着矩阵博弈的模型是正确的。对于高安全性的应用程序，高安全域可能会与（具有互联网连接的）公司内网进行物理分离。在这种情况下，必须把来自社会工程的策略（例如自带设备）填加到第三阶段的博弈中。例如，网络间的物理隔离可以被攻克——如果攻击者诱骗了可以访问目标的合法工作人员，使其插入一个带有病毒的USB盘，那么恶意软件就可以穿透物理隔离的边界。同样，通过感染第三方供应商来感染高安全域内的机器，是穿透物理隔离的另一种方式。然而，所有这些策略都依赖于在第二阶段所学到的信息，因此各个阶段的博弈之间显然是互相联系起来的。

图10.2以图形方式描述了各个阶段的模型，并说明了它与深度防御的关系。也就是说，深度防御考虑了目标资产周围的多层保护壳，而我们假设必须依次穿透这些保护壳才能触及内部资产。第二阶段的博弈正是这个视角下的模型，而第一阶段和第三阶段的博弈则各自对应了攻击的开始和结束。

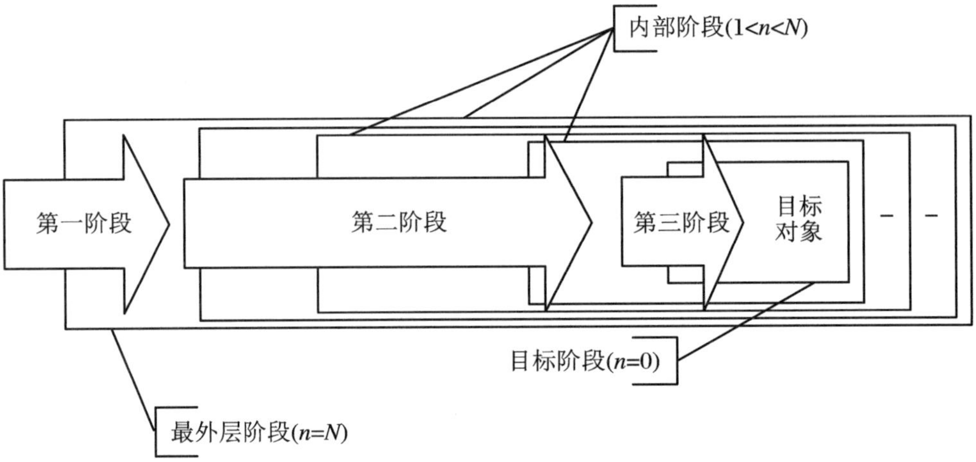


图 10.2 博弈论视角下的攻击阶段

# 参考文献


［1］ Boumkheld N，Panda S，Rass S，Panaousis E（2019）Honeypot type selection games for smart grid networks. In：Alpcan T，Vorobeychik Y，Baras JS，Dán G（eds）Decision and game theory for security. Springer International Publishing，Cham，pp 85-96

［2］ Chen P，Desmet L，Huygens C（2014）A study on advanced persistent threats. In：IFIP international conference on communications and multimedia security. Springer，pp 63-72

［3］ Goldreich O（2007）Foundations of cryptography：volume 1，basic tools. Cambridge University Press，Cambridge

［4］ Harsanyi JC（1967）Games with incomplete information played by "bayesian" players，I-III part I. the basic model. Manag Sci 14(3)：159-182

［5］ Huang L，Zhu Q（2018）Analysis and computation of adaptive defense strategies against advanced persistent threats for cyber-physical systems. In：International conference on decision and game theory for security. Springer，pp 205-226

［6］ Kuipers D，Fabro M（2006）Control systems cyber security：defense in depth strategies. Technical report，Idaho National Laboratory（INL）

［7］ La QD，Quek TQS，Lee J（2016）A game theoretic model for enabling honeypots in IoT networks. In：2016 IEEE international conference on communications（ICC）. IEEE. https://doi.org/10.1109/icc.2016.7510833

［8］ Mitnick KD，Simon WL（2009）The art of intrusion：the real stories behind the exploits of hackers，intruders and deceivers. Wiley，New York

[9] Murray J (2012) Securing critical infrastructure: perimeter protection strategy at key national security sites including transport hubs, power facilities, prisons and correctional centres. A senstar corporation white paper. Senstar Corporation, Ottawa, White Paper

[10] Rass S, Alshawish A, Abid MA, Schauer S, Zhu Q, De Meer H (2017) Physical intrusion games-optimizing surveillance by simulation and game theory. IEEE Access 5:8394-8407

[11] Rass S, König S, Panaousis E (2019) Cut-the-rope: a game of stealthy intrusion. In: Alpcan T, Vorobeychik Y, Baras JS, Dán G (eds) Decision and game theory for security. Springer International Publishing, Cham, pp 404-416

[12] Rass S, Zhu Q (2016) Gadapt: a sequential game-theoretic framework for designing defense-in-depth strategies against advanced persistent threats. In: International conference on decision and game theory for security, pp 314-326. Springer, Springer International Publishing. http://link.springer.com/chapter/10.1007/978-3-319-47413-7_18

[13] Stouffer K, Falco J (2009) Recommended practise: improving industrial control systems cybersecurity with defense-in-depth strategies. Department of Homeland Security, Control systems security program, national cyber security division

[14] Suo X, Zhu Y, Owen GS (2005) Graphical passwords: a survey. In: 21st annual computer security applications conference (ACSAC'05). IEEE, pp 10

# 第 11 章

# 密码学博弈

Security is a process, not a product.

安全是一个过程,而不是一个产品。

——布鲁斯·施奈尔(B. Schneier)

“博弈”这一术语在安全领域内有着本质上不同的含义,这取决于我们是在专门谈论密码安全,还是在通用的场景中借助博弈论定量地研究安全的能力,来讨论系统安全。然而,博弈论和密码学互相为对方提供了特有的价值,因为博弈论可以帮助密码协议的设计,以实现自增强的安全性,而密码学为实现安全博弈提供了宝贵的机制。本章将介绍两种思想,一种是用于面向协议设计的理性密码学,该协议通过理性来激励参与者忠实地遵守协议,并同时解决经典的安全问题,如机密性、完整性、可用性,另一种是通过定量和无条件的安全保证来描述安全博弈下的身份验证。本章还将在结尾部分讨论安全网络的设计与借助博弈论所发现的 P/NP 问题间的联系。

## 11.1 理性密码学

博弈和密码学的结合,可以追溯到公钥密码学第一次正式引入安全概念的时代。最初,博弈被用于对安全概念进行形式化,并帮助证明密码学中的问题。然而,在应用上的特殊性及其对安全的理解等方面,新兴的理性密码学与以往的博弈应用完全不同:

· 在经典密码学中,博弈用于定义特定的攻击场景,以及在“几乎”所有情况下对该场景的恢复能力。攻击者在与诚实的一方进行互动的过程中,会利用它们的某些安全漏洞(如泄露机密、冒充等),而博弈可以帮助我们进行修复。在描述上述交互的形式时,“博弈”类似于一种算法,进一步使用在复杂性理论的简化论证中。为了说明这与本书其他地方的博弈论方法有何不同,我们将在下面举例说明一个特定的博弈和一个特定加密函数的安全概念,并展示如何在经典密码领域下使用博弈来证明它的安全性。

· 在理性密码学中,我们试图以一种对攻击者最有利的方式来激励攻击者彻底放弃攻击。在允许攻击者遵循或偏离协议方面,博弈的限制性要小一些。我们的目标在于找到一种设计，使得攻击者不会偏离密码学协议，或者换句话说，会诚实行事（即遵循协议框架）。这样一来，我们就实现了自增强的安全。

经典密码学追求在最坏情况下的严格保证，比如，攻击者在几乎所有情况下都不会学到任何有意义的东西，或是只会学到微不足道的一小部分。理性密码学的效用最大化理论对此做了弱化处理，仅在平均情况下寻求最优行为，因此允许实现攻击者在特意设计的安全漏洞中交替地成功或失败。这就需要把密码学原语与博弈论激励机制的设计（效用函数）巧妙地结合在一起，以便将安全漏洞保持在可接受的范围内。在 11.2 节中，我们将通过例子来介绍机密性或可靠性等基本的安全概念。现在，我们将从博弈在密码学中"传统"用法开始讲起，为向现代理性密码学概念的过渡做准备，同时也将阐明使用基于博弈的定义可以提供什么样的密码学安全保证。

**注 11.1** 我们将稍微偏离本书剩余部分使用的符号，用"博弈"表示密码学安全博弈，并允许算法使用书法型字母。这有两个原因：① 强调它与数学博弈（表示为 $\Gamma$）的概念差异，我们在本书其他部分已经讨论了，并在以后会继续讨论数学博弈的概念；② 同密码学相关文献中对博弈这一术语的使用更加一致，在这些文献中博弈所依赖的安全参数发挥了核心作用。因此，引入"更复杂"的符号是重要的和合理的，故我们在本章中采用这些符号表示。

## 11.1.1 基于博弈的安全性和可忽略函数

经典密码学使用了所谓的"基于博弈的安全定义"。在把这种方法的全面描述留给密码学教科书[15]的同时，我们将在下面的示例中研究基于博弈的机密性，它采用了概率化公钥加密的机制。通过这个例子，我们可以看出如何定义博弈与如何把博弈用于安全分析二者之间的区别。

**例 11.1**（基于博弈的安全性：选择明文攻击的不可区分性（IND-CPA）） 给定一个加密函数，其安全性可以非正式地理解为：如果一个加密函数产生"不可区分"的密文，我们就说它是安全的。在这里，我们说，对于两个不同的明文 $m_0 \neq m_1$，如果没有在多项式时间（其参数是密文长度和其他相关系统参数）内运行的随机算法能够区分对 $m_0$ 的加密和对 $m_1$ 的加密，则封装明文的两个密文 $c_0$，$c_1$ 是不可区分的。换言之，两个密文 $\{c_0, c_1\}$ 和已知的内部明文 $\{m_0, m_1\}$ 之间的关系，应有效地保持其不可判定性（在多项式时间内，并且具有明显的正确性，我们在后面对"明显的"进行严格定义）。可以证明，这一要求相当于无法从给定（单个）密文计算任何有意义的内容；这个属性我们称之为语义安全性。

基于博弈、不可区分安全的具体定义，将上述决策问题框架化为两方间的非合作交互，其中挑战者（参与者 1）要求攻击者（参与者 2）从给定的两个候选集（由攻击者选择）

中，确定哪个是已加密明文。如果攻击者回答正确，它将赢得博弈，否则，它将失败（挑战者将相应得分）。因此，博弈隐含着零和，尽管通常不会被明确说明或实际使用零和。

该博弈分为三个阶段，它通常被描述为类似于扩展形式博弈的一个实验，其符号如下：通常，我们用 $pk$，$sk$ 分别表示公钥和私钥，用 $G_c$ 和 $G_m$ 分别表示密文和明文空间（通常是阿贝尔群）。公钥加密方案以三重算法的形式出现，其中 $G$ 是用来生成密钥的随机算法。该算法采用安全参数 $n\in\mathbf{N}$ 构造密钥，以及带有位长的明文群 $G_m$ 和密文群 $G_c$，即 $G_m$ 和 $G_c$ 的基数取决于 $n$（实际上，$n$ 的选择应遵循相关机构发布的建议，如文献[14]等）。符号 $E_{pk}$，$D_{sk}$ 分别表示使用公钥 $pk$ 调用加密函数和使用私钥 $sk$ 调用解密函数。这两个映射都在明文群和密文群 $G_m$ 和 $G_c$ 之间，按各自的顺序排列。反过来，我们把攻击者建模为概率图灵机 $\mathscr{A}$，并假设其在输入参数的多项式时间内运行。

按照上述框架，图 11.1 显示了一个选择明文攻击的安全博弈过程：在第一阶段，首先，挑战者（诚实的参与者 1）使用公开的安全参数 $n$ 初始化其加密机制。然后，允许攻击者（不诚实的参与者 2）选择明文并要求挑战者对其进行加密（其数量最多可以是 $n$ 次多项式）。在第二阶段，攻击者选择两个相同长度的明文 $m_0$ 和 $m_1$，并将它们发送给挑战者，声称加密后仍能识别出 $m_0$ 和 $m_1$。挑战者从两个明文中随机挑选，并发回密文。如果攻击者能够正确地分辨出是哪个 $m_b\in\{m_0,m_1\}$已加密，则攻击者获胜。在这种情况下，博弈奖励攻击者 1，否则奖励 0。该结果表示为随机变量 $Game_{\text{IND-CPA}}^{\mathscr{A}^{E_{pk}(\cdot)}}(n)$。这里的上标 $\mathscr{A}^{E_{pk}(\cdot)}$表示 $\mathscr{A}$ 对加密函数 $E_{pk}$ 的预测机访问。它对安全参数 $n$ 的依赖性是至关重要的，因为博弈分析会考虑安全参数 $n$ 索引的随机变量序列的渐近性质。然而，尽管图 11.1 可以解释为一个扩展形式的博弈，我们将要进行的博弈分析并不针对鞍点值，而是要寻求博弈最坏结果的上界。

这个博弈本质上是零和博弈，因为它将一个效用分配给攻击者，这通常称为攻击者的优势（advantage）。在这个例子中，它被定义为 $Adv_{\text{IND-CPA}}^{\mathscr{A}}(n):=P[b^*=b]$，假设两个参与者行为都是最优的，其中对 $n$ 的依赖性是通过 $Game_{\text{IND-CPA}}^{\mathscr{A}^{E_{pk}(\cdot)}}(n)$来实现的。

基于例 11.1 给出的描述，博弈论的分析过程是寻找鞍点，以确定博弈双方的同时最优行为。相反，密码学则是假设双方的先验行为已经是最优的，并试图将博弈的结果 $Adv_{\text{IND-CPA}}^{\mathscr{A}}(n)$和 $n$ 渐近地绑定在一起。沿着这个思路，博弈随后成为复杂性理论简化论证的对象，不同的安全概念（例如，针对选择密文攻击或其他攻击）在所研究的博弈中也不相同，它的通用运行过程如下：

(1) 假设存在一个攻击者 $\mathscr{A}$，它在 $Game_{\text{IND-CPA}}^{\mathscr{A}^{E_{pk}(\cdot)}}(n)$ 中获得了不可忽略的效用 $Adv_{\text{IND-CPA}}^{\mathscr{A}}(n)$（我们接下来的目标是采用反证法来证明）。我们将在后面的定义 11.1 中确切地定义“可忽略”的含义。在本质上，它是一个基于上述博弈的参数 $n$ 的一个渐近

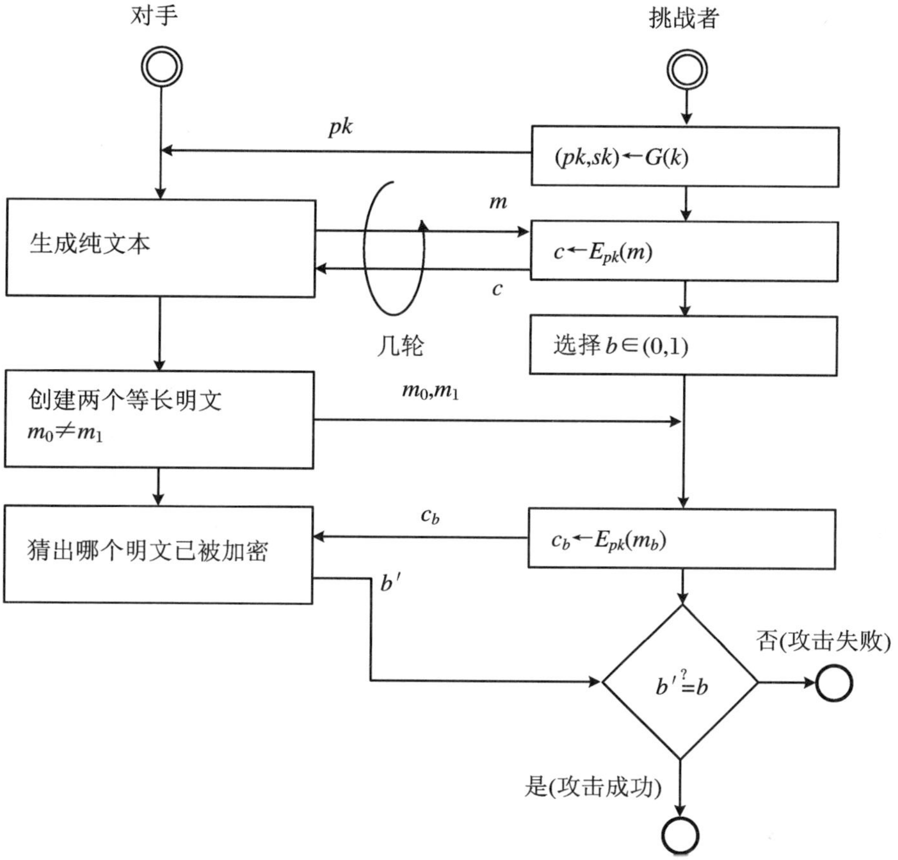


**图 11.1　基于博弈的安全性:选择密文攻击**

条件。

(2) 构造一个把 $\mathscr{A}$ 作为子例程进行调用的算法 $\mathscr{A}'$，并表明 $\mathscr{A}'$ 可用于解决一些不可计算问题 $P$，这些问题 $P$ 是事先确定的(典型例子包括大整数的因式分解、离散对数的计算、确定二次剩余等)。

(3) 由于人们认为 $P$ 在多项式时间内是不可解的(当 $P$ 的大小逐渐增加时，渐近地趋于完全不可解)，但多项式时间算法 $\mathscr{A}'$ 仍然可以做到可解，这一矛盾反驳了攻击者 $\mathscr{A}$ 的存在，从而证明了加密使用加密博弈是安全的。

上面的过程，从抽象的层面来看，是整个密码学中安全性的规约证明所遵循的基本结构(参见文献[41]中的例子)。这个方法在加密为目标的场景下是成功的，但它与博弈理分析相比，有两个方面的不同:第一，它不寻找最优行为，而是(仅仅)排除了获胜策略。第二，我们寻找效用值最坏情况的界限，而不是像博弈论分析那样寻找平均情况的最优性。

这意味着我们在密码学中得到的一些不可能的结果，在博弈论的角度上就需要重新考虑了[11]，这是博弈论为密码学提供的一个好处。为了正确地研究如图 11.1 所示博弈中的加密竞争，从博弈论的观点来看，我们需要首先将可计算性的概念纳入博弈论的定义中。这主要涉及博弈对安全参数的依赖性，而博弈论的（像均衡这类的）最优分析则应包括这些参数。定义 11.1 总结了这种形式化的基本要素。

**定义 11.1**（渐近关系与可忽略函数）　对于给定的函数 $f,g:\mathbf{N}\rightarrow\mathbf{R}$，若存在一个整 $n_0$，每当 $n\geqslant n_0$ 时就有 $f(n)\leqslant g(n)$，我们就说 $f\leqslant_{\text{asymp}}g$。类似地，我们可以定义 $\geqslant_{\text{asymp}}$ 关系。如果函数 $f$ 对于所有的多项式 $p$ 都有 $f\leqslant_{\text{asymp}}\frac{1}{|p|}$，则函数 $f$ 就被称作可忽略的；若 $f$ 对于一些多项式 $p_0$ 有 $f\geqslant_{\text{asymp}}\frac{1}{|p_0|}$，则函数 $f$ 就被称作显著的。

跟朗道符号①一样，我们使用 negl($n$)来匿名地表示一个在 $n$ 上可以忽略不计的函数。同时，若 $|f-g|$ 是可忽略的，我们就可以写作 $f\approx_{\text{negl}}g$。同样地，若 $f\leqslant_{\text{asymp}}g+\text{negl}$ 就写作 $f\leqslant_{\text{negl}}g$，若 $f\geqslant_{\text{asymp}}g-\text{negl}$ 就写作 $f\geqslant_{\text{negl}}g$。与 $\leqslant_{\text{negl}}$ 相反的关系写作 $>_{\text{noticbl}}$，意味着 $f\geqslant g+\varepsilon$，其中 $\varepsilon$ 是一个显著函数。

**例 11.2**（可忽略和不可忽略函数）　很容易看出，所有常数是不可忽略的，像 $1/\log(n)$ 这样的函数或像 $n^{-3}$ 这样的倒数多项式，也都是不可忽略的。相反地，函数 $2^{-n}$ 可以忽略不计，因为它的衰减速度比任何多项式都快。

可忽略函数集在加法和标量乘法下是封闭的，因此它表现出向量空间的性质，我们经常隐式地使用它的这个属性。因此，例 11.1 中安全性的规约证明就可以正式地表述为 $Adv_{\text{IND-CPA}}^{\mathscr{A}}(n)\approx_{\text{negl}}\frac{1}{2}$。这表明，一旦安全参数足够大，攻击者就没有比公平掷硬币明显更大的获胜机会。要了解这一点，请参见例 11.3，它对图 11.1 中博弈的通用参数进行了实例化。

**例 11.3**（基于博弈的安全分析：ElGamal 加密）　ElGamal 加密[24]是一种非对称加密方案，它在生成元 $g$ 生成的有限循环群 $G$ 上工作，其中 $g\in G$。加密过程如下：从 $G$ 中随机选择两个秘密元素 $r,s$。生成公钥为 $pk=g^s$，私钥（秘密解密密钥）为 $sk=s$。通过使用公钥 $pk=g^s$ 把一个明文 $m\in\mathbf{N}$ 加密成为密文 $(c_1,c_2)=(g^r,m\cdot pk^r)$，为了完整性的要求（但下面就不再需要这个要求了），我们注意到解密将首先构造值 $K=(c_1)^s=(g^r)^s=g^{sr}=(g^s)^r=pk^r$，然后恢复明文 $m=c_2\cdot K^{-1}$（在 $G$ 中）。

让我们回到图 11.1，并假设攻击者有一个“获胜”策略，即它可以朝着 $Adv_{\text{IND-CPA}}^{\mathscr{A}}(n)>_{\text{noticbl}}\frac{1}{2}$ 采取行动。那么，安全性规约到如下的问题 $P$：给定某个元素 $g$ 生成的有限循环

---

① 译者注：大 O 符号，又称为渐近符号，是用于描述函数渐近行为的数学符号，在计算机科学中的算法复杂性分析方面非常有用。

群 $G$,以及其中的三元组$(a, b, c) \in G$,确定是否存在整数 $x, y$ 使得$(A, B, C) = (g^x, g^y, g^{xy})$。我们把它称为迪菲-赫尔曼(Diffie-Hellman,简称 DH)问题,其输入称为 DH 三元组。人们普遍认为,对于正确选择的群 $G$,每个以$(A, B, C)$为输入的多项式时间算法 $\mathscr{A}$,并且其运行时间最多为 $G$ 的多项式时间,在所有可能的三元组中正确识别 DH 三元组的机会是 $P(\mathscr{A}(A, B, C) = 1) \leqslant_{\text{negl}} \frac{1}{2}$ 的机会(即如果找到 DH 三元组,则 $\mathscr{A}(A, B, C)$返回 1,否则返回 0)。这就是 DH 假设和不可计算假设,我们的安全性证明将建立在它们的基础上(即假设"只有在不知情但公平的情况下才有更好的机会做出正确的决定")。

假设一个攻击者 $\mathscr{A}$ 可以在 $Game_{\text{IND-CPA}}^{\mathscr{A}^{E_{pk}(\cdot)}}(n)$中获胜,我们可以推断出该 DH 问题是有明显机会可解的,即当$(A, B, C)$为 DH 三元组时,我们有

$$P(\mathscr{A}(A, B, C) = 1) = \frac{1}{2} + \varepsilon(n) >_{\text{noticbl}} \frac{1}{2}$$

这里,$\varepsilon(n)$是 $n$ 的显著函数。我们接下来构造一个区分算法 $D$,它的工作原理如下:在给定的一个三元组$(A = g^x, B = g^y, C = g^z)$作为输入时,算法启动 $Game_{\text{IND-CPA}}^{\mathscr{A}^{E_{pk}(\cdot)}}(n)$的过程,即攻击者 $\mathscr{A}$(即算法 $\mathscr{A}$)把$(A, B, C)$作为输入,并输出一个关于该三元组是否是 DH 三元组的猜测。在挑战阶段,在 IND-CPA 博弈中接收$(m_0, m_1)$时,我们选择一个随机的 $\beta \in \{0,1\}$并用密文$(B, m_\beta \cdot C)$响应。现在,我们需要区分以下两种情况:

(1) 如果 $z = xy$,则算法 $D$ 构造的响应$(B, m_\beta \cdot C)$是一个适当分布的 ElGamal 密文,并且根据我们对 $\mathscr{A}$ 的假设,攻击者将以如下的显著可能性正确识别内部明文:

$$P(\mathscr{A}(g^x, g^y, g^z)) >_{\text{noticbl}} \frac{1}{2}$$

(2) 如果 $z \neq xy$,则算法 $D$ 构造的响应$(B, m_\beta \cdot C)$与 $\beta$ 是随机独立的,因此,无论算法复杂度如何,都无法在概率大于 1/2 的情况下正确猜测 $\beta$。所以,$P(\mathscr{A}(g^x, g^y, g^z)) = \frac{1}{2}$。

因此,根据全概率定律,我们发现该算法 $D$ 可以使用 $\mathscr{A}$ 识别 DH 三元组,其可能性为

$$\begin{aligned} P(D(A,B,C) = 1) &= \frac{1}{2}P(D(g^x, g^y, g^{xy}) = 1) + \frac{1}{2}P(D(g^x, g^y, g^z) = 1) \\ &= \frac{1}{2} \cdot \left(\frac{1}{2} + \varepsilon\right) + \frac{1}{2} \cdot \frac{1}{2} = \frac{1}{2} + \varepsilon >_{\text{noticbl}} \frac{1}{2} \end{aligned}$$

其中 $\varepsilon$ 是一个显著函数。然而,对于任何在多项式时间内运行的算法,DH 假设所断言的状态正好相反,特别是 $D$。这就导致了自相矛盾,因此,在 DH 问题的不可计算的条件下,攻击者 $\mathscr{A}$ 不可能存在。

**注 11.2** 在渐近分析的情况下，在可忽略性概念基础上的有关安全的结论，通常都对安全性参数 $n$ 的"大小"避而不提。在许多渐近安全性证明中，这种细节缺乏的情况一直受到批评，随后引起过相当激烈的争论。[21]

## 11.1.2 诚实与理性

理性密码学改变了解决问题的视角，即不是通过限制攻击者的优势，而是通过优化攻击者的优势，并把后者重新定义为适当的效用函数。为了正确地转换传统密码学场景下使用的渐近可计算的关系，它首先根据定义 11.1 中给出的关系重新定义了均衡和最优。这种修改对最优性的"破坏"可以忽略不计，这对于解释其背后的密码学原语以及不可计算性的假设是必要的。在理性密码学的所有博弈理论定义中，可忽略性就是跟一个多项式时间计算能力的攻击者所能达到的值相比，允许更小的值（因为一个具有指数速度的攻击者既不现实，也没有理论上的意义）。

在大多数情况下，理性密码学涉及以下内容之一：

协议分析（博弈理论）：在这里，我们从博弈论的角度，即通过要求每个参与者在博弈的每个阶段（如图 11.1 所示，或适当地适应当前情况）的最佳行动，来分析密码协议。在许多情况下，这使用了宽松的安全定义，从而允许实现比经典方案[4]更好的计算复杂度。

协议构建（机制设计）：在这里，我们寻找在（密码学）安全机制的每个阶段可以强制执行某些（符合防御者利益的）最佳回报的密码学原语。这样，博弈论的概念被用来指导机制设计本身，而密码学则被用来得到一些我们希望得到的均衡。

就分析而言，例 11.3 有一个明确定义的动机，即识别两个明文中的一个。一个隐含的假设是，参与者愿意参与博弈并遵守博弈规则。在其他情况下，我们不能安全地做这种约定的假设，因为只有在有动机这样做的情况下，参与者才愿意与另一方互动，这样参与者才会表现得理性。

同样，攻击者可能会理性地追求博弈定义之外的其他目标。为了说明这一点，我们将分析另一个流行的密码学原语——秘密共享。

**例 11.4**（$(k,n)$-秘密共享） 秘密共享是理性密码学中研究最为丰富和广泛的一个密码学概念。它的一个基本形式[39]是，我们从一个（通常是有限的）域 $F$ 中获得一个秘密 $m \in F$，并把它包含在一个随机选择的多项式 $p(x) = m + a_1 x + a_2 x^2 + \cdots + a_{k-1} x^{k-1}$ 中。我们的目标是将消息 $m$ 储存到一系列满足 $n \geq k$ 个（互不完全信任）的 $P_1, \cdots, P_n$ 中，这样就没有某一方或某几方的联合能够发现这个秘密 $m$。只有在一组确定的条件下，我们才能恢复这个秘密。对于多项式的原始情形，每一方 $P_i$ 接收一个值 $s_i := p(i)$，这个值被称为（秘密）份额。显然，它需要从多项式中至少获取 $k$ 个或更多个样本，以通过插值唯一地恢复它。这已经代表了上面提到的条件：我们可以在一组 $n$ 个服务器上分配$m$，确保没有小于等于$k-1$方的联合能恢复它。但是，若有大于等于$k$个数据$p(i_1)$，$p(i_2)$，…，$p(i_k)$，那么，通过对数据点进行插值得到的多项式并计算$m=p(0)$，就可以恢复$m$。因此，这被称为一个$(k,n)$-秘密共享，或阈值方案(threshold scheme)。

在秘密共享的情况下，“博弈”可能涉及协议的各个阶段，即初始构建阶段和份额分配阶段，在使用它们(例如，对共享秘密的计算)或重构秘密的阶段，在$n$个参与者中的(至少)$k$个参与者的帮助下，共享秘密可以得到恢复。这就是我们感兴趣的阶段，让我们仔细看看。

在重构博弈中，我们让参与者理性地行动，让他们自由决定与谁交换信息，并可能公开他们私有的份额。通过构造共享的秘密，我们得到一个$(k,n)$-秘密共享方案的$n$方博弈。例11.4假设参与者只是在重构中合作，但他们为什么要合作呢？从某个特定的参与者的角度来看，例如参与者$P_1$，公开自己的份额并不一定有益，这取决于有多少其他人也愿意这么做：假设在$n$个参与者之中，需要$k$个合作者，并且其中$t$个合作者参与重构。那么重构博弈的纳什均衡为[17]：

- 对于任何$t$，$k$，$n$，大家都不透露各自的份额是一个纳什均衡。然后，没有人会学到任何东西，但反过来，也没有人会获得信息，例如，对$P_1$来说，如果公开了自己份额，可以算作个人损失。
- 如果$t>k$，那么所有参与者都会透露他们的份额，并达到一个均衡，所有参与者都学习了相同的信息，因此都获得相等的奖励。

如果$t=k$，那么$P_1$可以通过让所有其他人透露他们的份额但对自己的份额保密，从而获得更多收益。然后每个其他参与者只有$t-1<k$的份额，因此什么也学不到，所以只有$P_1$知道这个秘密。因此，这个情况甚至都不是纳什均衡。

这些讨论表明，与他人互动的动机可能因人而异，甚至可能是时间问题(即如果参与者$P_1$是最后一个披露其份额的人，他可能会改变主意，最后成为唯一能重构秘密的人)。因此，如果在任何情况下，能够创建一个自我执行的重构协议以最终达到上述第二种均衡，那么从效用驱动的角度对秘密共享的研究，则是非平凡并且是值得的。

从上述案例中，我们可以推导出每个参与者的局部偏好，然后如第5章一样导出效用函数：

- 参与者$P_i$首选能知道秘密；
- 如果参与者$P_i$知道了这个秘密，那么他更喜欢让其他参与者尽可能少地知道这个秘密。

这些偏好可以通过指标变量来形式化，指标变量告诉参与者是否知道秘密，并将它们相加以计算最终拥有秘密的参与者总数。这种偏好关系所暗示的效用是，理性秘密共享协议可以通过从可能的协议结构的全集里抽取最优的结构，从而完成优化：由每个参与者自己决定如何处理份额，例如，将它们广播给每个人还是通过私人渠道将它们单独发送给其他人，或是采取其他行动。此外，可以采用用于达成共识和承诺的加密协议，以便在实际披露任何份额之前建立相互信任关系，并为重构秘密形成信任联盟。综合了上述这些考虑的整个协议被称为理性秘密共享。[19]

参与者可以（并且会）采取什么行动，当然取决于其目标是什么。到目前为止，这个目标一直是获得秘密本身，但又阻止其他人获得这个秘密。在放弃第一个目标时，参与者可以简单地发起一个拒绝服务攻击来阻止份额共享，或者可以对重构进行阻挠以引起生成错误结果。例 11.4 的方案有特别丰富的结构，因为它与用于纠错的里德索罗门码（Reed-Solomon）天然地相关。[23]如果我们让 $t$ 代表重构中恶意参与者的数量，例如，我们增加像阻止份额共享或者是发送错误的值这样的策略，那么以下有关$(k,n)$-秘密共享的事实是成立的：

（1）在重构秘密之前，不对份额做任何错误纠正，恶意参与者可以发送篡改后的份额，让其他（诚实的）参与者重构的是 $m-c$（$c$ 是一个任选的值）而不是 $m$。[42]

（2）为了保证秘密 $m$ 仍然是可恢复的，最多有 $t<\frac{n}{3}$个份额可被破坏（在恶意方 $P_i$ 主动篡改份额的情况下）。

（3）如果破坏了$\frac{n}{3}<t<k$ 个份额，那么非但攻击者无法获知该秘密，而且诚实参与者也会在不知情的情况下重构出来错误的秘密。

（4）恶意方甚至可以获得并持有最多 $t<\min\left\{k,\frac{n}{2}\right\}$个份额。在这种情况下，攻击者无法得到有关秘密的任何信息，但诚实参与者却可以重建秘密。

因此，攻击者可以通过篡改（情况(2)和(3)）或拒绝服务（情况(3)）发起主动攻击；在文献[29]中有对上述情况的进一步分析。

现在，假设对秘密共享的重构阶段的博弈模型是，参与者的动作集包括了发送篡改过的份额、不共享自己的份额或阻止其他人共享份额。那么，除了由于重构过程的结构所带来的各种可能性以外，我们至少需要把上面提到的四种可能性填加到博弈模型中。

接下来，我们可以为每个参与者定义一个效用函数，以便来进行理性密码分析。我们为每个可能的结果分配不同的奖励（例如，获得秘密、阻止其他人获得秘密、只允许尽可能少的其他人获得秘密、强制改变输出结果等）。然后，我们就可以将效用函数重新定义为每个安全事件或协议结果下收入的加权总和。给定一个由整数 $j$ 索引的安全事件列表，以及表示为第 $j$ 个此类事件对应的数值奖励 $\gamma_j$，一个攻击者的效用可以设置为

$$u_{\text{attacker}}:=\sum_j P(\text{攻击者引起第 } j \text{ 个安全事件})\cdot\gamma_j \tag{11.1}$$

除了诚实行事带来的收益以外(如上所述),上面这个效用适用于所有参与者 $i=1,2,\cdots,n$。在许多情况下,不诚实的行为甚至会导致损失。这些可能性包括,使攻击者处于被发现的危险中(并因此被排除在协议之外),或者使攻击者对各方的攻击变得昂贵和困难,以至于为攻击所投资的成本将超过恢复秘密的收益(例如,如果秘密只是在短时间内有用,因此当攻击者重构它时,它已经变得无用了)。

### 11.1.3 理性交互证明

我们暂时先不讨论秘密共享的例子,而是研究两个参与者的通用情况下的加密协议。这样的协议由一系列步骤组成,每个步骤都提供了不同的行动方式,这些行动有可能会导致某些安全漏洞。[11]这里博弈论的要点是确定一种能够同时优化所有参与者结果的行为。这种优化将参与者视为交互式图灵机(ITMs),图灵机如何运作就决定了它的效用,例如,使用式(11.1)。由于在缺乏必要的代数和几何结构的情况下,对所有图灵机的集合的优化实际上是无法实现的,所以总是通过使用适当的加密机制来控制式(11.1)中的概率,从而进行优化和实现所希望的均衡。例如,如果因为安全漏洞导致私有份额被泄露给另一个参与者,则加密就会被填加到协议中(参见例 11.3)。同样地,如果参与者同意相互公开他们的份额,但不确定发送的信息是否正确,则可以将加密承诺引入博弈,用来验证发送的信息[12],等等。

由于许多加密机制都提供了只在渐近意义下才有效的安全保证,因此,需要使用各自渐近意义下的最优来定义均衡。例 11.3 说明了密码学原语的安全性依赖于不可计算性的假设,而这是在渐近意义下产生可忽略项的一个原因。我们不能指望从所有可能的 ITM 集合中找到全局最优的 ITM,因此,在效用诱导的偏好的基础上(这种情况下,数值奖励本身已经成为次要因素了),我们选择用于构建协议的加密技术来强制实现某种希望的均衡。

在任何情况下,我们在这里的分析都要考虑某些安全事件发生的可能性所导出的效用,而这些安全事件又遵循它们所涉及的密码学的性质。博弈论分析中的通用假设一般包括机密性和通信通道的真实性。这二者都可以在博弈论的基础上进行实现,我们将用整个 11.2 节举例说明如何利用例 11.4 的秘密共享方案来实现这一点。

就像博弈论的概念可以通过密码学概念来诠释一样,密码学对象也可以用博弈论的术语来重新表述。让我们通过一个例子来说明,密码学中的交互式证明是如何转化为理性密码学中的理性证明的。

**例 11.5**(理性证明。定义来自文献[4]) 设 $f$ 为证明方 $P$ 代表送检方 $V$ 进行估值的函数(例如,$P$ 可以是云服务提供商,$V$ 可以是 $P$ 的客户)。$f$ 的理性证明系统是一对算法$(P,V)$并满足以下性质:

（1）一个诚实的证明方总是回答正确：假设在输入 $x$ 的情况下，$P$ 和 $V$ 交互的输出为$(P,V)(x)$。那么，我们要求：

$$\forall x: P((P,V)(x)=f(x))=1$$

（2）一个不诚实的证明方总是比一个诚实的证明者收获更少（理性）：在相同的输入 $x$ 和相同的送检者 $V$ 的情况下，让 $u((P,V)(x))$表示诚实的参与者的回报，让 $u((\widetilde{P},V)(x))$表示不诚实的参与者的回报。我们需要一个如式(3.16)的均衡条件：

$$\forall \widetilde{P}\,\forall x: E(u((P,V)(x)))\geqslant_{\text{negl}} E(u((\widetilde{P},V)(x)))$$

在这两种情况下，渐近性都与 $x$ 的位长有关。为了避免繁琐，一个明显的追加的要求是，$V$ 通过与 $P$ 进行交互的方式来对 $f$ 进行估值，与仅靠自己进行估值相比，前者效率更高、需要更少的代价。严格来说，它对 $f$ 进行估值的计算时间是以最小回路的大小为参数的多项式时间。

理性证明和（密码学上强大的）交互证明之间的区别在于，后者要求抓住作弊证明者的机会$\approx_{\text{negl}}1$，这一点与理性证明恰好相反，因为理性证明只寻求以较小但显著的概率抓住作弊者。在许多情况下，其复杂度（即运行时间）都比在更强的加密要求情况下的复杂度要好得多。

在理性密码学的两个分支（协议设计和安全分析）中，底层密码学或通用安全原语都是我们关注的重心。无论一个应用是在秘密共享、安全函数评估还是其他的理性意义下运行的，是否存在能够实现该机制的密码原语，都被假设为分析的核心。在典型的情况下，这些原语通常被视为理想主义，在下一步中用它们的现实对应物来取代它们。在这种情况下，这些假设涉及通信通道的无条件机密性、完整性、可用性和真实性（CIA+）。博弈论分析有助于构建安全性和现实性。因此，深入研究通信基础设施的博弈论分析和设计是值得的；它们不仅是更复杂的理性加密应用的基础，而且本身也是关键基础设施。我们将用整个 11.2 节来讨论上述在博弈论辅助下的协议分析和基础设施设计的问题。

## 11.2 通信博弈

不可计算性的假设，是安全通信[21]的一个成功但尚未经过验证的基础，即便是量子密钥分发网络这样的无条件安全通信，严格地说，也是有假设的，但是量子密码学[8,40]或多路径传输[9,27,43]的安全性，都是基于经过验证的或至少是可验证的假设的。量子密钥分发和多路径传输都可以使用博弈论进行分析[30,32]，其吸引力在于，在这种情况下博弈及其分析都特别简单，而这种技术本身则有更广泛的应用。[13,20,22,25]

## 11.2.1 保密传输博弈

下面的博弈是一个以双向连接多个实体的通信网络。我们把这个网络看作一个图 $G=(V,E)$，其中节点集合为 $V$，(物理上相邻的)互连的节点 $u,v\in V$ 之间有直接通信通道 $u$-$v$。

在这个背景下，攻击的场景涉及一个受到损坏的节点集 $U\subseteq V$，我们使用显式的约束条件来约定：① 哪些特定的节点子集可以被破坏(这就形成了一组潜在的对抗节点)，这被称为对抗性结构(adversary structure)；② 最多有多少节点可以被破坏(就像阈值密码学中的情况一样)。在这两种情况下，对抗性结构 $\mathscr{A}$ 都是 $2^V$ 的子集，它列举了攻击者可以同时破坏的所有节点集合。

与中间人攻击类似，恶意节点(即损坏节点)位于网络中从诚实的发送者到接收者之间的未知位置上，只有攻击者才知道它自己的确切位置。此外，我们假设攻击者的服务节点会在下述意义下进行协作：它们要么将全部信息提供给攻击者，要么在收到相应的请求时表现出任意行为(通过不再遵循任何协议而产生主动攻击的行为)，它们完全不同于发送者和接收者所认为它应该表现出的行为。在理性密码学领域中，我们可能会额外分配对抗性的对手行为来获取节点控制权(称为代价高昂的破坏[11])，但我们先暂不考虑泛化推广，而是让事情保持简单。

基于阈值秘密共享的多路径传输大致遵循以下步骤(文献[9]中包括一个可证明的最优方案的例子)：

(1) 将消息明文 $m$ 通过$(k,n)$-秘密共享方案(如例 11.4)，生成份额 $s_1,\cdots,s_n$。

(2) 将每个份额通过它自己的通道发送给接收方，这与到达相同目的地的其他通道是节点不相交的。这些通道可能确实会经过不诚实的节点，但只要少于 $k$ 个通道被拦截，共享机制就能完美地保护秘密。

(3) 在接收端，将所有收到的份额秘密重构回明文消息(如果节点正处于阻塞状态，或者一些份额被修改，或者只是被窃听并发送到其他地方进行重构，那么可能会丢失其中一些份额)。

显然，要使这个协议工作，网络拓扑需要在发送方和接收方之间提供多条路径，从这些路径中可以选择一个随机的 $n$ 个路径的子集。同样明显的事实是，攻击者将寻求拦截尽可能多的路径，以最大化其获得 $k$ 个或更多数量份额的机会。这是正在进行的博弈，它让：

- 参与人 1(发送者)选择传递路径；
- 参与人 2(攻击者)选择要攻击的节点。

**注 11.3** 在这种情况下，多条非相交路由的实现，在技术上有多种可能，包括虚拟局域网、源路由(RFC 7855[28]，尽管出于安全原因，这通常不被支持)，或者最近提出的首选路径路由。[6]

博弈的收益是一个0/1值的指标变量，它取决于定义的安全目标，由底层共享方案的属性决定。阈值秘密共享是一个特别具有说明性的例子，因为它的效果取决于我们需要什么效果(继续例11.4的注解)：

机密性：只要进入攻击者手中的份额不超过 $k$ 个，那消息就是安全的。安全在这里被定义为“无条件的”，意思是不使用任何的不可计算性假设：如果两个不同消息 $m_1 \neq m_2$ 的传输记录(即可通过窃听收集到的全部信息)，在统计距离小于 $2\varepsilon$ 的情况下具有近似相同的分布，则我们称这次传输为 $\varepsilon$-私有传输。这里的统计距离是指对代表传输记录的信息的随机变量所呈现的分布的度量(通常是字符串或更复杂的复合变量，因此是多元随机变量)。其基本原理是，随机变量的分布之间具有较小的距离，就意味着一个消息没有包含重要信息，因为空消息(其中没有任何信息)基本上会生成几乎相同的分布副本(这与例11.1和11.3中描述的计算不可区分性背后的理念相同)。

完整性：$(k,n)$-秘密共享可以检测和纠正多达 $\frac{n}{3}$ 的篡改，可以检测到最多 $\frac{n}{2}$ 的份额被篡改，但无法对这些改动进行纠正(针对被动对手的安全)。[23]

可用性：在(至少)不影响消息隐私的情况下，最多可以有 $\min\left\{k,\frac{n}{2}\right\}$ 个份额被阻塞(从而对 $k$ 施加自然的限制)，而我们必须将 $k$ 选择得如此之小，以至于我们能收到足够多的份额以进行正确重构消息。否则，在发生故障时，虽然秘密可能仍然是安全的，但接收者也无法恢复它。在这种情况下，相关的安全概念称为 $\delta$-可靠性，这意味着接收方具有大于等于 $1-\delta$ 的概率最后正确恢复了接收方发出的消息。

协议分析文献[43]要求 $\varepsilon$-隐私和 $\delta$-可靠性二者之间达到最佳一致，我们称之为 $(\varepsilon,\delta)$-安全性。博弈论带来的显著区别是量词的反转：虽然图拓扑通常决定了安全的 $\varepsilon,\delta$，但在后续步骤中，博弈论可以帮助将这些值调优到任何所需的安全级别。如果这失败了，我们可以回去尝试改变网络结构，以获得更好的 $\varepsilon,\delta$ 的值。博弈论在这方面也有帮助，稍后我们将在11.2.4小节讨论这个问题。最优的当然是(0,0)-安全，我们称之为完美安全。该极限的可达性在文献[2]中有相应的结果，该结果基于针对所谓的 $k$-活跃对手的次连通性概念：如果从 $G=(V,E)$ 中移除 $\mathscr{A}(\mathscr{A}\subseteq 2^V)$ 中任意 $k$ 个节点集并集内的节点后，至少还会留下一条 $s$-$t$ 路径，则图 $G$ 称为 $\mathscr{A}^{(k)}(s,t)$-次连通。如果一个活跃的攻击者可以在 $\mathscr{A}$ 中最多破坏 $k$ 个节点集，那么他就被称为 $k$-活跃攻击者。

**定理11.1** 发送者 $s$ 可以在网络图中与接收者 $t$ 进行完全安全的消息传输(Perfect Secure Message Transmission，简称PSMT)，当且仅当网络是 $\mathscr{A}^{(2)}(s,t)$-次连通时。

使用博弈论证明定理11.1的要点是，我们可以使用与具有常数收益矩阵的重复博弈一样的方案，即我们不需要并行传输所有的份额，而是可以顺序地传输它们，并在每一轮传输中都采用另一条随机路径。总的来说，我们最终的结果是攻击者（参与者2）在一些回合中抓到了某些份额，而在博弈的其他回合中却错过了其余的份额。如果攻击者用1表示抓到的一个份额，用0表示未抓到，则对于这样生成的矩阵博弈，其鞍点值 $v$ 有一个简洁的解释，它的边界限定为

$$P(\text{消息 } m \text{ 被披露}) \leqslant v$$

我们很容易对博弈中参与者的策略集合进行定义（见图11.2）：

· 对于发送者和接收者（参与者1）：一个在 $G$ 中的路径集合 $AS_1=\{\pi_1,\pi_2,\cdots\}$，可以从中选择路径用于传输（总体而言，其数量是指数级的，但我们可以限制它为任何可行的选择）。

· 对于攻击者（参与者2）：假设恶意节点可能会变化但不会累积（即攻击者必须在控制新节点之前释放一些节点，这可以通过其他优化检查来实现）[7]，则在一系列节点集 $AS_2 \subseteq 2^V$ 中的节点可能会被入侵。例如，阈值假设将对任意的 $X \in AS_2$，限制其基数为 $|X| \leqslant t$，其中 $t$ 是每轮被入侵节点的固定数量。

· 在博弈的每一轮中，设 $\pi \sim x \in \Delta(AS_1)$ 是随机选择的一个路径，并且 $Y \sim y \in \Delta(AS_2)$ 是一组随机选择的被入侵了的节点。当且仅当 $\pi \subseteq X$（在此稍微滥用一下符号）时，即选择的路径都通过某些被入侵了的节点，攻击者得分为1，否则得分为0（正如加密秘密共享所暗示的那样）。发送方作为参与者1，通过改变 $x$ 来最小化该指标变量的平均值，即 $\underset{(x,y)}{P}(\pi \in X)$。同样，攻击者作为参与者2，通过改变 $y$ 使 $\underset{(x,y)}{P}(\pi \in X)$ 最大化。因此，这个博弈是零和博弈。

如果发送方执行其在任一均衡 $(x^*, y^*) \in \Delta(AS_1) \times \Delta(AS_2)$ 中的最佳策略 $x^*$，并且 $v$ 是这个0-1值矩阵博弈的鞍点值（回想一下 $AS_1$，$AS_2$ 都是有限的），这就是一个安全策略，因此满足

$$P(\text{成功攻击} \mid y) \leqslant v, \quad \forall y \in \Delta(AS_2)$$

此外，对于任意 $x \neq x^*$，都存在一个攻击策略 $y_x \in \Delta(AS_2)$，使得 $P(\text{成功攻击} \mid y_x) > v$，即路径选择 $x^*$ 是最优的。这只不过是一种基于密码学和博弈论优化的移动目标防御。

在这种情况下，密码学告诉我们，除非网络图具有非常强的连通性（相对于不受信任节点的集合），否则我们无法实现完美安全通信。然而，博弈论分析让我们可以重新考虑经典密码学中的问题，通过使用一个弱化的概念，来对隐私侵犯概率的界限进行限定，而不要求它是“一个可忽略的误差且无限趋近于零”。在协议重复的过程中（例如，通过递归应用程序发送一个单独的份额，这个份额被抓住的概率 $\leqslant v < 1$），我们甚至可以将 $v$ 的

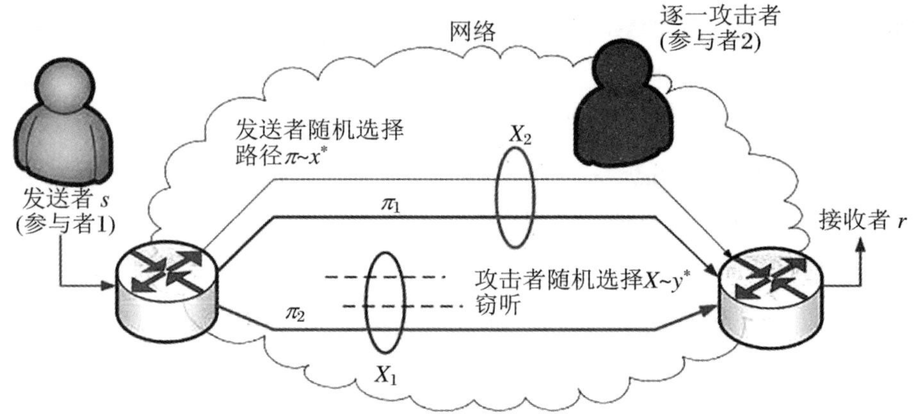


**图 11.2　多路径通信博弈的说明(定义 11.2)**

值指数级地快速降到零。这可以通过如下方式来实现：增加份额数量和轮次数量，并简单地将最初消息拆分为比特流序列 $r_1,r_2,\cdots,r_k$，可以用按位异或操作来恢复消息 $m=r_1\oplus r_2\oplus\cdots\oplus r_k$。

**注 11.4**　将一个比特串 $m$ 映射到一组 $n$ 个与 $m$ 长度相同的比特串 $r_i$，并通过所有这些比特串的异或来恢复 $m$，这是 $n$ 中取 $n$ 阈值秘密共享的特例，因为如果攻击者不知道的 $n$ 个字符串中的任何一个 $r_i$，那它都将无法得到消息 $m$，这类似于一次性密码本的方案。

如上所述的通过多路径发送每个 $r_i$，$i=1,\cdots,k$，其在博弈论下的假定是，攻击者能以$\leqslant v<1$ 的概率获得 $r_i$。如果攻击者丢失了其中任何一个 $r_i$，丢失的这个 $r_i$ 就会像一个一次性密码本一样保护了 $m$，因而攻击者会对 $m$ 一无所知。相反，随着 $k$ 的增加，在 $k$ 轮中抓住所有 $r_i$ 的概率$\leqslant v^k\to 0$。我们称之为任意保密通信[31,33]，因为它可以对任意的 $\varepsilon>0$ 实现 $\varepsilon$-私有，并且它的计算开销是对数多项式 $\log\left(\frac{1}{k}\right)$。其精确的配置如下所示：

**定义 11.2**(多路径连通博弈)[31]　设图 $G=(V,E)$，整数 $k\geqslant 1$ 和一对不同的节点 $s,t\in V$ 已给定。假设在攻击者 $\mathscr{A}\subseteq 2^V$(称为对抗性结构)在场的情况下 $s$-$t$ 通信是在从发送方的行动集 $AS_1$ 中选择的 $k$ 条路径上运行的。这组受攻击的节点就定义了攻击者的行动集 $AS_2=\mathscr{A}$($AS_2$ 的基数应该非常小)。这个 $s$-$t$-通信的(在定义 3.9 含义之下)定量安全保障定义为

$$\rho(s,t)=1-\max_{x\in\Delta(AS_1)}\min_{y\in\Delta(AS_2)}x^{\mathrm{T}}Ay=1-\mathrm{val}(A)$$

其中 $A\in\{0,1\}^{|AS_1|\times|AS_2|}$ 对零和通信博弈进行建模，其收益定义如下：

$$a_{i,j}=\begin{cases}1, & \text{如果 } s\text{-}t \text{ 传输仍是秘密的}\\ 0, & \text{其他}\end{cases}$$

其中发送者是最大化其效用。

对于通用的通信协议，但特别是对如定义 11.2 的那些可以定义为博弈的协议，我们可以稍微弱化 PSMT 的概念，使其更容易实现，但几乎保留其全部优点：

**定义 11.3**（任意安全消息传输）[31]　如果对于所有的 $\varepsilon>0,\delta>0$，我们都可以运行一个通信协议来实现 $\varepsilon$-隐私性和 $\delta$-可靠性，我们就说这个通信协议是任意安全的。如果协议的开销是 $\log\frac{1}{\varepsilon}$ 和 $\log\frac{1}{\delta}$ 多项式级别的，我们就称这个协议是高效的。

上述结果的严谨证明见文献[36]，相应的协议见文献[31]。请注意，我们下一个可证明的结果将与任何的秘密共享或其他信道编码方法都无关，而是只依赖于通信博弈的收益结构（这反过来又取决于底层的传输技术，例如，通过多路径传输的秘密共享等）。此外，它还不依赖于不可计算性假设。

**定理 11.2**　让爱丽丝和鲍勃用二进制项 $a_{ij}\in\{0,1\}$ 来建立博弈矩阵，其中 $a_{ij}=1$ 当且仅当通过选择第 $i$ 个纯策略时，可以安全且正确地传递消息，并且对手使用他的第 $j$ 个纯策略进行攻击，那么 $\rho(A)\in[0,1]$，并且：

(1) 如果 $\rho(A)<1$，则对于任何 $\varepsilon>0$，都有一个协议，使得爱丽丝和鲍勃可以在最多 $\varepsilon$ 的窃听概率下以至少 $1-\varepsilon$ 的机会正确传递消息。

(2) 如果 $\rho(A)=1$，则对手获取消息并可能篡改消息的概率为 1。

尽管可以通过在网络图拓扑上容易验证的连通性假设来取代（难于验证的）不可计算性假设，从而保证我们能够运行任意安全通信，但是，这会出现如下的问题，即如果 $\rho(A)=1$ 该怎么办的问题。这可以发生在以下任何一种情况下：

· 网络没有足够数量的路径来有效地进行多路径传输。在这种情况下，我们可能会尝试将网络连接性扩展到更强。我们将在 11.2.4 小节讨论这种可能性。

· 存在防御者根本没有预料到的攻击，例如，零日漏洞的使用，会从根本上击败防御者行动集中所有可用的预防措施。处理零日漏洞攻击是另一回事，我们把对它的讨论推迟到 12.6.2 小节。

在进一步扩展上述想法时，可以将针对路由的鲁棒性引入博弈中，以扩展攻击者的能力，甚至在一定程度上可以对先前选择的路径进行重新定向。[32]

## 11.2.2　认证博弈

身份认证的目标也可以打造为一个多路径博弈，博弈在网络 $G=(V,E)$ 中有一对诚实的发送-接收者 $s,r\in V$，和一个活跃的、破坏了网络中部分节点（不包括 $s$ 和 $r$，以避免平凡解）的攻击者。认证博弈[34]可以模仿如何在纸质世界中验证手写签名的方式：在那里，一个手写签名的样本将作为验证实例，用于对未来的签名进行核验。对应到数字传输上，这可以是真实可用的公钥（用于验证数字签名），或者更简单地说，使用发送方 $s$ 及其邻居都知道的公共机密，$s$ 或它的邻居可以代表 $s$ 验证签名。具体地说，我们假设真实消息 $m$ 的发送者 $s$ 在网络图 $G$ 中与其 $n$ 个邻居 $N_1,\cdots,N_n$ 共享一些不同的秘密。把这些秘密叫作 $k_1,\cdots,k_n$，并将在密钥 $k$ 下创建的消息 $m$ 的认证码（Message Authentication Code，简称 MAC）写作 $MAC(m,k)$。此外，将 $Hash$ 记为一个可以安全加密的哈希函数。为了验证消息 $m$，发送方给消息 $m$ 附加一组 $MAC\{a_i := MAC(Hash(m),k_i)\}_{i=1}^n$。当指定的接收者接收到消息 $m'$ 时，它计算散列值 $h' = Hash(m')$，并要求每个 $s'$ 的邻居验证给定的消息-MAC 对 $(h,a_i)$（见图 11.3）。

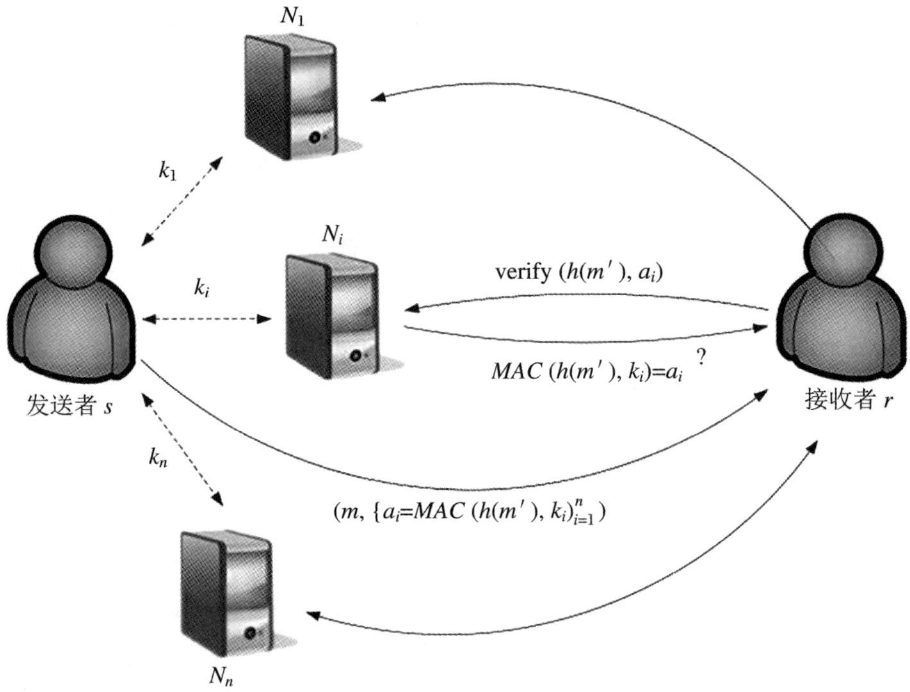


**图 11.3　多路径身份认证**

很容易看出，如果 $m' = m$ 未经修改，那么 MAC 验证将会成功，通过验证 $m$ 上的 $s'$ 的 MAC，可以不向验证方透露 $m$，因为它被散列函数编码过（当然，这假设 $m$ 有足够的最小熵来阻止基于重复试验散列的猜测攻击）。相反，如果 $m' \neq m$，则 MAC 验证将会失败。协议的结果可以根据接收者 $r$ 接受哪个 $m$ 作为真实的消息这个条件来定义。例如，它可能要求所有或至少一个 MAC 验证成功，以便接收方接受 $m$ 为真实的。认证的“强度”当然取决于接收者接受的条件。

值得注意的是，对于一些基于通用散列[5,18,26]的 MAC 实例，该方案提供了无条件安全性，这意味着不涉及不可计算性假设。

就像之前的多路径传输一样，设置这个博弈也同样简单，只需要通过指标变量矩阵来量化协议的结果就可以。根据该矩阵，可以计算出一个传统的均衡，以提供攻击者(随机)要控制的最佳节点集或邻居集，以及请求协助验证真实性的最佳邻居选择。

## 11.2.3 实际实现

注意，对于以上介绍的两种方案，网络中的所有路径集通常是指数级的，因此在实际中不可行。类似地，只有少数网络才具有足够的连通性、允许选择许多不同的路径。最可能的情况是，拓扑结构存在“瓶颈”节点或边，即连接 $s$ 到 $r$ 的任意一个路径都会通过这些节点或边。然而，博弈论分析的好处在于，博弈可以自然地挖掘出这些神经痛点，通过实施额外的安全预防措施，或者至少采用额外的假设(例如，在大多数实际的量子密钥分发网络中的信任关系模型就是这样做的)，可以进一步保护这些神经痛点。就分析而言，一个可行的小规模路径集就已经足够了；如果博弈为攻击者提供了获胜策略，则可以填加更多路径(如果存在)或更多安全性。事实上，对于我们上面提到的简单的指标变量收益矩阵，仅填加在一种情况下避免攻击的一个策略就足以让我们再次以任意安全的方式运行协议。[35]

类似的担忧也适用于集合的子集数量在理论上是指数级的情况(对手需要控制这些子集里的节点)。如果我们对自己做这样的限制：$n$ 个节点中最多只能有 $k$ 个节点是潜在的敌对节点，这仍然会留下 $O(n^k)$ 的可能性，即使对于较小的 $k$ 个节点也是不可行的。

更实际的方法是让各个对抗结构(参见 11.2.1 小节部分)由节点的公共属性定义，这些节点有相同的漏洞。也就是说，如果一组机器运行相同的操作系统，那它们可能具有相同的漏洞，那么可以假设一次攻击将打开具有相同配置的所有机器。同样，如果某一组机器由同一个人管理，那么对此人的社会工程学攻击可能会得到访问整组机器的权限，以此类推。每一次这样的攻击都会进入攻击者的行动空间，并定义每一轮博弈的被入侵节点的集合。

在文献[33]中有关于实现了此类方案的原型的报告：图 11.4 显示了一个实验原型的屏幕截图，该原型实现了定理 11.2，通过运行图 11.3 中的博弈进行认证了的机密传输。在图中，左边的窗口是发送者，中间的窗口显示中间人可以从窃听中获得什么，右边的窗口是接收者的视角。

在实验设置中，用于传输的路径集是在对软件重叠网络(software overlay network)中的所有路径进行枚举后得到的。其中，易受攻击节点集是由运行原型软件实例的本地计算机的属性作为条件才确定的。实际协议在应用层上运行。在网络协议中较低的层上，可以通过创建虚拟局域网来实现这些路径，每个虚拟局域网就代表一个特定的连接，但是维护所有这些路径带来的管理负担，可能令这个方案很快就变得非常复杂和不现实，甚至对于小的网络实例来说也是不切实际的。相比之下，使用重叠网络允许自动化(自配置)的路径和路由，对于使用博弈理论、实现任意强安全性的保密传输来说，这几乎是一种即插即用的解决方案。

回到关于理性密码学的讨论，需要注意的是，我们这里有一个例子，博弈论有助于设计新的协议，这得益于从密码安全概念，我们能得到其在理论上的极限(例如，定理 11.1)。只要在一小部分时间内让攻击者能发起成功、但是可控的攻击(如定义 11.1 所述的那样是常数和显著的)，那么，我们就可以运行比标准方案更强大的加密方案；在许多实际应用中，这就已经足够好了。

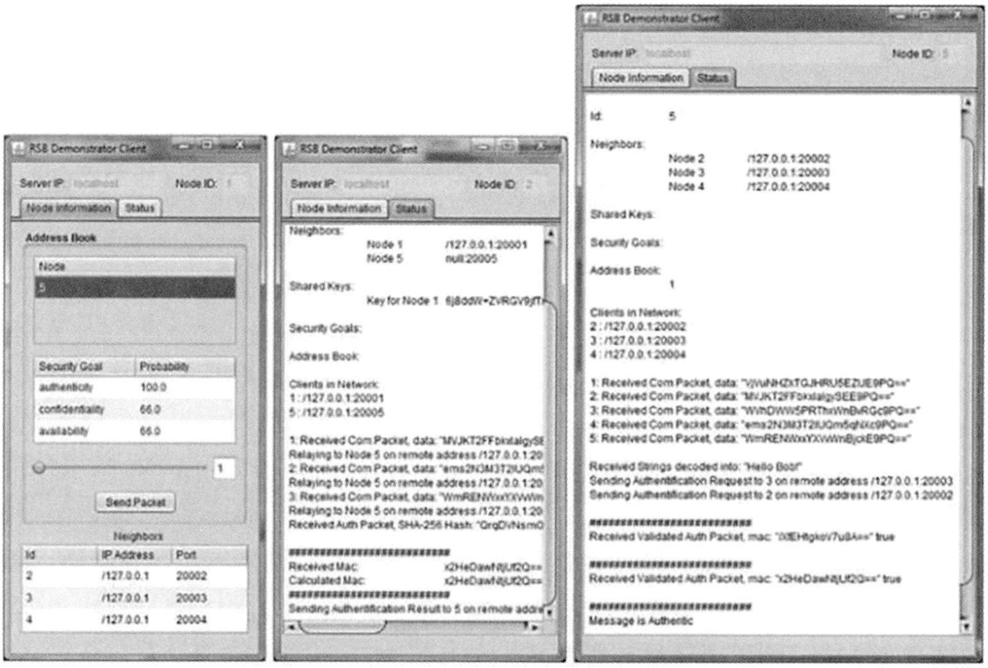


**图 11.4　来自多路径传输实验原型的屏幕截图**[33]

## 11.2.4　博弈论应用于网络设计

以定理 11.1 作为一个起点，我们可以对网络拓扑进行设计，以便在网络中运行的通信博弈能够达到博弈论下的最佳性能。继续 11.2.1 小节的思路，我们可以将通信博弈的鞍点值作为目标函数进行优化，即我们有一个增强图的问题；这是通过在网络 $G=(V,E)$ 中对不同的边进行扩展来完成的，例如，边扩展的子集 $E^+\subseteq V\times V$ 并且 $E^+\cap E$

$=\varnothing$(即我们不会填加现有的边到这个子集中)。进一步做如下假设:每一条这样新增的边都是有代价的,其代价为函数 $c: V\times V\rightarrow \mathbf{R}$;并且,对于任意的 $e\in E$ 都有 $c(e)=0$(图中原有的边不花费任何代价)。然后,基于 11.2.1 小节中的通信博弈,我们可以正式得到两个版本的网络优化问题,如图 11.5 所示。

**问题 1**(有限预算下的最佳安全性) 在给定的预算范围 $c(E^+)\leqslant L$ 内,对在图 $G'=(V,E\cup E^+)$ 上进行的通信博弈,最小化其鞍点值 $v$。在这里,我们在 $E^+\subseteq(V\times V)\setminus E$ 上改变图中新增的边,并令 $c(E^+):=\sum_{e\in E^+}c(e)$。

**问题 2**(达到安全性目标的最小扩展) 将成本 $c(E^+)$降至最低,同时将攻击机会降至给定阈值(风险接受水平)$L\geqslant v$ 以下。符号 $c, E^+, v$ 和上一个问题中的相同,即博弈在扩展后的网络 $G'=(V,E\cup E^+)$上进行。

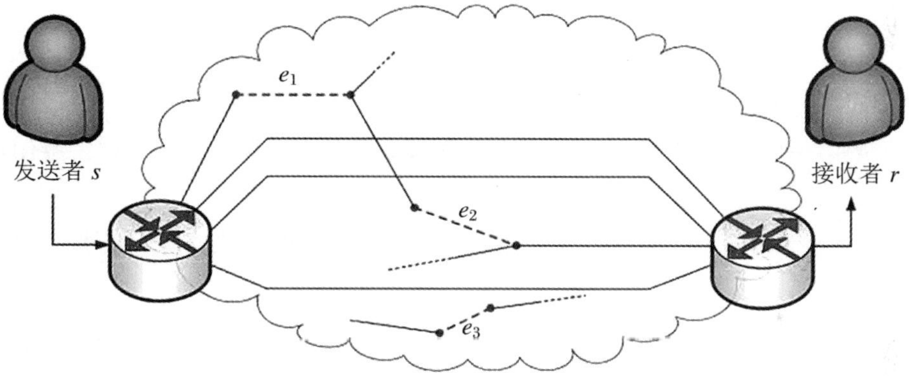


图 11.5 边扩展以增加连通性(虚线边在 $E^+$ 中)

这两个问题都与边的最优图扩展有关,目的是增加节点的连通性。然而,博弈论分析揭示了上述问题的有效近似与 P/NP 问题[10]之间存在有趣的联系,即:

**定理 11.3**[31] 以下三种说法是等价的:

(1) 存在一个多项式时间算法能找到问题 1 的近似解(有限预算下的最佳安全性);

(2) 存在一个多项式时间算法能找到问题 2 的近似解(达到安全性目标的最小扩展);

(3) P = NP。

在这种情况下,"近似"是一种算法的特征,该算法返回优化问题的答案,与真实最优值之间的误差以常数为界。

在某种程度上,定理 11.3 是颠覆性的,因为它告诉我们,安全性就像 11.2.1 小节中的通信博弈一样,除非网络很小或已经具备必要的连通性,否则是不可计算的。然而,从好的方面来看,博弈论分析在此提供了 P/NP 问题影响保密通信可能性的一个正面结论：

· 如果 P≠NP，那么已知的加密算法（其候选算法来自于后量子领域[3]，例如 McElice 加密）很可能（尽管尚未得到验证[16]）可以继续成功地保护机密性，以抵御被多项式时间所限制的对手。因此，在这个意义上，已知的公钥加密算法是安全的。

· 否则，如果 P＝NP，则对于能够防御非多项式时间限制的攻击者（秘密共享的结论暗示了这样的攻击者的存在，它并不受到不可计算性的制约）、实现任意安全通信的网络，我们可以进行相应的网络设计，并且在实际上是可行的。因此，在这种情况下，即使基于不可计算性的经典密码学已经变得不再安全，但是通过构建合适的通信基础设施，我们将再次变得安全。

## 11.3 批判性小结

不仅密码学可以从博弈论中获益，反过来，博弈论也可能从密码学中获益（比如通过对均衡的密码学实现）。事实上，博弈对行为预测的有效性，依赖于参与者会遵循他们的最佳策略（均衡），而密码学技术可以帮助这些措施强制实施。[1]

博弈论与密码学的组合，是一个有趣且富有成果的研究领域，但对经典密码学与理性密码学进行直接比较，似乎还不那么清晰：安全性规约证明对安全性所提供的保证，跟经典密码学里不可计算性假设为真前提下所提供的保证，相比而言所差不多，而且它们都是在渐近意义下才成立，因此并非在每一个系统实例中都成立。同样，理性密码学所提供的保证，跟博弈论中精确地定义效用的情况下所提供的保证，也是相差无几的。如果我们假设密码学方案中参与者的行为是理性的，那么从密码学角度看上去似乎合理的效用，仍然可能会存在有限理性的问题（见第 5 章），因此在现实中可能并不准确。

尽管理性密码学很有潜力，但它还没有太多的实际实现（至少在写这本书的时候），既没有原本形式的实现，也没有作为其他更复杂安全函数评估系统的基础而得到实现。其中的一个原因也许是，在许多情况下，通过合同规定、费用和处罚来激励当事人的行为似乎更简单（也更“直接”），而不是指望协议本身符合当事人自身的天然利益。至于安全函数评估，密码学解决方案要与那些简单得多的方法进行竞争，这些简单得多的方法仅仅使用了虚拟化技术、访问控制、良好的合同设计和保险，以涵盖所有不当行为或技术故障。此外，为了能对某个固定的安全函数进行安全的评估，大多数安全函数评估框架都会对安全函数的表现形式进行转换，因此，这些框架并不能提供通用、安全的计算机（除非采取进一步的安全措施，否则基于加密措施的这类计算机都很容易受到旁路攻击[37]）。

简单地想象一下，你面临两个选项：① 实现一个复杂、优雅但独立的密码学电路来计算一个固定的函数或运行一个固定的算法；② 部署你自己的带有访问控制和(在云中)沙盒的加固环境(操作系统)，这样你就可以计算任何函数或运行你自己选择的任何算法。出于对经济、易用、部署和维护等的考虑，你会选择哪一种呢？

## 参考文献


[1] Alwen J, Cachin C, Nielsen JB, Pereira O, Sadeghi AR, Schomakers B, Shelat A, Visconti I (2007) D.PROVI.7 summary report on rational cryptographic protocols (01 Jan 2007), Mar

[2] Ashwin Kumar M, Goundan PR, Srinathan K, Pandu Rangan C (2002) On perfectly secure communication over arbitrary networks. In: PODC '02: proceedings of the twenty-first annual symposium on principles of distributed computing. ACM, New York, pp 193-202. https://doi.org/10.1145/571825.571858

[3] Buchmann J, Ding J (eds) (2008) Post-quantum cryptography. Lecture notes in computer science 5299. Springer, Cham

[4] Campanelli M, Gennaro R (2017) Efficient rational proofs for space bounded computations. In: Rass S, An B, Kiekintveld C, Fang F, Schauer S (eds) Decision and game theory for security, pp 53-73. Springer International Publishing, Cham

[5] Carter JL, Wegman MN (1981) Universal classes of hashing functions. J Comput Syst Sci 22: 265-279

[6] Chunduri U, Clemm A, Li R (2018) Preferred path routing - a next-generation routing framework beyond segment routing. In: 2018 IEEE global communications conference (GLOBECOM), pp 1-7. IEEE, Abu Dhabi. https://doi.org/10.1109/GLOCOM.2018.8647410. https://ieeexplore.ieee.org/document/8647410/

[7] Dijk M, Juels A, Oprea A, Rivest RL (2013) FlipIt: the game of stealthy takeover. J Cryptol 26(4):655-713. https://doi.org/10.1007/s00145-012-9134-5

[8] Elliott C, Colvin A, Pearson D, Pikalo O, Schlafer J, Yeh H (2005) Current status of the DARPA quantum network. ArXiv:quant-ph/0503058v2

[9] Fitzi M, Franklin MK, Garay J, Vardhan SH (2007) Towards optimal and efficient perfectly secure message transmission. In: TCC, LNCS, vol 4392. Springer, pp 311-322

[10] Fortnow L (2009) The status of the P versus NP problem. Commun ACM 52(9):78. https://doi.org/10.1145/1562164.1562186. http://portal.acm.org/citation.cfm?doid=1562164.1562186

[11] Garay J, Katz J, Maurer U, Tackmann B, Zikas V (2013) Rational protocol design: cryptography against incentive-driven adversaries. In: 2013 IEEE 54th annual symposium on

foundations of computer science. IEEE, Piscataway, pp 648-657. https://doi.org/10.1109/FOCS.2013.75

[12] Gennaro R, Rabin MO, Rabin T (1998) Simplified VSS and fast-track multiparty computations with applications to threshold cryptography. In: Proceedings of the seventeenth annual ACM symposium on principles of distributed computing. ACM, New York, pp 101-111. https://doi.org/10.1145/277697.277716

[13] Ghazvini M, Movahedinia N, Jamshidi K, Szolnoki A (2013) GTXOP: a game theo- retic approach for QoS provisioning using transmission opportunity tuning. PLoS ONE 8(5):e62925. https://doi.org/10.1371/journal.pone.0062925

[14] Giry D (2018) BlueCrypt - cryptographic key length recommendation. http://www.keylength.com/. Retrieved 29 May 2018

[15] Goldreich O (2003) Foundations of cryptography 1, 2. Cambridge University Press, Cambridge

[16] Goldreich O, Goldwasser S (1998) On the possibility of basing cryptography on the assumption that P=NP (01 Jan 1998)

[17] Gordon SD, Katz J (2006) Rational secret sharing, revisited. In: de Prisco R, Yung M (eds) Security and cryptography for networks. Lecture notes in computer science, vol 4116, pp 229-241

[18] Helleseth T, Johansson T (1996) Universal hash functions from exponential sums over finite fields and Galois rings. In: Advances in cryptology CRYPTO '96. Springer, Berlin, pp 31-44

[19] Kawachi A, Okamoto Y, Tanaka K, Yasunaga K (2013) General constructions of rational secret sharing with expected constant-round reconstruction. Cryptology ePrint Archive, Report 2013/874. https://eprint.iacr.org/2013/874

[20] Kim S (2014) Game theory applications in network design. Premier reference source. Information Science Reference/IGI Global, Hershey. http://dx.doi.org/10.4018/978-1-4666-6050-2

[21] Koblitz N (2007) The uneasy relationship between mathematics and cryptography. Not AMS 54 (8): 972-979. Paper and follow-ups available at http://cacr.uwaterloo.ca/~ajmeneze/anotherlook/ams.shtml. Retrieved on 29 May 2018

[22] Kodialam M, Lakshman TV (2003) Detecting network intrusions via sampling: a game theoretic approach. In: IEEE INFOCOM, vol 3. San Francisco, pp 1880-1889

[23] McElice RJ, Sarwate DV (1981) On sharing secrets and reed-solomon codes. Commun ACM 24 (9):583-584

[24] Menezes A, van Oorschot PC, Vanstone SA (1997) Handbook of applied cryptography. CRC Press LLC, Boca Raton

[25] Michiardi P, Molva R Game theoretic analysis of security in mobile ad hoc networks (01 Jan

2002)

[26] Nevelsteen W, Preneel B (1999) Software performance of universal hash functions. In: EUROCRYPT'99, LNCS 1592. Springer, pp 24-41

[27] Patra A, Choudhury A, Rangan CP, Srinathan K (2010) Unconditionally reliable and secure message transmission in undirected synchronous networks: possibility, feasibility and optimality. Int J Appl Cryptol 2(2):159-197. https://doi.org/10.1504/IJACT.2010.038309

[28] Previdi S, Horneffer M, Litkowski S, Filsfils C, Decraene B, Shakir R (2016) Source packet routing in networking (SPRING) problem statement and requirements. https://tools.ietf.org/html/rfc7855

[29] Rabin T, Ben-Or M (1989) Verifiable secret sharing and multiparty protocols with honest majority. In: Proceedings of the twenty-first annual ACM symposium on theory of computing, STOC '89. ACM, New York, pp 73-85

[30] Rass S (2013) On game-theoretic network security provisioning. Springer J Netw Syst Manag 21(1): 47-64. https://doi.org/10.1007/s10922-012-9229-1. http://www.springerlink.com/openurl.asp? genre=article&id=doi:10.1007/s10922-012-9229-1

[31] Rass S (2014) Complexity of network design for private communication and the P-vs-NP question. Int J Adv Comput Sci Appl 5(2):148-157

[32] Rass S, König S (2012) Turning quantum cryptography against itself: how to avoid indirect eavesdropping in quantum networks by passive and active adversaries. Int J Adv Syst Meas 5(1&2):22 33

[33] Rass S, Rainer B, Vavti M, Göllner J, Peer A, Schauer S (2015) Secure communication over software-defined networks. Mob Netw Appl 20(1):105-110. https://doi.org/10.1007/s11036-015-0582-7

[34] Rass S, Schartner P (2010) Multipath authentication without shared secrets and with applications in quantum networks. In: Proceedings of the international conference on security and management (SAM), vol 1. CSREA Press, pp 111-115

[35] Rass S, Schartner P (2011) Information-leakage in hybrid randomized protocols. In: Lopez J, Samarati P (eds) Proceedings of the international conference on security and cryptography (SECRYPT). SciTePress - Science and Technology Publications, pp 134-143

[36] Rass S, Schartner P (2011) A unified framework for the analysis of availability, reliability and security, with applications to quantum networks. IEEE Trans Syst Man Cybern Part C Appl Rev 41(1):107-119. https://doi.org/10.1109/TSMCC.2010.2050686

[37] Rass S, Schartner P (2016) On the security of a universal cryptocomputer the chosen instruction attack. IEEE Access 1. https://doi.org/10.1109/ACCESS.2016.2622724

[38] Rass S, Slamanig D (2013) Cryptography for security and privacy in cloud computing. Artech

House, Boston

[39] Shamir A (1979) How to share a secret. Commun ACM 22(11):612-613

[40] Shor PW, Preskill J (2000) Simple proof of security of the BB84 quantum key distribution protocol. Phys Rev Lett 85:441-444

[41] Shoup V (2004) Sequences of games: a tool for taming complexity in security proofs. Cryptology ePrint Archive, Report 2004/332. http://eprint.iacr.org/

[42] Tompa M, Woll H (1988) How to share a secret with cheaters. J Cryptol 1(2):133-138

[43] Wang Y, Desmedt Y (2008) Perfectly secure message transmission revisited. IEEE Trans Inf Theory 54(6): 2582-2595

# 第12章
# 实　用　性

Nothing is more practical than a good theory.

没有什么比一个好的理论更实用的了。

——库尔特·卢因(K. Lewin)

本章讨论使用数据和数据科学来选择模型参数的值,并提出一些有助于模型实例化的方法和相关文献。此外,我们回顾经过遴选的一组软件工具,这些工具有助于对实际博弈模型进行相应的设置和均衡分析。我们在全书中重温各种例子,以类似教程的方式一步步描述如何分析博弈模型。这里的重点是公开和免费可用的软件,其中部分是开放源代码。在合适的地方,我们还会给出某些特殊类型的博弈的解析解,以及对博弈问题做通用变换,以便在优化软件的帮助下能解决这些博弈问题。这将为实践者提供可在实际工作中直接使用的工具。

## 12.1　数据科学以及模型参数的选择

在许多情况下,选定一个特定的(博弈论)模型后,会遇到一个实际的问题,即如何选择模型的参数。这个问题在文献中并没有得到回答。一个明显的例外是概率分布的参数选择,我们有与点估计和置信区间相关的丰富理论(例如,在文献[30]中有初步的介绍)。

博弈论模型参数的选择,是本书和许多文献都广泛涉及的一个挑战。区分模型中参数的类型对我们是有帮助的,对于不同的模型,我们有不同的参数估计方法。大致上(并不穷尽所有可能性)而言,贯穿始终的变量要么是概率、风险和损失,要么是(其他)通用的参数。我们在下文中用一个小节的篇幅来专门讨论每一种类型。

### 12.1.1　概率参数

概率参数的值通常在0～1之间,并且,在大多数情况下,是指某些事件发生或某些条件成立的机会或概率,它的例子包括贝叶斯模型中的信念、某些攻击的成功或失败的概率、统计测试中的误差(参见第9章)，或者只是在[0,1]范围内的评级，例如，保险评级(参见第7章)。

就统计测试而言，这些测试的背后拥有丰富的实验设计理论[9]，这些理论能够实际指导如何设计统计测试。在没有这种帮助的情况下，机器学习技术(有监督的和无监督的)可以帮助对参数进行自动估计。一个例子是，逻辑回归提供了一种方便的方法，从标记的经验数据中对在[0,1]范围内的参数进行估计。这个过程大致如下：

· 给定某个参数 $p$，首先确定可能决定这个参数的那些变量。我们称这些变量为 $x_1,\cdots,x_k$，并允许它们每个都是数值类型或分类类型(在我们所确定的变量集合中，这两种类型都是可以接受的)。

· 收集 $n$ 个实例，每个实例都包含有上述变量集合中变量的具体值。对于每一个具体取值的集合($x_{1,i},\cdots,x_{k,i}$)，都填加一个与该集合相关的指标变量 $p_i\in\{0,1\}$，$\forall i=1,2,\cdots,n$。这里，$p=1$ 表示 $p$ 所描述的事件或条件会成立，而 $p=0$ 则对应于相反的情况。

· 对如上标记的数据，用一个逻辑回归模型做拟合，通过最大似然估计可以得到 $p$ 的点估计值，以及已确定的这些变量的重要性的详细信息，如果有必要，这些信息对修改估计值或提高数据质量很有用。

**例 12.1**(信用风险估计)　最常见的例子是对信用贷款的风险估计。在这里，变量 $x_1,\cdots,x_k$ 与客户的属性有关，如收入、婚姻状况、拥有的资产(如房子，汽车……)，以及其他属性。基于收集到的(真实的)客户的信息，如果客户信贷曾被拒绝，则 $p_i=0$；如果客户信贷曾被接受，则 $p_i=1$，逻辑回归可以从一个新客户的数据中计算出一个范围为[0,1]的评级，而银行则可以将这个评级作为一个风险分数，用来对客户的信贷申请做出相应决定。这个过程中几乎所有的步骤都是自动化的，并可在 R 语言中使用函数 glm(“广义线性模型”)来实现；请参见 R 语言中这个函数的文档，以获得大量的例子和相关文献。

**注 12.1**(数据科学需要人类智慧，而不是取代)　“大数据”这个词很快就会被夸大。我们在数据库中存储大量的记录，但这并不意味着它们都是完整的或包含有用的信息。在对数据进行任何分析之前，都要进行数据准备工作，包括清洗数据、消除异常值、处理缺失值等。更重要的是，在统计数据分析中，至关重要的一点是不要成为常见错误的受害者。这些常见错误包括：

· 在收集到数据后才形成假设或测试。这种事后分析往往倾向于寻找人们可能已经在数据中看到的模式。正确的方法是先有问题，然后收集对回答问题有用的数据(与此相反的方法可能会走向数据捕捞，这实际上意味着伪造科学成果)。

· 从相关关系中得出因果关系的结论：相关性测试常用语发现数据中变量的相互依

赖性，然而，纯粹用数据并不能说明任何因果关系。因果关系只能通过正确设计的实验来评估，而不是使用纯数据来识别。

大数据可能很容易说得通，但如果使用不当，同样容易产生很多谬论。[29]

### 12.1.2 参数学习

如果已经选定了一个参数，可能需要持续地或不时地更新它，以提高模型的准确性。除了来自机器学习的方法（如 Q-learning 或强化学习），贝叶斯方法是一种更新参数值的自然方法。

我们在例 3.2 中已经遇到了一个简单的贝叶斯学习方法，这个方法将概率参数 $p$ 作为$\beta$分布的随机变量，用具体数值 $p=E(\mathrm{B}(a,b))$ 作为概率参数的具体数值。如果新的数据独立出现，我们可以使用泊松似然，并通过对参数 $a$ 或参数 $b$ 做加 1 的操作来进行简单的更新，就像我们在例 3.2 中描述的那样。可以证明，这种方法最终会收敛到 $p$ 的真实值。此外，这种方法甚至可以推广到多个参数的情形。关于这个方法的算法细节可以参见文献[28]。

一般来说，这种学习策略存在潜在的收敛缓慢的问题，并在获得或失去信任的方式上存在“对称性”的问题：虽然人类对失去信任的反应比对获得信任的反应更快，但从长远来看，$\beta$-声誉模型会变得越来越稳定。随着时间的推移和更新的到来，从 $\beta$ 分布中计算出的参数值会对未来的更新越来越不敏感。实际上，不时地“重启”模型是有好处的，这意味着从一个新的先验分布重新开始贝叶斯更新，该分布与当前信息相近，但参数尽可能小（使模型对更新更加敏感）。强化学习解决这个问题的方法也是通过随机偏离模型，来探索其他的可能性，通过这种方式也许能找到更好的参数选择。

## 12.2 风险和损失参数

我们在第 5 章中讨论的各种现象（以及这方面的其他现象），如 Ellsberg 悖论、圣彼得堡悖论，或者像反向同比率效应[3]这种最近发现的现象，都可以作为理由来说明为什么在安全风险管理中，人们永远不应该面对或被要求去指定事件的概率。正如同比率效应和 Allais 悖论所表明的那样，决策可以考虑概率，但在许多情况下有一种明显的简化倾向，例如选项是确定的或替代方案的概率大致相等。即使在这些情况下，效用理论在比较选项方面也是非常准确的，与此相反的是，人类的推理在某些时候会将决策机制切换到一个更简单的版本，为了简单而忽略事情的某些方面。出于这个原因，安全风险管理通常建议使用完全从数字中抽象出来、来自概率的定性尺度，以避免这种不必要的简化。例 6.1 也说明了这个问题。

在风险规范的可视化方法[33]中，避免了对明确的数字的要求，而是只要求人们在给定的分类尺度上标记一个点或“可能的区域”来表示风险(例如，图 6.2 提出的方法或其他类似的方法)。

图 12.1 展示了实现这种方法的一个研究性软件原型的截图[28,33]：该程序采用类似风险矩阵那样的形式作为输入，用来为(显示在左侧和下方边界上的)不同类别的事件指定它们发生的可能性以及影响范围。然后，这些类别本身就定义了一个网格，用户可以在网格上画一个矩形来表示影响范围、可能性尺度以及风险的不确定性。然后，矩形区域通过可视化的方式，把风险估计中的不确定性转换为影响不确定性和可能性不确定性二者的乘积。网格本身的大小也是可调整的，因此，可以根据对事件的主观看法，使相应的类别变小或变大，这是为了展示对这些不确定性进行加权和估值以后的效果(见图 5.1 和 5.2)。我们注意到，概率参数也存在相应的图形规范，如马尔可夫链的转移矩阵，详见文献[28]。文献[10]提供了关于几个相关(和类似)方法的经验研究。

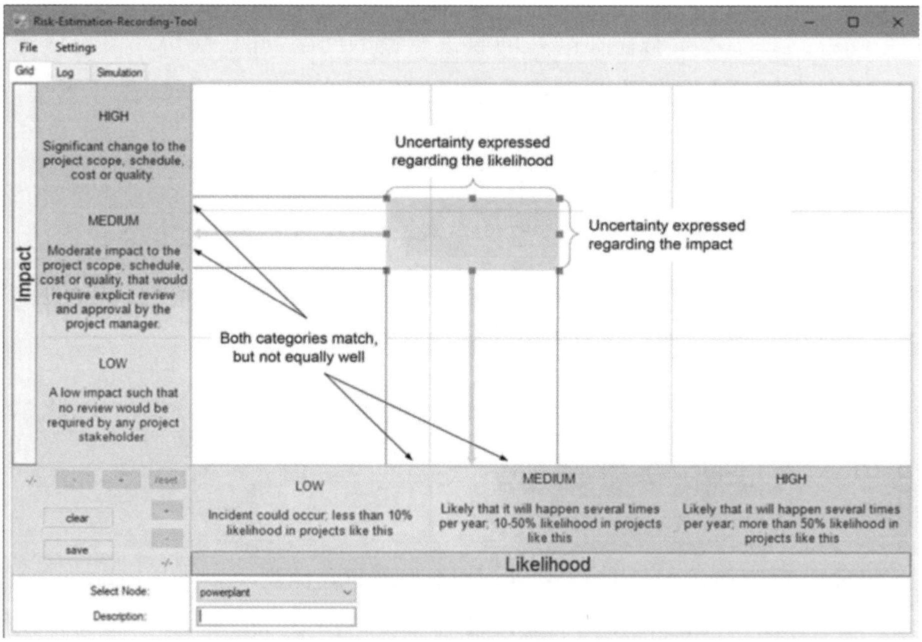


**图 12.1 风险的图形化(研究性软件原型)[33]**

## 12.2.1 从统计模型得到一般参数

许多随机模型都假定误差项或其他概率参数服从高斯分布。虽然，在大多数情况下，这是为了技术和分析上的方便而做出的选择；但是，尽管高斯分布有很好的理论特性,我们也不应该过度使用它,因为在很多实际情况下,随机值的分布与高斯分布相差甚远。

许多领域,特别是在保险方面,都有经过充分研究的分布模型,精算学[11,13,15,16]提供了很多专门用来描述风险管理中极端现象的分布模型。

在缺乏领域知识的情况下,我们可以求助于非参数统计学[12],在没有关于分布形状的明确假设时,它也能工作。其中一个例子是核密度估计,我们将在本章后面用它来模拟零日漏洞风险。

只要有数据,那一般而言就可以从一个分布模型来计算这个模型(任何种类)的参数。这些数据可以直接来自于专家(这里要注意的是,人为错误在估计中会产生影响,以及我们在第 5 章中所讨论的现象),也可以来自于模拟模型,比如 2.5 节中的那些模型,等等。

一般来说,如果要从数据中估计参数,要遵循的流程就是通用的数据科学工作流程,我们在图 12.2 中做了总结。然后,通过将数据模型(通常是概率分布)转化为相关参数的一个代表值,从而得到博弈论模型及其参数。获取参数的代表值,最简单的方法是从数据中取平均数,如果要包括不确定性,统计方差就是一个常用的衡量标准。图 12.2 中的函数 $f$ 是一个分布上的简单算术或期望算子 $E$。不过,我们也可以采用更复杂的聚合方法(例如,意见汇总[7,8])。在将一个分布模型聚合为一个(或多个)汇总统计时,在大多数情况下是存在信息丢失的。但是,在博弈使用分布来定义参与者回报的参数,并且博弈采用随机顺序的特殊情形下,对整个分布的信息实现“无丢失”地使用是完全可能的。在这种情况下,我们可以在博弈模型中直接“原封不动”地使用数据模型,而不需要使用聚合函数 $f$。关于这个过程的更多细节参见文献[24]。

## 12.3 特殊博弈的分析解决方案

### 12.3.1 均衡和安全战略

考虑一个双人零和博弈 $\Gamma$,其报酬矩阵为 $A\in\mathbf{R}^{n\times m}$,参与者集合隐式地固定为 $N=\{1,2\}$,收益矩阵 $A$ 的行和列的标签就形成了策略空间。根据定理 3.4,博弈的均衡和鞍点值也会产生博弈的安全策略,这些都可以通过对收益矩阵 $A$ 进行线性优化来计算得到。

由于博弈只在两个参与者之间进行,式(3.21)中的内部优化是在攻击者的混合策略(这是一个凸集)上进行的。该凸集上的最优值只能是位于边缘上的一些点,这就使得内

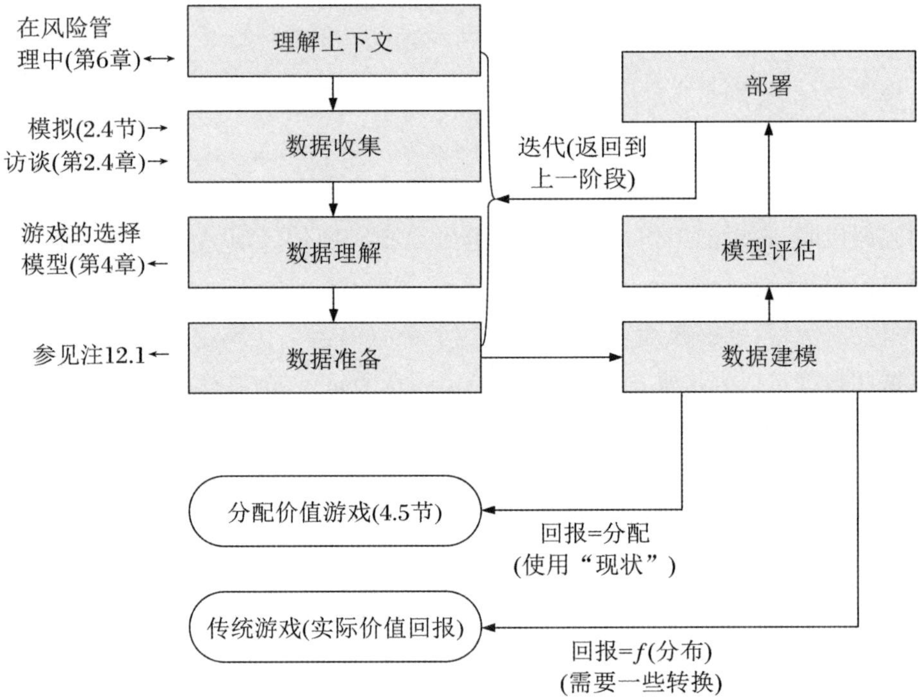


**图 12.2　数据科学工作流程(通用版本且有适当改动)**

部优化变得很容易,因为

$$\min_{a_2\in\Delta(AS_2)} u_2(a,a_i)=\min_{a_2\in AS_2} u_2(a,a_2)=\min_{i=1,\cdots,m} a^{\mathrm{T}}Ae_i$$

其中 $e_i$ 是第 $i$ 个单位向量。然后,外部优化可以归结为一个简单的线性规划,因为防御者需要做的全部事情就是确定防御行动的最佳组合,以使其收入最大化,如下所示:

$$\left.\begin{aligned}
& v\to\max_{x\in\mathbf{R}^n}\\
\text{s.t.}\quad & v\leqslant x^{\mathrm{T}}Ae_i,\quad \forall\, i=1,\cdots,m\\
& \sum_{j=1}^{n}x_j=1\\
& x_j\geqslant 0,\quad \forall\, i=1,\cdots,n
\end{aligned}\right\}\tag{12.1}$$

用方程(3.20)的符号来表示的话,上述优化问题的最优解是

$$v=\mathrm{val}(A)=\max_{x\in\Delta(AS_1)}\min_{y\in\Delta(AS_2)} x^{\mathrm{T}}Ay=u_1(x_0^*,y_0^*)$$

因此,以这种方式得到的值 $v$ 是安全策略 $x_0^*$ 所达到的下限(式(3.20)),因为它是作为式(12.1)的输出得到的最优 $x$。然后,式(3.20)的有效性是以攻击者行动集 $AS_2$ 可被穷举为条件的。除非攻击者有意想不到的不属于 $AS_2$ 集的行动,否则 $v$ 就限定了可实现的收益(或可承受的损失),而不考虑攻击者在 $AS_2$ 内的行为方式。如果观察到 $AS_2$ 以外的新

攻击，我们就可以相应地扩展其行动空间，在某些情况下，我们甚至可以针对这种意外行动做到重新恢复防御者的安全性（见 12.6.2.1 小节）。

### 12.3.2 2×2 博弈

如果是零和博弈，只有两个参与者，每个参与者有两个行动，那我们可以从如下的博弈矩阵中直接计算出均衡：

$$A = \begin{pmatrix} a & b \\ c & d \end{pmatrix}, \quad a, b, c, d \in \mathbf{R}$$

如果两行或两列中的任何一行/列支配了另一行/列，那么我们就会得到一个纯策略均衡，然后我们的任务就算完成了。否则，如果均衡是混合的，我们可以计算出鞍点值为

$$\mathrm{val}(A) = \frac{a \cdot d - b \cdot c}{(a + d) - (b + c)} \tag{12.2}$$

并有如下的最佳策略：

$$x^* = (p, 1 - p), \quad y = (q, 1 - q)$$

其中

$$p = \frac{d - c}{(a + d) - (b + c)}, \quad q = \frac{d - b}{(a + d) - (b + c)} \tag{12.3}$$

### 12.3.3 对角线博弈

如果一个博弈是两个参与者的零和博弈，并且有一个对角博弈矩阵

$$A = \mathrm{diag}(a_{11}, \cdots, a_{nn})$$

我们也可以得到鞍点值的解析解：

$$\mathrm{val}(A) = \left(\sum_{i=1}^{n} \frac{1}{a_{ii}}\right)^{-1} \tag{12.4}$$

而且双方的均衡策略是相同的：

$$x^* = y^* = \left(\frac{v}{a_{ii}}\right)_{i=1}^{n} \tag{12.5}$$

### 12.3.4 虚拟博弈

回顾例 3.5，我们可以发现它建议了一种用来计算均衡的迭代方法：通过模拟博弈的过程，在保持每个参与者的行为记录的基础上，优化迄今为止的所有回合的（模拟）博弈的平均值，我们甚至可以计算出更广泛类别的博弈的均衡。由此产生的算法如图 12.3 所示。对于零和博弈[31]、所有 2×$n$ 矩阵博弈（即使不是零和博弈[2,19]）、潜博弈、具有相同利益的博弈（即当所有博弈者使用相同的效用函数时）[19]，或通过系统化地删除被支配

的策略从而最后找到均衡的博弈[21]（通过延续例3.4中开始的步骤），这个算法都可以收敛到均衡。

虚拟博弈（FP）最坏情况下的收敛率是指数级的。[4]然而，值得注意的是，我们可以把极小化极大和贝叶斯决策二者结合起来使用，这样的算法从极小化极大决策开始（因为在开始时缺乏对问题本身更好的了解），并在每次迭代中连续使用贝叶斯决策，因为它通过考虑迄今为止观察到的其他参与者的行为来采取最佳决策。

**注 12.2** 上面这个迭代的过程与从 $\beta$ 分布中学习参数有很大的相似性（见例3.2）；事实上，步骤3 b中的更新可以看作对 $\beta$ 先验的贝叶斯更新。

给定一个博弈 $\Gamma=(N,S,H)$，参与者集合 $N$ 是有限集合，参与者 $i\in N$ 的策略集合 $AS_i$ 也是有限的。

初始化：

1. 每个参与者 $i$ 维护一个向量 $x_i=(x_1,x_2,\cdots,x_{|AS_i|})$，我们迭代更新这个向量。在第 $k$ 个迭代，我们用 $x_i^{(k)}$ 来表示当前对均衡的近似值。

2. 每个参与者 $i$ 用极小化极大来得到第一个（第0个迭代）行动，即它的初始行动为 $x_i^{(0)}\in\arg\max\limits_{a\in AS_i}\arg\min\limits_{a_i\in AS_{-i}} u_i(a,a_{-i})$。

模拟博弈运行：

1. 初始化迭代计数器 $k\leftarrow 0$。

2. 用 $t_i$ 来记录每个参与者 $i\in N$ 的总收入，初始收入 $t_i\leftarrow 0$。

3. 对每个参与者 $i$ 循环处理，对于第 $i$ 个参与者，做下述操作：

a. 令 $x_{-i}^{(k)}$ 为截止到当前所记录下来的所有其他参与者采取过的行动之集合，为参与者 $i$ 按照如下的方法选择下一个行动，即在 $x_{-i}^{(k)}$ 基础上寻找能得到最优预期效用的行动：

$$a^{(k)}\in\arg\max_{a\in AS_i}E_{(1/k)\cdot x_{-i}^{(k)}}(u_i)$$

b. 把 $a^{(k)}$ 告知每个参与者，并对向量 $x^{(k+1)}$ 中与 $a^{(k)}$ 对应的元素做加1操作，以相应地更新参与者 $i$ 的历史。对截止到当前每个参与者的总回报进行记录：$t_i\leftarrow t_i+u_i(a^{(k)},x^{(k)})$。

4. 对所有参与者完成上述步骤后，增加迭代计数器 $k\leftarrow k+1$，并重复第三步骤。一旦每个迭代中的平均回报，即 $\left(\frac{1}{k}t_i\right)_{i\in N}$，已经（在适用于上述向量的任何范式之下）收敛，就停止迭代。

**图 12.3 参与者最大化其效用的有限博弈 FP**

FP的有趣之处在于其技术上的简单性，因为它只是在收益空间上使用了排序关系，即实数（$\leqslant$）或随机数（$\preceq$），但除此之外就不需要其他东西了。另外，作为一种算法，它的适用性非常广泛，包括但不限于有限博弈、双人博弈或零和博弈。

FP的一个特别有用的应用是计算MGSS。如果防御者有多个安全目标,例如保护隐私(保密性),但也要防御DoS(可用性),或对进程操纵进行防御(完整性、真实性),就可以使用FP来计算MGSS。图12.3中的FP算法可被推广到一对多的博弈中,同时保留了其收敛特性(参见文献[26,32])。我们将避免深入探讨更多的细节,读者可以参考现有的软件支持,特别是R统计编程环境的HyRiM包(见12.4.3小节)。清单12.1显示了R语言中普通FP的实现。

## 12.4 软件支持

GAMBIT软件[18]和GAME THEORY EXPLORER(GTE)都提供了方便的正则博弈和扩展形式博弈的分析能力,而且还带有图形用户界面来配置博弈。然而,两者都局限于具有标量收益(即只允许有一个安全目标)的博弈。正则形式的双人博弈下的多目标安全策略可以使用R语言的HyRiM软件包来计算。[23]但是,这个软件包在1.0.4这个版本还无法处理扩展形式的博弈。

我们接下来要阐述的,并不是要说明存在一个可以涵盖所有需要的系统,而是要指出一个(最)方便的软件来处理不同类型的博弈。对于扩展形式的博弈,GAMBIT是一个方便的选择,GTE也是如此,我们将使用这两个软件来重新审视前几章的一些博弈例子,以重现其中得到的结果。对于经验博弈论,尤其是正则形式的值为分布形式的博弈,R中的HyRiM软件包是一个方便的选择。而值得一提的是,R综合档案网络(CRAN)为博弈论提供了许多软件包(文献[6]中包括一个非详尽的例子列表),所有这些软件包都有其独特的优势,并可适用于不同的目的,足以延伸到我们这里没有涵盖的合作博弈论。

表12.1显示了一个本书中使用的软件系统的比较概览表。这里使用的软件都有免费的许可证,但也因此不提供担保。除了这些开放的可用软件包,用于符号或数值计算的通用软件,如MATLAB[17]、OCTAVE[1]、MATHEMATICA[14],在许多情况下都提供相应的程序,通过解决线性或非线性优化问题来计算均衡。由于对这一领域的全面阐述将是一本独立的书,我们仅在此指出这一路线,不做进一步深入探讨。

**清单 12.1 用 R 语言实现双人零和 FP**

```r
#code for Fictious Play
#payoff matrix A with m rows, n columns, and iterations T must first be defined
#m and n must be at least 2 because of max and min functions
library(matrixStats)

T <- 1000
# A <- matrix(c(<your data>), ...)

m <- nrow(A)
n <- ncol(A)
x <- rep(0,m)
y <- rep(0,n)

# get starting points (arbitrarily, since convergence is assured)
rowMinima <- rowMins(A)
row <- which.max(rowMinima)
colMaxima <- colMaxs(A)
col <- which.min(colMaxima)
U <- A[,col]
y[col] <- y[col] + 1
V <- rep(0,n)

for(it_num in 1:T) {    # begin FP algorithm
  # let player 1 move
  Umax <-  max(U) # pick the best action
  row <- which.max(U)
  V <- V + A[row,] # accumulate payoffs
  x[row] <- x[row] + 1 # record actions
  # let player 2 move (exactly like player 1, only minimizing)
  Vmin <- min(V)
  col <- which.min(V)
  U <- U + A[,col]
  y[col] <- y[col] + 1
}

xeq <- x / T  # approximate equilibrium strategy for player 1
yeq <- y / T  # ...and for player 2
v <- t(xeq) %*% A %*% yeq # approximate the saddle point value
```

**表 12.1 本书使用的软件列表**

| 系统 | GAMBIT | GTE | R 的 HyRiM |
|---|---|---|---|
| 扩展形式的博弈 | 是 | 是 | 否 |
| 正则形式的博弈 | 是 | 是 | 是 |
| 值为分布形式的博弈 | 否 | 否 | 是 |
| 多目标和字典序的博弈 | 否 | 否 | 是 |

接下来的三小节内容将通过重温本书前面给出的例子，来说明表12.1中列出的三种软件包，并说明如何通过这些软件包求解博弈的均衡。我们在每种情况下都使用不同的软件包，但并不意味着某个软件包不能处理其他两种情况，除非表12.1说某个软件包不能处理。所以，建议读者在每种情况下自己选择最方便和最可靠的软件包。我们首先从GAMBIT开始求解扩展形式博弈的均衡。

### 12.4.1 求解扩展形式的博弈

GAMBIT是最早可用的、用来计算纳什均衡以及其他均衡的算法工具箱之一。它有一个图形界面，用于以扩展形式或者正则形式来指定一个博弈的配置，并允许用户选择不同的算法来计算均衡。但是并非所有的算法都能同样成功地计算出均衡，所以一般来说，最好尝试GAMBIT提供的多个算法选项。

为了说明问题，让我们从第3章中图3.2的钓鱼博弈开始。图12.4(a)以图形化的方式显示了钓鱼博弈的扩展形式，特别是可视化了博弈中的信息集，这些信息集作为节点由两条虚线垂直连接。信息集中的节点之上被标记为no sig.（“no signature”即“无签名”）、之下被标记为1:1，表示这些节点是“no sig.”的行动，并且无法区分是钓鱼者还是诚实的发送者（在行动旁边以标签形式标注了钓鱼者/发送者）发起这个行动的，它属于参与者1（接收者）所维护的信息集#1（因此，标签“1:1”的含义是“参与者的号码:信息集的号码”）。在叶子节点的旁边，用参与者的颜色突出显示了效用值，就像它们在图3.2中设置的那样，只是博弈树在那里是垂直绘制的，而在GAMBIT中是水平绘制的。作为一个巧妙的功能，我们可以让GAMBIT给出这个博弈的弱化正则形式版本（这里的“弱化”是指删除被支配的策略），其结果如图12.4(b)所示。

在计算均衡时，用户点击工具栏上相应的计算按钮（右起第二项），它会询问（其对话框如图12.5所示）应寻找多少个均衡，用什么方法，在博弈的哪种表现形式上（扩展或正则形式）。结果出现在窗口的下部，这个博弈显然有3个均衡，其中一个在纯策略中（列表中的最后一个）。

使用扩展形式，我们也可以计算出斯塔克尔伯格均衡，例如图4.3中带有领导者（攻击者）的捉迷藏博弈。图12.6显示了这个博弈模型、它的等价正则形式（参见图4.4）和计算出的均衡。

GAMBIT是一个方便的工具，可以“互动”地研究博弈，因为它很容易在博弈上做各种操作（例如，改变策略、修改信息集、改变回报等）。“工具”菜单还提供了对除纳什均衡之外的其他均衡的计算，而且特别有趣的是，还提供了对被支配策略的分析。事先进行这些操作，可以帮助深入了解模型本身。

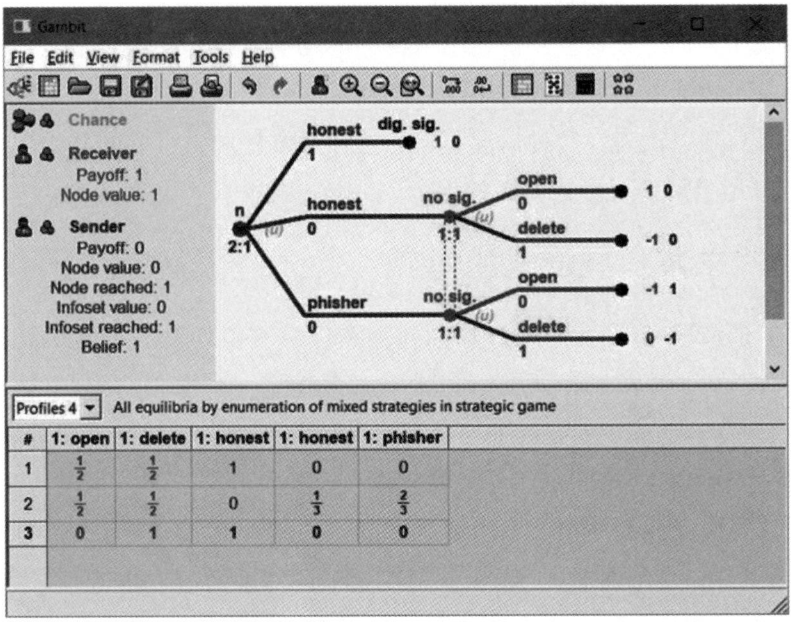


(a) 图3.2中钓鱼博弈的扩展形式

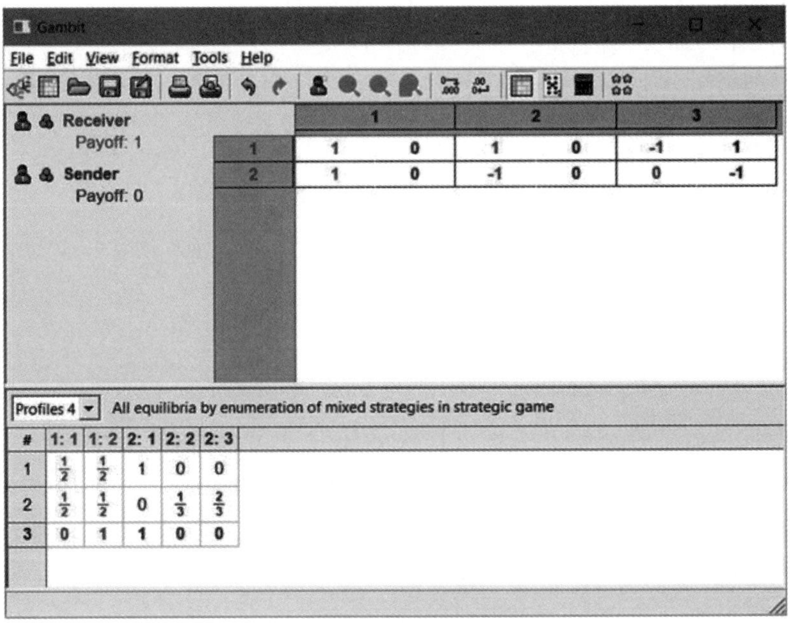


(b) 等价的正则形式博弈

**图 12.4　使用 GAMBIT 计算均衡的例子**

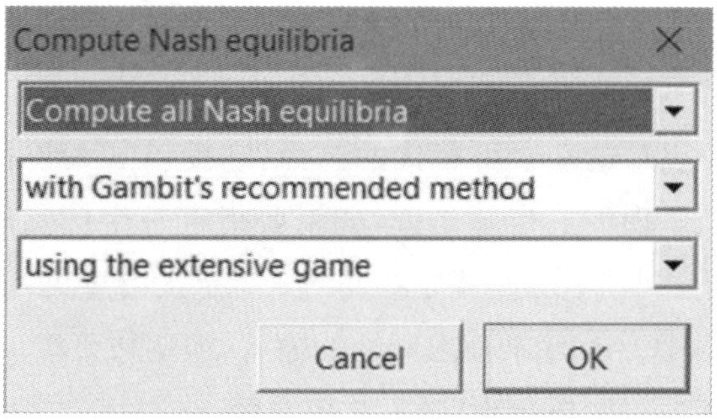


图 12.5　GAMBIT 的均衡计算对话框

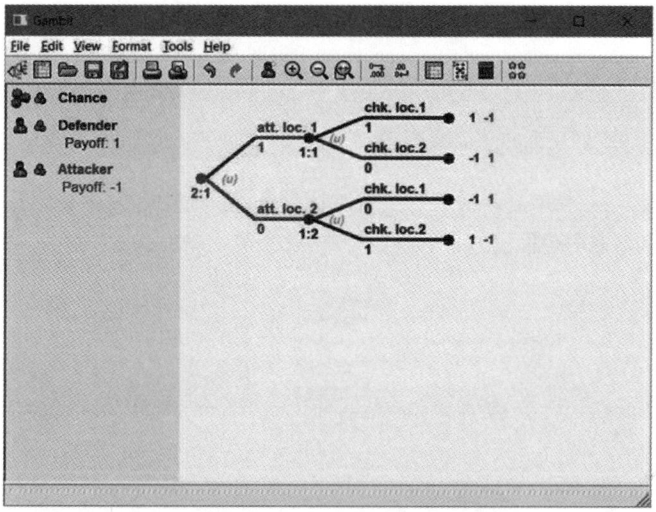


(a) 攻击者作为领导者的捉迷藏博弈

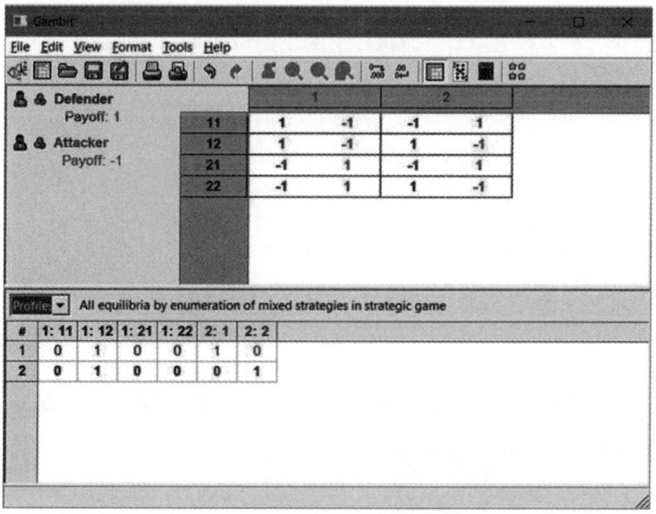


(b) 捉迷藏博弈的正则形式

图 12.6　使用 GAMBIT 计算均衡的例子

## 12.4.2 求解正则形式的博弈

GTE 是 GAMBIT 以外的一个可替代的选择，它提供了大致相同的功能，但是是以一种更像向导的方式来呈现的。也就是说，如果要指定一个扩展形式的博弈，用户要遵循一系列的步骤：① 指定博弈树；② 指定参与者；③ 定义信息集；④ 输入动作（行动集）；⑤ 定义回报。相比而言，GAMBIT 要求同样的输入，但用户可以以任意顺序进行这些步骤；究竟是系统化的顺序还是“更自由”的方式更方便，是一个主观问题。

对于较大的战略博弈，如例 3.7 中的 5×5 双人非零和博弈，我们可以方便地在 GTE 的图形用户界面上分别输入两个参与者的收益矩阵，如图 12.7 所示。

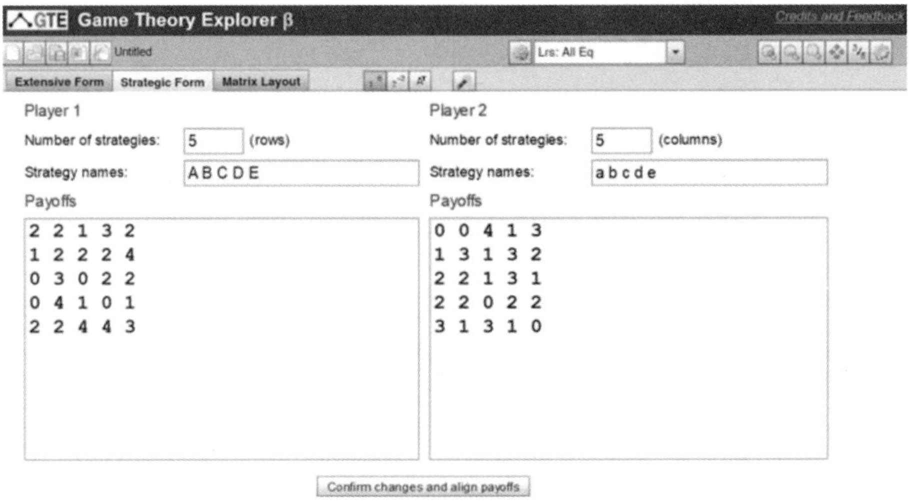


**图 12.7 GTE 下的正则形式博弈**

在求解均衡时，它会打印出（见图 12.8）求解到的均衡的详细而全面的描述（例 3.7 中的均衡是用 GAMBIT 找到的；当然，图 12.8 中的均衡与例 3.7 中给出的均衡相匹配）。

一般来说，最好在大型博弈或有两个以上参与者的博弈上尝试不同的（两个）软件系统，因为 GAMBIT 或 GTE 中实现的算法可能表现不同，也可能在不同的博弈模型中出现求解失败的情况。

但是，这两个软件都不能解决存在多个目标或收益不确定情况的博弈。然而，这正是 R 语言的 HyRiM 软件包可以做到的。

```
SUCCESS

Strategic form:

5 x 5 Payoff player 1

  a b c d e
A 2 2 1 3 2
B 1 2 2 2 4
C 0 3 0 2 2
D 0 4 1 0 1
E 2 2 4 4 3

5 x 5 Payoff player 2

  a b c d e
A 0 0 4 1 3
B 1 3 1 3 2
C 2 2 1 3 1
D 2 2 0 2 2
E 3 1 3 1 0


EE = Extreme Equilibrium, EP = Expected Payoffs

Rational:

EE 1 P1: (1) 0 0 0 1 0 EP=    2 P2: (1) 1/2 1/2 0   0   0 EP= 2
EE 2 P1: (1) 0 0 0 1 0 EP=    4 P2: (2)   0   1 0   0   0 EP= 2
EE 3 P1: (1) 0 0 0 1 0 EP=  8/3 P2: (3)   0 2/3 0 1/3   0 EP= 2
EE 4 P1: (1) 0 0 0 1 0 EP= 18/7 P2: (4)   0 4/7 0 1/7 2/7 EP= 2
EE 5 P1: (1) 0 0 0 1 0 EP=  9/4 P2: (5) 1/4 1/2 0   0 1/4 EP= 2
EE 6 P1: (1) 0 0 0 1 0 EP= 14/5 P2: (6)   0 3/5 0   0 2/5 EP= 2
EE 7 P1: (2) 0 0 0 0 1 EP=    2 P2: (7)   1   0 0   0   0 EP= 3
EE 8 P1: (2) 0 0 0 0 1 EP=    4 P2: (8)   0   0 1   0   0 EP= 3

Decimal:

EE 1 P1: (1) 0 0 0 1.0   0 EP=     2.0 P2: (1)  0.5     0.5   0       0       0 EP= 2.0
EE 2 P1: (1) 0 0 0 1.0   0 EP=     4.0 P2: (2)    0     1.0   0       0       0 EP= 2.0
EE 3 P1: (1) 0 0 0 1.0   0 EP= 2.66667 P2: (3)    0 0.66667   0 0.33333       0 EP= 2.0
EE 4 P1: (1) 0 0 0 1.0   0 EP= 2.57143 P2: (4)    0 0.57143   0 0.14286 0.28571 EP= 2.0
EE 5 P1: (1) 0 0 0 1.0   0 EP=    2.25 P2: (5) 0.25     0.5   0       0    0.25 EP= 2.0
EE 6 P1: (1) 0 0 0 1.0   0 EP=     2.8 P2: (6)    0     0.6   0       0     0.4 EP= 2.0
EE 7 P1: (2) 0 0 0   0 1.0 EP=     2.0 P2: (7)  1.0       0   0       0       0 EP= 3.0
EE 8 P1: (2) 0 0 0   0 1.0 EP=     4.0 P2: (8)    0       0 1.0       0       0 EP= 3.0

Connected component 1:
{1}  x  {1, 2, 3, 4, 5, 6}

Connected component 2:
{2}  x  {7, 8}
```

**图 12.8 GTE 生成的均衡计算报告**

## 12.4.3 求解值为分布形式的博弈

与前两个系统不同，HyRiM 不是一个独立的软件，而是用于统计和数据科学的 R 语言上的一个扩展软件包。因此，它可以通过 CRAN[6] 的 R 环境直接安装。与 GAMBIT 类似，它对设置和分析博弈的步骤顺序不做限制，但总体步骤与其他系统相同。但 HyRiM 有一个限制：它不支持构建策略形式的博弈（在 R 中，例如 games 软件包[5] 是可以做到这一点的，但只针对标量和实值效用函数），只能构建正则形式的博弈。由于该软件包是为计算 MGSS 而设计的，所以它只计算零和均衡。在内部，它使用了 FP 方法（改编自文献[36]的工作，并在很大程度上进行了扩展），这使得算法有很好的鲁棒性，并适用于非常大的博弈，但它的代价是只能得到近似均衡（要获得更高的精度，就需要进行更多的迭代）。

在这里讨论的和在其他文献中发现的软件中，HyRiM 是唯一的实现了随机顺序和多个目标之上的博弈的软件包。由于是基于随机排序的，它也是唯一能够通过使用定理 4.2 来处理使用字典序博弈的软件包。与 GAMBIT 和 GTE 一样，它也支持求解具有纯实值收益的正则形式博弈。

我们接下来描述使用该软件包的扩展版本的步骤，包括收集参与者互相竞争的场景下的数据来定义效用（以及其不确定性）。我们将这一步骤包括在这里，是为了强调它已经将这一过程嵌入了 R 中，而不是仅仅为博弈调用一个独立的软件，这为使用数据科学的技术进行建模创造了所有的可能性。

我们将在下文讨论使用这个软件包的典型步骤，但会避免过于深入地讨论各个函数所用的参数或其他设置（这些可以参考 R 帮助手册中的例子），而是讨论什么是通常要做的事情，以及哪些函数和命令可以帮助实现我们的目的。

（1）对建立博弈模型的场景进行数据收集。更具体地说，收集经验数据并定义一个清晰的效用值或收益分布。如果数据是一组被称为 payoff_data 的观察值（可以是连续结果的样本，或离散的，也许是主观的风险评估），那么损失分布的构建就很简单了，只要输入

```
> lossDistribution(payoff_data)
```

可以增加可选参数 discrete = TRUE 来得到一个类型分布。如果收益是一个实数，那么 payoff_data 是一个通过任何数据科学手段就能获得的数值列表，就没有必要调用 lossDistribution 了，因为在接下来的步骤里可以将数值直接输入。

（2）构建博弈。该软件包支持 $d \geqslant 1$ 个目标的 $n \times m$ 矩阵博弈。对于所有的目标 $i = 1, 2, \cdots, d$，收益以连续的矩阵 $A_i$ 列表的形式进入博弈模型，目标作为 R 中的一个列表对象进入，其条目为 $(\mathrm{vec}(A_1), \mathrm{vec}(A_2), \cdots, \mathrm{vec}(A_d))$，其中 vec 在这里表示对矩阵的行或列（行或列取决于用户的选择）进行“矢量化”。例如，对于 3×3 矩阵的例子，它可以是：

- 按行进行向量化：

$$A = \begin{pmatrix} a & b & c \\ d & e & f \\ g & h & i \end{pmatrix} \text{展开为 } \mathrm{vec}(A) = (a, b, c, d, e, f, g, h, i)$$

- 按列进行向量化：

$$A=\begin{pmatrix}a & b & c\\ d & e & f\\ g & h & i\end{pmatrix}\text{展开为 }\mathrm{vec}(A)=(a,d,g,b,e,h,c,f,i)$$

博弈的构建是通过调用函数 mosg(“multi-objective security game”,即“多目标安全博弈”)：

```
> G <- mosg(n, m, goals = d, losses = L, ...)
```

其中 L 是一个列表对象,由所有的收益分布(通过调用 lossDistribution 构建)组成,如果博弈有收益,则收益是在 R 中,所以它是一个实值向量。

根据回报列表是按行还是按列组织的,我们可以在调用 mosg 时加入参数 byrow = TRUE 或 byrow = FALSE(意思是按行或按列获取列表)到对 mosg 的调用中。

(3) 计算一个均衡,即一个多目标安全策略;相应的函数由相应的缩写 mgss 来命名。

```
> eq <- mgss(G)
```

该函数在博弈对象上执行的 FP 迭代次数默认为 1000,但我们可以在这个函数调用中通过加入相应的参数来将其设置为任何其他数值。另外,还可以进一步微调其他参数,这些在软件包和函数的手册中有具体解释。

从这里开始,均衡对象已经构建完毕(我们称之为 eq),分析工作继续“像往常一样”在 R 中进行,也就是说,用于对数据和对象进行探索性分析的通用函数(summary,plot 和其他函数)都由软件包提供,这和其他的统计数据分析一样,所以在此暂且不提。

接下来,让我们通过完整地实现 9.4.5 小节中的 Cut-The-Rope 割绳博弈,来说明 HyRiM 软件包的使用,并重新回到均衡计算的话题。

**例 12.2**(用 R/HyRiM 解决 Cut-The-Rope 问题) 清单 12.2 的代码完整地实现了 9.4 节中的博弈,特别是在第 2～12 行中定义了攻击图(图 9.6)上的路径。大部分代码都是关于设置博弈数据的,第 13～16 行中定义了行动空间的基数 $n$ 和 $m$,第 17～22 行定义了攻击率和对手类型,第 25～52 行的循环构建了博弈矩阵。该软件包的实际应用在第 49 行(把损失分布构造为泊松密度)、第 50 行(收集所有收益,并存放在一个线性排序的列表对象中),以及第 54 和 55 行,这两行为构造了相应的博弈(mosg)和求解博弈的安全策略(mgss)。

运行该代码会得到一个(9×8)-矩阵博弈,其中包括检查者选择的 9 个抽查位置、攻击者选择的 8 条路径,收益是攻击图中位置集 $V$(代码中的变量 $V$)的离散分布。图 12.9 显示了部分产生的博弈矩阵。在这个矩阵中,各行的索引是检查者可以检查的位置,各列对应于表 9.2 中的攻击路径。矩阵的每个元素包含了一个截断的泊松分布（本例中 $\lambda=2$；代码中第 17 行），其纵轴显示的是攻击者在各自位置的概率，这个泊松分布的质量分配给了每个攻击路径通过的位置。

**清单 12.2 在 R 中完全实现 Cut-The-Rope 博弈**

```
1  library(HyRiM)
2  target <- 10  # this is the target node
3  # these are the routes (enumerated from the attack graph)
4  routes <- list(c( 1, 2, 3, 4, 6, 7, target),
5                 c( 1, 2, 3, 6, 7, target),
6                 c( 1, 8, 9, 7, target),
7                 c( 1, 3, 4, 6, 7, target),
8                 c( 1, 3, 6, 7, target),
9                 c( 1, 9, 7, target),
10                c( 1, 5, 4, 3, 6, 7, target),
11                c( 1, 5, 6, 7, target))
12 V <- unique(unlist(routes)) # get all nodes from all routes
13 as1 <- setdiff(V, target)  # the defender can check everywhere
14 as2 <- routes  # action space for the attacker
15 m <- length(as2)
16 n <- length(as1)
17 attackRate <- 2  # parameter lambda
18 # assume one adversary type per starting point
19 advTypes <- setdiff(V, target)
20 # no a priori information about the type
21 # i.e., a uniform prior
22 Theta <- rep(1/n, times = length(advTypes))
23
24 payoffMatrix <- list() # to take up the utility distributions
25 for(i in 1:n) { # run over all spots to inspect
26   for(j in 1:m) { # run over all attack paths
27     U <- rep(0, length(V))
28     path <- as2[[j]]
29     for(type in advTypes) {
30       # adversary moves only if it is on this path
31       if (type %in% path) {
32         route <- path[which(path == type):length(path)]
33         # let the adv. take a Poisson number of steps
34         pdfD <- dpois(x=0:(length(route)-1),lambda=attackRate)
35         pdfD <- pdfD / sum(pdfD)
36         cutPoint <- min(which(route == i),length(route)+1)-1
37         # truncate the distribution
38         payoffDistr <- pdfD[1:cutPoint]/sum(pdfD[1:cutPoint])
39         L <- rep(0, length(V))
40         L[route[1:cutPoint]] <- payoffDistr
41       }
42       else { # otherwise, the adversary doesn't move
43         L <- c(1, rep(0, length(V)-1))
44       }
45       # update the mix over all adversary types
46       U <- U + Theta[type] * L
47     }
48     # construct the loss distribution
49     ld <- lossDistribution(U, discrete=TRUE, dataType="pdf",
         supp=range(V), smoothing="always", bw = 0.2)
50     payoffMatrix <- append(payoffMatrix, list(ld))
51   }
52 }
53 # construct and solve the game
54 G <- mosg(n,m,1,losses = payoffMatrix, byrow = TRUE)
55 eq <- mgss(G)  # compute a multi-goal security strategy
56 print(eq)      # printout the equilibrium (optimal defense)
```

这个博弈存在一个纯策略 PBNE，它显示了防御者需要定期修补 2 号机的本地缓冲区溢出的潜在漏洞（最优纯策略是 local_bof(2)），而攻击者最好选择攻击路径 execute(0)→ftp_rhosts(0,2)→rsh(0,2)→local_bof(2)→full_access(2)。在直觉上看来，这并不令人惊讶，因为所有的攻击路径都在节点 local_bof(2)处相交，从而使得这个节点成为系统的“蜜点”，所以需要特别保护这个节点。如果对抽检的可能性做进一步限制，即改变了防御者的行动空间，就会出现其他（也是混合）均衡。

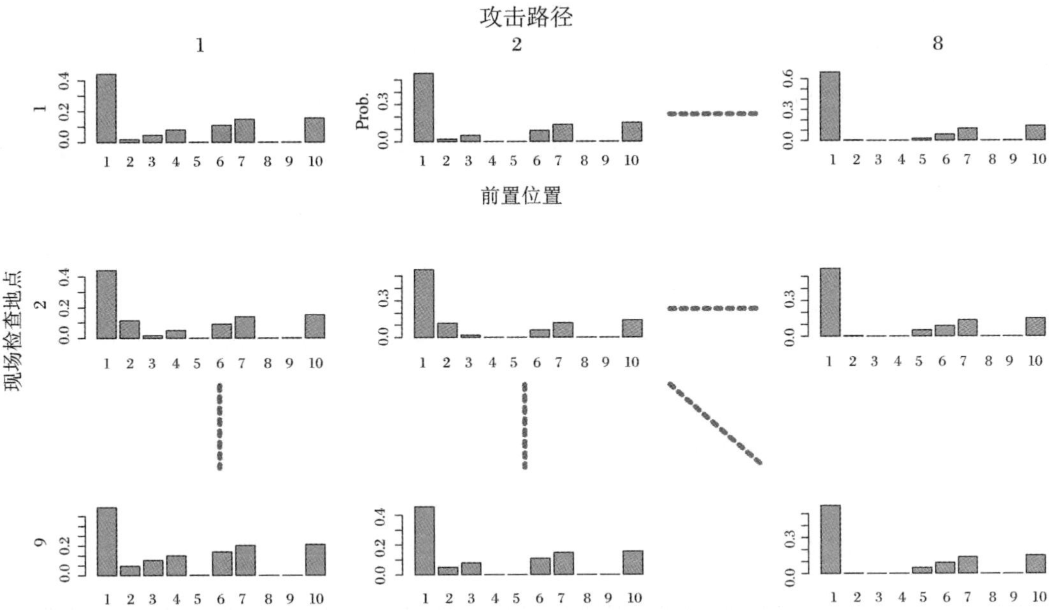


**图 12.9 Cut-The-Rope 的博弈矩阵的例子**

从分析上看，可以证明最佳的防御是“守住”最小割集中的节点，在图论理论上，这个集合的节点是最接近要保护的资产的最小割集。换言之，用一个民间谚语作比喻，如果你很了解你的朋友，那么 Cut-The-Rope 的建议就是“一定要更加了解你的敌人”①。从本质上讲，防御者最应该关注的区域是可以计算出来的，即从 $v_0$ 沿着所有的攻击路径向外走，从而确定朝向 $v_0$ 方向的所有攻击路径的割集节点，并对这些节点进行检查，从而达到保护的目的。

我们将在后面的章节中介绍进一步使用该软件包的例子。

## 12.5 均衡博弈中的代价

混合均衡规定在每一轮博弈中都要对行动有所改变。这可能是最优的，但不一定是可行的。考虑下面的例子：

---

① 译者注：此处的谚语是“Keep your friends close and keep your enemies closer”，字面意思是“亲近你的朋友，但更要亲近你的敌人”，是“比了解你的朋友更多了解你的敌人”的意思，与“知己知彼百战不殆”同理。

**例 12.3**(建筑物内的巡逻) 假设有一幢 10 层楼高的建筑物，一名警卫循环检查每个楼层。此外，假设房间的布局是这样的：大楼中比较"敏感"的部分集中在某些楼层，而其他楼层可能或多或少是对公众开放的。然后，我们可以计算出警卫的最佳工作模式，即对各楼层进行随机检查，以便最大限度地提高抓到入侵者的机会。任何这样的混合均衡或安全策略 $x^* = (p_1, \cdots, p_{10})$，可以通过对 $p_1, \cdots, p_{10}$ 进行实数值近似来实现，并定义一个循环检查楼层的固定序列 $(f_1, f_2, \cdots, f_m) \in \{1, \cdots, 10\}^m$ 使得检查楼层 $f_i$ 的次数等于(或至少接近于)均衡所规定的检查这个楼层的频率 $p_i$。通过重复这个巡逻计划，保安最终执行了上面的混合均衡策略而达到最优。

我们可以进一步约束在上面得到的循环检查模式：按照相邻顺序列出所有的楼层，以使巡逻有效，这意味着我们让警卫在巡逻时，是从一个楼层 $f_k$ 进入到下一个楼层 $f_{k+1}$，$f_{k+1}$ 是在当前楼层 $f_k$ 正上方或正下方的楼层。虽然这对警卫来说很方便，但一旦对手知道了均衡所规定的警卫巡逻时间表和路线，入侵是很容易的。

因此，实施均衡的正确方式实际上是在每一层楼进行随机抽查，以尽量减少入侵者对警卫位置的预见性。然而，这意味着警卫需要不时地从 1 楼上到 8 楼，然后回到 2 楼，再上到 10 楼，如此反复。像这样巡逻所实现的均衡仍然是最优的，并实现了预期的防御，但对警卫来说显然是不方便的。最终，这个人的行动就会偏离均衡，只是为了让日常工作变得轻松。这已经算得上是有界理性了，虽然它背后的考虑完全说得通。

众所周知，繁琐的安全问题会激励用户找到创造性的变通方法。这方面的例子包括：因为证书过期，我们无法及时获得新的证书，所以在没有加密的情况下发送电子邮件；因为在线云存储拒绝登录(尽管只是因为密码中的一个未被注意的错误)，所以就将敏感信息存储在私人拥有的 U 盘中。

过于简单的博弈论模型也呈现出同样的危险，除非我们把参与者改变当前行为的代价显式地包含到博弈模型中。① 直观地说，我们可以通过假设防御者也在"与自己作对"来说明这种成本，也就是说，改变每个防御行动都需要一些投资。换言之，在现有的效用结构中，我们增加另一个损失函数 $s: AS_1 \times AS_1 \to \mathbf{R}$，它的值 $s(a, b)$ 衡量参与者 1 从当前行动 $a \in AS_1$ 切换到另一个行动 $b \in AS_1$ 时所需要的努力(在实际上是损失)。通常，我们会令 $s(a, a) = 0$，因为在两轮之间不改变行动，不需要任何成本。

这个函数是要被最小化的，并且可以把它作为博弈的进一步目标。如果策略空间是有限的，那么函数 $s$ 就可以规范化为一个矩阵 $S$。当 $x$ 是一个混合策略时，从一个策略转

---

① 译者注：原文"unless the efforts ... is not included in the game model"应为笔误，根据上下文应该是"unless the efforts ... is included in the game model"。

换到下一个策略的损失就可以从 $x^{\mathrm{T}} \cdot S \cdot x$ 计算得出(注意,这与普通矩阵博弈的形式几乎相同,只是参与者 1 现在成为了自己的对手)。对于具有收益结构为 $A$ 的有限双人矩阵博弈,当参与者 1 选择 $x$,参与者 2 选择 $y$ 时,其收益是双线性形式 $x^{\mathrm{T}} \cdot A \cdot y$。同样,如果参与者 1 是"自己的对手",我们的直觉是其收益为二次型的形式 $x^{\mathrm{T}} \cdot S \cdot x$。而这一直觉确实是可以证明的,因为它直接来自于回合随机独立性的总概率法则(证明见文献[25,34])。

我们在博弈中加入了一个因改变行动而导致的转换成本的次要目标,解决这个问题只是一个简单的标量化问题,我们把一个二次项加入式(12.1)的条件中,作为 $\alpha \in (0,1)$ 的加权,从而标量化 MOG,就得到如下的问题:

$$\left.\begin{aligned}
& v \to \min \\
\text{s.t.}\quad & v \leqslant \alpha \cdot x^{\mathrm{T}} S x + (1-\alpha) x^{\mathrm{T}} A e_i, \quad \forall i = 1, \cdots, m \\
& \sum_{j=1}^{n} x_j = 1 \\
& x_j \geqslant 0, \quad \forall i = 1, \cdots, n
\end{aligned}\right\} \tag{12.6}$$

上述式(12.6)中的 $\alpha$ 的选择是值得讨论和在实际中注意的:$\alpha = 0$ 或 $\alpha = 1$ 这两个极端的选择都是没有意义的,因为 $\alpha = 0$ 让式(12.6)成为原始的线性优化问题(12.1),所以对模型的扩展就失效了。相反,$\alpha = 1$ 使问题忽略了博弈的常规收益,而将所有的焦点都放在了行动切换上。然而,如果 $s(a,a) = 0$,或者等价地,矩阵 $S$ 在对角线上的元素全部为零,这样就会使所有的纯策略变成均衡。

**注 12.3** 对式(12.6)的推导过程并不依赖于 $s(a,a) = 0, \forall a \in AS_1$ 的假设。因此,如果一个防御者在下一回合继续使用相同策略,我们可以为它定义一个惩罚 $s(a,a) = s_a$。例如,这可以作为一个模型来明确激励参与者改变其行动。

我们在选择 $\alpha$ 的时候,应该使 $x^{\mathrm{T}} \cdot A \cdot y$ 和 $x^{\mathrm{T}} \cdot S \cdot x$ 这两个标量化效用之间的变化大致相同:如果 $x$ 或 $y$ 的微小变化都会因为 $A$ 的设置而引起效用(即 $x^{\mathrm{T}} \cdot A \cdot y$)的巨大变化,这种变化可能会超过第二个项(即 $x^{\mathrm{T}} \cdot S \cdot x$)所带来的收益。在这种情况下,产生的均衡与没有行动转换成本的均衡没有太大区别。同样地,如果二次项的变化在很大程度上是相对于效用 $x^{\mathrm{T}} \cdot A \cdot y$ 的变化而言的,那么这个模型就会过度关注行动转换成本,我们就会遭受相当大的效用损失。很容易通过例子观察到这种影响。请注意,矩阵 $S$ 一般不是对称矩阵,因此不是正定的(例 12.3 就是这种情况)。在选择适当的非线性优化算法时,需要记住这一点(因为有些方法可能依赖于矩阵 $S$ 的这些特性)。

**例 12.4**[25] 假设收益矩阵 $A$ 和转换成本矩阵 $S$ 如下:

$$A = \begin{pmatrix} 4 & 8 & 6 \\ 9 & 3 & 8 \\ 7 & 6 & 3 \end{pmatrix}, \quad S = \begin{pmatrix} 0 & 1 & 1 \\ 2 & 0 & 1 \\ 1 & 3 & 0 \end{pmatrix}$$

令 $u_1(x,y)=x^T\cdot A\cdot y$ 为收益函数，令 $u_{switch}=x^T\cdot S\cdot x$ 为参与者 1 在混合策略 $x$ 下改变行动的成本。

以通常的方式来分析博弈，例如，通过让 $\alpha=0$ 来求解式(12.6)就“停用”了转换成本矩阵 $S$，我们得到均衡策略 $x_0^*\approx(0.511,0.311,0.178)$下的 $v_0=\text{val}(A)\approx6.0889$。

令 $\alpha=0.5$，这相当于博弈收益（损失）和转换成本具有同等优先权，然后求解式(12.6)。在新的均衡 $x_0^*\approx(0.2,0,0.8)$下，我们得到 $v\approx3.36$。将 $v$ 翻倍以抵消两个目标的相等权重 $\alpha=1/2$，得到博弈的总成本为 $2\cdot v=u_1(x^*,y^*)+u_{switch}(x^*,y^*)\approx6.72$。自然，这个损失比没有转换成本的传统博弈要高，那让我们看看这两个均衡的博弈成本如何：

$$(x_0^*)^T Sx_0^*\approx0.88,\quad (x^*)^T Sx^*\approx0.32$$

然而，0.88 的成本必须加上损失 $v_0=6.0889$，使总回报变为 $v_0+0.88\approx6.9689$。所以，忽略转换成本是有额外代价的，与“更知情”的方法相比是次优的。这就解释了为什么考虑行动转换成本是值得的。

现在，考虑稍微不同的回报结构

$$A=\begin{pmatrix}4&9&7\\8&3&6\\6&8&3\end{pmatrix}$$

$S$ 和之前的转换成本矩阵 $S$ 相同。

在不考虑转换成本的情况下，我们得到 $v_0=\text{val}(A)\approx6.0889$，在均衡 $x_0^*\approx(0.422,0.467,0.111)$情况下的成本为$(x^*)^T Sx^*\approx0.892346$。在考虑转换成本的情况下，$v\approx3.69388$，其成本为$(x^*)^T Sx^*\approx0.816326$(更便宜，如预期)，但总的来说成本更高了：我们有 $2\cdot v\approx7.38776$，而不是 $v_0+0.986173\approx6.98123$。在这种情况下，偏离 $x_0^*$ 所带来的额外成本，要比遵循更便宜的均衡 $x^*$ 所减少的成本高。这是帕累托-纳什均衡权衡(Pareto-Nash Equilibrium Tradeoff)的内在原因，由于 $S$ 中的低成本值而变得有效。如果这些成本会增加，例如，如果我们用 $2\cdot S$ 重新进行计算，那么成本优化下的均衡又变得有利可图。这意味着，当行动转换成本是一个问题时，$S$ 所模拟的转换成本的大小，应该与 MOG 中其他目标的大小之间存在合理的联系，才能使得这样的模型有意义。

因此，对参数 $\alpha$ 的微调，不是在两个目标（效用与转换成本）之间指定优先次序的问题，而是必须通过对 $\alpha$ 的几个试验值求解式(12.6)，并寻找一个能实现合理效用的均衡。加入转换成本 $S=(s_{ij})$后带来的成本节省，不应该全部被调整后的行为（偏离没有 $S$ 的原始均衡）带来的效用损失所抵消。对于 $\alpha$ 的初始值而言，令 $\alpha:=1/\max_{ij}\{|s_{ij}|\}$可能是

一个实用的初始值,可以在这个基础上对模型进行(在任何情况下都是必要的)微调。

## 12.6 对不确定性的充分利用

也许乍看之下出乎意料,但不确定性不是只会造成困难,而事实上,在实际情况中,也会对我们有所帮助。下面几小节将考虑使用两种方法把建模中的不确定性变成可利用的优势。首先,不确定性的第一个积极用途是从经验数据构建的收益模型中带来平滑效应。其中一个有帮助的例子是第 7 章中的失望率。在一个博弈回合中“被失望”的概率是一个目标函数,而经典博弈(即那些在 R 上的博弈)不能处理这样的目标函数,但值为分布形式的博弈可以不费吹灰之力就做到这一点。我们在 12.6.1 小节中来说明这一点。

不确定性的第二个积极用途在于对零日漏洞的内在解释,这可以被看作我们建模中不确定性的最坏情况。意外的攻击,等价于对攻击者行动空间的不准确假设,可以通过在收益函数中增加数据的不确定性来解决。我们将在 12.6.2 小节中讨论这个问题。

### 12.6.1 将失望纳入有限博弈中

现在我们介绍如何在通用博弈中处理失望率,在 7.4 节中没有深入讨论过这个问题。在下文中,我们将描述一个通用的步骤,将失望率纳入任何收益率为分布形式的博弈中。假设我们使用 R[22] 和 HyRiM 软件包[23],并且构建了一个值为分布形式的博弈,它以一个对象 G 的形式存在于我们的 R 工作空间中。那么,将失望纳入这个博弈中,需要采取以下步骤:

(1) 对于博弈的收益矩阵 $A=(\boldsymbol{F}_{ij})_{i,j=1}^{n;m}$ 中的每一个分布 $\boldsymbol{F}_{ij}$,都用它的期望值来代替,从而恢复一个实数值上的博弈。这可以通过调用 mean 函数来得到,调用这个函数使用的参数是对象 $G$ 里收益列表中的所有条目,就如清单 12.3 第 3 行所做的那样。

(2) 同样地,计算博弈中所有分布 $\boldsymbol{F}_{ij}$ 的失望率,即 $\boldsymbol{F}_{ij}$ 在区间 $[E(X),\infty)$ 内分配到的概率质量。函数 disappointmentRate 调用 loss-Distribution 对象时就完成了这一工作;见清单 12.3 第 6 行。

(3) 把通过上述步骤构建的失望率列表作为第二个目标加入博弈里(清单 12.3 第 9 行),并使用与 12.4.3 小节部分相同的方法进行求解。

**注 12.4** 请注意,这种技术自然地对值是分布形式的博弈做变换,得到相应的实值博弈,如果我们想摆脱失望率函数不连续性的问题,就不得不采用类似这样的做法。事实上,这样做的直观原因是,与其他情况相比,对收益是分布的形式而非数值形式的博弈进行建模，与建模为实值效用的博弈相比，前者为博弈增加了更多的信息。就是这些与分布尾部有关的额外信息，被清单 12.3 汇编成了失望率，用作博弈里面的第二个目标。直接定义实值效用是无法得到这些信息的。

**清单 12.3 带有失望率的均衡分析**

```
payoffs <- G[,,1]$losses # get the losses for the first goal
# boil down all the loss distributions to their means
expectations <- unlist(lapply(payoffs, mean))
# compute the disappointment probability for each distribution
# using the HyRiM::disappointmentRate function
disapp_rate <- unlist(lapply(payoffs, disappointmentRate))
# put the two new goals together in a fresh game
gameWithDisappointment <- c(expectations, disapp_rate)
G2 <- mosg(n=G$nDefenses,
  m=G$nAttacks,
  losses=gameWithDisappointment,
  goals=2, # only the original goal + disappointment
  goalDescriptions=c("mean damage", "disappointment rate"),
  defensesDescr = G$defensesDescriptions,
  attacksDescr = G$attacksDescriptions)
  # our choice of alpha_1 = 0.1, alpha_2 = 0.9
  # in the scalarization, is *arbitrary* and only
  # for the example to roughly equalize the goal's
  # magnitudes (for more meaningful results)
  eq <- mgss(G2,weights=c(0.1,0.9))
  print(eq)
```

**例 12.5**（带失望的割绳博弈） 我们继续分析前面的 Cut-The-Rope 的例子。清单 12.3 把失望加入了博弈模型中。最后一行代码 print(eq)输出了以下的均衡：

```
equilibrium for multiobjective security game (MOSG)
    optimal defense strategy:
      prob.
    1 0.511
    2 0.000
    3 0.107
```

```
4 0.000
5 0.000
6 0.382
7 0.000
8 0.000
9 0.000

worst case attack strategies per goal:
  mean damage disappointment rate
1   0.00000000.583416583
2   0.00000000.000000000
3   0.35264740.000000000
4   0.00000000.002997003
5   0.00000000.000000000
6   0.00000000.000000000
7   0.64735260.413586414
8   0.00000000.000000000
```

由于这是一个 MGSS，防御者可以通过采取最佳防御策略里的行动，得到平均损失 $v_1 = d^* \cdot A_1 \cdot a_1^*$ 和平均失望率 $v_2 = d^* \cdot A_2 \cdot a_2^*$，其中 $d^*$ 是上面计算的最佳防御，$a_1^*, a_2^*$ 是对应于每个目标在最坏情况下的攻击策略。矩阵 $A_1, A_2$ 是清单 12.3 中的变量 expectations 和 disapp_rate。我们在 R 中很容易通过如下命令得到这些矩阵：

```
A1 <- matrix(expectations, nrow = G $ nDefenses, ncol = 8, byrow = TRUE)
A2 <- matrix(disapp_rate, nrow = G $ nDefenses, ncol = 8, byrow = TRUE)
```

基于这些，我们可以直接使用上述双线性函数进行求值（并通过应用 as.numeric 将产生的 1×1 矩阵强制转化为一个数值），以获得博弈 G2 的损失和失望，它们分别是

```
> as.numeric(t(eq $ optimalDefense)
      % * % A1 % * % eq $ optimalAttacks[,1])
[1] 3.914974
> as.numeric(t(eq $ optimalDefense)
      % * % A2 % * % eq $ optimalAttacks[,2])
[1] 0.4290704
```

现在，为了能看到失望对博弈模型的影响，让我们构建另一个具有相同回报的博弈，

但没有失望率。我们称这个博弈为 G3，计算其均衡如下：

```
G3 <- mosg(n = G $ nDefenses,
           m = G $ nAttacks,
           losses = expections,
           goals = 1, # only the goal (no disappointment)
           goalDescriptions = c("mean damage"),
           defenseDescr = G $ defensesDescriptions,
           attacksDescr = G $ attacksDescriptions)
eq_without_disap <- mgss(G3)
```

请注意，把失望排除在博弈之外，攻击者就能够找到另一种策略，通过这种策略，尽管它可能造成较少的平均损害，但仍有可能造成比防御者预期更大的损害。让对手仍然按照前一个博弈 G2 中的均衡 eq 进行博弈，我们可以确认这种效果：

```
> as.numeric(
      t(eq_without_disap $ optimalDefense)
      % * % A1 % * % eq $ optimalAttacks[,1])
[1] 3.892734
> as.numeric(
      t(eq_without_disap $ optimalDefense)
      % * % A2 % * % eq $ optimalAttacks[,2])
[1] 0.4314893
```

正如我们所看到的，不考虑失望的情况下，平均损害是 3.892734，这比之前计算的 3.914974 要少。然而，这个看上去的改进，随之而来的是防御者现在有更高的机会遭受大于 3.892734 的损害，其可能性≈43.15%，而“更安全”的防御只有≈42.91%的机会超过期望值。

在例 12.5 的结尾处，我们可以看到，权衡是采用标量化方法解决多目标博弈问题时所遇到的内在问题，当我们选择任何一种分析博弈的方式时，获得的收益大小也取决于我们对 $\alpha$ 的选择(在本例的分析中，我们选择了 $\alpha = 0.1$，但其他数值也同样可以，只是带来的结果不同)。底线是，在博弈中加入失望率是可能的，也是容易的——清单 12.3 实际上并不针对任何博弈，一般同样适用于任何其他博弈——然而需要对博弈进行手工微调和一些试验来获得实际可行的(最佳)防御策略。

知道预期的损失有多大是很重要的，这可以让我们知道需要购买多少保险。同样，知道失望的可能性有多大，就意味着要做好如下的准备，即保险覆盖之后剩余的额外损失也要靠我们自己来承担。我们可以通过将保险价值设定为期望值的一个比例来处理这个问题，例如，我们可以购买期望值的120%的保险，以弥补我们在现实中实际承担损失的20%的超额部分(或任何其他更大的数额)。

## 12.6.2 零日漏洞的风险

零日漏洞的特点是，当它们在一个系统中被利用时，安全人员对它们却一无所知。从防御者的角度来看，将漏洞被披露的日期算作零日，漏洞发生在同一天，因此被称为"零日漏洞"。实际上，零日漏洞能够造成巨大的损害，仅仅因为它们存在于人们的预期之外。

### 12.6.2.1 对零日漏洞的事后缓解措施

在博弈论模型中，零日漏洞将表现为攻击者采取策略 $z \notin AS_2$，而 $AS_2$ 是防御者预期的对手行动集。换句话说，对手会采取一些出乎意料的行动，这很可能会击败参与者1可能采取的所有防御策略。让我们回到11.2节的通信博弈来说明这一点。

**例12.6**(多路径通信博弈的零日攻击) 让我们重新考虑11.2.1小节中的多路径通信博弈。假设传输使用的是 $AS_1 = \{\pi_1, \pi_2, \pi_3\}$ 中的一条路径，并且攻击者获胜当且仅当以下情况发生：攻击者通过窃听 $A = \{\{v_1\}, \{v_2\}, \{v_3\}\}$ 中的任何节点，恰好截获了这条路径防御者选择的路径。由此产生的报酬矩阵实际上是一个普通的对角矩阵博弈，其形式为

| $A$ | $v_1$ | $v_2$ | $v_3$ |
|---|---|---|---|
| $\pi_1$ | 0 | 1 | 1 |
| $\pi_2$ | 1 | 0 | 1 |
| $\pi_3$ | 1 | 1 | 0 |

如果我们错误地把阈值设置得太低，或者错误地评估了对手结构 $A$，就可能导致出现对手的支配性策略。在这两种情况下，就可能会出现一个优于其他所有策略的"零日漏洞"列 $ZD$。这个新的列对应于一个破坏性的策略，根据定理11.2，它使整个传输变得不再安全：

| $A \mid ZD$ | $v_1$ | $v_2$ | $v_3$ | $ZD$ |
|---|---|---|---|---|
| $\pi_1$ | 0 | 1 | 1 | 0 |
| $\pi_2$ | 1 | 0 | 1 | 0 |
| $\pi_3$ | 1 | 1 | 0 | 0 |

其鞍点值为 $v = \mathrm{val}(A \mid ZD) = 0$。因此，$1 - v = \rho(A \mid ZD) = 1$，根据定理 11.2，系统中不再存在安全通信。

在观察上述的被支配策略时，我们有必要知道，并非在所有情况下都要减缓攻击造成的损害，而是只在一种情况下解决这个问题就足够了。也就是说，下述定理成立：

**定理 12.1**[27] 取一个实数 $M>0$，让 $A \in [0, M]^{n\times m}$ 是一个博弈矩阵，其值 $\mathrm{val}(A)>0$。对矩阵 $A$ 进行扩展，为对手增加一列 $c$，扩展后的矩阵记为 $(A \mid c)$，$c$ 不支配 $A$ 中的所有列，那么 $\mathrm{val}(A \mid c)>0$。

我们下面沿用例 12.6 来说明定理 12.1 的应用。

**例 12.7**(缓解对手的获胜策略) 假设防御者仅在第 1 条路径上成功地修补(或以其他方式避免)了零日漏洞，将其变为一个更新后的策略 $\pi_1'$。那么，新的博弈矩阵，包括以前的零日漏洞策略 $ZD$，就变成了

| $A \mid ZD$ | $v_1$ | $v_2$ | $v_3$ | $ZD$ |
|---|---|---|---|---|
| $\pi_1$ | 0 | 1 | 1 | 1 |
| $\pi_2$ | 1 | 0 | 1 | 0 |
| $\pi_3$ | 1 | 1 | 0 | 0 |

现在它的鞍点值为 $v = \mathrm{val}(A \mid ZD) = 1/2$，这样，根据定理 11.2，在网络中进行任意安全消息通信(ASMT)的可能性就完全恢复了。

从例 12.6 和 12.7 中得到的教训是，即使发现了一个出乎意料的强大攻击，我们可能也不需要在所有情况下都降低风险，而是只需要在所有情况下避免成为攻击的受害者。在实践中，后者可能是一个更容易实现的目标。

#### 12.6.2.2 零日风险的启发式建模

考虑如下的场景：我们有一个关于进攻方可能采取的行动的假设，其行动集合表示为 $AS_2 = \{a_1, a_2, \cdots\}$，在某些情况下，这个集合至少是一个紧凑集合。假设我们根据防御者在其行动集 $AS_1$ 上所能做的一切，为这些行动集中的每一个行动都分配了损失。也就是说，对所有防御方的行动 $d_i \in AS_1$，我们要么预计损失值 $u(d_i, a_j)$，要么对行动 $a_i \in AS_2$ 发生的事件分配了损失。

现在，假设损失没有被设定为具体的数字，而从经验数据中汇编而成，例如，专家民意调查(例如，通过使用文本调查问卷，或像图 12.1 中的图形)、大数据、经验或其他来源。这导致的问题是，对每个行动 $a \in AS_2$ 的损失的估计是不确定的，这可能意味着以下的各种情况：

- 在不同来源的数据集上，对行动的评估可能是不一致的和非共识的。也就是说，

给定行动 $a\in AS_2$，几个专家可能对在 $a$ 下会发生什么事情有不同的意见。

- 对行动的评估是有一些准确性的度量标准的，例如，置信区间，或一些主观评价，如专家对某事件 $a\in AS_2$ 下预期损失的“确信程度”。

由于这种建模方法是一种数据科学的方法，在接下来的讨论中，我们将使用 R，并将通过使用 HyRiM 软件包来说明相应的步骤。这个环境为我们提供了所需要的一切便利。

当从经验数据中构建收益分布时，非参数损失分布是可以通过核密度估计来构建的，我们需要一组观测值 $x_1,\cdots,x_N$，并构建一个经验分布函数作为总和：

$$f(x):=\sum_{i=1}^{N}\frac{1}{h\cdot N}k\left(\frac{x-x_i}{h}\right) \tag{12.7}$$

使用核函数 $k$，需要满足 $k(x)\geqslant 0,\forall x$ 和 $\int_{\mathbf{R}}k(t)\mathrm{d}t=1$。参数 $h$ 是带宽参数，可以被解释为对数据不确定性的度量。在 R 语言中，通过调用 density 这个函数，可以直接根据观测结果构建 $f$。

**注 12.5**(处理带宽参数 $h$)　为了保证核密度估计值收敛到一个未知分布，$h$ 值依赖 $n$，并且需要在 $n$ 趋于无穷大时归于零。正确地选择 $h$ 是构建一个好的核密度估计的“艺术”，但实际上，许多系统化和启发式的方法都可为数据科学家所用。我们不会太担心如何选择这个值，因为我们实际使用式(12.7)的方式将自动地调用这些启发式的方法。在 R 语言中，最简单的方式是通过调用函数 nrd0，但是许多其他软件包，例如文献[20,35]，提供了更多更复杂的技术。

在实践中，一个常用的选择是将 $k$ 作为标准高斯分布的密度。这种选择还有一个有吸引力的地方，就是将产生的核密度 $f$ 放入 $C^\infty(\mathbf{R})$ 中，这样定理 3.1 就适用于核密度上的 $\preceq$ 比较。HyRiM 软件包[23]就是利用了这一点。在离散的情况下，类似的平滑方法也可以用在合适的离散分布上(例如，高斯密度的离散版本)。

由于我们要对安全问题进行决策，下一步就是对核密度进行随机排序，这样我们就可以设置并解决相应的决策问题或博弈问题。

上述的收益为分布形式的非参数模型，有一个重要结论，就是它们的支持集延伸到整个 $\mathbf{R}$(或在离散情况下，延伸到整个 $\mathbf{N}$)集合，但为了计算均衡，我们需要在最大的相关损失 $b>1$ 或一些最大的损失类别 $c_1$ 的位置做截断，以便对这些分布进行 $\preceq$ 排序，这等价于前面章节介绍的展望的概念。图 6.2(a)介绍了影响类别，在描述最大影响类别时，这个表格提供了如何选择 $b$ 的值的例子。一般来说，$b$ 的值表示最大的损失，超过这个值就没有必要再区分类别了。作为一个极端的例子，一个小型的创业公司不会为负债是 100 万还是 1000 万而烦恼，因为在这两种情况下公司都同样会破产。

如果我们使用高斯核函数(连续或离散的版本)，那么，对于落在 $Z=(b,\infty)$ 这个范围内的观察值 $x_1,\cdots,x_N$ 来说，损失密度函数将对它们的损失可能性赋予正值。用户在计算多目标安全策略时，可以自由选择 $b$ 的值，通过调用如下函数求解零和均衡：

```
> mgss(G, cutOff = b)
```

区域 $Z$ 是从未被观察到的损失的范围。然而，如果我们把零日事件解释为出乎意料但非常强大的攻击，造成超出预期的损失，那这个区域正是零日漏洞事件的所在地；正式地说，就是损失大于我们所选择的风险接受阈值 $b$。然而，根据我们的构造，在非参数损失密度模型(12.7)下，在 $Z$ 中的损失事件在 $AS_1\times AS_2$ 的每个场景中都有正的可能性发生。

图 12.10 说明了这个效果：分配给 $Z$ 区域的质量，是由于零日漏洞的风险累积起来、呈现在损失分布的尾部，由此产生的对这些零日漏洞风险的启发式概率估计。具体而言，图 12.10(a)就描述了这样的一个损失分布，其质量放在“零日区域”$Z$ 上的阴影为灰色。它有两个吸引人的特性：

(1) 我们能得到越多的预期损失的数据，零日漏洞的风险就越大。例如，越多的专家提供的损失评估落在较大的损失区间，那么博弈中假定的零日漏洞的概率就越大，见图 12.10(b)。

(2) 如果数据的不确定性变大，那么位于 $Z$ 区域范围内的质量也会增加，见图 12.10(c)。

实际上，人们通常不需要重复实现给出的非参数密度的数学构造，因为这个公式是统计学中的标准工具。在 R 中，我们可以简单地使用 HyRiM 软件包中的 lossDistribution 函数，该函数提供数据和用带宽参数 bw 来表达的不确定性 $h$，从一组观测数据集 observations 来构造一个损失分布，只需要如下的一条命令就可以：

```
> ld <- lossDistribution(
            dat = observations,
            smoothing = "always"
            bw = h)
```

这里使用了带宽值 $h$ 来表达不确定性。如果省略了带宽值这个参数，lossDistribution 会在内部调用一个启发式的规则来为 $h$ 挑选一个合适的值。回到对零日风险的控制上，如果我们设置更大的 $h$ 的值，并且/或者在损失区间的上限附近，增加了更多的观测值，那么，我们所假定的零日风险将也会相应地增加。调用参数 smoothing = "always" 告诉函数必须显式地使用参数中提供的不确定性参数 $h$，否则，

lossDistribution 将按照默认的处理方式，对数据不做修改，并“原封不动”地保留原有数据。

如果我们通过调用 lossDistribution 函数，为一个给定场景构建了损失分布，这个分布是存在于 R 工作空间中的一个对象 *ld*，那么，我们就可以得到假定的零日漏洞的概率，相当于 *ld* 处于 Z 这个区间上的质量，即对于 $X\sim ld$，有 $P(X>b)=1-F_X(b)$。它的值可以通过以下调用获得：

```
> 1 - cdf(ld, x = b)
```

其中，cdf 函数计算的是损失分布 *ld* 在 *x* 处的累积分布函数的值。

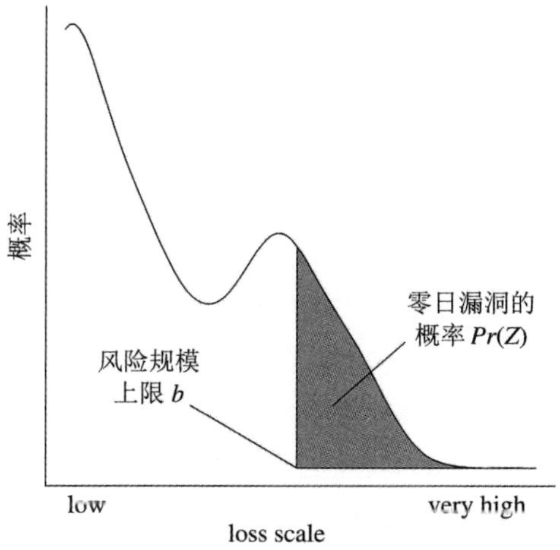


(a) 收益分布中的零日漏洞风险

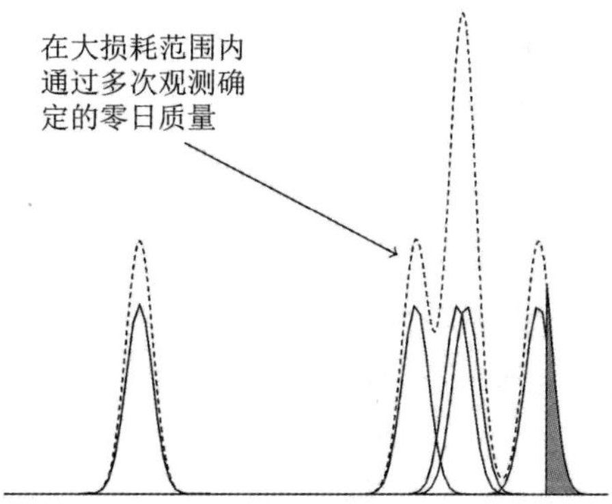


(b) 有很多悲观的观测数据的情况

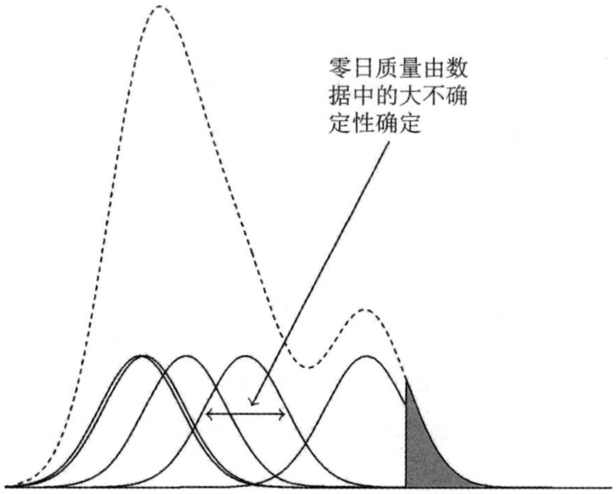


(c) 有很多不确定性的观测数据的情况

**图 12.10 收益分布中隐含启发式所包含的零日风险**

由于使用观测值数据和调用 lossDistribution 函数的方式来构建损失分布在实际中总是行得通的，因此，在这个过程中，除了我们要选择带宽参数和收集观测数据以外，在博弈中考虑零日漏洞的风险，其实并没有给我们带来额外的负担。然而，除此之外，我们的建模过程会自动为零日漏洞分配一个启发式的风险范围区间，其确切的区间范围取决于数据的不确定性。这个功能被“自动”地实现了。

我们设计的博弈是为了寻找最优行为，以便能够对较高损失的可能性进行最小化，这种情况下，零日漏洞的可能性也会自动保持在较低水平，因为$\preceq$-最佳决策尽可能地把所有损失分布的质量朝最低损失的区间进行转移。所以，在实践中，我们可以把更多悲观的观测数据填加到用来构建损失分布的数据集里，来调整我们对零日漏洞的建模。这样的话，所构建出来的损失分布，就会自动地按照我们希望的方式把极端事件纳入考虑范围。

## 参考文献


[1] GNU Octave (2019). https://www.gnu.org/software/octave/

[2] Berger U (2005) Fictitious play in 2×n games. J Econ Theory 120(2):139-154. https://doi.org/10.1016/j.jet.2004.02.003. https://linkinghub.elsevier.com/retrieve/pii/S0022053104000626

[3] Blavatskyy PR (2010) Reverse common ratio effect. J Risk Uncertain 40(3):219-241. https://doi.org/10.1007/s11166-010-9093-x

[4] Brandt F, Fischer F, Harrenstein P (2010) On the rate of convergence of fictitious play. In: Kontogiannis S, Koutsoupias E, Spirakis P (eds) Algorithmic game theory. Lecture notes in computer science, vol 6386. Springer, Berlin/Heidelberg, pp 102-113. https://doi.org/10.1007/ 978-3-642-16170-4_10

[5] Brenton K, Signorino CS (2014) Estimating extensive form games in R. J Stat Softw 56(8):1-27. http://www.jstatsoft.org/v56/i08/

[6] Cano-Berlanga S, Gimenez-Gomez JM, Vilella C (2015) Enjoying cooperative games: the R package gametheory. Working paper no 06; CREIP

[7] Carvalho A, Larson KA (2013) Consensual linear opinion pool. In: IJCAI '13. AAAI Press, pp 2518-2524

[8] Dietrich F, List C (2017) Probabilistic opinion pooling generalized. Part one: general agendas. Soc Choice Welf 48(4):747-786. https://doi.org/10.1007/s00355-017-1034-z

[9] Field AP, Hole G (2003) How to design and report experiments. Sage Publications Ltd,

London/Thousand Oaks

[10] Goerlandt F, Reniers G (2016) On the assessment of uncertainty in risk diagrams. Saf Sci 84: 67-77. https://doi.org/10.1016/j.ssci.2015.12.001. https://linkinghub.elsevier.com/retrieve/pii/S0925753515003215

[11] Herath HSB, Herath TC (2011) Copula-based actuarial model for pricing cyber-insurance policies. Insur Markets Companies Anal Actuarial Comput 2(1):14

[12] Higgins JJ (2004) An introduction to modern nonparametric statistics. Brooks/Cole, Pacific Grove

[13] Hogg RV, Klugman SA (1984) Loss distributions. Wiley series in probability and mathematical statistics applied probability and statistics. Wiley, New York. https://doi.org/10.1002/9780470316634

[14] Inc., W. R (2019) Mathematica, Version 12.0. https://www.wolfram.com/mathematica. Champaign

[15] Klugman SA, Panjer HH, Willmot GE (1998) Loss models. A Wiley-Interscience publication. Wiley, New York. https://onlinelibrary.wiley.com/doi/book/10.1002/9780470391341

[16] Mainik G, Rüschendorf L (2013) Ordering of multivariate risk models with respect to extreme portfolio losses. In: Rüschendorf L (ed) Mathematical risk analysis. Dependence, risk bounds, optimal allocations and portfolios. Springer series in operations research and financial engineering, pp 353-383. Springer, Berlin/Heidelberg. https://doi.org/10.1007/978-3-642-33590-7_14

[17] MathWorks (2019) MATLAB - the language of technical Computing. https://www.mathworks.com/products/matlab.html

[18] McKelvey RD, McLennan AM, Turocy TL (2007) Gambit: software tools for game theory, version 0.2007.12.04. http://www.gambit-project.org

[19] Monderer D (1996) Fictitious play property for games with identical interests. J Econ Theory 68:258-265. http://linkinghub.elsevier.com/retrieve/pii/S0022053196900149

[20] Moss J, Tveten M (2019) kdensity: kernel density estimation with parametric starts and asymmetric kernels. https://CRAN.R-project.org/package=kdensity. Pack. ver. 1.0.1

[21] Nachbar JH (1990) "Evolutionary" selection dynamics in games: convergence and limit properties. Int J Game Theory 19(1):59-89. http://link.springer.com/10.1007/BF01753708

[22] R Core Team (2018) R: a language and environment for statistical computing. R foundation for statistical computing, Vienna. https://www.R-project.org/

[23] Rass S, König S, Alshawish A (2020) HyRiM: multicriteria risk management using zero-sum games with vector-valued payoffs that are probability distributions. https://cran.r-project.org/package=HyRiM. Version 1.0.5

[24] Rass S，König S，Schauer S (2017) Defending against advanced persistent threats using game theory. PLoS ONE 12(1)：e0168675. https://doi.org/10.1371/journal.pone.0168675

[25] Rass S，König S，Schauer S (2017) On the cost of game playing：how to control the expenses in mixed strategies. In：Decision and game theory for security. Springer，Cham，pp 494-505

[26] Rass S，Rainer B (2014) Numerical computation of multi-goal security strategies. In：Poovendran R，Saad W (eds) Decision and game theory for security. LNCS 8840. Springer，pp 118-133. https://doi.org/10.1007/978-3-319-12601-2_7

[27] Rass S，Schartner P (2011) Information-leakage in hybrid randomized protocols. In：Lopez J，Samarati P (eds) Proceedings of the international conference on security and cryptography (SECRYPT). SciTePress-Science and Technology Publications，pp 134-143

[28] Rass S，Schauer S (2019) Refining stochastic models of critical infrastructures by observation. In：Proceedings of the 56th ESReDA seminar，European atomic energy community，No JRC118427 in JRC Publications，pp 212-223. Publications Office of the European Union. https://ec. europa. eu/jrc/en/publication/critical-services-continuity-resilience-and-security-proceedings-56th-esreda-seminar

[29] Rass S，Schorn A，Skopik F (2019) Trust and distrust：on sense and nonsense in big data. In：Kosta E，Pierson J，Slamanig D，Fischer-Hübner S，Krenn S (eds) Privacy and identity management. Fairness，accountability，and transparency in the age of big data，vol 547. Springer International Publishing，Cham，pp 81-94. http://link.springer.com/10.1007/978-3-030-16744-8_6

[30] Robert CP (2001) The Bayesian choice. Springer，New York

[31] Robinson J (1951) An iterative method for solving a game. Ann Math 54：296-301

[32] Sela A (1999) Fictitious play in "one-against-all" multi-player games. Econ Theory 14：635-651. https://doi.org/10.1007/s001990050345

[33] Wachter J，Grafenauer T，Rass S (2017) Visual risk specification and aggregation. In：SECURWARE 2017：the eleventh international conference on emerging security information，systems and technologies. IARIA，pp 93-98

[34] Wachter J，Rass S，König S (2018) Security from the adversary's inertia-controlling convergence speed when playing mixed strategy equilibria. Games 9(3)：59. https://doi.org/10.3390/g9030059

[35] Wand M (2019) KernSmooth：functions for Kernel smoothing supporting Wand & Jones (1995). https://CRAN.R-project.org/package=KernSmooth. Pack. ver. 2.23-16

[36] Washburn A (2001) A new kind of fictitious play. Nav Res Logist 48(4)：270-280. http://doi.wiley.com/10.1002/nav.7

# 缩 略 语

| | | |
|---|---|---|
| APT | Advanced Persistent Threat | 高级持续性威胁 |
| ARA | Adversarial Risk Assessment | 对手风险评估 |
| ASMT | Arbitrarily Secure Message Transmission | 任意安全消息传输 |
| BSI | Federal Office for Information Security | 联邦信息安全办公室 |
| CI | Critical Infrastructure | 关键基础设施 |
| CPS | Cyber-Physical System | 网络物理系统 |
| CPT | Chinese Postman Tour | 中国邮递员问题 |
| CRAN | Comprehensive R Archive Network | 综合 R 档案网络 |
| CVSS | Common Vulnerability Scoring System | 通用漏洞评分系统 |
| DDoS | Distributed Denial of Service | 分布式拒绝服务攻击 |
| DH | Diffie-Hellman | 迪菲-赫尔曼秘钥交换 |
| DMS | Distribution Management System | 分布式管理系统 |
| DoS | Denial of Service | 拒绝服务攻击 |
| ENISA | European Network and Information Security Agency | 欧洲网络与信息安全局 |
| FP | Fictitious Play | 虚拟博弈 |
| FTP | File Transfer Protocol | 文件传输协议 |
| GTE | Game Theory Explorer | 博弈理论探险者软件 |
| ICS | Industrial Control System | 工业控制系统 |
| ICT | Information and Communication Technology | 信息通信技术 |
| IDS | Intrusion Detection System | 入侵检测系统 |
| IIM | Input-Output Inoperability Model | 故障投入产出模型 |
| IND-CPA | Indistinguishability Against Chosen-Plaintext Attacks | 选择密文攻击下的不可区分性 |
| ITM | Interactive Turing Machine | 交互式图灵机 |
| IoT | Internet of Things | 物联网 |
| LAN | Local Area Network | 局域网 |
| MAC | Message Authentication Code | 消息验证码 |
| MGSS | Multi-Goal Security Strategy | 多目标安全策略 |
| MOG | Multi-Objective Game | 多目标博弈 |

| | | |
|---|---|---|
| NIST | National Institute of Standards and Technology | 美国国家标准与技术研究院 |
| NVD | National Vulnerability Database | 国家漏洞数据库 |
| PBNE | Perfect Bayesian Nash Equilibrium | 完美贝叶斯纳什均衡 |
| PDF | Portable Document File | 便携文档格式 |
| PSMT | Perfectly Secure Message Transmission | 完美安全信息传输 |
| RSH | Remote Shell | 远程 Shell |
| RTU | Remote Terminal Unit | 远程终端单元 |
| SCADA | Supervisory Control And Data Acquisition | 数据采集与监视控制系统 |
| SMB | Server Message Block | 服务器消息块 |
| SPE | Subgame Perfect Equilibrium | 子博弈完美均衡 |
| SSH | Secure Shell | 安全 Shell |
| TVA | Topological Vulnerability Analysis | 拓扑漏洞分析 |
| VPN | Virtual Private Network | 虚拟专用网络 |

# 数学词汇表

**度量与度量空间**　给定一个向量空间 $V$，度量是一个函数 $d: V\times V\to\mathbf{R}$ 并满足以下条件：

- 正定性：$d(x,y)\geqslant 0$，$\forall x,y\in V$，并且，$d(x,y)=0\Leftrightarrow x=y$；
- 对称性：$d(x,y)=d(y,x)$，$\forall x,y\in V$；
- 三角不等性：$d(x,y)\leqslant d(x,z)+d(z,y)$，$\forall x,y,z\in V$。

度量空间是一个向量空间加上以上定义的度量。需要注意的是，我们在本书中引入的"度量"的概念与上面描述的数学概念是不相同的。

**开集，闭集，有界集**　在一个度量空间$(V,d)$中，若对集合 $X\subseteq V$ 中任意 $x\in X$，我们都能找到一个 $\varepsilon>0$ 使得以 $x$ 为球心、以 $\varepsilon$ 为半径的球体 $B_\varepsilon(x)=\{y\in V: d(x,y)<\varepsilon\}$完全在$X$中，即 $B_\varepsilon(x)\subseteq X$，那么我们称集合 $X$ 为开集。集合 $X$ 中所有内部的点记为$X^O$。在这里，$\varepsilon$ 的值可能取决于$x$。开集的一个例子是开放区间$\{x: 0<x<1\}=(0,1)$，包含了 0 到 1 之间所有的数，但不包括 0 和 1。如果一个集合的补集是开集，那么这个集合就是闭集。需要注意的是，有些集合既不是开集也不是闭集，例如半开半闭集合$\{x: 0\leqslant x<1, x\in\mathbf{R}\}$。给定集合 $X$ 和 $Y$，如果 $Y$ 是覆盖$X$ 的最小闭集，那么称 $Y$ 为$X$ 的闭包，记为 $Y=\bar{X}$。对于集合 $X$，如果存在某个 $\varepsilon>0$ 使得 $X\subseteq B_\varepsilon(0)$，即 $X$ 被某个足够大的、以原点为中心的球所包含，则集合 $X$ 是有界集。

**紧集**　集合 $X\subseteq\mathbf{R}^n$ 是一个紧集，当且仅当它是一个闭合且有界的集合。一个典型的例子是 $\mathbf{R}$ 中的闭合区间$[a,b]=\{x: a\leqslant x\leqslant b\}$。特别地，每个有限集合都是闭集。更通用的拓扑学的定义(例如定理 3.3 所假设的那样)如下：给定一组无限多个集合 $C_i$，其并集覆盖了集合 $X$，即 $X\subseteq\bigcup_i C_i$，我们称 $X$ 是紧集，当且仅当每个对 $X$ 的无限覆盖都包含了已经覆盖了$X$ 的无限个集合$C_{i_1},\cdots,C_{i_k}$，即 $X\subseteq C_{i_1}\cup C_{i_2}\cup\cdots\cup C_{i_k}$。

**凸集和凹集**　给定一个集合 $X$，如果连接集合内任意两点 $p,q\in X$ 之间的直线完全处于集合$X$ 中，则这个集合 $X$ 是凸集。在 $\mathbf{R}^n$ 中的集合，覆盖集合 $X$ 的最小凸集称为凸包，记为 $\Delta(X)$。给定一个函数 $f:\mathbf{R}^n\to\mathbf{R}$，$n\geqslant 1$，如果在这个函数上定义的点集$\{y: y\geqslant f(x), x\in\mathbf{R}^n\}$是凸集，那么这个函数就称为凸函数。如果函数 $-f$ 是凸函数，那么函数 $f$ 就是凹函数。注意，有些函数既不是凸函数也不是凹函数。

**正态或高斯分布**　给定 $\mu\in\mathbf{R}$，$\sigma>0$，若实值随机变量 $X$ 的密度函数满足如下条件，则称 $X$ 服从高斯分布：

$$f_X(x \mid \mu, \sigma) = \frac{1}{\sigma\sqrt{2\pi}} \exp\left(-\frac{1}{2}\left(\frac{x-\mu}{\sigma}\right)^2\right)$$

**指数分布**　给定参数 $\lambda > 0$，若实值随机变量 $X$ 的密度函数满足如下条件，则称 $X$ 服从指数分布：

$$f_X(x \mid \lambda) = \begin{cases} \lambda \cdot e^{-\lambda x}, & x \geqslant 0 \\ 0, & x < 0 \end{cases}$$

这个分布对建立两个独立事件发生时间间隔（在我们关心的场景中，如互相独立的安全事件、随机检查等）的模型特别有用。参数 $\lambda$ 称为速率参数，可以被理解为两个事件之间的平均等待时间。

指数分布还有一个非常有趣和有（独特）代表性的特点，就是它是无记忆的，其意思是，如果我们知道从上次事件发生到现在已经过了 $t$ 个时间单位，那么下个事件在 $x$ 个时间单位后会发生的机会，是与 $t$ 无关的，即 $P(X \geqslant x + t \mid X \geqslant t) = P(X \geqslant x)$。

**泊松分布**　给定参数 $\lambda > 0$，若实值随机变量 $X$ 的密度函数满足如下条件，则称 $X$ 服从泊松分布：

$$P(X = k) = f_X(k \mid \lambda) = \frac{\lambda^k}{k!} e^{-\lambda}, \quad \forall k = 0, 1, 2, \cdots$$

泊松分布描述的是单位时间内发生（互相独立的）事件的个数，参数 $\lambda$ 就是单位时间内事件的平均次数。它和指数分布之间存在如下的联系：如果平均而言发生 $\lambda$ 个事件是服从泊松分布的，那么相邻两个事件的发生时间间隔的分布为 $E_x(1/\lambda)$。

**几何分布**　给定参数 $0 < p < 1$，若实值随机变量 $X$ 的密度函数满足如下条件，则称 $X$ 服从几何分布：

$$P(X = k) = f_X(k \mid p) = p(1-p)^{k-1}, \quad \forall k = 1, 2, 3, \cdots$$

几何分布刻画了如下的情况：一个发生概率参数为 $p$ 的事件经过 $k$ 次尝试之后才首次成功发生；它的另一个定义是，一个事件前 $k-1$ 次都失败、第 $k$ 次成功的概率，这个情况下我们有 $k=0$ 并且密度函数为 $p(1-p)^k$。在连续的情况下它与指数分布类似，都具有无记忆的特点，它也是唯一一个无记忆的离散分布，这意味着即便我们已经尝试了 $t$ 次也没有成功，那么再尝试 $x$ 次才能成功的机会与 $t$ 是无关的。

**Beta 分布**　给定参数 $a, b > 0$，若随机变量 $X$ 的密度函数满足如下条件，则称 $X$ 服从 Beta 分布：

$$f_X(x \mid a, b) = \begin{cases} \dfrac{x^{a-1}(1-x)^{b-1}}{B(a,b)}, & 0 \leqslant x \leqslant 1 \\ 0, & \text{否则} \end{cases}$$

这里 $B(a,b) = \Gamma(a) \cdot \Gamma(b) / \Gamma(a+b)$，其中 $\Gamma(x) = \int_0^\infty t^{x-1} e^{-t} dt$ 是欧拉伽马函数。它

把阶乘扩展到了非整数值的情形，对任意的整数 $n$，我们有 $\Gamma(n)=(n-1)!$。在似然函数服从泊松分布、几何分布、二项分布、负二项分布（文献[17]中的 3.3 节有更进一步的细节）的时候，Beta 分布作为贝叶斯更新用到的先验分布就特别有帮助了。在我们的场景下，它的主要用途是通过贝叶斯学习来得到概率参数，例如在例 3.2 和 12.1.2 小节里描述的那样。

**支撑集**　给定一个概率密度函数 $f$，其密度的支撑就是集合 $\{x: f(x)>0\}$ 的闭包，在这个集合上 $f$ 的值为正。从直觉上来说，随机变量可以在这个集合上实现。

**连续函数**　在两个度量空间上的一个函数 $f: X \to Y$，对于给定一个集合 $V$，$f^{-1}(V)=\{x: f(x)\in V\}$ 是一个点集，是在函数 $f$ 上被映射到集合 $V$ 中的所有点的集合。集合 $f^{-1}(V)$ 称作函数 $f$ 的原像。如果在一个函数 $f$ 上每个开集的原像也是开集，那么这个函数就被称为是连续的。一个特例是连续函数 $f: \mathbf{R} \to \mathbf{R}$，可以直觉地把它想象成一个没有极点和跃变的函数。

# 数学符号表

**特殊集合和符号**

| 符　号 | 含　　　　　义 |
| --- | --- |
| $K^{n\times m}$ | $(n\times m)$-矩阵的集合，其成员来自于集合 $K$ |
| $A\times B$ | $A$ 与 $B$ 的笛卡儿积，即包含所有元组 $(a,b)$ 的集合，$a\in A$，$b\in B$ |
| $\prod_i A_i$ | 多个集合的笛卡儿积，或者多个数字的简单乘积 |
| $a_i$ | 向量 $a$ 的第 $i$ 个坐标 |
| $a_{-i}$ | 向量 $a$ 不包括第 $i$ 个坐标 |
| $F,G$ | 有限域或有限群 |
| $\mathrm{diag}(a)$ | 对角矩阵，对角线元素来自 $a$ |
| $A\mid v$ | 矩阵 $A$ 加额外的列 $v$ |
| $AS$ | 行动空间（实际上是个集合） |
| $2^V$ | 幂集 |
| $\Delta(X)$ | 集合 $X$ 上的单元单纯形 |
| $\lvert X\rvert$ | 集合 $X$ 的基数，或者绝对值 |
| $\mathbf{R}_{\geqslant 0}$ | 非负实数 |
| $C^{\infty}(\Omega)$ | 在集合 $\Omega$ 上无限可微函数的集合 |
| $\mathrm{dom}(f)$ | 函数 $f$ 的定义域 |
| $\min\limits_X f,\max\limits_X f$ | 表达式 $f$ 在集合 $X$ 上的最小值和最大值 |
| $\arg\min\limits_X f,\arg\max\limits_X f$ | 集合 $X$ 中的点使得表达式 $f$ 取最小值或者最大值 |
| $x^*$ | 最优值 |
| $\mathrm{vec}(A)$ | 矩阵 $A$ 的向量化 |
| $f\vert_{x=t}$ | 在表达式 $f$ 中用 $t$ 替换 $x$ |
| $\Vert\cdot\Vert_p$ | 在 $\mathbf{R}^n$ 中的通用 $p$-范式，具体定义为 $\Vert(x_1,\cdots,x_n)\Vert_p=\left(\sum\limits_{i=1}^{n}\lvert x_i\rvert^p\right)^{1/p},p>0$ |

## 概率与统计

| 符　号 | 含　　义 |
|---|---|
| $X \sim F$，或者 $X \sim x$ | 随机变量 $X$ 服从 $F$ 分布，或者概率密度向量 $x$ 给出的类型分布 |
| $f_X(x \mid \alpha)$ | 随机变量 $X$ 在数值 $\alpha$ 上的条件密度 |
| $F_X(t \mid Y)$ | $X$ 在 $Y$ 上的条件分布 |
| $E_F$ | 在分布 $F$ 下的期望 |
| $\bar{\eta}$ | 变量 $\eta$ 的经验平均值 |
| $\hat{p}$ | 值 $p$ 的经验评估 |
| $\mu(\theta)$，$\mu(\theta \mid a)$ | 对手类型为 $\theta$ 的信念，信息 $a$ 下的条件信念 |
| $N(\mu, \sigma)$ | 高斯分布 |
| $U(a, b)$ | 在区间 $[a, b]$ 上的均匀分布 |
| $E_x(\lambda)$ | 参数为 $\lambda$ 的指数分布 |
| $P_o(\lambda)$ | 参数为 $\lambda$ 的泊松分布 |
| $\mathrm{B}(a, b)$ | $\beta$ 分布 |

## 关系符号

| 符　号 | 含　　义 |
|---|---|
| $\leqslant$ | 通用排序关系 |
| $\leqslant_1$，$\geqslant_1$ | $\mathbf{R}^n$ 上的排序 |
| $\preceq$ | 随机尾排序 |
| $\leqslant_{st}$ | 标准随机排序 |
| $\trianglelefteq$ | 偏好关系 |
| $\leqslant_{lex}$，$\geqslant_{lex}$ | 字典序 |
| $(R, \leqslant)$ | 有序集合 |

## 博　　弈

| 符　号 | 含　　义 |
|---|---|
| $\Gamma = (N, S, H)$ | 参与者集合为 $N$，策略集合为 $S$，效用函数集合为 $H$ 的博弈 |
| $BR_i$ | 博弈中参与者 $i$ 的最佳响应 |
| $\mathrm{val}(\Gamma)$，$\mathrm{val}(A)$ | 博弈 $\Gamma$ 的鞍点值，或矩阵 $A$ 的鞍点值 |
| $Z(h)$，$Z_i(h)$ | 在当前历史 $h$ 所记录的行动基础上，所有参与者行动的集合，或在扩展形式博弈中参与者 $i$ 的行动的集合 |
| $p(h)$ | 历史 $h$ 所描述的扩展形式博弈下，可以采取行动的参与者的集合 |
| $l(\Gamma)$ | 扩展形式博弈的长度（博弈树的深度） |
| $\mathrm{periodic}(\lambda)$ | 单位时间内检查 $\lambda$ 次的检查策略，相邻两次检查的时间间隔固定 |
| $\mathrm{expon}(\lambda)$ | 单位时间内随机检查的检查策略，检查间隔时间服从指数分布 |

**图 和 网 络**

| 符 号 | 含 义 |
|---|---|
| $G=(V,E)$ | 节点集合 $V$、边集合 $E$ 的图 $G$ |
| $Pa(v)$ | 在有向图中节点 $v$ 的父节点的集合 |
| $Ch(v)$ | 在有向图中节点 $v$ 的子节点的集合 |

**密码学相关符号**

| 符 号 | 含 义 |
|---|---|
| $E_{pk}(m), D_{sk}(c)$ | 用公钥 $pk$ 对消息 $m$ 加密，用私钥 $sk$ 对密文 $c$ 解密 |
| negl | 单参数的匿名可忽略函数 |
| $A^f$ | 带有函数 $f$ 的预言机算法 $A$ |
| $\leqslant_{\text{asymp}}, \geqslant_{\text{asymp}}$ | 渐近序 |
| $\leqslant_{\text{negl}}, \geqslant_{\text{negl}}$ | 带有可忽略（渐近）差异的小于或者大于 |
| $\approx_{\text{negl}}, >_{\text{negl}}$ | 带有可忽略误差的相等，带有可察觉差异的大于 |